साथ जुड़ें साथ पढ़ें

अजय सोडानी

8 अप्रैल, 1961 में जन्मे अजय सोडानी का मन भ्रमण में रमता है। उनका प्रबल विश्वास है कि इतिहास की पोथियों से गुम देश की आत्मा दन्तकथाओं एवं जनश्रुतियों में बसती है। लोककथाओं से वाबस्ता सौंधी महक से मदहोश अजय अपनी जीवन-संगिनी के संग देश के दूर-दराज़ इलाक़ों में भटका करते हैं। बहुधा पैदल। यदा-कदा सड़क मार्ग से। अक्सर बीहड़, जंगल तथा नक़्शों पर ढूँढ़े नहीं मिलने वाली मानव बस्तियों में। उनको तलाश है विकास के ज़लज़ले से अनछुए लोकों में पुरा-कथाओं के चिह्नों की। इसी ग़रज़ के चलते वे तक़रीबन दो दशकों से साल-दर-साल हिमालय के दुर्गम स्थानों की यात्राएँ कर रहे हैं। विभिन्न पत्र-पत्रिकाओं में प्रकाशित कविता और आलेखों के अतिरिक्त उनके चार यात्रा-वृत्तान्त—'दर्रा-दर्रा हिमालय', 'दरकते हिमालय पर दर-ब-दर', 'इरिणालोक', 'सार्थवाह हिमालय' और एक कहानी-संग्रह 'अवाक् आतंकवादी' प्रकाशित हैं। अखिल भारतीय आयुर्विज्ञान संस्थान, नई दिल्ली से दीक्षित अजय सोडानी वर्तमान में सेम्स विश्वविद्यालय, इन्दौर के तंत्रिका-तंत्र संकाय में प्रोफ़ेसर हैं।

ई-मेल : ajoysodani@yahoo.com

एक था जाँस्कर

सुवरण-खुदैया चिउँटों का देस

अजय सोडानी

राजकमल पेपरबैक्स

राजकमल पेपरबैक्स में
पहला संस्करण : 2025

राजकमल पेपरबैक्स : उत्कृष्ट साहित्य के जनसुलभ संस्करण

राजकमल प्रकाशन प्रा. लि.
1-बी, नेताजी सुभाष मार्ग, दरियागंज
नई दिल्ली-110 002
द्वारा प्रकाशित

शाखाएँ : अशोक राजपथ, साइंस कॉलेज के सामने, पटना-800 006
पहली मंजिल, दरबारी बिल्डिंग, महात्मा गांधी मार्ग, प्रयागराज-211 001
1, अनमोल सोराबजी सन्तुक लेन, धोबी तलाव, मरीन लाइंस, मुम्बई-400 002
वेबसाइट : www.rajkamalprakashan.com
ई-मेल : info@rajkamalprakashan.com

यश प्रिंटोग्राफिक्स
नोएडा-201 301 (उत्तर प्रदेश)
द्वारा मुद्रित

मूल्य : ₹550

EK THA ZANSKAR
Suvaran-Khudaiya Chiunton Ka Des
by Ajoy Sodani

ISBN : 978-93-6086-309-8

The forest is alive...it can only die if the people persist in destroying it. If they succeed the river will disappear...the soil will crumble...the trees will shrivel...we will die...the sky will fall.

—Davi Kopenawa, *The Falling Sky*

है क्या मानव की कहानी अलावा प्रकृति के प्रति क्रूर से क्रूरतर होते जाने की गाथा के? हश्र यह कि आज क़ुदरत हैरान-परेशान है। और उसके क़ायदे रेज़ा-रेज़ा करनेवाला आदमी है उत्सव-रत। पुरग़ुरूर। पुरजोश। उफ़! कितना मुश्किल है ऐसे हिंसक समय में अपने भीतर की कोमलता बचाए रखना।

यह पुस्तक उस दुर्लभ मनुज की तलाश का आख्यान है जो ऐसे समय में प्रकृति से एकलय हो...जीता हो उसे अपने सीने से चिपटाये...

अस्मिता-हरण
सहने को बाध्य
ज्ञानपति
आदिजातियों-वनवासियों
के समर्थन में

अभियान काल

जून-जुलाई 2013

अभियान-दल

हरिसिंह उर्फ़ टीनू एवं उसके छह खच्चर

सोनी बनाम राजीव रावत (संयोजक)

रनी (हाईएल्टिट्यूड पोर्टर)

पासंग (ख़ानसामा)

अपर्णा

और

मैं

क्रम

डग तीसरा : जाँस्कर की दहलीज़ पर

डग चौथा : जाँस्कर के भीतर

प्राक्कथन

एक अरसे से देख रहा था हिमालय को विकसित किया जाना। महसूस रहा था उसकी कसमसाहट। उसका बदलता मन-मिज़ाज। उसका कभी इधर कभी उधर दरकना। किन्तु साल 2013 में तो उसने जैसे कहर ही बरपा दिया। लगा यूँ जैसे घट गया हो 'हिरोशिमा' केदारनाथ-घाटी में।

बेकल चित्त करने लगा सवाल। कि मनुज द्वारा किये जबरिया बदलाव तो क़ुदरत की प्लास्टिक सर्जरी ठहरी। इसे विकास क्यूँकर बुलाते हैं लोग? कि भू तथा जीवविज्ञानियों के यहाँ जो क्रमागत-उन्नति (evaluation) है असल विकास तो वही है। अपने संग जीवन को सहेजती, स्वयं को निरन्तर परिष्कृत करती, धरणी की कष्ट-अर्जित कार्य-प्रणाली में मानवीय हस्तक्षेप को उन्नति कहने की परिपाटी कब और कैसे प्रचलित हो गई? कभी वरुण, अरुण, अर्णव, अर्णा, आकाश, अग्नि, थलचर, नभचर, जलचर और पाथर से संवाद करनेवाले मनुष्य की सोच ऐसी कैसे हो गई कि वह धरा को—और मनुष्य को भी—विकसित-अविकसित में बाँट देखने लगा? दृष्टि में यह बदलाव क्या क्रमागत-उन्नति के तहत हुआ सहज परिवर्तन है? अथवा इसे मनुज-मनीषा में योजनाबद्ध तरीक़े से रोपा गया? सिल-सिलेवार पोसा गया?

इन प्रश्नों के समाधान ढूँढ़ते हुए जा पहुँचा ग्यारह हज़ार बरस पीछे। यानी उस कालखंड में जब कृषि आविर्भूत हुई। तब में जब वन-वन भटकते प्राच्य-फिरन्दरों को पहली बार पेट की लगी से कहीं अधिक भोजन मिलने लगा। अस्तु वस्तु-संग्रहण आरम्भ हुआ। इसी के साथ परकोटेदार नगरों की तामीरी होने लगी।[1] परकोटों ने मगर धरा का ही बँटवारा नहीं किया, मनुज-मन को भी तो बाँटा। चुनाँचे हुआ यह कि नागरिक, मानी नगरों में आश्रय लेनेवाले, कहने लगे ख़ुद को विकसित। और प्रकृति-आश्रित फिरन्दर माने जाने लगे हीन। अविकसित। जंगली। अ-मानव। यह मैं नहीं साढ़े तीन हज़ार बरस जूनी एक सुमेरियन गल्प कह रही है—

> मैं, पवित्र देवदारु का दादा हूँ। बात तब की है जब पवित्र सफ़ेद देवदारु अवतरित नहीं हुए थे। तब पवित्र नमक तो था किन्तु क्षार

आविर्भूत नहीं हुआ था। खेती थी। अभी किरितब नामक शहर नहीं बसा था किन्तु इनाब (inob) तामीर हो चुका था। इसी इनाब की सरहद के बाहर दूसरे किसम के लोग शामियाने डाल रहते। वे शिकार किया करते, हरिण मारा करते। इसी बस्ती में एक लड़का, मार्तु, अपनी माँ के संग रहता था। वह कुँवारा था। शादी की आरज़ू थी। मगर बात बन नहीं रही थी। उसका सारा समय सही सहचरी की इन्तज़ारी में ही कट रहा था।[2]

इस दरमियान इनाब में एक त्योहार मनाया गया। जिसमें नगर-देवता नुमुस्दा (Numucda) ने अपनी पुत्री के संग शिरकत की। जश्न के तहत आयोजित मल्लयुद्ध में मार्तु के हाथों कई योद्धा हताहत हुए। बहुतों को पट्टियाँ बँधी। नुमुस्दा ख़ुश हुआ। उसने विजेता मार्तु को नवाज़ना चाहा—सोना-चाँदी-जवाहरात से। किन्तु मार्तु ने सब नकार देवपुत्री को माँगा। इस पर देवता लगा बहाने बनाने। रखने लगा कठिनतर से भी कठिन शर्तें।

इधर देवपुत्री भी मार्तु का वरण करने को मचल उठी। जो नुमुस्दा को स्वीकार न था। ऐसे में देवपुत्री की सहेली ने उसे समझाया कि मार्तु तो बन्दर का-सा दीखता है, वह वर्जित चीज़ें खाता है। खाल से बना बोरा पहनता है। ऊपर से वह एक घुमन्तू है। घुमन्तू जो शामियानों में रहते हैं। हवा-बरखा से जूझते हुए जंगल-पहाड़ भटका करते हैं। यही नहीं वे उत्पाती भी हैं। जब-तब, जहाँ-तहाँ उपद्रव करते हैं। कच्चा गोश्त खाते हैं और तो और वे मृतकों को दफ़नाते भी नहीं। इन मार्तुओं को तो घुटने मोड़ बैठना तक नहीं आता। ये प्रार्थना करना भी नहीं जानते। हमारे देवता का सम्मान नहीं करते। सच कहूँ तो देवताओं को भी इनसे नफ़रत है। मेरी प्रिय सहेली! तुम ऐसे मार्तु से कैसे विवाह कर सकती हो...

मार्तु-विवाह का यह क़िस्सा मानीख़ेज है। यूँ कि इसमें आदमी की सोच में आ रहे बदलाव साक्षात हैं। दीख रहा मार्तु काल तक आते-आते नागरिकों के यहाँ प्रकृति का स्थान न्यून होना। अब प्रकृति-आराधक घुमन्तुओं के बीच से ही निकले इनाबवासियों के निकट नमक तो पूज्य है मगर जंगल-पहाड़ हेय हैं। यही नहीं, मनुष्य को उसके खान-पान-बाने अनुसार बाँटकर देखना बता रहा समाज में सम्पत्ति महत्त्व। यानी जिसके पास जितने अधिक खेत और पशु वह समाज में उतना अधिक समादृत। इसके चलते, कहने की दरकार नहीं कि अधिकाधिक भूमि पर काबू पाने की हवस जगी होगी। बल्कि जगी ही।

इस कथा में मनुष्य प्रजाति को कीमे की तरह खंड-खंड करनेवाली दूसरी घटना का संकेत भी है। धर्म का एक संस्था के रूप में उदित होने का संकेत। संस्था जो पहाड़ों-वनों में विचरनेवालों को पशुओं से भी हीन सिद्ध करने में जुटी और दृष्टान्तों व कथाओं के सहारे उसने फिरन्दरों को अ-मानव, अर्ध-मानव, राक्षस, डेमन, दानवों में बदल दिया।

और यह सब अकारण नहीं किया गया।

एक बड़ा कारण था इसका। वह यह कि इतना सब होने पर भी घुमन्तुओं और प्रकृति के सम्बन्ध प्रगाढ़ ही बने रहे। उनने अपनी मान्यताओं, भरोसों और नदियों-जंगलों-झरनों व जड़ी-बूटियों का सान्निध्य नहीं छोड़ा। अत: धरा के एक बड़े हिस्से पर उनका वर्चस्व बना रहा। दूसरी तरह से कहूँ तो वनवासियों के संस्कार-संस्कृति सम्भ्रान्तों की सम्पत्ति-अर्जन की अभीष्टपूर्ति में रोड़ा बने रहे। सो, अपनी हवस को अंजाम देने सबब ज़रूरी हो गया 'जंगलियों' से उनके जंगल, नदी, नालों को हड़पना।

इस वास्ते उनके पास दो ही साधन थे। एक, प्राच्य-फिरन्दरों को अपनी संस्कार-संस्कृति से विमुख करना। दूसरा, उनसे भिड़ना। उनकी हत्या करना। परिणामत: नागरिकों और घुमन्तुओं के बीच संघर्ष आरम्भ हुआ। जिसका रव भीमबेटका सरीखी जगहों के भित्ति-चित्रों में आज-दिन तक गूँज रहा। ऐसी हत्याओं का यशोगान पुराग्रन्थों का प्रमुख स्वर भी है। स्वर जो मुखर है होमर के यहाँ। वेदों में। पुराणों में भी।

यहाँ एक सवाल राह रोक रहा। कि वह कौन सी वस्तु है जिसे 'संस्कार-संस्कृति' बुलाया जाता है? मेरे ख़याल में वह कोई सरल-सपाट शै नहीं। एक क्लिष्ट-तहदार संरचना है। संस्कार—व्यक्तिनिष्ठ वस्तु है। इसका लेना-देना जिस पारिवारिक-सामाजिक परिवेश के बीच आदमी पला-बढ़ा, उससे ठहरा।

संस्कृति किन्तु संस्कार से आगे की शै है। गाँव-देश की सामूहिक-सोच में अन्तर्भुक्त वस्तु है। जिसकी निर्मिति होती है शनैः-शनैः। पुश्त-दर-पुश्त। कुछ इस तरह कि इतर परम्परा निबाहनेवाले, दीगर ढंगों से संस्कारित मनुष्य एक ही संस्कृति का हिस्सा बन जाते हैं। इसके मानी यह नहीं कि संस्कृति कोई चिरस्थायी चीज़ है। न। दरअसल, वह समयानुसार बदलते परिवेश और ज्ञान-स्रोतों का असर लेती है। अपनी मूल गन्ध को बचाते हुए स्वयं को परिमार्जित करती है।

यहाँ एक दूसरी बात भी निकलकर आ रही। वह यह कि कोई चाहे तो—निज स्वार्थपूर्ति हेतु—परिवेश में, ज्ञान-स्रोतों में जबरिया बदलाव करके संस्कृति का हरण कर सकता है। समाज के संस्कारगत ताने-बाने को विच्छिन्न कर एक पूरी कौम पर क़ाबिज़ हो सकता है।

प्राच्य-फिरन्दरों पर काबू पाने के लिए यही प्रविधि अपनाई गई—मार्तु-काल

में। प्रविधि जो प्रक्षेपित हुई आते कालखंडों में। ईसा बाद पन्द्रहवीं सदी में। तब यूरोपियन उपनिवेशवादी और उनके धार्मिक संस्थान प्राच्य-फिरन्दरों पर पिल पड़े। उनने प्राच्य-फिरन्दरों की सम्पत्ति (नदी-पहाड़ तथा अरण्य) हथियाने हेतु जो हथकंडे अपनाए उनमें शुमार था वन की सजीव-धरा को निकृष्ट-बीहड़ करार दे उसे यूरोपियन तर्ज़ में 'विकसित' करना। तथा उन्हें (जंगलियों को) यूरोपियनों जैसा 'सभ्य' बनाने की 'पवित्र' मुहिम चलाना। और मूलवासियों को हीन-आत्मा का वाहक घोषित कर उनका संहार करना।[3] उनके विश्वासों को अन्धविश्वास बता, उनमें हीनता का भाव भरना। एवं उनसे उनकी भाषा छीनना। ग़रज़ यह कि बीहड़वासी अपना इतिहास बिसरा दें। संस्कृति-विमुख हो सौंप दें पुरखों की सहेजी प्राकृतिक सम्पदा नागरिकों को।

यह मगर दुर्भाग्य नहीं।

दुर्भाग्य यह है कि अधुनाकाल में भी बस जुमले बदले हैं, मंशा नहीं। यानी धरती के हाशिये पर बसे पृथ्वी के मूलनिवासियों की सम्पदा-हरण हेतु पाँच सहस्र वर्ष पुराने हथकंडे अपनाए जा रहे। वह भी लोक-चयनित सरकारों द्वारा। कहने की दरकार नहीं कि अमरीका, ब्राजील आदि के साथ भारत भी ऐसे देशों में शुमार है। यह लेकिन होना ही था। कि हमने विरासत में जंगली (जिन्हें अब पिछड़ा कहा जा रहा) व सम्भ्रान्तों में खंडित दुनिया पाई है। और पाई है बीहड़ों तथा 'विकसित' खित्तों में बँटी धरा।

लेकिन ख़ैर। केदारघाटी में मची तबाही को विचारते हुए जब इस मोड़ पे पहुँचा तो ध्यान आया कि हिमालय में जबरिया विकास से अनछुए खित्ते आज भी हैं। जहाँ अपने भीतर दस हज़ार बरस का इतिहास समेटे निवासरत हैं पृथ्वी के मूल निवासी। सोचा, क्यों न बैठूँ उनकी संगत में कुछ दिन। देखूँ क्या होता है क़ुदरत से एकमएक हो रहना। जानूँ उन पर, उनकी धरती पर, उनकी वनस्पति पर, वहाँ के वन-मैदान-जीवों पर मँडराते ख़तरे। समझूँ कि जिन्हें पिछड़ा कहा जा रहा वो बीहड़वासी किन अर्थों में हम नागरिकों से कमतर हैं? उनके भरोसे, उनकी रवायतें और उनके तथाकथित अन्धविश्वास क़ुदरत के दुश्मन—यदि हैं तो—किस तरह हैं? जिन तरीक़ों से इनके भरोसों को डिगाया गया, इनकी संस्कृति को बदला गया—उन्हें बुझूँ।

वह यात्रा जो इस पुस्तक में दर्ज है, इसी मिलने-सीखने-बूझने की बेक़ली में सम्पन्न यात्रा है। एक अलग मानस से की गई यात्रा है। जाँस्कर की यात्रा है।

जाँस्कर यानी सन् 2013 में भी धरा से सटा पृथ्वी का वह खित्ता जहाँ सब धीमा है। जूना है। और तो और काल की वय व चाल भी। जैसे नवपाषाण युग अभी-अभी ही व्यतीत हुआ हो इधर से। बुज़ुर्ग कह गए हैं खोया-पाया का सटीक लेखा-जोखा रखना-बूझना हो तो जूने और नये को सटाकर देखना। सो वही

करने की ठानी। यानी केदारनाथ-प्रकरण अभी चल ही रहा था कि हम चल पड़े हिमालय तरफ़।

चल पड़ना लेकिन इतना सहज भी नहीं था जितनी आसानी मैं कह गया। दरअसल हमारी यात्राओं को लत है ऊहापोह संग शुरू होने की। यह ऊहापोह किधर को निकलें से आरम्भ हो निकल सकेंगे अथवा नहीं तक पहुँचता है। इस बार भी यही हुआ। एक लम्बी कशमकश से गुज़रने के बाद ही जाँस्कर सम्भव हो सका। किन्तु यह अलग से कहने, ठहर करके सुननेवाली बात है।

जाऊँ किधर? इधर कि उधर

बात साल 2013 की है।

कई माह हो चुके थे मियाली-अभियान से लौटे हुए।[1] अब मन था जून, 2013 में बदरीधाम की ओर से पनपतिया दर्रा पार कर केदारनाथ पहुँचने का। उस दुष्कर क्षेत्र में जाने की अनुमति पाने की चेष्टा चल रही थी। सोनी आश्वस्त था कि इस बार अनुमति मिल जावेगी। सो हम-दोई (अपर्णा व मैं) जुटे थे आते जून में घटनेवाले पनपतिया-आरोहण की तैयारियों में।

यहाँ वाक़िये में एक पेच है।

अभी जून चार माह दूर था और मुहिम की तैयारी में दीवानावार जुटी अपर्णा के उत्साह को जैसे ग्रहण ही लग गया। औचक ही 'पनपतिया' बन गया था उसकी चिढ़ावनी। इधर उसका ज़िक्र निकले उधर वह तमके। बन्दा समझावे तो बन्दी रूठ जावे। इसरार करो तो कहे, "तुमको इसी बरस पनपतिया जाने की इतनी क्यों पड़ी है? क्यों चुनौती देना मौत को सालहा साल?"

अब ऐसे में अपन करें भी तो क्या करें—अलावा चुप्प बरतने के। वही किया। पलाश का मौसम गुज़र गया चुपचाप। चुपके-चुपके गुलमोहर पर बहार आई। अमलतास ने चुप्पे से अपने पत्ते झाड़े और पहन लिया पीले फूलों का बाना। इस बीच, चढ़ते मई मास में एक दिन, सोनी का फ़ोन आया। एकदम सुबह-सवेरे। बोला कि पन्द्रह जून से दस जुलाई के बीच पनपतिया-परिक्षेत्र में रहने की सरकारी इजाज़त हासिल हो चुकी। लेकिन अभियान के पहले शरीर को बीस हज़ार फ़ीट के अनुकूल बनना होगा। यह काम किया जावेगा अभियान पूर्व बदरीविशाल घाटी में हफ़्ता-एक व्यतीत कर। इस सबब आठ जून तक हम-दोई को जोशी मठ पहुँचना होगा।

"मन माँगी मुराद पूरी हुई," मैंने चहकते हुए अपर्णा को ख़बर दी। मगर उसकी आँखों में सन्नाटा खींच गया। चुप्पा पसर गया घर में।

अब यह सफ़रगो परेशां कि करे तो करे क्या? कि अब मुआमला इस पार या उस पार का ठहरा। जो अपर्णा नहीं मानी तो पनपतिया मुहिम गई हाथ से। मोड़ कठिन था। वलय मन का था। मन के वलय सँभलकर तय करने होते हैं। धीरे-धीरे।

दूसरे गियर में। उसी तर्ज़ में अपर्णा के समीप गया। हौले से उसकी हथेली थामते हुए निहायत नरमाई से बोला—

"जानू! क्या करें? मना कर दें सोनी को? तुम्हारा दिल नहीं तो नहीं जावेंगे पनपतिया..." वह कुछ बोली न मेरी ओर देखा। बस तोड़ती रही अपनी अँगुलियाँ।

मैंने अपनी बात आगे बढ़ाई, "...पर जान लो कि अपन-दोई पचास पार कर चुके। आते दिनों में उमर बढ़ेगी ही, कम तो होने से रही। और कुछ काल बाद कठिन यात्राएँ हमारे बूते की नहीं रहने की। जो इस बार टाला तो पनपतिया फिर होने का नहीं..."

अब उसने आँख उठाई। मेरी ओर देखा। यही मौक़ा था अन्तिम दाँव खेलने का। चौथा गियर लगाने का। भावनात्मक एंगल पेलने का। वही पेला गया, "...तुम चाहो तो न चलो। मैं एकला ही हो आऊँगा..."

दाँव निशाने पर पड़ा। उसके रुख़ के मौसम बदले। मिज़ाज ने पासा पलटा। बोली, "आए बड़े एकले जानेवाले। ज्यादा स्याणे तो बनो मत। मेरे कू भी करना है पनपतिया ट्रेक। पर इस साल नहीं आते साल..."

"फिर इस बरस क्या करें? घर बैठ राम भजें?," मैं खीज उठा।

मुझे खीजते देख वह हँसी—ठठाकर। शोख़ियाँ लौट आईं। लौट आया इतराना-इठलाना। आँख मटकाते हुए उसने जवाब दिया, "हरज क्या है? राम लिखा फत्तर भी पानी में तैर जाता है। राम भजे से शायद तुमारी इन्छा भी पूरी हो जाए...हा...हा...हो...ही...ही...हा..."

"यह क्या हीही-खीखी लगा रखी है। मसखरी छोड़ो...खुलकर कहो चाहती क्या हो...," मुझको चिढ़ मच रही थी। अपनी कनपटी पर गर्मी और भृकुटि पर तनाव मैं महसूस रहा था।

मेरी बदलती भंगिमा का असर हुआ। भागता ठहाका रुका। अब वह चुप। देखे जा रही मेरी ओर। एकटक। किन्तु मुझे नहीं। मेरे पार—शून्य में कहीं। यह अपर्णा को क्या हो गया? कुछ बोलती क्यों नहीं? क्या ढूँढ़ रही वह ग़ैब में?

मैं यह सब सोच ही रहा था कि चुप्पा छँटा। वो फिर हँसी। जैसे कुछ पल पूर्व हँसती थी। मतलब वही हीही-खीखी। कि यही खुसूसियत ठहरी अपर्णा की। अव्वल तो कभी सुस्त-मायूस होती नहीं, जो गाहे-बगाहे कभी होती भी है तो बस चन्द पलों के लिए। ख़ैर, ठहाका थमा तो आँखें झपकाते हुए बोली—

"सड़ू कहीं के! ज़रा-ज़रा सी बात पर हर्मेश यूँ थोबड़ा मत फुला लिया करो। मैं क्या कहती हूँ कि इस बरस जाँस्कर चलें। ढूँढ़ने सोना-खोदू चींटों को। पेले भी जा चुके अपन इनके लिए। याद करो अपनी वह लेह मुहिम। वहाँ क्या सुनने को मिला था? यही कि ऐसे चींटों की ख़बर यदि कहीं मिलेगी तो जाँस्कर में ही मिलेगी।"

(नये शब्द घढ़ना अपर्णा का प्रिय शगल है। बहुधा लाड़ में, कभी ऐवें ही। जैसे 'हमेशा' पर अतिरिक्त ज़ोर देना हो तो कहेगी 'हर्मेश'। अब तो उसके दिये

अनेक शब्द हमारे रोज़मर्रा में शुमार हैं मसलन 'पहले' की जगह 'पेले', ज़बरदस्ती के एवज में जबरनदस्ती!)

"अहा! बरोबर ध्यान दिलाया तेने। अपन यही करेंगे। जो पनपतिया हाथ न आया तो जाँस्कर चल देंगे।"

"मतबल कि यह रहेगा अपन का प्लान-बी?"

"बरोबर।"

"वादा करो, पनपतिया जाने की जबरनदस्ती नहीं करोगे...न जाने क्यों दिल डूबने लगता है मेरा उसका नाम सुनते ही...," मेरी ओर हथेली बढ़ाते हुए वह बोली।

मैंने हथेली थामी। दबाई। अपर्णा को अपनी ओर खींचा। लिपट गई वह मुझसे। महसूस हुआ, जैसे झंझा से झुरझुराती कोई डगाल लिपटी हो मेरे से। सोचने लगा, मुआमला क्या है? क्यों मेरी हिम्मती सहयात्री थर्रा रही है पनपतिया जाने के ख़याल भर से?

बहरहाल। आख़िरकार, हमें प्लान-बी पर ही अमल करना पड़ा। क्यों? इसकी अपनी कहानी है।

किन्तु उसे अभी ठहरना होगा। यूँ कि पहले सोना खोदनेवाले चींटों उर्फ़ सुवरण-खुदैया कीड़ियों को सुन-समझ लें।

इन कीड़ियों से मेरी भेंट हुई थी महाभारत में। जी आपने सही सुना—महाभारत में। यह घटना है सन् 2010 की। तब आपका साथी धूमधार कांडी अभियान उपरान्त हिमाला पर पांडवों का आगे का पथ सुनिश्चित करने में जुटा था।[2] इसी सिलसिले में 'महाभारत' से गुज़र रहा था कि सभापर्व में अटक गया। वहाँ राजसूय यज्ञोपरान्त युधिष्ठिर को उपहार में मिली वस्तुओं का विस्तृत विवरण दीखा। और दीखीं ये पंक्तियाँ—

मेरुमन्दरयोर्मध्ये शैलोदामभितो नदीम्।
ये ते कीचकवेणूनां छाया रम्यामुपासते॥
खसा एकासना ह्यर्हाः प्रदरा दीर्घवेणवः।
पारदाश्च कुलिन्दाश्च तंङ्गणाः परतङ्गणाः॥
तद् वै पिपीलिकं नाम उद्धृतं यत् पिपीलिकैः।
जातरूपं द्रोणमेयमहार्षुः पुञ्जशो नृपाः॥

सार यह कि मेरु व मन्दरांचल के मध्य बहनेवाली नदी के किनारे के विटपों तले विश्राम करनेवाले खस, पारद, पुलिन्द, तंगण, परतंगण आदि लोग चींटियों (पिपीलिकाओं) के पैदा किये पिपीलिक नामक सोने से भरे द्रोण (युधिष्ठिर वास्ते) लाए थे। 'चींटों द्वारा पैदा सुवर्ण' वाली बात तो अनोखी लगी

ही। उससे भी अनूठा लगा सोने को पिपीलिक बुलाना और उसे दोने (द्रोण) में भर कर लाने का ज़िक्र।[3]

परिणामत: चित्त इस दिशा में एकाग्र होने लगा। सोचने लगा कि क्या कोई अकिंचन जीव भी कंचन अनुरागी हो सकता है? यह कैसा सोना है जो दोने में भरा जा सका? यह आँखों देखी का दस्तावेज़ है या कि मात्र एक रूपक? और जो यह रूपक है तो इसके इशारे किधर को हैं?

पड़ताल की गई।

इलहाम हुआ कि सुवरण-खुदैया चींटों का वाक़िया महाभारत से इतर जगहों पर भी है। जैसे इतिहास के पितामह कहलानेवाले ग्रीक इतिहासकार हेरोडोटस[4] ने इस पर बड़े विस्तार से लिखा है। इसके अतिरिक्त मेगस्थनीज (350-290 ई.पू.), नियार्ख़स (325 ई.पू.), टॉलमी (90-170 ई.) के यहाँ भी सुवरण-खुदैया चींटियाँ मौजूद हैं। इन तीनों महानुभावों ने हेरोडोटस-गल्प में वर्णित चिउँटे और इलाक़े को पहचानने में ख़ूब माथा खपाया। बात मगर नहीं बनी।

आगे ख़बर यह है कि अढ़ाई हज़ार बरस जूनी वो कहानी आज दिन तक मैदान में डटी है। न वो पस्त होती है न ढूँढक्कड़ों के हौंसले ही। दास्ताँ की ज़मीनी हक़ीक़त जानने की चुल तब से आज दिन तक लोगों को बेकल किये है। अस्तु समस्या-पूर्ति हेतु न मालूम कितने जनों ने अपने आप को खपा दिया। मसलन मूरक्राफ्ट, कनिंघम (उन्नीसवीं सदी), फ्रेन्की (1907) मिशेल पेस्सेल (1977-78) आदि।

आप भी सोचते होंगे कि कहानी-कहिया कब से बस गड्डी ही फेंटे जा रहा। पत्ते क्यूँ नहीं बाँट रहा? मतलब कि हेरोडोटस से सुनी गल्प झप्प से क्यों नहीं कह डालता यह बन्दा? ठीक है साब! ऐसा ही सही। आपका ताबेदार तितर-बितर बातें छोड़ पेश करता है अढ़ाई हज़ार बरस पहले बोली गई दास्ताँ—

> ...(यहाँ से) पूर्वी दिशा के ज्ञात देशों में इंडिया सबसे पूर्व में है। इंडिया से पूर्व की भूमि मरुस्थल है। मानव बसेरे के लिए अयोग्य मरुस्थल। इंडिया में कई जनजातियाँ निवासरत हैं। उनमें एक हैं वो जो बाँस की नाव बनाते हैं, घास से बुने कपड़े पहनते हैं और मछली खाते हैं। वहाँ एक घुमन्तू जनजाति भी है—पडाई (तातार)। ये नरमांस भक्षी हैं। उस देश में एक जाति ऐसी भी है जो जीवहत्या नहीं करती। ये लोग जंगल में मिलनेवाला अन्न खाते हैं। जिन जनजातियों का ज़िक्र अब तक निकला वे सब पर्शिया से दूर दक्षिण में बसती हैं। इथोपियन लोगों की मानिन्द इनका रंग भी काला होता है। यही नहीं इन लोगों का वीर्य भी काला ही होता है। ये लोग आसमान तले रहते हैं और खुले में ही सम्भोग करते हैं...[5]

...उपर्युक्त जनजातियों के अलावा उत्तरी इंडिया में कुछ अन्य प्रकार के लोग भी हैं। दिखने में बेक्टेरियन, उनकी ही तरह लड़ाके भी। ये लोग कस्पाटायरस (Caspatyrus) से पेक्टाइस (Pactyice) के बीच बसे हैं। यहाँ एक मरुथल है। जहाँ की रेत में होता है सोना। उसी मरुथल में रहता है एक जानवर। तेज़ रफ़्तार और जबर ख़ूख़्वार। आकार में लोमड़ी से कुछ बड़ा पर कुत्ते से छोटा जानवर जो सोना सूँघ सकता है। रहता है ज़मीन में, बिल बना। इस वास्ते वह जीव रेत खोदता है। खोदी रेत उसी तरह बाहर फेंकता है जैसा कि पर्शियन-चींटियाँ करती हैं। इस करके बिल-मुख के गिर्द बन जाता रेत का एक ढूह। सोने से मालामाल रेत का एक तूदा।

यह जानवर सिर्फ़ सोना सूँघता ही नहीं उससे इश्क़ भी करता है। मतलब रेत-तूदे से उसका रिश्ता होता है आशिक़ाना। वह जान लड़ा कर ढूह की रक्षा करता है। रेत-तूदा उठानेवाले को वह दौड़ा-दौड़ा कर मार डालता है। पर बेक्टेरियनों के से दिखनेवाले लोग इसकी फ़िक्र नहीं करते। वे इन तूदों को तोकने मरुथल जाते हैं। ऊँट पर सवार हो। बल्कि कहना चाहिए ऊँटनी पर सवार हो। मुहिम पर निकले हर आदमी के कने होते हैं दो ऊँट और एक ऊँटनी। ऊँटनी भी वह जो हाल ही में जचगी से फ़ारिग हुई हो।

अब होता यूँ है कि गर्मी के चलते सुवरण-खुदैया जीव जब बिलों में छुपा होता है तब रेततोकू लोग मरुथल में पहुँचते हैं। ऊँट-ऊँटनी पर तूदे लाद लौट जाते हैं। सरपट। परन्तु यदा-कदा, बल्कि अक्सर ही, रेत-खोदू जीव चेत जाते हैं। उठाईगिरों का पीछा करते हैं। बच्चे से मिलने को आतुर ऊँटनी तो तेज़ी से दौड़ जाती है लेकिन बापड़ा ऊँट पकड़ाई में आ जाता है। सोना सूँघनेवाले जीव ऊँट को दबोच लेते हैं। उसके चीथड़े-चीथड़े कर देते हैं...

हेरोडोटस के क़िस्से में दीग़र भौगोलिक इशारे हैं। नुक़्ते हैं। नुक़्स हैं। और कई मोड़ भी। फ़िलवक़्त तो गुज़ारे भर की दास्ताँ ही सुनाई है मैंने। बकाया बचा ली है किसी बेहतर मौक़े के लिए। साथियो, क्या ही अच्छा हो जो यह गल्प आप भी सहेज लें। रख लें इसे अपनी स्मृति-ताक पर, कुछ इस तरह कि बनी रहे नज़र में। यूँ कि हमें इसको फिर-फिर गुहारना होगा। दरकार होगी इसकी गवाही बार-बार। मौजूदा सफ़र के दौरान।

ध्यातव्य है कि चींटी-गल्प कोई भरम-गढ़ी कथा नहीं। थोड़ी नहीं वरन् थोड़ी से कहीं अधिक सचाई है उसमें। कह चुका कि सुवरण-खुदैया जीव की पहचान का

टंटा आज दिन तक नहीं सलटा। तथापि कथा में उद्धृत स्थानों पर से कुहासा छँटा है। जाननेवाले हेरोडोटस वर्णित चिउँटा क्षेत्र को तिब्बत अफ़ग़ानिस्तान व 'लिटिल तिब्बत' के बीच पसरा बता रहे। सिन्धु तथा सुरु नदी से सटे हलक़े का इस गल्प से जोड़ा जाना ध्यातव्य है। ध्यान इस पर भी दिया जावे कि अंग्रजीदाँ लोगों का 'लिटिल तिब्बत' ही आज के भारत का लदाख है।[6] और क़ाबिलेग़ौर घुमक्कड़ी के राजकुमार ह्वेनसांग का गन्धार में देखा भी है। गन्धार अधुना काबुल का निचला हिस्सा होकर कुनर नदी से सिन्धु नदी तक फैला है। यहाँ ह्वेनसांग को तथागत बुद्ध की एक मूरत देखने को मिली। सुनहली आभायुक्त मूरत। उसे ज्ञात हुआ कि यह आभा उन स्वर्णानाभ रेत-कणों के चलते है जो चींटियाँ लेकर आती हैं।

स्वणरित ढोनेवाले इन्हीं चींटों के चाले में फँस मई 2011 में हम पहुँचे थे लदाख। खँगाला था तब लेह के दक्षिण-पूर्व में अवस्थित, सिन्धु-नदी से सटे, एक इलाक़े को। सीधे से कहूँ तो, तब हम-दोई भटके थे रुमसे (Rumtse) नामक स्थान से प्रागैतिहासिक झील, सो-कर (Tso Kar) के बीच के खित्ते में। पैर-पैदल। यह मौक़ा मगर सोकर-मुहिम का हासिल बताने का नहीं। सो अभी तो इतना भर जान लें कि उस अभियान में हमें वांछित जीव की पुख़्ता ख़बर नहीं मिली। काहे कि चींटी-प्रगल्प की उधर किसी को मालूमात नहीं थी। अलबत्ता देनेवालों ने हमें जाँस्कर जाने की सलाह दी। कि आधुनिक दुनिया से अछूते जाँस्कर में शायद हमें चोंटीं-गल्प सुनने को मिल जावे। क़िस्मत ग़र साथ दे तो सोना-खोदू जीव के दीदार भी हो जावें।

क़िस्मत ने मगर साथ नहीं दिया। हुआ यह कि सोकर-मुहिम से लौटते न लौटते पनपतिया-दर्रा पार करने का भूत सर पे सवार हो गया। सो आते बरस, यानी साल 2012 में चल पड़े पनपतिया को। यह दीगर बात कि पनपतिया को छोड़ जाना पड़ा दूसरी घाटी में। भिलंगना-घाटी में—मियाली दर्रे तरफ़।

बहरहाल, आप जान ही चुके कि साल 2013 में इसी पनपतिया की ग़रज़ से हम सोनी से मिलनेवाले थे जोशीमठ में। 8 जून को। तदनुसार इन्दौर से देहरादून के रेलगाड़ी के टिकट खीसे में थे। देहरादून से जोशीमठ के लिए टैक्सी भी बोली जा चुकी थी। कि तभी सोनी का फोन आया। कुछ घबराया सा लगा—

"सर! निकल तो नहीं गए?"

"नहीं कल निकलेंगे। परसों रात तक जोशीमठ पहुँचेंगे..."

"अभी रुक जाओ। मैं बताऊँगा आपको कब निकलना है।"

"पण भाये हुआ क्या? जंगलातवालों ने फिर लँगड़ी मार दी क्या?," बता दूँ कि कई दफ़ा पनपतिया मुहिम पर पानी फ़ॉरेस्ट वालों ने ही फेरा था।

"परमिसन तो मिल गई," सोनी 'श' को 'स' बोलता है, "पर मौसम ठीक नहीं। मई-जून में झड़ी मैंने आज दिन तक नहीं देखी सर। ये समझ लो कि आठ दिन से बारिस रुकी ही नहीं है। रनी एक टीम के साथ सतोपन्त पीक पर गया है।[7]

मैं एन.आई.एम. में फँसा हूँ। आपको एक-दो दिन में फ़ोन करता हूँ सर।"

हमें लगा, क्या ही होगा। वृष्टि है। आज नहीं तो कल थम ही जाना है उसे। सो सफ़र की तैयारियाँ बदस्तूर जारी रहीं। इन्तज़ाम वास्ते सोनी को अग्रिम राशि भेजी गई। नूतन वाकिंग-पोल कीने गए। एक अल्टोमीटर भी ख़रीदा गया। अब समस्या थी वही हर बरस वाली। यानी तीन दर्जन नन्हे साथियों की। बोले तो रंगीन परिन्दों की। जो छत पर बने बड़े पिंजरे (एवरी) में रहते थे। पिछली मर्तबा एक माह का दाना पिंजड़े में एकमुश्त ही धर दिया था। पण भाई लोग वक़्त से पहले ही सब चट कर गए। भूख से चिचियाते बरामद हुए थे लौटने पर। दुख हुआ। सो इस बार दाना देने के वास्ते मशीन जुगाड़ी। पानी का इन्तज़ाम किया। और लगे देखने राह सोनी के फ़ोन की।

दिन बीतने लगे।

दो दिन का इन्तज़ार हफ़्ते में बदल गया, पर सोनी लापता। हर सम्पर्क-साधन से दूर। संशय जगा। उधर का हाल जानने के लिए इधर-उधर सम्पर्क साधा। विदित हुआ कि उत्तराखंड में सब बदस्तूर जारी है। चार धाम यात्रा ज़ोर पर है, होटल-शोटल में जगह नहीं।

फिर सोनी चुप क्यों है? क्यों उसका फ़ोन नहीं आ रहा?

इन्तज़ार खींचा तो सब्र छूटा। मगज की बारियाँ बन्द। अब सोच काटे चक्कर स्याह कोठर में। इधर धड़का, उधर डबका। मन-कोठर में गूँजे एक ही जुमला—'अजय बाबू, अब के बरस भी पनपतिया हासिल होने का नहीं।' नतीजा? दिल ख़ूनाझार। जुबाँ बेकाबू। वह भर-भर गरियाए सोनी को। रह-रह कोसे गिरिवर को!

किन्तु अब सोचूँ तो लगे कि गिरिवर का हमसे कुछ लेन-देन बचा था शायद। वरना क्यूँ रोकता वह हमें हमारे ही उत्तराखंड में जाने से! दोस्तो, जो वो ऐसा न करता तो आज हम न होते। 2013 की 16 जून को हम बढ़ रहे होते पनपतिया दर्रे की ओर। होते खिरौं उपत्यका में—यानी ठीक वहीं जहाँ से ढुका था सैलाब बदरीधाम-घाटी परिक्षेत्र में![8]

ख़ैर।

केदारनाथ ज़लज़ले की ख़बर ने गहरा असर किया। ट्रैक से मन हट गया। तमाम तैयारियाँ धर दी गईं ताक पर। अब फ़िक्र थी तो रनी की। सोनी की। ज़लज़ले में फँसे अनगिनत लोगों की। हिमाला की तो थी ही थी। आँख टी.वी. पर और कान फ़ोन पर जम गए। जो कभी नहीं किया, किया जाने लगा। मतलब कि दुआओं के दौर चल पड़े। मन्नतें माँगी गईं।

अन्ततः सोनी का फ़ोन आया। देहरादून से। 20 जून, 2013 को। रनी के महफ़ूज़ होने की ख़बर मिली। हुकुर-पुकुर ख़त्म हुई। मन राहु के जबड़े से छूटा। मैख़्वार को मैकदा दिखने लगी। छा गया फिर हिमाला हिया पर।

मौक़ा निकाल पूर्वोक्त 'प्लान-बी' सोनी को सुझाया। वह फ़ौरन से भी फ़ौरन राजी हो गया। नक्की हुआ मनाली में मिलना। उसने तैयारियों वास्ते हफ़्ता-पाँच दिन का वक़्त चाहा। दिया गया। साथ ही, इतने बरस में पहली बार, हमने तैयारियों बाबत कुछ दिशा-निर्देश भी दिये। मसलन उसे कहा गया कि सामान ढोने के लिए खच्चर किये जावेंगे। चुनाँचे सहायकों की फ़ौज न जोड़ी जावे। उसे उत्तराखंड से ही तिब्बती बूझनेवाला एक जना संग लाने को भी कहा। और यह भी कि इस बार साथ जावेगा सिर्फ़ एक ही हाई एल्टी पोर्टर।[9] वह भी उत्तराखंडी ही।

अँय! क्या बोले आप? मैं उलझा रहा हूँ आप लोगन को। कंचन-लोलुप चिउँटों की तलाश में जाँस्कर जाते-जाते मनाली क्यों चल पड़ा? आख़िर 'सुवरण खुदैया चींटों का देश' है तो है कहाँ?

बिरादर लोगो! सच कहूँ तो स्वर्ण-संग्राहक चींटों की भूमि का नक़्शा मेरे ज़ेहन में भी साफ़ नहीं। फ़क़त दो इशारों के सहारे अपन को तय करना है यह सफ़र—हेरोडोटस की कही गल्प व महाभारत की वे पंक्तियाँ जिनमें खस आदि लोगों द्वारा स्वर्ण से भरे दोने युधिष्ठिर को भेंट करने का ज़िक्र है। आगे चलके हम देखेंगे खसों और मनाली के गहरे रिश्ते। मगर वे (खस) उस जगह से भी तो जुड़े हैं जिसे महाभारत में 'सिन्धु सौवीर' देश बुलाया गया है—

> दृश्य महासमर का है। कर्ण रण में है। उसका बहुप्रतीक्षित क्षण बस आया कि आया। उसका सामना अर्जुन से हुआ कि हुआ। बतौर सारथी मद्र-देश का राजा शल्य कर्ण के संग है। परन्तु वह कर्ण की हिम्मत तोड़ रहा। शत्रु के, बोले तो अर्जुन के गुण गा रहा। कर्ण चट चुका है, तप गया है। वह शल्य को खरी-खोटी सुना रहा। मद्र तथा सिन्धु-सौवीर देशों को पापपूर्ण देश कह रहा। वहाँ के वासियों को म्लेच्छ बुला रहा। वहाँ की स्त्रियों को मर्दख़ोर बता रहा। प्रसंगवश कह दूँ कि इन देशों को रामायण ने भी अराष्ट्रक (राजा व संविधान विहीन) तथा परम्पराभ्रष्ट कहा है।

सोचा, नीम अँधेरे में तीर चलाने से अच्छा होगा कि यात्रा में पुरागल्पों में गूँधे भौगोलिक संकेतों की मशाल संग रहे। चुनाँचे, मद्र तथा सिन्धु-सौवीर देशों को आज के मानचित्र में तलाशने की हरचन्द कोशिश की। फल भी मिला। जाना कि उत्तरी-पश्चिमी पंजाब में अर्णा द्वय, चेनाब-रावि, के बीच का प्रदेश ही मद्रदेश है।[10] और सिन्धु-सौवीर है सिन्धु-घाटी का निस्तीर्ण परिक्षेत्र। प्रस्तावित यात्रा का निमित्त इन सिन्धु-सौवीर देशों में पहुँचना है। काहे कि सिन्धु-परिक्षेत्र के पुरादेशों में एक देश लाहुल है और दूसरा जाँस्कर। जहाँ ढूँढ़ना है हमें हेरोडोटस के चींटों को। सटीक ढुँढ़ाई हेतु आवश्यक है इन दोनों देशों के इतिहास-भूगोल पर, सरसरी सही, एक नज़र डालना। इस काम को अंजाम दिया जावेगा, किन्तु अभी नहीं। यात्रा के दौरान।

अभी तो तोकी जावे गल्पों की लालटेन। निकला जावे चींटों के देस की तरफ़। मगर शब्दपोत पर सवार होने के पहले एक खुलासा कर दूँ। वह यह कि आज दिन तक, यानी दिसम्बर 2021 तक, सिन्धु-सौवीर के अभीष्ट देशों के हम-दोई तीन फेरे लगा चुके।[11] परन्तु आगे जो मैं कहूँगा वह मूलतः होगी 2013 में की गई यात्रा की कहानी। लेकिन, वक़्तन-फवक़्तन, 2011 व 2021 में हुई यात्राओं में भी आवाजाही होगी। ऐसा होना ठीक भी है कि एक ही भूमि में हुई तमाम यात्राओं को एकमुश्त सुनने से जो रस चुए वह खंडवार कहने-सुनने में किधर!

डग पहला

जाँस्कर के इधर

अधर में सफ़र

28 जून, 2013

लदाख सम्त यह हमारा दूसरा फेरा है। पहला हुआ था मई 2011 में। तब रोहतांग-पास बरफ़दोज़ था। चुनाँचे सड़क मार्ग बन्द था। सो वायुयान से पहुँचे थे लेह। कहने को तो वह सफ़र आज वाले के मुक़ाबिल आसान था। हमपे लेकिन वह मुश्किल गुज़रा। इसलिए कि वायुमार्गीय यात्रा को साधना हम-दोई के बस का नहीं। ऐसे सफ़र में मन पे कई दाब मुसलसल बने रहते हैं। जैसे भीषण प्रदूषण फैलानेवाले यात्रा-साधन के प्रयोग का दाब। या सजी-धजी मगर गूँगी मूरतों के पासंग धर दिये जाने का एहसास। मानो तोशाख़ाना के माल-ओ-असबाब बीच ठूँस दिया गया हो अपन को!

अलबत्ता ख़ैर, वह सफ़र कैसे तय हुआ यह ज़िक्र बेमानी है। मूल बात यह है कि साल 2011 में हम लेह गए। और इत्तफ़ाक़ देखिए कि तब भी हमारे ज़ेहन में ज़लज़ला था। आज भी है। तब लेह में क़हर बरपा था, इस बार केदारधाम में।[1] तब हम ज़लज़ले बाद के लदाख को जाँचने की मंशा से सफ़र में थे। आज ज़लज़ले से भाग लदाख को जा रहे। बरास्ता हिमाचल प्रदेश। वैसे हालिया सैलाब का असर अभी ख़त्म नहीं हुआ। घायल उत्तराखंड-हिमालय अब भी पासे बदल रहा। दरक रहा जब-तब।

दरका तो हिमाचल प्रदेश भी। इधर भी घनघोर वृष्टि हुई। पर्वत टूटे-धसके। मौतें हुईं। सनद रहे कि पहाड़ भसकने का सिलसिला अब भी जारी है यहाँ। कुछ दिनों पहले तक—उत्तराखंड की तरह—इधर पर भी यातायात बन्द था। मगर क्या किया जावे कि हिमाचल प्रदेश का चौका चलता है पर्यटकों से। सो सड़कें खोल दी गई हैं। पर्यटकों को गुहारा जा रहा। दरकी राहों से गुज़ारा जा रहा।

ऐसी ही एक दरकी डगर पर हमन की मोटर भी चल रही। साँझ पाँच बजे सवार हुए थे मोटर में। दिल्ली से। जा रहे हैं मनाली सम्त। अब रात हो चुकी। समय है नौ के आसपास का। गाड़ी अँधेरे के समन्दर में हिचकोले खाती बढ़ रही। बहुत दिन हुए ऐसा निविड़ तिमिर देखे। देखें भी तो किस तरह। कि शक्तिशाली

होने का दम भरनेवाले महाकाय-शहर अँधेरों से डरपते हैं। स्याह-रंग फूटी आँख नहीं सुहाता उन्हें। लिहाज़ा उनकी सीमा में निशा को ठौर नहीं। परन्तु सूर्यास्त बाद अँधेरा घिर आने की रवायत आज भी बदस्तूर है—बीहड़ों में, गाँवों में। हम ऐसे ही किसी बीहड़ से गुज़र रहे हैं। डगर के अगल-बग़ल सघन तम है। अँधियारा है। बाहर का अँधियारा मोटरयान में भी धँस आया है।

मोटरयान के जिन गोशों में जवाँ जोड़े हैं, वहाँ का अँधेरा चंचल है। उधर हलचल है। तेज़ साँसें हैं। खुसुर-फुसुर है। ऊँ...आह है। सीत्कार है। इसके मुख़्तलिफ़ जहाँ बैठे हैं मोबाइलशुदा छड़े लोग, वे कोने रौशन हैं। उन गोशों में जुगनू मटकते जान पड़ रहे। हिचकोला-लय पर रक़्स करते जुगनू! नृत्यमग्न जुगनुओं की हमसफ़री का ख़याल अच्छा लग रहा!

जवाँ जोड़ों और रवाँ जुगनुओं से जो बेख़बर हैं, वे अधेड़ हैं। सोना चाह रहे। परन्तु सो नहीं पा रहे। बल्कि उन्हें तो ऊँघने की सुभीता भी बमुश्किल हासिल। गो कि मोटर 'स्लीपिंग कोच' कहाती है किन्तु इसमें कमर तो छोड़िए ठीक से पैर सीधे करने का भी अवसर नहीं। सीट पीछे को थोड़ी नम-भर जाती है, यही है शयन सुभीते हिमाचल-पर्यटन वालों के यहाँ। नींद व जाग के बीच लटके-अधलेटे हो रहे सफ़र में सारा कुछ अधर में लटका सा जान पड़ रहा।

जब से दिल्ली छूटी, बारिश की जकड़ में हैं। पकड़ रफ़्ता-रफ़्ता मज़बूत होती जा रही। जून माह में टूटकर बरसते मेह, आदमी को हतप्रभ किये हैं। हरसूँ इस-ही के चर्चे हैं। ख़ासकर केदारनाथ घाटी के। वहाँ मचे प्रलय के। उसके कारकों के। बहस-ओ-मुबाहिसा जोरों पर है—ट्रेन में, बस में, घर में, सियासती गलियरों में, धार्मिक चौबारों में। जितने मनक उतने मुख। जितने मुख उतने मुलजिम। हर कोई दूसरे को कठघरे में खड़ा करने में मसरूफ़! अपने गिरेबां में झाँकने की किसी को न फ़ुरसत न मंशा ही।

जनता सरकार को दोष दे रही, सरकार देवता को। कह रही, मुआमला आसमानी सुल्तानी घटने का है। कि देवता कुपित हैं। उन-ही के ताप से इत्ती ख़ूब सारी बारिश हो रही। क्रोधित देवताओं के कारण ही जारी है पहाड़ों का टूटना-धँसना। एँ! देवताओं पर ताप कैसे चढ़ा भई? जबकि बचपन से हमें घोंटाया गया है—काम, क्रोध, मद व लोभ छोड़े बिन देवलोक-प्रवेश नहीं होता। फिर देवलोक में देवता किसकी संगत में धूल हुए जो अपने पिता ब्रह्मा की सृजना की ही बखिया उधेड़ने में जुटे हैं? मगर ख़ैर, अपने राम को बिहिश्ती कारोबार की समझ नहीं। अपन को तो यह सब गोरखधन्धा ही लगता है। अपने किये-धरे को दूसरे के मत्थे मढ़ने की साज़िश जान पड़ती है।

और यह साज़िश किन्तु मेरा कयास नहीं।

यूँ कि सन् 2012 में, केदारनाथ-बमक में हो रहे हैरतअंगेज़ बदलावों को मैं देख चुका। दर्ज कर चुका। लेकिन मुझसे पहले एक ख़बरकाग़ज़ केदारनाथ घाटी

में ऐसा कुछ घटित होने की भविष्यवाणी कर चुका।[2] सरकारी महकमे ने किन्तु इस ख़बर को अफ़वाह बता दरकिनार कर दिया। दबा दिया। जाँबाज पत्रकार, लक्ष्मी प्रसाद पन्त की मानें तो उपर्युक्त समाचार के प्रकाशन उपरान्त—सरकारी आदेश से—केदारनाथ-बमक की निगरानी बन्द कर दी गई। यही नहीं, हुक़्मरानों के यहाँ भेजवाई ख़तरे की रिपोर्ट अब महकमे की फ़ाइलों से ग़ायब है।

मगर यह सब मैं क्यों कह रहा? कि यह मौसम मायूस करनेवाले नुक़्तों को उछालने का नहीं, सफ़र का है। सो पकड़ता हूँ पुनः मनाली जाती मोटर को।

पहाड़ी डगर पकड़ने बाद से वाहन का चाल-चलन बदल सा गया है। अब वो रुके अधिक, चले कम। जब चले तो यूँ तिरभन्नाट कि मनक को भन्नाटे आने लगे। जिगर में, मगज में नहीं। कभी लगे कि गिरे खड्ड में। कभी हो पहाड़ से भिड़ने का धड़का। हो न हो अपने डिरायवर बाबू झगड़कर निकले हैं आज घर से। नी तो उनको रे-रे के यूँ उकाली क्यूँ आती? फिसलमाँ सड़क पर क्यों भगाते गाड़ी तिरभन्नाट, जब-तब।

वैसे यह हिमाचली पहाड़ भी कम खोड़ला नहीं। भलते ही चेका रहा डिरायवर बाबू को। फेंक रहा भाटे बस पर। ठेल रहा है चट्टानें सड़क पर। सो हम-दोई के मन में खुटका है—मनाली पहुँचेंगे या लौटना होगा बीच रस्ते से? अधलेटे हो रहे सफ़र में सारा कुछ अधर में लटका सा जान पड़ रहा है!

नींद लापता है, ऊँघ भी है मुख़्तसर।

अकड़ती कमर व हिचकोलती मोटर ऊँघ को लम्बी होने का अवकाश नहीं दे रही। अगरचे सब कुछ ठीक रहा तो भी सुब्बो सात के पहले मनाली पहुँचने के नहीं। यानी कि अभीष्ट और अपने बीच पसरी है अतिशय मंथर गति से व्यतीत होती निशा। ऐसी ठोस रात को काटने का एकमेव औज़ार—सोचना, विचारना। वही कर रहा हूँ। अर्थात् विचार रहा चकरघन्नी में डालनेवाले चार नामों को—इंडिया, भारत, भारतवर्ष तथा आर्यावर्त। जिन कथाओं के सहारे यह यात्रा हो रही वहाँ यह नाम-चौकड़ी बारम्बार आवेंगी, सो उस पर अभी विचार कर लेना उचित।

सोच रहा कि बरतने को तो इन चारों को पर्यायवाची की तरह बरता जाता है, परन्तु क्या सच ही ये समानार्थी हैं? कालखंडानुसार देखने पर अथवा भौगोलिक कोण से जाँचने पर ये संज्ञाएँ क्या एक ही और हर मर्तबा उसी एक भू-क्षेत्र को इंगित करती हैं?

मसलन 'इंडिया' को ही लें।

इसे हम हेरोडोटस (ई.पू. 490-415) के यहाँ देख आए हैं। वैसे हेरोडोटस से चार-पाँच सौ बरस पूर्व होमर की रचना 'इलियट' में भी 'इंडिया' आबाद है। आदिम फिरन्दरों की गवाही बताती है कि ग्रीक-ओन कई देशों को उनके प्रचलित नामों के अलावा 'इंडिया' भी बुलाया करते। जिनमें आज के अफ़ग़ानिस्तान, अरब,

इजिप्ट व सिन्धु घाटी शुमार हैं। यदि ईसा बाद की पन्द्रहवीं सदी को खँगालें तो 'इंडिया' की जुदा तस्वीर सामने आती है। यहाँ फ्रान्स, डच, ब्रिटेन (उपनिवेश स्थापित करनेवाले यूरोपियन देश) के अधीन सभी देश (भारत, अमेरिका, जावा, इंडोनेशिया आदि) 'इंडिया' हैं, और वहाँ के मूलनिवासी 'इंडियन'। दो टूक बात यह कि ई.पू. से बहुत इधर तक 'इंडिया' किसी देश-विशेष तक महदूद नाम नहीं था।[3]

अब चलते हैं 'भारत' की ओर।

इसे बूझने के लिए हमें चन्द्रवंशियों के पास जाना होगा। इस वंश की तैंतालीसवीं पीढ़ी में भरत नामक राजा हुआ। महाभारत की मानें तो राजा भरत को अपना राज्य, वंश परम्परानुसार, पुरु से हासिल था। जैसा कि सर्वविदित है पुरु, सम्राट ययाति का अनुज पुत्र था। चन्द्रवंश की छठी पीढ़ी के ययाति पर जब वैराग्य व्यापा तब उसने यमुना-गंगा के बीच का प्रदेश—यानी मध्यदेश—पुरु को सौंपा। कालक्रम से यही मध्यदेश भरत को हस्तगत हुआ। स्मृतिग्रन्थों के अनुसार भरत ने कई अश्वमेध यज्ञ किये। मगर यमुना-गंगा के तटों को उसने नहीं लाँघा। मतलब यह कि उल्लेखित 'मध्यदेश' ही महाभारतकालीन 'भारत' है। राजा भरत का भारत है।

इधर से रुख़ करते हैं भारतवर्ष तथा आर्यावर्त सम्त।

महासमर के बहुकाल बाद जन्मे मनु-संहिता रचने वाले मनु (100 ई.)। इस ऋषि के अनुसार उत्तर में हिमालय, दक्खिन में विन्ध्याचल तथा पूर्व-पश्चिम में के समुद्रों से घिरी भूमि, जहाँ काले-मृग निर्भीक विचरा करते हैं, वह ही ब्रह्मावर्त (देवनिर्मित) एवं आर्यावर्त (आर्यों से घिरी) है। और विन्ध्याचल के दक्षिण का देश म्लेच्छ देश है, आर्यावर्त नहीं![4] जबकि मार्कंडेय (250-500 ई.) एवं विष्णुपुराण (400-500 ई.) में भारतवर्ष को यवन व किरात देश, हिमालय एवं समुद्र से घिरा प्रदेश कहा गया।[5]

कहने की दरकार नहीं कि भारतवर्ष किंवा आर्यावर्त कहने से वैदिक भारत खुलता है न राजा भरत वाला और न ही आज का स्वतंत्र भारत। कुल जमा बात यह कि कथा सुनते समय उसका जन्म-स्थल व जन्म-काल ध्यान में रखना ज़रूरी है। अन्यथा कथाओं में गुम्फित भूगोल अर्थाने में चूक हो सकती है।

ख़ैर कुछ देर के लिए इस विचार-विमर्श को रुकना होगा। बड़ी देर बाद बस रुकी है। कोई गाँव न क़स्बा। तब भी रुकी है। बीहड़ में। उतरूँ क्या?

इस मोटर की कपाल-बत्ती, बोले तो हेडलाइट, वहीं है जहाँ हर मोटरयान की होती है। मतलब आगे। नाक के अगल-बग़ल। और वह जल रही है। सो मोटर आगे उजेला है। उजास से दीपित हो पावस बुँदकियाँ चमक रही हैं। प्रकाश-लोलुप पतंगे भी कपाल-बत्ती की ओर बढ़ रहे हैं। ठुमकती-थिरकती बुँदकियों के बीच से गुज़र रहे हैं। शिवालिक-हिमाला पर नृत्य चल रहा है। क़ुदरत का सुन्दरतम निशा-नृत्य। बुँदकियों-पतंगों का समूह-नृत्य। मेघ नगाड़ा बजा रहे। बिजुरी चमका रहे। पवन गतिशील है। विटप डोलायमान। पड़ोसी प्रशाखाएँ सटने को बेताब हैं। अपने नखाग्र

चुभो रही हैं एक-दूजे को। अरण्य मदमस्त है। सीत्कार रहा है। सीत्कार तो मैं भी रहा। दाब से। मसाना ठनक रहा। फ़ारिग होना है। उतर ही जाता हूँ।

पिछवाड़े, मोटरों के पिछवाड़े, रवायतन टेल-लाइट लगाई जाती है। जो बारहा बन्द होती है। हमारी वाली की भी बन्द है। चुनाँचे, पीछे अँधियारा है। दीप्त-अदीप्त के मध्य जो अवकाश है उसमें मोटर धँसी है। थिर है। सवारी उतर रही है। एक-एक कर। मरद आगे को जा रहे। जनानियाँ पिछवारे। बँटवारा हो गया है अँधियारे-उजियारे का। बिना चूँ-चपड़। मैं भी अपनी शंका मेट लूँ फिर कहूँगा जो कहना है...

बाहर निर्बन्ध पवन है। हल्की फुहार है। अरण्य-गन्ध है। गहरी साँस लेता हूँ। अब मेरे भीतर थोड़ा अरण्य है। थोड़ी उसकी गन्ध भी। गन्ध, घुल रही है रक्त में। नशा चढ़ रहा है। क़दम डगमग हैं। सड़क हिचकोलती जान पड़ रही। उसके किनारे जमकर खड़े होना मुश्किल हो रहा। अपने को साधता हूँ...ओह! व्हाट ए रिलीफ़! अब शान्ति से बात हो सकेगी जाँस्कर के इतिहास की, उसके भूगोल की।

जाँस्कर : एक खोज

शंका-निवृत्त लोग लौट आए हैं।

मोटर चल पड़ी है। भीतर का माहौल बदल चुका है। अब यहाँ से जुगनू गुम हैं। सीत्कारें बन्द। खर्राटे चल रहे हैं। अपर्णा भी मेरे शाने पर सर धर सो चुकी। मगर मैं भटक रहा हूँ उलूक मानिन्द ज़िहनी गली-कूचों में। टोह रहा हूँ वहाँ दर्ज हिमालय का भूगोल। लदाख-जाँस्कर का इतिवृत्त। जो पा रहा हूँ उधर, वही कहता हूँ आपसे। संक्षेप में।

हालिया भारत की उत्तरी सीमा पर पश्चिम से पूर्व तक फैले हिमालय की संरचना क्लिष्ट है। जिसमें इतना कुछ संश्लिष्ट है कि टुकड़ा-टुकड़ा देखे बग़ैर बूझना कठिन। उदाहरणार्थ, हिन्दुस्तान के मैदानों से अगर कोई लदाख को निकले तो यात्रा कुछ इस तरह सम्पन्न होगी। उसके समक्ष सबसे पहले होगा शिवालिक हिमाला। जिससे हम फ़िलवक़्त गुज़र रहे। घुमावदार डगर के सहारे दस से चालीस कि.मी. चौड़ी इस श्रृंखला को लाँघ आदमी पहुँचेगा उधर जिसे निम्न-हिमालयीन (लेसर या लघु हिमालय) परिक्षेत्र बुलाया जाता है। इसी को महाभारत-हिमाला भी पुकारा गया है। हमारे मोटरयान की मंज़िल इसी अंचल के दूसरे छोर पर बसा मनाली है।

महाभारत-हिमालय से उत्तर की ओर बढ़ने पर सफ़री को मिलेंगी उच्च-हिमालयीन पर्वतश्रेणियाँ। जहाँ के शिखरों की औसत ऊँचाई है छह हज़ार मीटर। मनाली में कुछ समय व्यतीत कर हमें भी इन्हीं चोंटियों के सान्निध्य में पहुँचना है। इसके वास्ते हमें पार करना होगा रोटांग (रोहतांग) दर्रा। लदाख लेकिन उच्च-हिमालयीन खित्ते का सामान नहीं। वह तो सम्पत्ति है हिमालय के 'थेसिस' महल्ले की। थेसिस-महल्ला मिलेगा उच्च-हिमालयीन श्रृंखला के उस पार। जहाँ है अपनी मंज़िले मकसूद—जाँस्कर। और जहाँ प्रवहमान है स्वनामधन्य अर्णा—सिन्धु।

इसी सिन्धु-दरिया के उत्तर-पश्चिम में है हिन्दूकुश, कराकोरम व पामीर पर्वतीय क्षेत्र। अर्थात् पार-हिमालय परिक्षेत्र। इस पर्वतीय मकड़जाल के पार हैं आज के अफ़ग़ानिस्तान, तिब्बत, चीन, ईरान, इराक, ग्रीस, टर्की, कजाकिस्तान, रूस तथा तब के स्किथी, मेसोडोन, स्पार्टा, तुषार (बैक्ट्रिया), तुर्क, गन्धार, कनिष्क देश।

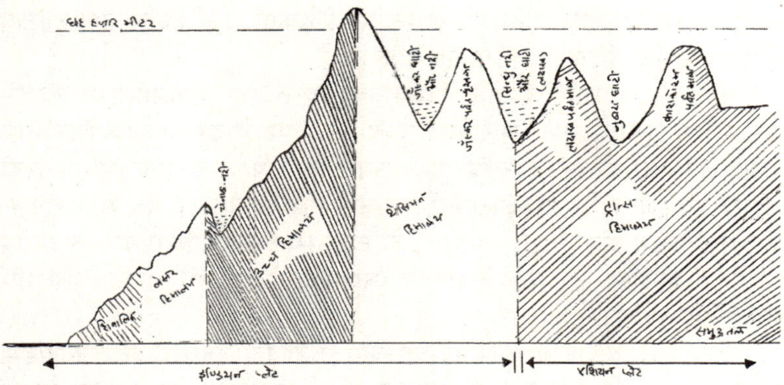

पश्चिमी हिमालय की संगठना

जिन्हें अपन 'सिन्धु-पार देश' बुलावेंगे। लेकिन अपन को इतने विस्तार में क्यों जाना? यूँ कि अपना वास्ता तो थेसिस-प्रदेश में अवस्थित लदाख को सिन्धु-पार देशों से जोड़नेवाले पथों से ठहरा।

प्राचीन समयों में सिन्धु-पार देशों से लदाख तरफ़ आने वास्ते मूलतः दो सम्भावनाएँ थीं। ग्रेट यूरेशियन-स्टेपी एवं उत्तरी महापथ या पर्शियन राजमहापथ। ग्रेट यूरेशियन-स्टेपी, यानी पश्चिम में हंगरी से लेकर पूर्व में ठेठ साइबेरिया तक पसरा मैदान। आदिम-फिरन्दरों का मादरे वतन! एक समय स्टेपी के दक्षिण से निकलनेवाले पथ कैस्पियन सागर के किनारों से गुज़रते हुए या अमू-दरिया संग चल काशगर, बगदाद, हेरात, बल्ख आदि प्रदेशों तक पुगते। घुमन्तू-पशुपाल इसी पथ को वापरते। दूसरा पथ, उत्तरी महापथ, वस्तुतः व्यापारियों व योद्धाओं का चहेता पथ था। सम्राट दारा (ई.पू. 550-486) द्वारा निर्मित यह पथ सार्त (भूमध्य सागर के पास) से आरम्भ हो, मेसोडोनिया से गुज़र परसेपोलिस (ईरान) को पहुँचता था।

काशगर तथा परसेपोलिस से सिन्धु घाटी पहुँचने के लिए अनेक पहाड़ी रास्ते थे। मसलन ग्रीस से इधर आनेवाला पथ। यानी ख़ैबर-जोत की सहायता से हिन्दुकुश श्रृंखला लाँघ, पारहिमालय की पश्चिमी सीमा तक पुगती डगर।[1] उधर से सिन्धु-नदी की बाँह गह बढ़नेवाला आदमी पहुँच जाता था सिन्धु घाटी में। कहते हैं कि इस लीक पर चल पहले दारा-प्रथम और बाद में मेसोडोनवासी सिकन्दर 'उनके इंडिया' पहुँचा था।[2] प्रसंगवश आगाह कर दूँ कि 'पथ' व 'सड़क' सुन कोलतार चुपड़ी चिक्कन डगर की प्रतीति न की जावे। क्योंकि जहाँ स्टेपी व उत्तरी महापथ कच्चे होकर भी घोड़ागाड़ी लायक़ थे, वहीं हिन्दूकुश पामीर जैसी श्रृंखलाओं के पथ तो

आभासी-पथ थे। उनके यहाँ बरफ़ में बनी पगवीथिकाएँ ही थीं। और जान जोखिम में डालकर ही उन्हें बरता जा सकता था/है।

बहरहाल, काशगर से सीधे लदाख आने वास्ते एक आभासी-डगर और है जिसे अपन 'नुबरा-लीक' बुलावेंगे। नुबरा-लीक पर चलना मतलब सिन्धु-पार काशगर से कराकोरम-दर्रा लाँघ पहले नुबरा घाटी पहुँचना। फिर सामने अड़ी लदाख-पर्वतमाला के खारदुंगला-दर्रे को टाप लेह में पैठना। लेह से करगिल। और करगिल से द्रास नदी (हिम-आब) के उत्स-स्थल—मचोई बमक—के क़रीब अवस्थित झोज़िला-जोत के पार श्रीनगर (कश्मीर) से होते हुए अन्ततः 'ब्रितानी-इंडिया' में ढुकना।

ब्रितानी-इंडिया। ऐसा कहने से यह बोध न हो कि नुबरा-लीक ईस्ट इंडिया कम्पनी के बाद की चीज़ है। यूँ कि कश्मीर पहुँचने की यह तरतीब न मालूम समयों से प्रचलित है। मेरे कहे को ग्रीक गणितज्ञ टोलमी (?100 ई.) का सहारा है। जिसके यहाँ कश्मीर कास्पैरिया[3] का रूप धर मौजूद है। वैसे कराकोरम से गन्धार होते हुए चीन को जाती एक डगर और भी थी प्राचीन समय में। इस डगर कुषाण (तुषार) काल (ईसा बाद पहली सदी) के बच रहे चिह्न आज भी मिल रहे।

नुबरा-लीक। इसे बरत एकाधिक यायावर—खोजी यायावर—इधर आए। इसी डगर बौद्ध धर्म बाहर गया और इसी से ईसाई धर्म प्रचारक बरास्ता लदाख ब्रितानी-इंडिया में ढुके। यही लीक आगे चल सौदागरों की चहेती डगर बनी। इन्हीं लोगों ने लदाख को 'लिटिल तिब्बत' बुलाया। नुबरा से कश्मीर पहुँचने हेतु उन्हें इतने दर्रे पार करने पड़ते कि भाई लोगों ने इसका नाम 'लदवाक्' ही पाड़ दिया। लदवाक् मानी दर्रों में छुपा हलक़ा। आज के लदाख की जड़ें इस लदवाक् से ही पोषित हैं। यहाँ ध्यान दिया जावे कि धर्म-यात्रा में जुटे ह्वेन-त्सांग (640 ई.) ने कश्मीर[4] से बल्तिस्तान[5] पहुँच मार्ग का हवाला दिया है। उसका 'लाल देश'[6] लदाख ही है। इसे 'ख़ुशहाल लोगों का देश' तथा 'चन्द्र देश' भी कहा गया।[7]

ईसा पूर्व से 1900 ई. के बीच नुबरा-लीक पर से इतने क़ाफ़िले गुज़रे कि अनगिनत। रेशम, केसर, मसालों आदि का व्यापार इसी राह हुआ करता। बाद में तिब्बत की प्रसिद्ध पशमीना भी नुबरा-लीक से चल इंडिया पहुँचने लगी। बेशक़ीमती पशमीना ने लदाख की क़िस्मत ही पलट डाली।[8] करगिल बन गया एशिया का प्रमुख व्यापारिक केन्द्र। तथा लदाख राज्य की आय का प्रमुख स्रोत बन गया कर-वसूली। परन्तु आगे चल यही लीक चन्द्र-देश पर ग्रहण का बायस बनी।

हुआ यह कि चीनी व बल्तिस्तानी लुटेरे जब-तब लदाख में घुसने लगे। आगे चलके रूस, मुगल, सिख और जम्मू शासक इस लीक पर काबू पाने हेतु सैन्य-सामर्थ्य से लगभग शून्य लदाख-राज्य पर कहर तोड़ने लगे। और यह चलता रहा ई.पू. से ठेठ ब्रितानी काल तलक। यानी तब तक जब महाराज रंजीत सिंह के निधन

बाद, इंडिया के गवर्नर जनरल के दख़ल से लदाख कश्मीर संग नत्थी कर दिया गया। बापड़े लदाख का ज़र गया, जोरू भी न बची!

कहे का निचोड़ यह कि इस लीक को लेकर मची खींचतान के चलते रफ़्ता-रफ़्ता लदाख की फ़िज़ा बदलती गई। बाहरी देशों के हस्तक्षेप से लदाखी राजघराने में टूट पड़ी सो अलग। जिसके चलते मुसलमानों को शै मिली। बुद्ध को माननेवाले करगिली मुस्लिम हो गए। उनकी भूषा-भाषा में भी बदलाव हुए। जब भाषा जाती है अपने साथ एक संस्कृति, पूरा इतिहास भी ले जाती है! यही लदाख के साथ भी हुआ।

इतनी बकझक के बीच क्या मैंने किसी के जाँस्कर घाटी पहुँचने की बात की? आप सोचते होंगे, इसके विशेष उल्लेख का इसरार क्यों? आदमी लदाख पहुँचा यानी कि जाँस्कर पहुँचा। आख़िर जाँस्कर ठहरा लदाख का हिस्सा। मुआफ़ करें, ख़ादिम आपके कहे से सहमत नहीं। ठीक है कि लेह-लदाख, करगिल एवं जाँस्कर भारतीय मानचित्र का हिस्सा हैं। परन्तु यह तो इधर के दिनों का नक़्शा ठहरा। पुरानी तारीख़ों में लदाख व जाँस्कर ब्रितानी-इंडिया का हिस्सा थे न एक दूजे के। दोनों थे स्वतंत्र देश। इनके अपने राजा थे। अपने तौर-तरीक़े। मुख़्तसर में जाँस्कर लदाख का पड़ोसी था, हिस्सा नहीं। दिल से तो आज भी नहीं। पर हालिया मंज़र तो अपन अपने तईं देखने निकले हैं। चुनाँचे उधर जाने के बजाय लौटते हैं जूने ज़माने में।

लश्करों की आमद का लदाख पर जो असर हुआ सो कहा जा चुका। अब सवाल है कि पाँच-सात सौ या शायद हज़ार बरस की आपाधापी का करगिल से सिर्फ़ सौ कि.मी. दक्खिन में बैठे जाँस्कर ने क्या असर लिया? जवाब है—लगभग सिफ़र। यूँ कि करगिल से गुज़रनेवालों की नज़रें जाँस्कर पर पड़ीं ही नहीं। दीगर लोगों की क्या कहूँ जब हिन्दुस्तानी भी इस इलाक़े से बेख़बर रहे। तब के ही नहीं अब के भी। वरना लदाख में लम्बा समय गुज़ारनेवाले धुरन्धर घुमक्कड़ों, राहुल सांकृत्यायन व काका कृष्णनाथ, के यहाँ से भी जाँस्कर क्यूँकर ग़ायब होता?

मेरी समझ में गुरुसम घुमक्कड़ द्वय की लदाख यात्राएँ धर्मान्वेषण-निबद्ध रहीं। इस क्षेत्र में बौद्ध धर्म की वस्तुस्थिति जाँचना उनके इधर आने का कारण रहा। दोनों ही बूझने निकले थे ईसाई तथा इस्लाम के हस्तक्षेप के लदाख पर असरों को। काका कृष्णनाथ ने तो अपनी लदाख-लाहुल-स्पीति यात्राएँ दिनोंदिन छीजते बौद्ध धर्म को पुष्ट करने हेतु मंत्रणा व भाषण करते व्यतीत कीं। यहाँ किन्तु एक पेच है। वह यह कि राहुल बाबा से सौ बरस पहले एक हंगेरियन मुमुक्षु, अलेक्जेंडर-सोमा-डी-कोरेस जाँस्कर के फेरे लगा चुका था।[7] और आलोकित कर चुका था इधर का फुग्ताल बौद्धमठ। इस पर भी यायावर-द्वय ने जाँस्कर तरफ़ ताका तक नहीं। ऐसा क्यों? मेरे क़रीब यह एक पहेली है। महाविकट बुझौवल!

तमाम मग्ज़पच्ची के बाद क्या खीसे में कुछ पड़ा?

हाँ! पड़ा ना, बिलकुल पड़ा।

एक बात तो साफ़ हुई कि इस गुज़रगाह से गुज़रनेवालों की मंज़िल लदाख कभी नहीं रहा। वह तो इस्तेमाल किया गया ब्रितानी-इंडिया पहुँचने की ग़रज़ में। क्योंकि लदाख के यहाँ एक नदी (सिन्धु) थी, दुनिया को इंडिया से जोड़ता एक यात्रा-पथ था। एक राजा था, उसकी प्रजा थी। विरल सही पर वनस्पतियाँ थीं। जिनके होने से यहाँ भरिक थे, भोजन था। जानवरों के वास्ते चारा था, क्लान्त पथिक हेतु पथिकालय (सराय) थे।

इसके उलट जाँस्कर के पास वापरने लायक़ चालू माल कुछ था ही नहीं। न मुसाफ़िर के मन लायक़ रहगुज़र, न भोजन और न उसके काम जित्ते मनक ही। सात हज़ार वर्ग कि.मी. में फैले जाँस्कर में जब आज ही 2900 हे. में बोउनी होती है और मात्र 13773 जने रहते हैं तो तब, जबकि हम बात कर रहे, कितनी ही खेती होती होगी?[10] कितने ही लोग होते होंगे? ऐसे रूखे-सूखे देस पर दुनियावी मक़सद से घूमनेवालों की नज़र पड़े भी तो क्यूँ पड़े? यानी वह मौजूद रहा ना-मौजूद की तरह।

बहरहाल, ठीक ही हुआ कि लोगों के ध्यान में जाँस्कर उस तरह से नहीं चढ़ा। तभी तो उमीद है हमें। वक़्त का वह वक़्फ़ा जो अपने यहाँ से गुज़र चुका, शायद देखने को मिले अनछुए जाँस्कर में। ग़ालिबन दीखें वहाँ बुज़ुर्ग-फिरन्दरों के नक़्शे-पा। मिले चींटी-गल्प का कोई सिरा। चुनाँचे बेकल हैं अपने राम जाँस्कर पहुँचने को। तहाशा उस दम से बेतहाशा है जिस दम मालूम हुआ कि लदाख के बाद अब जाँस्कर की सांस्कृतिक अस्मिता पर भी वार होनेवाला है।

'वार?'

'जी वार!'

'कौन करनेवाला है तुमारे जाँस्कर पर वार? पाकिस्तान? चीन?'

'निशाना दुश्मन नहीं अपनेवाले साधे हैं।'

'कौन? नक्सलवादी? आतंकवादी?'

'न...न...विकासवादी!'

'ऐं! विकासवादी? वो कैसे हमला बोलते हैं? किस तरह वार करते हैं?'

'उनके पास अनेकों अस्त्र हैं। जिनमें से एक है सड़क।'[11]

'क्या बात करते हो? सम्पर्क तो मानव विकास का आधार है। और सड़क सम्पर्क का। अभी-अभी पुरापथों का गुणगान करके हटे हो। और अब अपनी बात आप ही काट रहे...'

'स्वीकारा कि मनुष्य की चाक्षुस भौतिक व बौद्धिक समृद्धि का मूल कारण सम्पर्क है। और सड़क इसका सहज उपलब्ध साधन रही है। सदा रहेगी। परन्तु स्वास्थ्यवर्धक वस्तुओं के सेवन में भी संयम ज़रूरी होता है।'

‘यह तो वितंडा है। सड़क के कुछ नुक़सान नहीं। यह किसी के स्वास्थ्य पर बेजा असर नहीं डालती।’

‘डालती है...गहरा असर डालती है—चौतरफ़ा असर। जिन पुरापथों की मैंने बात की, तब के समाजों पर उनका भी असर पड़ा। तभी तो धीरे-धीरे आदमी बदला। उसकी मेधा विकसित हुई। वे पुरापथ किन्तु पैदल-पथ थे। क़ुदरत पे उनका असर ग़र हुआ भी तो नहीं जित्ता ही। इसके विपरीत जीवाश्म-ईंधन (डीजल-पेट्रोल) बालते वाहनों को ढोनेवाले महापथ तो पर्यावरण-स्वास्थ्य संहारक ठहरे।’

‘पर्यावरण-स्वास्थ्य संहारक, कैसे?’

‘जी! चलिए, समझने हेतु एक आसान सा प्रयोग करते हैं। दो पल के लिए पुस्तक को परे धर, खुले में जावें। निगाह डालें ऊपर फैले नभ पर। देखें उसका विस्तार। नापें उसकी ऊँचाई...’

देखा? नापा? क्या पाया?

आप कहेंगे नभ तो असीम है, अनन्त है।

नहीं जनाब! नहीं! असीम जान पड़ता आकाश, यथार्थतः, मनुष्य एवं मनुष्येतर जीवों के लिहाज से उसका क़द बहुत ही सीमित है—ऊँचाई में मात्र चार किलोमीटर!!

इस चार हज़ार मीटर में ही जीवन-पोषक वायु है। उसके ऊपर, नव्बे मील ऊपर तक, जो आकाश है वह अपने नीचे के जीवनपोषक चार कि.मी. का नियन्ता तो है पर सीधे तौर पर प्राणीजगत के काम का नहीं। दूसरे शब्दों में चार कि.मी. गहरा यह ‘नभ-अर्णव’ ही जीवन का आश्रय है। प्रत्येक वयस्क मनुष्य, प्रतिदिन, उस-ही से साढ़े तेरह किलोग्राम वायु ग्रहण करता है। शोषित वायु में CO_2 मिला फिर उसी नभ-अर्णव में छोड़ता है। अन्यान्य जीवों, गाड़ियों एवं कल-कारख़ानों से उत्सर्जित CO_2 भी इसी अर्णव में पहुँचती है। सत्यतः श्वास-गाड़ी-कारख़ानों का चलना हो, बिजली-लट्टू का जलना हो, या हो पशु व मानवों का अपान-वायु सरण—नभ-अर्णव सबका असर लेता है।

एक मिसाल देखिए। दस हज़ार बरस पूर्व नभ-अर्णव में CO_2 की मात्रा निपट 160 पीपीएम थी।[12] जो 1800 ई. आते न आते 280 पीपीएम हो गई। आज 2022 में, जबकि हम रूबरू हैं, इस गैस की मात्रा 414 पीपीएम हो चुकी। गैस, जो भू-तापीकरण का सबसे बड़ा कारक है।

इस मोड़ पर थोड़ा ठहरते हैं। कि यह ग़ौर करने का पल है। यात्रा में जिन पहेलियों से हमें जूझना है, उन्हें देखने का समय है।

पहली समस्या—उधर के दस हज़ार बरसों में 120 पीपीएम की बढ़त और 1800 ई. के बाद के दो सौ बाईस बरस के छोटे से अन्तराल में 139 पीपीएम की बढ़ोतरी! यह क्यूँकर हुआ? ऐसा क्या घटित हुआ 1800 ई. में। और उसके बाद की सदियों में?

दूसरी समस्या—वायुमंडल में इतनी बहुत सारी ग्रीनहाउस गैसें अगर निरन्तर पहुँच रही हैं, तब तो उसे CO_2 बहुल हो जाना था। वसुन्धरा की स्थिति हो जानी थी दारुण। किन्तु ऐसा नहीं हुआ। क्यूँ?

साथियो, इन पहेलियों को याद रखें, कि इनका समाधान करना इस यात्रा का एक मक़सद है। यहाँ वे दो शब्द भी आपके सामने रख देता हूँ, जिनसे अपनी मुठभेड़ आते दिनों में बार-बार होगी—गाया तथा विकासवाद। जब 'आदमी हेतु अर्थव्यवस्था' का सूत्र 'अर्थव्यवस्था हेतु आदमी' में बदलता है तब घटित होता बाज़ारवाद। विकासवाद मेरी दृष्टि में बाज़ारवाद का ही उत्पादोत्पाद है।

और 'गाया' माने ग्रीक देश की वह देवी जो पृथ्वी की देखभाल करती है। वही करोड़ों बरस से वायुमंडल को जीवनोपयोगी बनाए है। बता दूँ कि जिधर जाँस्कर बसा है वह नभ-अर्णव का सीमान्त-प्रान्त है। धरा के ऐसे ही सीमान्त-प्रान्तों में गाया का खटना सुना है। इसी नभ-अर्णव को बींधनेवाले दो महापथों के बनने की बात सुनी है। इनमें से एक करगिल तरफ़ से जाँस्कर में पैठेगा। दूजा मनाली की ओर से ऐसे में क्या गुज़र रही होगी गाया पे। ऐसे में 'गाया' को देखना, उसकी कार्यप्रविधि बूझना ज़रूरी हो चला है। और यह भी इस यात्रा का एक ध्येय है।

ख़ैर। जाँस्कर अभी दूर है।

फ़िलहाल तो मैं हिचकोले खाती मोटर में हूँ। ज़ेहन में कुहासा पसरा है। नींद का कुहासा। नींद-भरे नयनों में जाँस्कर की एक छवि बन रही। एक बिगड़ रही। उसके बाबत जो पढ़ा है, वह गड्डमड्ड हो रहा है ख़याली-अक्स से...

अभी जाँस्कर मुझे कस्तूरी का सा जान पड़ रहा। उंडी टूँड़ी में छुपोयी नाफ़-मणि। जिसकी महक-चमक चीन्हना हर किसी के बस का नहीं। इसके लिए होना सलाहियत। एक तड़प। रूहानी दुनिया तलाशने की बेचैनी। जिसके परवश भटकता आदमी पहुँच सकता है कहीं भी। जैसे जाँस्कर पहुँचे थे बौद्ध भिक्खु। तथा इक्का-दुक्का घुमक्कड़। तड़प से ख़ाली आदमी का जाँस्कर पहुँचना मुश्किल।

मुश्किल यूँ कि जाँस्कर नदी की दो मूल धाराओं के बीच अवस्थित जाँस्कर की समुद्रतल से औसत ऊँचाई है 4662 मी.। बमुताबिक लगभग 15300 फ़ीट। लिहाज़ा वह है प्राणवायु विरल। बरस में सात-आठ माह तो यह कई-कई फ़ीट मोटी बरफ़ से ढँपा होता है। ऊपर से चहुँ दिग उसे घेरे हैं उत्कट शिखर, दुर्गम-दर्रे। उधर पुगना हो तो चलना पड़े पैर-पैदल। मीलोंमील, दिनोंदिन।

लेह की ओर से चलो तो जाँस्कर नदी के बाँह गह पदम पहुँचो। किन्तु यह सफ़र सिर्फ़ अक्टूबर से अप्रैल में ही मुमकिन। तब जब बरफ़ में तब्दील इस नदी को जँस्करी बरतते हैं 'हाइ-वे' मानिन्द। इसके विपरीत करगिल को जाँस्कर से जोड़नेवाली सड़क बारामासी है। इसका सफ़र भी किन्तु आसान नहीं। इसलिए कि इसे बरतनेवाले का वास्ता पड़े बहुतेरे छोटे-बड़े जोत व बमकों (ग्लेशियर)

से। परिणामत: बाहरी दुनिया के इक्का-दुक्का मनक इन दोनों राहों से जाँस्कर पहुँचते हैं। अलबत्ता इन्हीं के आसरे जँस्करी लोग बाहरी दुनिया से जुड़े रहते हैं—बारहों मास।

उपर्युक्त पदवीथिकाओं के सिवा यहाँ एक लीक और भी है। बहुत जूनी है। जो जाँस्कर को शिंगु-दर्रे मार्फ़त लाहुल से जोड़ती है। मगर यह राह भी दुर्गम है। बाहरी लोगों के लिए तो बेहद कठिन। सो वे करगिल की ओर से ही जाँस्कर में ढुकते हैं। यह अलग बात कि जँस्करियों को शिंगु-ला वाली डगर ही सुहाती है। जाड़ों के अलावा अन्य दिनों में वे इसे ही वापरते हैं—मनाली जाने के लिए। और आवाजाही पुराने समयों से बदस्तूर चल रही। दूसरे शब्दों में यह जँस्करियों का 'निजी रास्ता' है। इसी पारम्परिक लीक पे डि-कोरस चला था उन्नीसवीं सदी के तीसरे दशक में।

सुना है, जँस्करियों की यह 'निजी लीक' शीघ्र ही महापथ में बदलनेवाली है। सोनी का कहना है कि फ़िलहाल पुरा-लीक महफ़ूज़ है। पुरखों की बरती इसी लीक पर चलने की आस ले हम सफ़र पर हैं। मन है मनाली से पैर-पैदल दारचा (दारछे) गाँव पहुँचने का। जहाँ हमें हस्तगत होगी वांछित लीक। जो हमें ले जावेगी कभी जाँस्कर की राजधानी रहे क़स्बे, पडुम तक। परन्तु मौसम हमें डरा रहा। कौंध रहा मन में एक इज्ज सवाल—

'क्या हम मनाली पहुँच सकेंगे?'

गो कि ख़तरे के बादल जाँस्कर पर ही नहीं अपने सफ़र पर भी मँडरा रहे। रात के एक बज रहे। नज़दीक न कोई गाँव न कस्बा परन्तु मोटर फिर से खड़ी है। पिछले बीस-तीस मिनट से एक ही जगह। जाम लगा है। चुटुर-पुटुर बरखा जारी है। दीठ की हद तक कादे का साम्राज्य है। फिर भी सड़क पर आपाधापी है। बारिश से बेपरवाह, लोग सड़क पर दौड़-भाग रहे हैं।

आगे कहीं कोई घटना घटी है क्या?

हाँ! आगे पहाड़ धँसने की ख़बर मिल रही। अब क्या किया जावे? नीचे जाऊँ? पर यह सम्भव नहीं। गाड़ी घाटी से इस क़दर सटी है कि हवा निकले तो निकले, आदमी उधर पैर भी नहीं धर सकता। क्या करूँ? कुछ जुगत भिड़ा नीचे उतरूँ क्या? देखूँ माजरा क्या है? मगर अपने देखे समस्या हल होने से तो रही। फिरऽऽ?...

नींद व जाग के बीच लटके, अधलेटे हो रहे सफ़र में सारा कुछ अधर में लटका सा जान पड़ रहा। समय बीतता जा रहा। मोटर टस हो रही है न मस। खड़ी है नेठू ठस्स! दुआ करें, मैं भी मना रहा हूँ, किसी तरह मनाली पहुँच जावें। कि जाँस्कर जाना आगे के लिए नहीं टाला जा सकता। जो टला तो वह बीत जावेगा। बदल जावेगा। और अपने राम मुँह लटकाए देखते रह जाएँगे। मुलुर-मुलुर।

जैसे फ़िलवक़्त देख रहा हूँ अपने आगे वाली मोटर को। जिसका पिछला टायर घाटी में झाँक रहा। हमारी गाड़ी तो खाई से और भी सटी है। उसके पिछवाड़े

का हाल सोच इधर मग्ज़ तन रहा है। उधर शयन-यान के भीतर का समाज हूबहू भारतीय समाज सरीखा है। अधिकतर लोग ऊँघ रहे हैं। ऊँघते लोगों के मज़े हैं। वे हर बात से बेख़बर। दो-चार जने ही हैं, जो जगे हैं। और वे तहाशा में दुबले हो रहे। घबड़ाए हैं। चर्चारत हैं। यानी मेरी ही तरह ड्राइंग-रूम वीर हैं। गुपचुप टिप्पणियाँ करनेवाले। सुझाव देनेवाले। सड़क पे उतरने से गुरेज़ रखनेवाले।

राम जाने भारत की हवा कभी बदले न बदले किन्तु गाड़ी की तो बदल गई है। हो चुकी है एकदम नष्ट घ्राण। शायद कि किसी ऊँघते का इत्मीनान 'लीक' हुआ हो!

देश है, दुनिया है, चलता है।

सामूहिक यात्रा के अपने ख़तरे हैं। भुगतने होंगे। भुगत रहे हैं।

मनुप्रदेश-मनाली

पैड़ी पर खड़ा मैं बाहर देख रहा हूँ।

बस रुकी है। बरखा बन्द है। हम मनाली में हैं। वैसे पहाड़ी क़स्बों में समय कुछ मंथर ही चलता है। मगर आज तो उसकी गति जैसे रुद्ध है। कहने को तो साढ़े सात बज चुके। किन्तु सड़कें सूनी हैं। बस्तियाँ सोयी हैं। न बुलबुलें बाहर निकली हैं, ना मुर्ग़े बोल रहे। दिवाकर मेघ-दोहड़ में दुबक अलसा रहा है। अदिति ऊँघ रही है कोहरे की लोई लपेट। यानी सीले-सीले मौसम के मज़े लूटने में मशगूल है तमाम मनाली।

सिवा बस अड्डे के।

जहाँ अभी-अभी कुछ बसों की आमद हुई है। लिहाज़ा हलचल है। हबड़तान भी। डिरायवर ओन तड़ातड़ी में हैं कि गाड़ी टिकाकर भगें निमटने। सवारी को ताड़ाताड़ी है उतरने की। घर पहुँचने की। होटल पाने की। अपन की नज़र भी बेचैन है। तलाश रही है एक अदद पहचानी सूरत। सोनी की या रनी की। जो एक रात पहले मनाली पहुँच चुके।

सोनी-रनी के ज़िक्र पहले भी निकल चुके। आप में से कुछ लोग उन्हें जानते भी हों गोया। मगर कुछ इन-दोई से नावाकिफ़ भी होंगे। क्यों न मोटर छोड़ने से पहले, इन महानुभावों की उनसे भी पहचान करा दी जावे? तो जनाब, ये उत्तराखंडी हमारे लख़्तेज़िगर हैं। पर्वतीय मुहिमों के हमारे नाख़ुदा हैं। साथी हैं।

देहरादूनी राजीव रावत, उर्फ़ सोनी, देह से थोड़ा भारी। इस करके क़द में ठीक-ठाक होते हुए भी नाटा जान पड़ता है। 'श' को 'स' बोलता है। उसके स्वभाव में धीरपाई है। चाल में भी। जेब में हाथ डाल चलता है—ख़िरामा-ख़िरामा। मगर सोचे है एकदम तिरिभन्नाट—चाचा चौधरी मानिन्द। टीम को जोड़े रखने में उसका सानी नहीं। सो उसके सुपुर्द होता है मुहिम का बन्दोबस्त। निम—बोले तो उत्तरकाशी स्थित नेहरू पर्वतारोहण संस्थान—में इंस्ट्रक्टर होने से वो पर्वतारोहण-कला निपुण है। उच्च हिमालयीन दुर्गम क्षेत्रों में ऐसे किसी मनक का संग होना मायने रखता है।

रनी यानी रनबीर, एच.ए.पी. है।[1] क़द मेरे से ऊपर निकलता हुआ, यानी पाँच-सात से थोड़ा अधिक। ऊँचा ललाट। लालटेन के गोले का सा लम्बोतर चेहरा।

सुतवाँ नाक। काया भी सूत-साँवल में। बल्कि उसे डेढ़ हड्डी बुलाना बेहतर होगा। जो हो, पर बन्दा है बड़े काम की चीज़। 'नहीं' शब्द उसके शब्दकोश में है ही नहीं। ऊर्जा से लबरेज रनी की चपलता देख तितलियाँ भी ठिठक जातो हैं। भाई मेरा पलक झपकते पहुँच जाता है कहाँ से किधर। किन्तु एक अटक है उसमें। उसकी ज़ुबान—बाप रे बाप! नेठू बिन पवन-आँकड़ी के पल्ले जैसी। हल्का सा झोंका और चल पड़े दमादम! कहने की ज़रूरत नहीं कि बन्दा ज़रा फेंकू भी है। और दारू। उफ़! पीने को मिले तो पीता ही जाता है। सो उसपे सतत निगाह रखना आवश्यक। छुट्टा छोड़ा कि अभियान पर शामत आई। फिर जाँस्कर में तो सुना है परंडों पर मय के घट धरे होते हैं। ऐसे में रनी को कैसे साधेंगे—सोनी परेशां है। हम फ़िक्रमन्द।

इन-दोई के सिवा हमारे संग जो चलेगा उसका नाम है—पासंग। वही पासंग जो 2001 के हमारे पहली हिमालयीन-मुहिम में बतौर ख़ानसामा शुमार था। गोल चेहरा, बुच्ची नाक। क़द-काठी दरमियानी। परले दर्ज़े का सूमड़ा। घुन्ना भी। भूले से जब बोले, चुभता बोले। तब भी नेपाल से नालबद्ध यह मनक जाँस्कर मुहिम में शामिल होगा। काहे कि गुण-दोष तो संग-साथ चला करे हैं। ज्यूँ रोशनी संग परछाईं। बाज़दफ़ा बस एक ख़ूबी बहुत होती है आदमी के तमाम नुक्स नज़रअन्दाज़ करने को। और पासंग के पास तो एक नहीं कई हैं। जैसे उसका बौद्ध धर्म अनुयायी होना। उसका तिब्बती बोल-समझ लेना। और सुस्वादु भोजन राँधना।

चलिए साब, बहुत हुआ। परिचय-सत्र को यहीं रोका जावे। बाहर रनी खड़ा दीख रहा है। अब मोटर छोड़ उतरें मनाली-भूमि पर।

मनाली! कुल्लू-मनाली!! कितनी पुरानी साध पूरी होगी इस भूमि पर पग धरते ही। उमर बीत गई इन नामों को सुनते-सुनाते। जवाहरलाल नेहरू की पसन्दीदा। अटल बिहारी वाजपेयी की प्रिय। देव-भूमि। कहते हैं मनाली का वास्ता मनु से भी रह चुका। मालूम हो कि मनु-स्मृति वाले मनु (100 ई.) से इस मनु का कुछ लेना-देना नहीं। मनाली के मनु हैं महाप्रलय के भारतीय संस्करण के नायक। जैसे उधर के नूह-नोआ वैसे ही इधर के मनु। भारतीय दर्शन में चार युगों की मान्यता सर्वज्ञात है—सत्, त्रेता, द्वापर तथा कलियुग। इन चार युगों का फेरा चलता रहता है। प्रत्येक फेरे के बाद घटित होता है सृष्टि डुबो देनेवाला महाप्रलय।[2] हर महाप्रलय में बच रहता है एक मनुष्य—मनु। जीव-जन्तुओं को समेट नवजगत के पुनर्गठन हेतु। अब तलक बिखेरने-अवेरने के न मालूम कितने दौर हो चुके, और जाने कितने मनु भी।

बाज़लोग पुराकथाओं को कपोल-कल्पित करार देते हैं। जो तर्कसंगत है वही सच है—कहते हैं। परन्तु मैं तो पुरागल्पों का मुरीद हूँ। मेरा मानना है कि जहाँ से इतिहास की सीमा आरम्भ होती है, उसके उस पार भी जीवन था। शैलराज था। मनुष्य था। और उस आदि-मनुज ने अपना हाल कथाओं में घोल छींट दिया है,

हिमालय-आँगन में। आँगन जिसमें हम मूढ़मति हिमाला-प्रेमी प्रविष्ट होते हैं मुमुक्षु बन। स्वीकारते हैं इधर की लोक मान्यताओं को। परम्पराओं को। जो गुरुवर हिमालय सुनाता है, सुनते हैं वो कथाएँ। किन्तु बन्द आँख नहीं। चैतन्य-श्रद्धा के साथ।

ऐसा करने से कथा के नूतन अर्थ खुलते हैं। काहे कि किसी पुराकथा के मानी बहुधा वह नहीं होते जो वह कहती दीखती है। उसके असल मानी तो कथाकार के दिल में छूट गए अनकहे में होते हैं। मुझे लगता है मनु-कथा में वह शायद यह बताना चाह रहा कि विध्वंस-सृजन साथ चलते हैं। पहले के बग़ैर दूसरा सम्भव नहीं। यह भी कि पुनर्सृजन का ज़िम्मा मानव का है। मनुज का है। और कि मनुष्य जो भी रचे, जब भी रचे, अन्यान्य जीवों को संग लेकर चले।

तब भी, एक मिनट को, मान लेते हैं मनु-कथा को अ-यथार्थ। कल्पना। अब सवाल यह उठा कि क्या कल्पनाएँ बेमानी होती हैं? क्या उनका कोई महत्त्व ही नहीं? इसपे मेरा कहना है कि प्रत्यक्ष के विपरीत कल्पना की जड़ें पसरी होती हैं अनादिकाल से अनागतकाल तक फैली मनोभूमि में। जो जाना जा चुका, उसमें क्या धरा? नवरचना के बीज तो अजाने के गर्भ में ही पलते हैं। कल्पना ज्ञात का विस्तार भी है। सृजना का आधार भी। दूसरी तरह से कहूँ तो कल्पना सेतु है। जाने को अजाने से जोड़नेवाला पुल। अर्श से फ़र्श तक पेंगे भरनेवाला झूला-पुल। इस पुल की-सी लोच सूत्रबद्ध सोचने में कहाँ? तर्क में सम्भावनाओं को अवकाश कहाँ? कल्पना-रस किधर?

इस्स! काफ़िया छूट गया। बात जाने कब मीटर के बाहर निकल गई। कहन का वज़न दुरुस्त करने सबब पहुँचता हूँ फिर मनाली-बस अड्डे पर। जहाँ बस की पैड़ी पर से बाहर का नज़ारा किया जा रहा।

बाहर समीर है। मन्थर गति से बह रहा है। उस पर आरूढ़ है देवदारु की भीनी गमक। महमही-समीर संसर्ग से धूमिका मस्ता गई है। शर्म का जामा उतार थाम लिया है उसने प्रेमी को, सहस्त्र हाथों से। झूम रही वह उसके संग—क़दम से क़दम मिला। अन्यथा अदृश्य समीर दृश्यमान हो उठा है।

मैं कुहासे को टटोलता हूँ। मोटर से थोड़ी छेंटी पर ही रनी खड़ा दीखा। अच्छी-ख़ासी ठंड के बावजूद सिर्फ़ टीशर्ट व ट्रेकिंग पैंट पहिने। सिर उघाड़ा। पैरों में हवाई चप्पल।

"कैसे हो सर जी," मेरे हाथ का किट-बैग थाम वह हँसते हुए बोला। बन्दा जब हँसता है, उसका पूरा शरीर हँसता है। उसके हँसे से सारा वातावरण प्रफुल्लित हो जाता है।

मैं कुछ कहूँ उसके पहले ही अपर्णा का चहकता स्वर सुन पड़ा, "वाह! रनी तुम्हें देख दिल ख़ुश हो गया। कैसे हो?"

"मस्त।"

"कब आए?"

"आधा घंटा हो गया मैडम जी..."

"अरे यहाँ, बस स्टैंड पर नहीं। नीचे कब आए, मतलब तुम तो एक्सपीडिशन में फँस गए थे ना। वहाँ से कब लौटे?," हाथ का बैग रनी को देते हुए अपर्णा ने अपने कहे का मतलब समझाया।

"मैडम जी बुरा हाल था। हम समीट कैम्प में थे, जब मौसम ख़राब हुआ। गौमुख के बाद समझ आया कि कुछ जादा ही गड़बड़ है। रोड (पगडंडी) गायब थी। पहाड़-पहाड़ उतरना पड़ा। हमारे बंगाली क्लाइंटों को पीठ पर लादना पड़ा। रास्ते में ट्यूरिस्ट भी मिले। किसी का कोई मर गया, किसी का कोई दब गया। तब हमारी रस्सी बहुत काम आई। कम-से-कम बीस लोगों को तो नीचे लाए..."

"पर ख़बर में तो सिर्फ़ केदारनाथ है। गंगोत्री की तो कोई बात ही नहीं कर रहा...क्या वहाँ पर भी नुक़सान हुआ...,"

"हुआ मैडम जी...बहुत हुआ...सड़कें टूटी थीं...मिलिटरी की गाड़ी से हर्षिल हेलीपैड पहुँचे...वहाँ...मैडम जी बड़ा बुरा हाल था...अच्छे-भले जवान लोग बीमारी का बहाना कर हेलिकॉप्टर में बैठना चाह रहे थे..."

रनी आपदा-कथा आगे बढ़ाता उसके पहले अपने राम बीच में टपक पड़े। कि सुब्बो सबेरे दिल ख़राश मंज़र का तसव्वुर बर्दाश्त नहीं हो रहा था...

"सारी बात यहीं कर लोगी क्या? होटल चलो। थोड़ा इत्मीनान हो लेने दो। फिर तफ़सील से सब सुनेंगे। हाँ रनी, होटल कहाँ है? कैसे चलना है?"

"यहीं है। एकदम पास। दो मिनट का रास्ता है सर जी। पैदल चलते हैं।"

किटबैग को रनी ने पिट्ठू बनाया, अपर्णा के बैग को सीने से चिपटाया। मैंने कैमरों से भरा अपना रुकसैक तोका। और चल पड़ा क़ाफ़िला मनाली के भीतर।

मगर...एक मिनट...'मनाली के भीतर' के बनिस्बत इसे 'दाना के भीतर' बुलाना ही ठीक होगा। वो इसलिए कि आज का मनाली ख़ालिस मनाली नहीं। कोई सवाल उठे उसके पहले ही बता दूँ कि पुराने घुमक्कड़ों का दर्ज मेरे कहे की जमानत है। भारतीय घुमक्कड़ सच्चिदानन्द अज्ञेय (1935 ई. में) एवं ब्रितानी यात्री पेनेलॉप (1965 ई. में) इसे 'दाना' बुला गए हैं।

पुराने समयों में, मध्य एशिया से मारफ़त लदाख से इधर आनेवालों के लिए, रोहतांग-जोत के इस पार, दाना इंडिया की पहली मानव बस्ती थी। चन्द झोंपड़ियों का बसेरा था। दाना से दो कि.मी. ऊपर तब मनालीगढ़ नामक एक क़स्बा था। समयान्तर से दाना में बाहर के लोग आ बसे। मनालीगढ़ नेपथ्य में चला गया, दाना मनाली हो गया। असल मनाली तो मनाल्सु नदी पार का मनालीगढ़ है। यानी आज का मनाली गाँव। और दाना? उसका क्या बना? क्या घुल गया वो हवा में। नहीं जी। इतिहास किसी के मेटे कब मिटा है। महल धसके तो खँडहर रह जाता

है। खँडहर खो जावे तो कहानियाँ बच रहती हैं। पुराना दाना भी इसी तरह बचा हुआ है। अंगद के पैर की तरह मनाली की छाती पर खड़ा है वह 'दाना-बाज़ार' के रूप में।[3]

रनी हमें उसी दाना-बस्ती की गलियों में ले जा रहा। गलियों की भूल-भुलैया से गुज़रते हुए पुरानी दिल्ली में होने का गुमान हो रहा। गलियाँ घरों से अँटी हैं—घर के आगे घर, दाएँ घर, बाएँ घर। कुल्लू का प्रसिद्ध वास्तुशिल्प मगर गुम है। यहाँ लकड़ी के छज्जे हैं न नक़्क़ाशीदार मेहराबें। बेरूह मकानात हैं।

हमारा होटल ऐसा ही एक मकान निकला। कमरे में कोई खिड़की नहीं। हालाँकि बालकनी है। मगर वहाँ से हिमालय-शृंखला नहीं, मकानों का सिलसिला दीखता है। सूर्य-किरण को तरसे कमरे में ख़ासा जाड़ा है। बाहर से कहीं तीखा जाड़ा। रात भर का जगा-अकड़ा बदन मोटी सोढ़ को देख ललच उठा। जिसे नहाना हो नहाये, मुख मार्जन करना हो करे। अपने राम ने जूते खोले और बाहर के कपड़ों में ही कूद गए पलंग पर। हतप्रभ अपर्णा, गन्दे-सूगले करती रह गई...

सोनी के बोले से नींद टूटी।

तरोताज़ा हो चुकी अपर्णा, सोनी से हालचाल दरियाफ़्त कर रही। समय देखा। साढ़े आठ हो रहे। रज़ाई से मुँह निकाल बोला, "अरे वाह! कब आए भाई?"

सोनी के बोल फूटने से पहले ही अपर्णा फट पड़ी, "क्या ऐदीपना लगा रखा है? उठो भी। झटपट तैयार हो जाओ। भूख के मारे हाल बुरा हो रहा है मेरा।"

"मैडम, कुछ चाय-शाय मिले तो बात बने, बदन चले...," रज़ाई सिर पर खींचते हुए मैंने कहा।

"सर, इस होटल में किचन नहीं है। मार्केट चलना होगा," जवाब सोनी की ओर से आया।

अपर्णा और सोनी की मिलीभगत—मेरे लिए मुसीबत! बहुत पदाते हैं दोनों। इनके होते इत्मीनान से चन्द लमहे लेटना-बैठना नसीब नहीं हो सकता।

"ओ तेरे की। यह बात है तो मुझे पन्द्रह मिनट दो। आता हूँ तुमारे कमरे में। नम्बर क्या है तुम लोगों के कमरे का?"

"हम तो दूसरे होटल में बैठे हैं सर।"

वैसे ठहरते तो हम भी सादी जगहों पर ही हैं किन्तु बाज़ार से चार हाथ की छेंटी से। जबकि सोनी को सुहावे बीच बाज़ार बैठना। उधर के मुसाफ़िरख़ानों में वो कम दाम में दो बड़े कमरे पा जाता है। एक कुलियों के लिए। दूजा बचे लोगों तथा मुहिम के माल-ओ'-असबाब वास्ते। इससे पैसों की बचत तो होती ही है, सामान व साथी भी काबू में रहते हैं। रनी व भरिकों को छुट्टा छोड़ने के अपने ख़तरे जो

ठहरे। सोनी के अनुभव से अग्रिम राशि मिलते साथ कुली या तो ग़ायब हो जाते हैं या फिर दारू पीकर पड़े रहते हैं। इस मर्तबा चूँकि कोई कुली साथ नहीं, सो एक कमरे में वह रनी तथा पासंग के साथ ठहरा है।

जो हो, उपर्युक्त संवाद के आधे घंटे के भीतर हम बाज़ार पहुँचे। यहाँ ऐसा कुछ नहीं जो बखान के लायक़ हो। खाने की बात करें तो मुआमला तक़रीबन दिल्ली-दाँ। जो बच रहा वो गुजराती, दक्षिण भारतीय। चाइनीज़। समन्दर पार के बर्गर, पिज्जा। स्थानीय के नाम पर हिमाचली सेब-शरबत की दुकान के सिवा कुछ नहीं।

यह तो होना ही था।

मनाली ठहरा सैर-सपाटे को निकले सैलानियों का ठिकाना। इनको हर कहीं अपने का सा माहौल, अपने सा ही स्वाद पाने की ज़िद्द। ये जिधर पहुँचें उधर के मौसम बदले कि बदले। भरोसा नहीं हो रहा हो तो सुन लें वह जो गुज़रा था हम पर लेह में—

> सन् 2011। 'सुवरण खुदैया' चींटों की ग़रज़ से हुई दो हफ़्ते की लदाख यात्रा। इस सिलसिले के प्रथम तीन दिन लेह में कटे। दो रातें जिधर गुजरीं उस ठिकाने का नाम था 'लदाख सराय'। सराय, जिसका दावा था अपने मेहमानों को लदाखी रंग-ढंग से ठहराने-खिलाने का।
>
> ख़ैर, हुआ यह कि हवाई जहाज़ बदौलत दिल्ली से लेह का सफ़र एक ऊँघ में सिमट गया। और उस ऊँघ में संसार ही बदल गया। लेह में उतरे तो लगा मानो फानी से रूहानी दुनिया में आ पहुँचे हों। जो कुछ कसर बची वो सराय ने पूरी कर दी। डेरे में घुसते ही दिल जुड़ गया। लदाखी किरदार वाला सहन। लदाखी परिधान में फिरते मरद-औरत। ठहरने को कपड़े की छोलदारी। बैठने को तिब्बती तर्ज़ में बनी, लदाखी कलाकृतियों से सुसज्जित, भोजनशाला।
>
> पर हाय! कि हाय! हाय!! यह सुकून अधिक देर नहीं टिका। परोसा भोजन देख मन ने वो मरोड़ा खाया कि क्या बताऊँ! उमीद थी रिवायती कुछ मिलने की। नमकीन-चाय, थुप्पा, जौ का सत्तू, मटन-मोमो इत्यादि की। और मिला क्या? कलेवे में पोहा, कचौड़ी, जलेबी, उपमा, छोले-भटूरे, समोसे। खाने में राजस्थानी गट्टे, कढ़ी-खिचड़ी, दाल-चावल, फुल्के, पापड़।
>
> घनघोर 'नॉनवेजी' लदाख से अंडा तक ग़ायब।
>
> सोचा यह कैसा गंडोगोल? कहीं तो, कुछ तो, लोचा है। क्या वायुयान हमें ग़लत ठिकाने पर पटक गया? माथा ठनका। मालिक/प्रबन्धक को तलाशा गया।

पता चला कि सराय दो लदाखी मित्रों, रिड्‌ग्झिन नाङ्ग्याल एवं लोटस, ने लीज़ पर ले रखी है। उनसे इसरार किया हमारे वास्ते 'फिक्स मीनू' से अलहदा कुछ लदाखी पकाने का। किन्तु हाथ क्या आया? घोड़े का अंडा और क्या!

रिड्‌ग्झिन बोला कि वह चाह कर भी ऐसा नहीं कर सकता। और यह भी कि लदाखी व्यंजन पकेगा अगस्त के बाद। तब सराय में होते हैं विदेशी मेहमान। अभी तो 'देसी' लोगों का मौसम है। जो आते हैं टुल्लर, बोले तो जत्थे में। पर्यटन व्यवसाय से जुड़ी कम्पनियों के मार्फ़त। इस समय लेह के तमाम होटलों पर टूर ऑपरेटरों का एक तरह से क़ब्ज़ा होता है। मीनू उनके यहाँ से आता है। होटल वालों को उसी मान से ख़ानसामा रखना होता है। जैसे कि 'सराय' का रसौड़ा उन दिनों राजस्थानी महाराज के सुपुर्द था।

हमने सोचा, कोई गल्ल नहीं जी—दुनिया है, धन्धा है, चलता है। कि होंगे ये दोनों मित्र मजबूर। आखा शहर थोड़े ही न धन्धान्ध होगा! चलते हैं लेह-बाज़ार। कि उधर तो मिलेगा स्थानीय कुछ खाने को। चुनाँचे निकल पड़े बाज़ार जानिब।

बाज़ार ख़ूबसूरत था। आपाधापी रहित, इत्मीनान से लबरेज़। सड़क पर घूमते लामा ओन, मिट्टी या ईंटों से बने मकानात, लदाखी परिधान वापरते लोग, लदाखी कलाकृतियों से अँटे फुटपाथ और बातचीत का लहजा भी लदाखी ही। मतलब कि आँखें नमा कर, नरमाई से संवाद करना। मुख़्तसर कहूँ तो बाज़ार का गोशा-गोशा लदाखीयत से आबाद था। मगर हमें तो तलाश थी उस गोशे की जहाँ मुक़ामी खाना मिले।

किन्तु इधर का भी हाल हूबहू 'सराय' जैसा। यानी चाइनीज़, गुजराती, राजस्थानी खाना हर ठिये पे मौजूद। बग़ैर प्याज़-लहसुन के पकवान सहज उपलब्ध। मगर नमकीन-चाय, मटन-मोमो, सत्तू सिरे से नदारद। ह्विस्की, बियर छककर पियो, पर छंग एक घूँट को चखने न मिले। मालूम हुआ कि लेह में लदाखी भोजन चाहनेवालों को हासिल बस एक ही ठिकाना—फोर्ट रोड स्थित तिब्बती-किचन! (ध्यान दिया जावे, होटल 'तिब्बती' था लदाखी नहीं)। वहाँ इतनी भीड़, ऐसी लम्बी क़तार कि न पूछें तो बेहतर। मन मारकर दोसा खाया। और घायल आत्मा लिये चल दिये सराय तरफ़।

दोस्त लोगो, आदमी में एकदिली होना एक बात है, उनका हूबहू हो जाना दूसरी। कि वेश-भूषा, खान-पान तो ठहरे सांस्कृतिक पहचान के अभिन्न अंग। दीगर

देश-जगहों की रविश में, सोच-संस्कार व संस्कृति में, जो कोई फ़र्क़ ही न बचे तो दुनिया कितनी बेमज़ा हो जावे।

जैसे कोई कागदी फूल!

ख़ैर, अपन ठहरे आम लोग। लेह हो, मसूरी हो, या हो मनाली—उनका हाल देख रंज करें भी तो कितना और कब तलक? अपने हाथ में है ही क्या, जो होना है सो तो होगा ही। जगहें जब 'माल' बनाकर बाज़ार बीच बैठा दी गई हैं तो जिस्मफ़रोशों की हवस बुझाये बिना उनका गुज़ारा हो ही नहीं सकता। सुना है तन बेचते-बेचते रफ़्ता-रफ़्ता रूह खोखली हो जाती है। दुआ करें कि मनाली की रूह—इधर के पहाड़ों की सज-धज—बची रहे। बाद बाक़ी जो बिके सो बिके।

बाप रे! गपियाते-बतियाते बड़ी दूर निकल आया। यहाँ से फिर लौटा जावे मनाली के बाज़ार में। बाज़ार जहाँ सब बदस्तूर चल रहा। वही चमक-दमक। वही मौज-मस्ती। जैसे चन्द पहाड़ दूर, केदार में कुछ घटा ही न हो।

मगर ख़ैर।

दस बज चुके। सोच रहा हूँ दाना-दूना छोड़ कुछ मज़बूत ही खाया जावे। ताकि दुपहर के भोजन का टंटा ही न रहे। क्योंकि यहीं से घूमने निकलना है अपन को। योजना है आज जुनी मनाली और वसिष्ठ गाँव जाने की। दोस्तो, आप किधर को चल दिए। यहीं बैठें हमारे साथ। सूतें जम के पराँठे-शराठे। और पंजाबी लस्सी का बड़ा गिलास। फिर भटकेंगे अपन पैर-पैदल। मनाली और उसके आसपास।

राक्षसदेस-मनाली

साढ़े बारह बजने को हैं।

वसिष्ठ गाँव के क़रीब से ठाठें मारती व्यास नदी देख रहा हूँ। उथल-पुथल मची है ज़ेहन में। मथा जा रहा उसे जो बरामद हुआ जुनी मनाली तथा वसिष्ठ गाँव के यहाँ। चाहे और पाए के बीच की फाँक को सोचा जा रहा।

दिल चाहता था देखना अकूत पुरा-वैभव, अनछुआ गाँव। चाहता था सुनना लोककथाएँ। क्या वो हासिल हुआ जिसकी उम्मीद थी? हाँ भी, नहीं भी। हाँ—चुटकी भर। ना—धोबा भर। पुरातन दिखा पर क्षीण-वैभव। गाँव मिला किन्तु क्षत-कौमार्य। लोककथाएँ तो जैसे सिरे से नदारद।

कहा जा सकता है कि लोककथाएँ क़दमबाज़ी करते हुए कैसे सुनने को मिलेंगी? उसके वास्ते तो बैठना होगा चौपालों पर। घुलना होगा लोक संग। हुज़ूर का कहा क़तई जायज़ है पर बन्दे की मायूसी भी नाजायज़ नहीं। कि दो दिन कम नहीं होते किसी गाँव की तासीर बूझने के लिए। सुना है हाँड़ी का हाल जानने को चार दाने बहुत होते हैं। बशर्ते सही दाने हाथ आएँ। यह दुविधा भी पूर्वजों के लिखे से हल है। इत्मीनान के लिए क्यों न किसी की गवाही ले लें। पर किसकी? मन बोलता है सच्चिदानन्द अज्ञेय बाबू को पुकारा जावे। उनका सा सच्चा, वैसा ज़हीन, गवाह और कौन मिलेगा? बाबू साब चार बरस कारागार में बिताने के बाद स्वास्थ्यलाभ हेतु पहाड़ों पर आए थे। जुलाई 1935 ई. में। और मनाली-गाँव में ही एक माह डेरा डाले रहे।

जिस घर को चौबीस वर्षीय, अविवाहित अज्ञेय बाबू ने चुना वह दुमंज़िला था। वहाँ ऊपरी माले पर जाने वास्ते निसरणी थी। रसोई भी ऊपर ही थी। बाबू साब ने 'नीचे का हिस्सा रहने लायक़ नहीं' बताया है। हो न हो यह रवायति पहाड़ी घर का नक़्शा है। पहाड़ी घरों के निचले हिस्से पशुओं के लिए ही बनाए जाते हैं, लिहाज़ा आदमी उसमें रह नहीं सकता। रसोई ऊपरी मंज़िल पर होती है, जैसी कि चयनित घर में थी।

बाबू साब के अनुसार, उस घर से जिधर देखो हिमाच्छादित पहाड़ दिखते। मगरचे, जुना-मनाली अब वैसा नहीं जैसा बाबू साब देख गए। पहाड़ी ढब के सादा

पर सुरक्षित मकान इक्का-दुक्का कहीं हों तो हों, भरपल्ले तो नहीं ही हैं। यहाँ तो सीमेंट निर्मित बहुमंज़िले घरों का बोलबाला है। यह बात दोनों गाँवों, मनाली तथा वसिष्ठ, पर लागू समझी जावे। दुआ करता हूँ, यहाँ कभी भूचाल न आवे। बादल न फटें। वरना...नहीं...नहीं...सोचने भर से दिल में गुबार उठने लगा है...

बाज़ लोग कहेंगे, यही तो विकास है। प्रगति है। मैं कहूँगा, शायद कि नहीं। यहाँ नर्मदा प्रसाद उपाध्याय का कहा याद आ रहा कि 'रोपना कभी नैसर्गिक नहीं होगा, नैसर्गिक तो उगना है'। गो कि इसी कारण से कोई प्राकृतिक जगह दूसरे की सी नहीं होती। हो सकती नहीं। इसलिए कि प्रत्येक स्थान के अपने गुण-दोष होते हैं। सम्भावनाएँ और दरकारें होती हैं। जिनको ख़याल में रख क़ुदरत का कारोबार चलता है। पुराना दरकता है, नया पनपता है। मेरी समझ में लोक का भोजन, भूषा और मकानात जगह के चरित्रानुसार ही पनपते हैं। उन्हें रोपा नहीं जा सकता। रोपना चाहिए भी नहीं। पूर्वजों से, अनुभव-सिद्ध, जो पाया उसमें अबकी आवश्यकतापूर्ति हेतु हुआ स्वतःस्फूर्त परिवर्तन ही मेरी दृष्टि में विकास हैं। वासनापूर्ति हेतु किये जबरिया बदलाव नहीं!

बहरहाल, बात पारम्परिक वास्तुशिल्प की चल रही है तो उस एक घर का ज़िक्र ज़रूरी है जो अपनी निराली धज के चलते कोयला-खदान में हीरे का-सा चमक रहा था। समीचीन मकान का बनाव था कुकुरमुत्ते सरीखा। चौरस चबूतरे के बीच उगी चौकोर खुम्भी हो जैसे। खुम्भी-छतरी थी काष्ठ निर्मित मेहराबदार बालकनी। खुम्भी-डंठल लकड़ी और ईंटनुमा पत्थरों (शायद चूना पुता) की तहें लगाकर गढ़ी गई थी। डंठल में पैवस्त था एक नक़्क़ाशीदार भव्य दरवाज़ा। दरवाज़े के उतरंगे पर विराजित दीखे गणेश। और वहीं उत्कीर्ण था निर्माण वर्ष-1993। बता दूँ कि कुकुरमुत्तानुमा यह सृजना हिमाचल से ग़ायब होती पुरातन 'काठ-कूनी' वास्तुशिल्प का नमूना है। 'काठ-कूनी' यानी ऐसे घर जिनके कोने लकड़ी से बने हों।[1] यद्यपि यह मकान प्राचीन नहीं, पर आँखों में चढ़ गया। सो आपके साथ साझा किया।

आगे ख़बर है कि बाबू साब के समय मनाली में बिजली नहीं थी। अब है। इससे सूर्यास्त के बाद भी गलियों में गहमागहमी रहती है। विद्युत्पाई अधुना वस्तुएँ मनालीवासियों को आज सहज उपलब्ध हैं। टी.वी. है, मोबाइल है, रूम हीटर हैं। पर शायद 'कापड़धोऊ-मशीनें' यहाँ ठीक तरह से नहीं पहुँचीं। कि दिन चढ़े बाद कपड़े पछीटतीं औरतें गली-गली में बरामद हो रहीं। इन्हें देख याद आ रहा अज्ञेय बाबू का बताया—मनाली की स्त्रियों का बावड़ी पर लत्ते धोना।

ऐं! बावड़ी?

'बावड़ी' ने मेरे को दोचन में डाल दिया है। इस नाम से सीढ़ीदार कुएँ का तसव्वुर जो होता है। मनाली की-सी ऊँचाई पर बसे पहाड़ी गावों में क्या कुएँ-बावड़ी होते हैं? हो सकते हैं? होना चाहिए? यूँ कि पहाड़ से उतरा पानी गाँव की रविशों

में अमूमन लगातार ही बहा करता है। ऊपर से हर गाँव में देव-धाराएँ होती हैं, जिनसे गाँव पाता है पर्वत-कोख में छुपा जल। हर मौसम में। गोया इतने बरसों में अपने राम को तो पहाड़िया बस्तियों में कुएँ-बावड़ी कहीं देखने को नहीं मिले। पूछा किया सोनी-रनी से। उनने भी हिमाचल या उत्तराखंड के मनाली की सी ऊँचाई वाले (लगभग 6700 फ़ीट) किसी हलक़े में कुएँ-बावड़ी नहीं देखे। अलबत्ता स्थान-स्थान पर कुंड अवश्य हैं। वो भी नैसर्गिक, मानवनिर्मित नहीं। फिर बावड़ी किधर से आई अज्ञेय बाबू के यहाँ? जान पड़ता है देव-धाराओं को ही साहब बावड़ी कह गए। बाव यानी आँव यानी धरणी कोख से फूटने/रिसनेवाला जल।

चलता है, दुनिया है, होता है।

ख़ैर, नुक़्ताचीनी से तौबा कर थामा जावे मनाली से हिमाला-दर्शन वाला मसला। सनद रहे सो दुहरा दूँ कि बाबू साब ने जुलाई का महीना मनाली में व्यतीत किया था। लगे हाथ यह भी बताऊँ कि 2013 की जुलाई बस एक दिन दूर है। और पहाड़ कैसे हैं अभी? जवाब यह रहा—

> 'क़रीब के हों या फिर दूरस्थ, पहाड़ सारे हैं हिम-हीन! अलबत्ता नज़दीकी पहाड़ हरे-भरे हैं। अपने शीश पर देवदारु सँजोये। किन्तु दूर के पहाड़ों पर हरियाली है न हिम।'

मतलब कि अस्सी कम दो बरस के मामूली अन्तराल में ही पहाड़ों की धज बदल चुकी। ऐसा क्यों? यह बदले मौसमों का किया-धरा है या कि दीगर कारण हैं इसके? तय करनेवाले वजह तय करते रहें। अपनी अकल ठहरी ओछी, यह कारज अपने बस का नहीं। चुनाँचे आपको लिये चलता हूँ दूसरी ओर। इधर के बहुमान्य देवालयों की तरफ़।

ग़र पुछूँ कि लोग दैरो-हरम के फेरे क्यूँ लगाते हैं? तो आप हँसते हुए कहेंगे— 'मियाँ इबादत के सिवा और क्या मक़सद हो सकते हैं इबादतख़ानों में जाने के?' परन्तु यह ध्रुव सत्य नहीं। आराधना स्थलों से लगाव, देवदर्शन के सिवा, दूसरी चीज़ों पर भी आश्रित हो सकता है।

जैसे हम-दोई उपासना स्थलों पर जाते हैं इतिहास-दर्शन हेतु। जिस देवालय संग कोई पुराकथा नहीं जुड़ी, उससे अपन का जुड़ाव नहीं होता। नहीं ही होता। अपने लिए मन्दिर ठहरे पुरखों द्वारा सिरजित दृश्य-श्रव्य रचनाएँ। वक़्त-समन्दर से घिरे टापू। वक़्त से छिटके लमहे। अपने सुख-दुख, अपनी कहानी कहते ज़िद्दी लमहे! मनाली में ऐसे तीन टापू हैं—मनु-मन्दिर, वसिष्ठ आश्रम एवं हिडिम्बा मन्दिर। देखने जावें तो तीनों जुदा दीखें, सोचने बैठें तो उन्हें एक कथा सूत्र से जुड़ा पावें। पुराकाल से अधुना समयों तक पहुँचता कथा-सूत्र। कैसे—यह समझने के लिए वसिष्ठ आश्रम को देखते हैं।

आश्रम परिसर में गर्म जल का कुंड है और हैं कुछ मन्दिर। परिसर में तथा उसके अड़ोस-पड़ोस में, जो घर हैं उनकी ढलुआँ छतें पत्थरों की छीलन से बनी हैं। कहने को तो वे काठ-कूनी प्रविधि से बने हैं लेकिन इनके पास वह सौन्दर्य, वो भव्यता नहीं जो हम गाँव के कुकुरमुत्ता-घर में देख आए। ख़ैर।

वसिष्ठ-प्रांगण मुख काष्ठ निर्मित नक़्क़ाशीदार द्वार से अलंकृत है। किन्तु यह जुना नहीं। स्वागत द्वार पर निर्माण काल उत्कीर्ण है—विक्रम संवत् 2058। बमुताबिक़ होना चाहिए सन् 2001, लिखा है 2002। जो हो, इससे द्वार का पुराकालीन नहीं होना तो सिद्ध हुआ। शायद कि यह किसी भगत का दिया तोहफ़ा हो। मानता-पूर्ति पर इस तरह के चढ़ावों की परम्परा है इधर। ऐसे तोहफ़े मुझे मगर नहीं पसन्द। इनके चलते जहाँ मन्दिरों का मूल शिल्प छुप जाता है। वहीं भगत-विशेष की मान्यताएँ देवालय संग गुम्फित मूल कथा को ढाँप देती हैं। ऐतिहासिक सन्दर्भ बदल जाते हैं। जैसा कि वशिष्ठ में दिख रहा। जहाँ समीचीन द्वार के एक ओर मुरलीधर की काष्ठ-मूरत नज़र आ रही। जबकि इस गाँव में तिरती वसिष्ठ गाथा में कृष्ण हैं ही नहीं। यथार्थ में इधर की कथा वैदिक कालीन अर्णा—विपाशा से पोषित है। चूँकि इस कथा को जाने बिन मनाली नहीं जाना जा सकता, अस्तु कथासार आपको कहता हूँ।

> वसिष्ठ मैत्रावरुणी दृष्ट ऋचाएँ ऋग्वेद के सातवें व नवें मंडल में सामने आती हैं। कहते हैं भार्या अरुन्धती से वसिष्ठ को सौ पुत्र प्राप्त हुए। इनमें से एक था—शक्ति। ऋग्वेद में शक्ति तथा विश्वामित्र के बीच शत्रुता की तरफ़ इशारा है। बैर, जिसके चलते विश्वामित्र ने शक्ति समेत वसिष्ठ के सभी पुत्र षड्यंत्रपूर्वक मरवा डाले। इस हत्याकांड से ऋषि वसिष्ठ सनाका खा गए। सन्तान-संताप इतना गहराया कि जीवन से मोह ही छूट गया। लगे आत्महत्या का प्रयास करने। मेरु पर्वत से कूदे। धधकते दावानल में भी घुसे।
>
> मगर बात न बनी।
>
> भाग्य बचाने में जुटा था और आदमी ख़ुद को मेटने में। चेतना पर जब अवसाद तारी हो तो आदमी क़ुदरत के इशारे बूझ नहीं पाता। वसिष्ठ भी नहीं बूझ सके। करते रहे ख़ुदकुशी की कोशिश पर कोशिश। इसी गुन्ताड़े में एक दिन ऋषि ने अपने शरीर को मोटी लताओं से बाँधा। और कूद गए पावस-जल से उफ़नती एक पहाड़ी नदी में। बात किन्तु यहाँ भी नहीं बनी। मरने को मचलते मनुष्य ने, कुछ पल पश्चात, अपने को नदी-तट पर लेटा पाया। वह अचम्भित। कभी नदी को निहारे, कभी अपने बदन को। अचरज तब और बढ़ा जब उसने अपना तन ही नहीं

> मन भी पाश-मुक्त पाया। बन्धनों से बरी वसिष्ठ ने तब उस नदी को 'विपाशा' पुकारा। ऋग्वेद कालीन विपाशा ही समयान्तर से बियास बनी और वही आज की व्यास नदी है। उसी के बाईं ओर गाँव है 'वशिष्ठ', जहाँ मिलता है वसिष्ठ आश्रम।

मैं सुन पा रहा हूँ जो आप सोच रहे हैं। यही न कि आख़िर ऋषि पुत्र शक्ति और दिग्गज नरेश विश्वामित्र के बीच बैर हुआ तो हुआ क्यों? इसका उत्तर महाभारत के आदिपर्व में मिलता है।[2] कहा गया है कि शिकार को निकले नरेश—विश्वामित्र—प्यास से व्याकुल हो वसिष्ठ आश्रम पहुँचे। वहाँ खड़ी कामधेनु देखी। उसके कारनामे सुने-देखे। और नरेश का दिल गाय पे आ गया। उन्होंने वसिष्ठ से गाय को अपने लिए माँगा। ऋषि नकार गए। मोलभाव होने लगा। कामधेनु के एवज में राज्य देने का प्रस्ताव रखा गया। मगर वसिष्ठ राजी नहीं हुए। फिर तो नरेश उतर आए ज़बरदस्ती पर। उनकी सेना आश्रम में आ घुसी। लगी कामधेनु को खींचने। गाय आर्तनाद करने लगी। गोरू का रोदन सुन आसपास के लोग आए और जुट गए जीव-रक्षा में। सैन्यबल ओछा सिद्ध हुआ अकिंचन जानवर के समक्ष। अन्ततः महापराक्रमी नरेश को एक ऋषि के सामने घुटने टेकने पड़े। उसका दर्प चोटिल हुआ। आगे जाकर विश्वानित्र ने इसी पराजय का बदला लिया। वसिष्ठ को निर्वंश करने के लिए उनके पुत्रों को मार डाला।

यहाँ रेखांकित करना आवश्यक है कि वसिष्ठ की अपनी कोई संगठित सेना नहीं थी। नरेश से भिड़नेवाले लोग आनन-फ़ानन ही जुटे। इतने और इस तरह जुटे की राजा का युयुत्सु सैन्यबल खेत रहा। ज़ाहिर सी बात है कि औचक जुटनेवाले वे लोग निकटवर्ती इलाक़ों से ही आए होंगे। पहाड़ी-वनों के निवासी होंगे। पुनर्स्मरण करा दूँ कि वसिष्ठ-विश्वामित्र कथा महाभारत रचनाकाल के पूर्व की है। वैदिक काल की है।[3] उस काल में कौन लोग रहते होंगे यहाँ के बीहड़ में? सीधा-सच्चा उत्तर है—नाग, दानव, बर्बर और राक्षस इत्यादि। वैदिक काल के पूर्ववर्ती समयों में सिन्धु नदी और टोन्स नदी के दरमियानी इलाक़े के असल मालिक। वेद जिन्हें अनार्य कह गए।

क्या कहा आपने...अपने कहे को प्रमाणित करूँ? फिकिर नॉट जी। गवाह हैं। एक नहीं, बल्कि दो-ठो गवाह हैं अपने पास। पहले हैं राहुल सांकृत्यायन। उनके यहाँ कुल्लू-मनाली में प्रचलित एक कहावत इन्द्राज है—'अट्ठारह नाग, इतने ही नारायण'। ध्यातव्य है कि इस लोकोक्ति के 'नारायण' पौराणिक 'नारायण' नहीं। परम्परा कहती है कि वासुकी नाग ने, मनाली के पास घुसाली गाँव की किसी सुन्दरी पर मोहित हो उसका हरण किया। कालान्तर से उस सुन्दरी से बारह नाग पैदा हुए और वासुकी के कहे से कुल्लू क्षेत्र में भेजे गए। ये आज भी यहाँ पूजे

जाते हैं। कथा तो यह भी कहती है कि इन नागों में नारायण को प्रताड़ित करने, सज़ा देने का माद्दा था।

अब दूसरा प्रमाण। परन्तु इसके लिए कहनी होगी भीम-हिडिम्बा की कहानी। कहानी जिसका मनाली से गहरा नाता है।

महाभारत के अनुसार एक समय विपाशा घाटी पर अनार्यों का शासन था। उसी समय लाक्षागृह-कांड से बाल-बाल बचे पांडव इधर-उधर भटक रहे थे। दुनिया की नज़रों से छुपने हेतु वे आ गए विपाशा-बगार के जंगलों में।[4] उस जंगल में जिसका अधिपति था राक्षसराज हिडिम्ब।[5] उस दिन पांडव परिवार वन में निःशंक सो रहा था। तभी हिडिम्बराज (तंडी) की नज़र उन पर पड़ी। अपने राज्य में अनधिकृत घुस आए पांडवों के शमन हेतु उसने अपनी बहिन हिडिम्बा को सन्नद्ध किया। राक्षसी हिडिम्बा मगर भीम पर मोहित हो गई। कामदेव के प्रभाव में उसने निज भ्राता से विद्रोह किया। किन्तु वह इतने पर ही नहीं रुकी। उसने भीम को अपने से गन्धर्व विवाह करने को एक तरह से बाध्य किया।

समयान्तर से न राक्षस रहे न उनका राज। परन्तु भीम को जीतनेवाली हिडिम्बा कुल्लूवासियों के दिलो-दिमाग़ पर शासन करती रही। इसकी कहानी कुल्लू-इतिवृत्त का दिलचस्प पन्ना है। बात पुरानी है। यहाँ से प्रसिद्ध राजा जगत सिङ् (जगतसिंग, 1640-80 ई.) से छह पीढ़ी पूर्व की। तब व्यास-बगार में एक राजपूत युवक सुध (?सिद्ध) सिङ् का[6] आना हुआ। इस अंचल को अपने अधीन करने की कांक्षा से। परम्परा कहती है, एक बार जब सुधसिङ् जगतसुख के मेले जा रहा था उसे एक थकी बुढ़िया मिली। जिसको पीठ पर ढो सुध ने मेले तक पुगाया।

बुढ़िया दरअसल हिरिमा देवी थी।

प्रसन्न होकर देवी ने अपना बुढ़िया रूप त्यागा। सुधसिङ् को अपने काँधे पर उठाया। और भरे मेले में ऐलान किया कि सुध की दीठ की हद में जितना भी क्षेत्र है उसका शासक वह ही (सुधसिङ्) होगा। अपनी उपास्य देवी के कहे के आगे युयुत्सु वनचरों ने सिर नवाया। तलवार खींची न ख़ून ही बहा और कुल्लू हो गया सुधसिङ् का।

बहुत सम्भव है लोग इस कथा को भी हास्यास्पद कहें। बोलें इसे बिसराने लायक़। हम-दोई को यह पर अनुचित जान पड़ता है। हमें सन्देह से शिकायत नहीं, किन्तु सिर्फ़ सन्देह की बिना पर किसी को सूली पर चढ़ा देने से है। क्योंकि शक का समाधान किसी कथा को सरसरी तौर पर सुनने से नहीं होता। अन्तिम निर्णय पर पहुँचने से पहले हमें सुनिश्चित करना होगा कि कहीं बात के भीतर कोई और बात तो नहीं छुपी है।

हमें तो हिरिमा-सुधसिङ् कथा में दो सूचनाएँ संश्लिष्ट दिखती हैं। व्यास-बगार निवासियों की हिरिमा देवी में अटल आस्था और उस आस्था का सुधसिङ् द्वारा किया सफल दोहन। इस कथा के आसरे सुध ने जो राज्य कमाया उसे बाद की

चौदह पीढ़ियाँ दुहती रहीं। ठेठ अजीतसिङ् तक। 1840 ई. तक। धार्मिक मान्यताओं को शिखंडी की तरह सामने रख राजनीतिक लक्ष्य भेदन का जो खेला आज भारतीय समाज को टूक-टूक किये दे रहा है उसकी जड़ें कितनी दूर तक फैली हैं, इसका प्रमाण है सुधसिङ्-हिरिमा कथा।

ख़ैर, इस मोड़ से मुझे एक बार फिर वसिष्ठ-विश्वामित्र संघर्ष पर जाने दीजिए।

वसिष्ठ के पक्ष में जिन स्थानीय लोगों ने युद्ध किया, महाभारत रचयिताओं ने उनकी सूची हमारे लिए रख छोड़ी है।[7] उस लम्बी फ़ेहरिस्त में के कुछ नाम ये रहे—किरात, शबर, बर्बर, चीन, शक, पुलिन्द, यवन और खस!

एक प्रार्थना। कृपा कर सूचीबद्ध नामों को पुनः विचारें।

काहे कि इनमें से कई जातियाँ वो हैं जो ईसा से हज़ार-दो हज़ार बरस पहले से ही हिमालय लाँघ इस ओर आती रहीं।[8] राहुल बाबा के अनुसार ईसा पूर्व दूसरी सहस्राब्दी में खस लोग काशगर व खोतान से हिमालय तरफ़ आए। खस-आगमन के बहुत पूर्व से ही किन्नर-किरात व नाग जातियाँ हिमाचल में निवासरत थीं। महाभारत-संग्राम के पूर्ववर्ती समयों में पर्वतीय अंचल किरातों के अधीन था। इसका संकेत महाभारत में भी मिलता है—अर्जुन-शिव युद्ध दृष्टान्त में।

यहाँ एक पल ठहरें। याद करें लदाख होकर इंडिया पहुँचने के मार्गों को। जिनकी चर्चा हम पहले कर चुके। इतिहास में दर्ज है व्यापारियों व सेनानियों का रोटांग-ला को टाप मनाली-जगतसुख होते हुए व्यास-बगार में नीचे तक जाना। वो जो इधर आए उनमें से कुछ तो इधर बसे ही होंगे? तो यहाँ के मूल निवासी (वेदों के राक्षस,नाग आदि) तथा हिमाला पार से हुई आमद का आख़िर क्या बना? अगरचे वे कहीं नहीं, तो ये कथाएँ मानी जावेंगी बेमानी। तपास करना चाहिए।

तपास की गई।

प्रसिद्ध पुरावेत्ता अलेक्जेंडर कनिंघम की गवाही है कि वे सब यहीं हैं। सिन्धु-टोन्स के बीच हर कहीं हैं। पर हमारा वास्ता तो कुल्लू-मनाली से है। सो अपनी बात महदूद रहेगी यहीं तक। सिलसिले को आगे बढ़ाने के लिए यदि सन् 1871 की जनगणना के आँकड़े देखें तो पाते हैं कि कुल्लू की कुल आबादी में 58.5% कुनेत (कनेत) थे। इसी कुनेत जाति को कनिंघम ने अपने शोध का विषय बनाया। उनके इतिहास को टटोलने पर उसे बोध हुआ कि कुनेत और कोई नहीं खस ही हैं। और यह भी कि भोट, कोली, डांगी भी कुनेतों, यानी खस की ही प्रशाखाएँ हैं। बीस बरस बाद के, मतलब सन् 1891 के, आँकड़े बताते हैं कि कुल्लू के 108873 हिन्दुओं में मात्र 8% ऊँची जातियों के थे। बचे सारे तथाकथित निम्न कुल के। शायद इसी बानबे प्रतिशत में छुपी हैं कुल्लू राज्य की मूल जातियाँ।

इसी के साथ ही हम आ पहुँचे हैं उस जगह जहाँ से हमें फिर अज्ञेय बाबू की ओर जाना होगा। यूँ कि बाबू साब ने मनाली को बार-बार राजपूतों का गाँव बुलाया

है। यह कैसे सम्भव हुआ? 1891 का कुनेती-मनाली 1935 ई. आते-आते राजपूती कैसे हो गया? अज्ञेय जी के कहे के दो मानी सम्भव हैं। या तो मनाली में कुनेत अल्पसंख्यक हो गए या फिर राजपूतों का रुतबा, ज़मीन-जायदाद के मान से, बड़ा हो गया। मेरे हिसाब से इस बदलाव में इन दोनों ही का अवदान है। किंचित् वो, थोड़ा यह। इस बदलाव को समझने के लिए हमें इधर के सामाजिक चरित्र को भली-भाँति बूझना होगा।

अज्ञेय जी की शिकायत है कि मनाली के लोगों ने उनके साथ अपनी औरतों को बैठाने की कोशिश की। और यह भी कि ऐसा करना यहाँ आम है। इसे उनने पहाड़ियों का चारित्रिक ह्रास निरूपित किया। लेकिन ऐसा था नहीं। डूबकर देखें तो इसके पीछे एक रवायत दिखेगी और दिखेगी उस रवायत की वज़ह भी।[9] दरअसल मध्य एशिया से इधर आने के बाद खस यहाँ के समाज से एकमएक हुए। उनने तब के वनवासियों, पहाड़ियों से दैहिक रिश्ते कायम किये। मगर ब्राह्मणों के आते ही वे और उनकी सन्तानें अनार्य, अकुलीन और बाद में क्षुद्र कहलाने लगीं।

बनी बात है कि कुनेत ओन अपने भाल पर चस्पाँ 'निम्न जाति' की चिप्पी से मुक्ति को तड़पने लगे होंगे। सोचा होगा कि बदले में चाहो सो लो, पर इस चिप्पी से मुक्त करो। आपको नहीं लगता कि ऐसा ही कुछ आया होगा कुनेतों के मन में? मुझे तो लगता है। और यह भी लगा है मुझे कि इसी ग़रज़ से उनने अपने सामाजिक नियम बदले। अपनाई उनने हिडिम्बा की समय सिद्ध प्रविधि। जिसके तहत हिडिम्बा सजातीय (राक्षस) से ऋतुदान माँगने के बनिस्बत भीम (कुरुवंशी) की चिरौरी करती है। ताकि उसकी सन्तान गर्व से जी सके। बैठ सके समाज में समादृत यानी ऊँची जाति वालों के पासंग में। देखें तो यह एक द्वार था। बेहतर सम्भावनाओं की ओर खुलता द्वार। निम्नतर से उच्चतर जाति के ठिकानों में पाखाने तरफ़ से ढुकने हेतु समाज प्रदत्त गलियारा! मालूम हो कि इस गलियारे का उपयोग करनेवाली हिडिम्बा कोई पहली जनानी नहीं थी। कोई चाहे तो इसके उदाहरण हमारे 'इतिहास ग्रन्थों' में भरपल्ले देख ले।[10]

लगता है, इसी गलियारे का प्रयोग कुनेत जनानियों ने किया। वे कुल्लू-मनाली में आनेवाले उच्चकुलीन राजपूतों/व्यापारियों के पास जाने लगीं। कहा कि शादी की दरकार नहीं। परिवार का बोझा भी नहीं ढोना आपको। बस एक शर्त है। वो यह कि इस नियोग के परिणाम को बाप की जाति का माना जावे। और यही हुआ भी। यानी कि क्षत्रिय से हासिल सन्तान क्षत्रिय, राजपूत से पाई संतति राजपूत कहलाई। बात फैली और दूर तक फैलती चली गई। दायित्व मुक्त प्रणय-अभिसार की सुभीता कुल्लू-मनाली में लोगों के आने का एक कारण बन गई। सनद रहे सो कह दूँ कि यह 'सेक्स पर्यटन' नहीं था। कि इस परिपाटी का प्रयोजन धनोपार्जन कभी नहीं रहा। यहाँ सहवास का लक्ष्य सन्तान प्राप्ति था, पुरुष की पाशविक प्रवृत्तियों की तुष्टि नहीं।

चलती बात में एक बात फिर दुहराने दी जावे मुझे। यह कि अधुना-मानकों पर पुराकालीन परिपाटियों को कसा जाना अन्याय है। कि बाज़दफ़ा रिवायत वक़्त के ज़ोर से भी पैदा हुआ करती है। मसलन परदेसी व्यापारी संग मनाली की जनानियों के ताल्लुक़ात की बात ही लें। ठीक ऐसी ही परम्परा कभी काशगर (काशगरीया यानी अल्तिशहर मतलब पूर्वी तुर्किस्तान) में भी प्रचलित थी। वहाँ के शासक, याकूब बेग़, ने यौनाचार पर लगाम कसने सबब एक क़ानून बनाया था। जिसके तहत आगन्तुक पर, अगर उसके संग अपनी औरत न हो तो, तीन दिन के भीतर निकाह करना लाज़िम था। फिर चाहे निकाह अल्पकालिक ही क्यों न हो। ब्याह इच्छुक नार दूध बेचने के बहाने बाज़ार में फेरी लगातीं। परदेसी व्यापारी को लुभातीं। 'अस्थायी निकाह' करतीं। मौलवी निकाह के संग अग्रिम तलाक़ की रस्में भी पूरी करता। 1935 ई. तक इस तर्ज़ के निकाह काशगर में जारी थे। क़ानून सम्मत थे। ध्यान दिला दूँ कि मनाली के पुरावासियों में तुर्किस्तानी भी शुमार थे। और उत्तर मध्यकाल तक दुतरफ़ा आवाजाही बनी हुई थी। अब उधर के अस्थायी निकाह का इधर के सह-निवास सम्बन्धों से क्या लेना-देना रहा, यह सामाजिक शोध का विषय ठहरा। घुमक्कड़ इसमें अपनी नाक न घुसेड़ें तो ही बेहतर। सो मैं लौटता हूँ मनाली में।

परदेसी संग सन्तान प्राप्ति हेतु संसर्ग करने की परिपाटी मनाली में सन् 1897 तक तो प्रचलन में थी। कांगड़ा जिले के तब के गजेटियर में इसका विस्तृत वर्णन देखा जा सकता है। और इसी के चलते पुरानी जातियों की पहचानें गुम होती चली गईं। खसों की संतति राजपूत/क्षत्रिय हो गईं। आज, सन् 2013 में, थोड़ा जो कुछ भी बचा है वो या तो यहाँ की बोली में मध्य एशियाई शब्दों के रूप में है या है इधर की लोककथाओं में या फिर यहाँ के मन्दिरों में।

परन्तु पुराने वक़्तों की महक समेटे ये तीन गोशे भी अब महफ़ूज़ नहीं। हिन्दी, अंग्रेज़ी तथा इंटरनेट ने मिल पहाड़ी-भाखा की बखिया बिखेर दी है। भाषा बदली कि लोक बदला, लोक बदला कि उसमें विचरती कथाएँ छिन्न हुईं। मनाली में हमारा जितनों से वास्ता पड़ा उनमें से अधिकांश लोकगाथा-विपन्न निकले। उनके नज़दीक मन्दिरों के टँगे बोर्ड पर लिखे 'तथ्य' ही ध्रुव सत्य हैं।

इस मान्यता में किन्तु ख़तरा है। अर्धसत्य को ही सम्पूर्ण सत्य स्वीकारने का ख़तरा। क्योंकि मन्दिर भी अब पहले के से कहाँ बचे। राम के अनन्य भगत राजा जगतसिङ् सत्रहवीं शताब्दी में ही उनका 'जीर्णोद्धार' कर गए। मूल मूरतों की जगह अयोध्या से आयातित राम-मूरतें स्थापित कर गए। वसिष्ठ आश्रम से राम-अनुज लछमन का सम्बन्ध घनिष्ठ हुआ। हिडिम्बा, हिरिमा बनी।[11] जिन देवी-देवताओं में यहाँ के मूल निवासियों को अगाध श्रद्धा थी, जिनके भरोसे उनकी पुश्तें कठिन समयों को काटकर जीवित बची रहीं, उन देवताओं को लल्लू सिद्ध करने हेतु नूतन कथाएँ गढ़ी गईं। इसके चलते पहाड़ी देवी-देवताओं पर यह लाज़िमी हो गया कि वे

दीपावली मनाएँ। वर्ष में एक बार वसिष्ठ-कुंड में स्नान करें। और बरस-दर-बरस राम-दरबार में हाज़िरी भरें।

लेकिन बात यहीं ख़त्म नहीं होती।

आज़ाद भारत में दलितों का जो हाल है, वही अधुना समय में कुल्लू के पुराने देवताओं का भी ठहरा। दमन से आज़ादी दोनों को ही नसीब न हुई। पारम्परिक देवताओं को गौण करने वास्ते, उनके ही प्रांगण में पौराणिक देवता जनमने लगे। इसकी बानगी हमें वसिष्ठ परिसर में देखने को मिली। जहाँ हाल ही में, यानी 27.12.2001 को शाम चार बजे शिव 'प्रकट' हुए हैं। जिन्हें रहने को एक आलीशान स्थान मिला है।

दमन चक्र इतने पर भी थम जाता तो क़रार मिलता। परन्तु पामाल लोगों की क़िस्मत में क़रार कहाँ? राजाओं के किये बाद जो कसर बची वह नव-भगतों ने पूरी की। मनौती-पूर्ति के चढ़ावे के नाम पर भाई लोगों ने मूल मन्दिर का स्वरूप ही बदल डाला। इसका नमूना यहाँ हर मन्दिर में देखा जा सकता है। देख रहा हूँ।

वसिष्ठ मन्दिर, जिसे अब राम मन्दिर कहा जा रहा, सत्यतः कुल्लू में विरल पाषाण मन्दिर की बानगी है। तुरही (झिंगा) की तरह दिखनेवाले ऐसे मन्दिर ज़्यादातर मैदानों में मिलते हैं। पाषाण मन्दिरों में लकड़ी का उपयोग नहीं होता है। इनको न परिक्रमा हेतु गलियारा मिलता है, न खम्भेदार बरामदा। वैसे पाषाण शिखरों वाले ये मन्दिर निखालिस पहाड़ी मन्दिर नहीं हैं। इस अर्थ में कि ये स्थानीय लोगों द्वारा नहीं बनाए/बनवाए गए। ईसा बाद, सातवीं-आठवीं सदी में निर्मित ये देवालय तो कुल्लू में बाहर से आए लोगों के छोड़े निशानात हैं। कुल्लू-वास्तुशिल्प की असल पहचान तो काष्ठ-मन्दिर ठहरे। जो बहुधा बहुमंज़िला होते हैं।

ख़ैर, तो मैं कह रहा था कि वसिष्ठ मन्दिर यथार्थ में पाषाण-मन्दिर है, जिसे लकड़ी के छज्जों की सहायता से 'काष्ठ-मन्दिर' का रूप दिया जा रहा। यानी ऐतिहासिकता पर स्थानीयता का मुलम्मा चढ़ाया जा रहा। वसिष्ठ देवालय का असल हाल देखना हो तो उसके पीछे जाना। वहाँ दिखेगा उसका रुग्ण, सिसकता चेहरा। रीते आलिये, दरके खम्भे, खुरचे बेल-बूटे। दो टूक बात यह कि 'विज्ञापित सत्य' को हटाकर देखने पर प्रत्यक्ष होता है चिक्कन-चकमक मनाली का विद्रूप रूप। ध्यान देने पर सुन पड़ती हैं धर्म आधारित राजनीति के शिकार, यहाँ के पुरखों की कराहें। इस कथन की जाँच के लिए स्त्री-व्यापारी सम्बन्धों को फिर से देखते हैं। विचारते हैं कि पर-पुरुष शैया पर अपनी देह बिछाने को जनानियाँ तैयार हुईं तो हुईं क्यों?

स्त्री-अर्पण दरअसल उस दमनकारी आचरण का सिला है जिसका प्रस्थान-बिन्दु मिलता है वैदिक काल में। कैसे? अलबत्ता दुहराव होगा मगर बात मार्के की है सो कहे देता हूँ।

सामने नवोदित शिव मंदिर पीछे वसिष्ठ आश्रम

ध्यान कीजिए वसिष्ठ मन्दिर का। सोचिए कि जिसे इन दिनों रामादि देवताओं से जोड़ा जा रहा, वो मन्दिर मूलतः था क्या? नहीं! वो रहा होगा एक युद्ध-स्मारक। राक्षसों, अनार्यों की क्षत्रिय राजा विश्वामित्र पर विजय का कीर्ति-स्तम्भ। और इस संग्राम के अवसादग्रस्त सेनानायक की शरणस्थली भी। यही बात, स्मारक वाली बात, हिडिम्बा मन्दिर पर भी लागू होती है। तपात बस इतना कि वह मन्दिर युद्ध

वसिष्ठ आश्रम पीछे से

नहीं प्रेम-स्मारक था। राक्षस कुमारी और कुरुवंशी राजपुरुष के प्रणय सम्बन्धों का प्रमाण।

अपनी पराजय के ये चिह्न कालान्तर के शासक जब सह न सके तो उनने षड्यंत्र रचा। पुरातन सन्दर्भों को मेट अपने गढ़े सन्दर्भ वहाँ धर दिये। यहाँ के मूल निवासियों को नाना प्रविधियाँ बरत बदतर, कमतर, सिद्ध किया। एहसास-ए-कमतरी की मार से स्थानीय लोग वैदिक देवताओं के शरणागत हुए। परिणामतः मूलनिवासी शरणार्थी बन गए, विदेशी बन गए मूलनिवासी। मालिक से शरणार्थी बने लोगों के हालात बद से बदतर हो गए। अपने को हाशिये पर भी स्थान न मिलता देख, आदर को तड़पते मूलवासियों ने जो कुछ किया उसी का चरम बिन्दु था—स्त्री-अर्पण!

कुल जमा बात यह कि मनाली धर्मान्तरण की प्रविधियों व प्रकारों के अनेकानेक प्रमाण अपने खीसे में लुकाये बैठा है। यदि कहूँ कि भारत भूमि के मूल निवासियों की मान्यताओं को आर्यों द्वारा नेस्तनाबूद करने के चिह्न यहीं नहीं भारत में चहुँओर बिखरे पड़े हैं, तो भी ग़लत नहीं होगा। जैसे, अजगर (नाग वंशियों का प्रतीक) को बिस्तर की तरह बरतना, या देवी को राक्षस मस्तक पर पैर धर खड़ा बताना या यक्षों को पौराणिक मन्दिरों में द्वारपाल दर्शाना।

प्रसंगवश याद आ रही वह ललकार। प्रिय कवि अटल बिहारी वाजपेयी द्वारा हिन्दुओं की जानिब से दुनिया को दी गई वह चुनौती—'कोई बतलाए क़ाबुल में जाकर कितनी मसजिद तोड़ीं?' मनाली का हाल देख ख़ाकसार का जी हो रहा उनसे सवाल करने का। जो जान की अमान मिले तो पुछूँ? नी मतलब किसी के बमकने के अव्वल इजाज़त माँग लेना बेहतर!

तो जनाब लोगो, ख़ाकसार यह जानना चाह रहा कि मनाली के (इस जैसे अन्यान्य स्थानों के भी) ख़ानगी-देवताओं को, यहाँ के अनार्य-देवालयों को, जो तोड़ा-मेटा, नवरूप दिया वह हिन्दू धर्म-खाते में किस पेटे डाला जावे? क्या इसमें औरंगज़ेबी-मानसिकता की झलक नहीं?

प्रश्न असहज करनेवाले हैं। बनी बात है कि उत्तर भी सहज नहीं होंगे। और नहीं मिलेंगे पूर्वग्रह मुक्त मनन बिना। कि खंडित दृष्टि से किया पुरावृत्त पाठ सटीक उत्तर नहीं देता। दे ही नहीं सकता। इसके लिए ज़रूरी ठहरा इतिहास का समग्रता से और निर्ममता से पढ़ा जाना। क़तई ग़ल्क़ होकर। निगाह जब मुग़लकाल के उस पार जावेगी तो उस प्राचीन मनुष्य के भरोसों के दमन तक पहुँचेगी जो पूर्वकाल में, वेद-सृजन से भी पहले, यहाँ निवासरत था। पूछा जा सकता है कि यह सफ़रगो उस आदिमानव की बात जबरन क्यों बीच में ठेल रहा जो जीवाश्म बन चुका? मैं बड़ी नरमाई से कहता हूँ कि पुरालोगों को जीवाश्म जानना भूल है। कि उनकी पुश्तें आज भी मौजूद हैं। बहुतायत में।

असल बात यह है कि मूलनिवासी या आदिवासी या वनवासी या जंगली किंवा बर्बर—आप उन्हें जो चाहे सो मान लें—आज भी अपनी अस्मिता बचाने के संघर्ष में जुटे हैं। उन्हें संस्कृति-निर्मूल करने का वैदिक काल से शुरू हुआ सिलसिला आज भी बदस्तूर जारी है। क्षत्रिय राम का अश्वमेध यज्ञ आज भी चल रहा। यज्ञ-अश्व गुज़र रहा है झाबुआ से। अबूझमाड़-अरण्य से। लदाख से। सड़क की आमद के बाद यह गुज़रेगा जाँस्कर से भी। लिहाज़ा इस सभी जगहों की प्राचीन-परम्पराएँ एवं आदि-देवता ख़तरे में हैं। यहाँ बसे धरती के मूलनिवासियों के पास, निपट दो अस्त्र हैं—स्वाभिमान तथा संस्कार। इन लचीले शस्त्रों से वे कब तलक अपनी संस्कृति की रक्षा कर सकेंगे—यह सवाल आज के दौर का बड़ा सवाल है।

इस्स! क़ाफ़िया फिर गड़बड़ा गया। अधुना मनाली की जो चर्चा चल रही थी वह जाने कहाँ रह गई। कोई गल्ल नहीं जी। जबड़ा जुगाली छोड़ निकलते हैं वसिष्ठ मन्दिर से। करते हैं पर्यटन।

सैरगाह-मनाली

मन्दिर के बाहर क़दम रखते ही अजीबोग़रीब मंज़र नमूदार हुआ।

वहाँ एक औरत थी। ज़िल्द उसकी मेहनतकशों की-सी। मोटी और खुरदरी। कत्थई आँखें नूर-ए-खुद्दारी से पूर। सुग्गे की-सी नुकीली नाक। नासा-पुट में लाल नग जड़ित दो स्वर्ण-फूल। तनिक चौड़ी ठोढ़ी। ठोढ़ी पे एक काला मस्सा। मस्से से लटके चन्द बाल। सिर पर स्कार्फ़, सीने के ग़िर्द तरतीब ओ' नफ़ासत से लपेटा गया ख़ूबसूरत ऊनी स्ट्रोल। स्ट्रोल पर उरोज तक झूलता एक सुनहला कंठहार। होंठों पर सहज हास...

आप सोचते होंगे इसमें 'अजीबोग़रीब' क्या है?

जनाब, अजीब था उसकी गोद का सामान—एक अदद ख़रगोश! जिसे वह मन्दिर-परिसर के लगभग भीतर खड़े हो बेच रही थी। जानवर इतना बड़ा, ऐसा रोएँदार और इतना निस्पन्द था कि फ़ौरीतौर पर खिलौने का गुमान हुआ।

अपर्णा महिला के क़रीब गई। खरहे को ग़ौर से देखते हुए सवाल किया, "बाईजी यह असली है या सॉफ़्ट-टॉय?"

जो पूछा गया उसे बूझने में बाईजी को कुछ पल लगे। बूझा तो हँसी। पीले-पचान्ग दाँत निपोरते हुए उसने खरहे को कान से पकड़ लटका दिया। बेहिस जान पड़ता जानवर चौंका। लगा छटपटाने। उसकी अधमुँदी आँखें फैलीं और चस्पाँ हो गईं मेरी दीठ से। दीखा उसकी आँखों में देवालय का प्रतिबिम्ब। ढेरम-ढेर वितृष्णा। अकूत जुगुप्सा। किन्तु...किन्तु...वहाँ थोड़ी सी करुणा भी थी। नहीं होनी थी, मगर थी। और यह नक़्श ख़ुब गया मेरे जिग़र में—खुखरी की तरह।

"कितने का है?," अपर्णा ने पूछा।

"एगारा शौ..."

अपर्णा पलटने को हुई...

"शौ कम दे दो..."

अपर्णा नटी तो वह बोली, "छो शौ में लोगे?"

अपर्णा चलने को हुई।

मैंने उसे रोका और लगा बतियाने बाईजी से।

बात ही बात में मालूम हुआ कि उसने ख़रगोश जंगल से पकड़ा है। रोज़-दिन का यही काम ठहरा उसका। जंगल से पकड़ो। मनाली में या वसिष्ठ-गाँव में बेचो। ख़ैर, उस सहन में बाईजी के ख़ानदान के और भी लोग थे। नतीजन हमारे गिर्द मजमा जम गया। घिर गए बेचवालों से। हरेक के हाथ में ख़रगोश। कान से लटकते ख़रगोश। बेचक की आँखों में लालच, प्रत्याशा। बिकाऊ के दीदों में सनाका। आतंक। मगर करुणा भी! निहायत अजीबोग़रीब मंज़र था वह। बड़ी मुश्किल से बेचवालों से पीछा छुड़ाया और धँस गए वशिष्ठ गाँव की एक गली में।

गली सँकरी थी। परन्तु स्वच्छ—एकदम पाँच सितारा-चकाचक। तब भी जीवन्त। हम गली में चल पड़े। गली पर विचित्र थी। विचित्र यूँ कि उधर गहमा-गहमी भी थी, इत्मीनान भी भरपूर था। हम गली पे गली लाँघते गए। कभी गुज़रते खच्चरों से बचते-बचाते। कभी घर के बाहर बैठे लोगों से बतियाते, उनकी छब ओ' ढब देखते।

बुज़ुर्ग मरद पहाड़ी कोट, हिमाचली टोपी में। जवान छोकरे शर्ट-पैंट या जिन्स-टीशर्ट में। और औरतजात? वो भी दिखीं उधर। अधिकांशतः पारम्परिक वेश-भूषा में। यानी सर पर स्कार्फ, तन पर चटक रंग के सलवार-कुर्ता पहिने। हमारे अगल-बग़ल से जब-तब फटफटियाँ भी निकल रही थीं। बिना हारन बजाए! अचरज कि छुट्टा साँड़, बजबजाता आदमी और आवारा श्वान एक भी नज़र नहीं आया उन गली-महल्लों में।

ख़ैर।

गलियाँ छानते हुए दोपहर के एक बज गए। भूख लगने लगी। प्यास भी। साथ लाई बोतल का जल कब का शेष हो चुका था। सोचने लगा कि उफ़! यह कैसे हो गया? होटल से दो के बजाय चार बोतल जल 'बनाकर' क्यों नहीं लाए?[1] अब तो ख़रीदना ही होगा बोतल-बन्द पानी। इधर-उधर नज़र दौड़ाई किन्तु दूर तलक कोई होटल-शोटल नहीं दीखी।

तलाश जारी रही।

थोड़े समय बाद मन की मुराद पूरी हुई। घाटी से सटी एक ढलुआँ गली में खाऊ ठीये दीखे। लपके उनकी ओर। सुन्दर माँडनों से सजी उस टपरी को देख क़दम ठहर गए जो घाटी से सटी थी। उसके पिछवारे से झाँक रहा था देवदारु। लगा मानो पुकारता हो हमें। दिल जुड़ गया वह ख़ूबसूरत मंज़र देख। सोचा, देवदारु तले बैठने का मौक़ा तो बारहा मिला, मगर इसकी शिखा को छू सकने का योग पहली बार बना है। सो समा गए उस मनखेंच झोंपड़ी में।

देखा पन्द्रह गुणित बीस की उस झुपड़िया पर दोहरी ज़िम्मेवारी है। होटल की भी, घर की भी। दीखे छप्पर को ढो रहे दो खम्भे। खम्भों से बँधा एक झूला। कपड़े के पालनेवाला शिशु-दोला। झूले के उस ओर के हिस्से में रोज़मर्रा का घरेलू

सामान था। जैसेकि दो खाटें। उन्हें भीत के सहारे खड़ा किया हुआ था। भीत पर माँडने थे—दो पीठों वाले ऊँट, जो लदाख की नुबरा घाटी में मिलते हैं। आगन्तुकों के लिए चार-पाँच बेंचें धरी थीं—झूले के इस ओर। जिनमें से एक पर तीन किशोर बैठे थे। ग़ालिबन मुक़ामी बच्चे थे। अड्डा जमाए थे।

आती दुनिया देखना हो तो बच्चों को देखना—ऐसा प्रबल विश्वास है अपन का। कि बड़ों की दृष्टि के दायरे से बाहर की वस्तुएँ बहुधा उन्हें ही नज़र आती हैं। बुज़ुर्गों की दुनिया के विकार और आती दुनिया के आकार वे ही देख पाते हैं। सो किशोरों-किशोरियों के समीप बैठने, उन्हें सुनने (भले ही दूर से) का अवसर अपन कभी जाने नहीं देते। इस लिहाज़ से हमें उन किशोरों के पास ही बैठना चाहिए था। मगर ऐसा करा नहीं। कारण कि वे एक-दूजे में नहीं अपने-अपने मोबाइलों में मस्त थे। गोचर जगत से विरत, आभासी संसार में निरत किशोरों की मनोभूमि में किस ढब की दुनिया अंकुरित हो रही होगी? इस दुनिया से गुज़रते गलियारे किस तरह के नूतन संसार में ले जावेंगे इनको? यह तो उस भविष्य में लुका है जिसे भाखने ख़ातिर होना मज़मून की पक्की ख़बर। और इस नई विधा, डिजिटल विधा, के मान से तो अपने राम ठहरे निपट गँवार। सो इस बाबत अपने को मुँह खोलना नहीं!

जो हो, पर उस समय जाने क्या हुआ कि किशोरों को देख उमगा आनन्द फ़ुर्र हो गया। हम कट लिये पिछवारे की ओर। देवदारु की दिशा में। वहाँ एक मेज़, चार कुर्सियाँ बरामद थीं। व्यास-घाटी गोचर थी। मेज़ पर धरे जग का पानी साथ लाई बोतलों में भरा, क्लोरिन टपकाई। तीस मिनट बाद पी सकेंगे यह पानी—निधड़क। इस बीच चाय-पकौड़े आ ही जावेंगे। इन्तज़ार होने लगा।

तभी उपाहारगृह में दो आमदें हुईं।

पहली आमद। तमकती आमद।

सुनहले केशों वाली एक गौरवर्णी स्त्री। जैसे कमर पर गगरा तोकते हैं ठीक वैसे ही एक बच्चे को उठाए वह दनदनाते हुए होटल में घुसी। बच्चे को झूले में डाला। मोबाइल थमाया। और हमारा ऑर्डर तैयार करते नेपाली का हाथ बँटाने चली गई। मैं उसे काम करते देखने लगा। दुधिया रंग। उदास लम्बोतरा मुख। कहराती कंजई आँखें। नाक तीखी, सुतवाँ। रुद्राक्ष व रंगीन पत्थरों की मालाओं से सुसज्जित लम्बी ग्रीवा। छरहरा, लगभग सपाट बदन। ऐसा सपाट कि नाक देखे बिना अगाड़ी-पिछाड़ी में भेद करना टेढ़ी खीर! वह हिमाचली ढब का सलवार-क़मीज़ पहने थी। किन्तु सिर था उघाड़ा। पोनी-टेल तर्ज़ में बँधे उसके सुनहरी केश चलते समय पूँछ जैसे ही हिलते थे। सोचा, यह जनानी पहाड़न नहीं। गोया भारतीय भी नहीं।

जिज्ञासा जगी। तफ़तीश में रनी को जोता गया।

मात्र दस मिनट लगे उसे तमाम मालूमात जुटाने में। जैसे कि वह जनानी हिमाचली नहीं, इज़रायली है। ऐसी जनानियाँ तफ़रीही-वीजा पर हिन्दुस्तान आती हैं। पहाड़ों में ढुकती हैं। परिवार से दूर रहते किसी नेपाली मरद के साथ रहने लगती हैं—खानगी। सामाजिक अड़चनों से बचने के लिए बच्चे भी पैदा कर लेती हैं। और किसी दिन ग़ायब हो जाती हैं। चाय-पियाली से उठती भाप मानिन्द। मालूम यह भी हुआ कि जिसे हम देख रहे वह जोड़ा अपवाद नहीं। इनके से और भी कई हैं इधर के पहाड़ों में।

दूसरी आमद। ठमकती आमद।

बाईस-पच्चीस बरस का युवक। भगवाधारी। बग़ल में अझोरी। हाथ में डंडी। देह दुबली। सर जटायुक्त। ललाट पर आड़ा तिलक, कपोलों पर भभूत। बुच्ची नाक। चढ़ी-चढ़ी, रह-रह कनखियों तलक डोलतीं गहरी कत्थई आँखें।

बाबा के घुसते ही होटल का मौसम बदल गया।

होटल वाला उसकी ओर लपका। प्रणाम किया फिर लौट गया उस चूल्हे के पास जहाँ वह बिदेसन आटा सान रही थी। वह आटा सानते हुए ही मुस्काई। परिचय वाली वह मुस्कान उसके क्लान्त बदन पर जिधर तक पहुँची उधर कान्ति दीखने लगी। अब बिदेसन का चेहरा लग रहा था दो फाँकों में बँटा। नाक से ऊपर उदास-ग़मज़दा, नाक से नीचे खिला-खिला, गमकता।

और किशोर। अपने मोबाइल टेबुल पर पटक वे उठ खड़े हुए। और लगे झूमने, ज्यूँ मयूर झूमे कारे घन देख।

"जय माता दी," किशोरों ने एक साथ हुंकारा।

"जय हो...जय...जय," अपना दाहिना हाथ आशीर्वाद मुद्रा में उठा बाबा ने जवाब दिया।

"बहुत दिनों में चक्कर लगा बाबाजी," एक किशोर ने शिकायत की।

"का करें बच्चा! बरा झंझट में फँस गया था। लोग जीने ही नहीं देते। तीन महीना भीतर में रहा। छुटकारा हुआ तो आप ही लोगन का धियान आया। सो आ गए सीधे इधर को...," कहते हुए उसने अझोरी से पहले चिलम निकाली। फिर एक छोटी सी मुँहबन्द थैली। ठीक वैसी जैसे हमारे इधर की पुरानी औरतें खोंसे रहती थीं कमर में। बाबा ने थैली का थोड़ा सा माल हथेली पर धरा। मला। फिर उसे जतन से चिलम में भरा।

किशोरों की आँखें यूँ चमकीं मानो सौ वॉट का गुलुप बाल दिया हो किसी ने। इस बीच भजिये कढ़ाई में छोड़ होटल मालिक भी उनके क़रीब आया और बोला, "बाबा शाब, कितने दिन बैठेंगे इधर?"

"दू-तीन हफ्ता तो बाबा तोरी कुटिया में धूनी रमाएँगे बचुआ," बाबा ने जय भोले कहा, एक क़श खेंचा और चिलम नेपाली की ओर बढ़ा दी।

चिलम घूमने लगी। नेपाली, इजरायली, किशोरों से होते हुए फिर पहुँची बाबा के पास। बाबा ने चिलम ताज़ा कर मेरी ओर बढ़ाई। मैं हँसा। और हाथ जोड़ दिये। भेजा चरस-गंध से बेज़ार हो रहा था सो हमने फटाफट चाय गुटकी। भजिए टिशू पेपर में समेटे और निकल गए होटल से बाहर।

अब एक वाक़िया और सुन लें। जुनी मनाली में कमाया वाक़िया।

हम गाँव भ्रमण पर थे। वहाँ एक नन्ही चौड़ दीखी। चौड़ में दीखा एक उपाहारगृह। भीतर पहाड़ी लोगों का जमावड़ा था। होटल देख दो पल बैठने का मन किया। वैसे भी अपन ठहरे चाय के लती। चाय के ठिये हमारे लिए मधुशाला से कहीं ऊपर। सो उपाहारगृह की तरफ़ हो लिये। हालाँकि चाय तो आज बहाना मात्र थी। असल मक़सद था होटल वाले से, वहाँ बैठे लोगों से, साबिका पैदा करना। बतियाना।

उपाहारगृह के सामने, सड़क किनारे, एक बेंच बिछी थी। बेंच पर एक जवान जोड़ा बैठा था। विदेशी। लड़का पच्चीस से ऊपर का नहीं, लड़की अधिकतम बीस की। लड़की का सर साथी के काँधे पर, लड़के का हाथ साथिन की जंघा पर। दोनों बतिया रहे थे। फुसफुस।

प्रेमी युगल के क़रीब से दबे पैर गुज़रकर हम पहुँचे रेस्टोरेंट के समीप। शुद्ध दूध में कम चीनी की कड़क चाय बनाने को कहते हुए हम भीतर घुसे। जहाँ गरमागरम बहस चल रही थी। शायद राजनीति से जुड़ी, या फिर काम-धन्धे से सम्बन्धित। आगे हुआ यूँ कि हमें देखते के साथ वहाँ सन्नाटा पसर गया। कौन

जाने यह मर्दों की बस्ती में अपर्णा की आमद का असर था, या कि चार अनजानी सूरतों के औचक घुस आने का। जो हो, पर दनदनाता आदमी चरमराकर रुक गया। एकदम ठस्स। अब दस जोड़ा आँखें मुझे यूँ देखें कि बस चले तो चीर ही डालें। मैं सोचूँ कि करूँ तो करूँ क्या? बोफे जैसा खड़ा रहूँ या उतर जाऊँ होटल से। किन्तु भागने से तो समाधान होने का नहीं। पूछा करना चाहिए। चुप्पा तोड़ना चाहिए। चुप्पा तोड़ना होगा।

चुप्पा तोड़ा गया।

"हमारे आने से आप सब परेशान जान पड़ते हैं। कहें तो बाहर चले जावें?"

सन्नाटा बदस्तूर। घूरन कारज जस-का-तस। मेरे कहे का किसी पर कोई असर ही नहीं। मानो पानी कूढ़ डाला मैंने उलटे घड़े पर। इस बीच, पीछे से अपर्णा ने टपकारा। मैं पलटा। और भेजा भंड। बोध हुआ कि दस-जोड़ा आँखें मुझ पर नहीं, बाहर टिकी थीं। बेंच पर। उधर बैठे प्रेमी युगल पर। जो खजुराहो की कामुक-मूरत में रूपान्तरित हो चुका था। दोनों के होंठ जुड़े। बाला, बालक से यूँ एकमएक जैसे सर्प लिपटे दंड से। हवा में तिर रहा केलि-संगीत। आ...चप्...चप्...सी...सी... ऊँ...अह्...अ...अ...आह। आवाजाही थम। लोग अवाक्। किन्तु वो दोई दुनिया से बेख़बर, अपने में मगन।

सार्वजनिक स्थानों पर प्रेमाभिव्यक्ति एक चीज़ है और प्रेमकेलि प्रदर्शन दीगर। प्रसंगवश बता दूँ कि मरीना-बीच पर व गेट-वे ऑफ़ इंडिया तले मुख-मैथुन मगन जोड़े तथा गोवा-समुद्रतट पर विवस्त्र सैर करते सैलानी मैंने आप देखे हैं। और उसी समय स्थानीय लोगों का, रेहड़ी-गुमटी वालों का, इन नज़ारों पर ध्यान दिये बिन, अपने काम में मशगूल रहना भी बन्दे का आप देखा है। गो बड़े शहर कामुक दृश्यों के आदी हो चुके। किन्तु दूसरे मुद्दों की तरह इस मसले पर भी मनाली-गाँव के से दूरस्थ क़स्बों की सोच फ़र्क़ है। सार्वजनिक प्रेमाभिव्यक्ति तो पहाड़ी लोग अंग्रेज़ों के ज़माने से देखते आ रहे। परन्तु खुल्लमखुल्ला प्रेमकेलि देख वे भौचक रह जाते हैं। कर्तव्य-विमूढ़ भी। देखें न देखें, रोकें न रोकें। उपहारगृह में बैठे सभी ऊहापोहबद्ध थे। सिवा उस होटल वाले के। जिसका चाय खौलाना, भजिये तलना, कप-बस्सी सहेजना पूर्ववत् जारी रहा।

मनाली में रहते हुए अज्ञेय बाबू ने कहा था, 'अपनी भद्दी छाप से ही हमने (दर्पोद्धत, बेवक़ूफ़ सभ्य मानव ने) पहाड़ों का सौन्दर्य विकृत कर दिया है...'। बाबू साब के कहे का अर्थ इस विदेशी जोड़े को देख समझ आया। पर्यटन के सामाजिक असरों को बूझने की इच्छा जगी। वहाँ विराजित महानुभावों से पूछे गए हालिया मनाली के हाल। होटल वाले से जानना चाहा कि उसने उस युगल की हरक़त का असर क्यों नहीं लिया? लिया तो रोका क्यों नहीं?

घंटे भर की बैठकी का हासिल यह रहा।

वहाँ बैठे लोगों के अनुसार लड़ियाते पर्यटकों के दरस यहाँ आम हैं। पहले यह परदेसियों तक ही सीमित था। हिप्पियों का दौर तो इसका चरम था। कालान्तर से हिप्पियों का आना कमा, देसी लोगों की आमद बढ़ी। और आज के देसी किसी-से किसी बात में भी पीछे नहीं। और यह सब पुड़िया का कमाल है।

"पुड़िया? पुड़िया मतलब?"

"पुड़िया नहीं मालूम आपको? दो-चार दिन बैठें यहाँ, सब जान लेंगे," उत्तर होटल वाले ने दिया।

"कहीं चरस या सफ़ेद पावडर की बात तो नहीं कर रहे...?"

"..."

"आप लोग, इस गाँव के लोग, मना क्यों नहीं करते? प्रशासन से, पुलिस से शिकायत क्यों नहीं..."

"ये लोग गाँव में बैटते हैं। रूम किराये पर ले महीनों पड़े रहते हैं। मार्केट में खाते-पीते हैं। मनाली का पेट तो घूमनेवालों से ही भरता है। इनकी कम्प्लेन कैसे करें?"

"और जो आपके बच्चे बिगड़ रहे हैं उसका क्या? मनाली बदनाम हो रहा उसका क्या?"

फिर चुप्पा पसर गया होटल में। परन्तु अब सब आँख चुरा रहे थे हमसे। समझ गया कि इधर होड़ नाक और पेट के बीच है। नाक बचाने जावें तो पेट रीता रहे। इसी होड़ के चलते पर्यटन आधारित अर्थव्यवस्था पर जीवित कितनी ही जगहें अपनी नाक पेट-भट्ठी में झोंक चुकीं। कितने ही देश-शहर सेक्स/ड्रग डेस्टिनेशन में तब्दील हो चुके। पर्यटन-धन्धे में जोत कहीं हमने हमारे पहाड़ों की गति इस ओर तो नहीं मोड़ दी—सोचते हुए डर तो लग ही रहा, शर्म भी लग रही।

दर्रा एक अफ़साने हज़ार

मनाली। जुलाई 1, 2013। समय प्रातः छह-सात के बीच का।

बाज़ार सम्त बढ़ते हुए आसमाँ तरफ़ देखा। वह अभी एकसार है। बिना बादल-बदली वाला है। उसकी रंगत शहरों की सी। धुँआरा-धुँआरा। नीले आसमाँ को तरसती नज़र को सुकून दे रहा वह कोना जहाँ मिलन हो रहा धरती-गगन का। जो थोड़ा नारंगी, तनिक नीला, ज़रा-सा गुलाबी है। यह आकाशीय धज जिसे बुज़ुर्ग चाँदना बुलाया करते, अब बेनाम है।

बहरहाल। मैं कह रहा था कि जहाँ आकाश-धरती के बीच की तुरपन थोड़ी-सी उधड़ी है, वह जगह लाल-नीली है। दीप्त भी। जान पड़ता है उधर से रश्मि झाँक रही। अँखड़ियों में कजरा रमाए, पलड़ियों पे सुनहला लशकारा सजाए, बहुरंगी ओढ़नी मुख पर लिये। तक रही है राह वह सूर्य-रथ की। रथ आए तो रश्मि सवारी पाए। उतरे मनाली महल्ले में। किन्तु रथ आज भी विलम्ब से चल रहा।

मनाली के उनींदे बाज़ार को परबत देख रहे—नींद भरी आँखों से। ढूँढ़ रहे कल साँझ वाली झाँझ बजातीं, हरेरामा-हरेकृष्णा गातीं, टोलियाँ। लोगों के रेले, गुब्बारे, खाऊ ठेले। अभी किन्तु बाज़ार से डीमडाम ग़ुम है। हिलता-फिरता अभी इधर कुछ है तो बस यहाँ-वहाँ रुलती काग़ज़ की तश्तरियाँ व प्लास्टिक के दोने-गिलास। अभी मनाली कल से कुछ अधिक नुचा-खुरचा जान पड़ रहा। शादी निमटने बाद का पंडाल हो जैसे।

बेड़ाग़र्क़ हो इस नज़र का! कमज़र्फ़ जब देखती है ग़लीज़ देखती है। कितनी जद्दोज़हद से टूटते मन को इत्मीनान किया था रात भर में। और निगोड़ी ने 'फूटा करम फ़क़ीर का, ढुली भरी चिलम' वाली बात कर दी। इतना ढेर सा कूड़ा सामने ला धरा। कौन जाने कब तलक यह कर्कट उड़ता फिरेगा ज़ेहन में। दिग करता रहेगा मन को। शायद कि तांउम्र।

ख़ैर, तितर-बितर बाज़ार में चाय का एक ठेला मिल गया। तेज़ अदरक की पनीयल चाय संग तीन-चार पिल्लर सूते और फटाफट लौट गए होटल को।[1] फटाफट यूँ कि मनाली से रवानगी में अब बस एक घंटा ही बचा है। इस एक क्लॉक में लत्ते अवेरने हैं। स्नान करना है, वो भी अच्छे से। मतलब यह नहीं कि अन्यथा हम

साफ़-सफ़ाई में कोताही बरतते हैं। परन्तु आज का नहान इस अर्थ में विशेष ठहरा कि कौन जाने कितने दिनों बाद फिर गुसलख़ाना नसीब हो!

समय सुबह आढ़े आठ का।

टैक्सी में हैं। जाना है सौ कि.मी. दूर, दारचा गाँव में। यानी लाहुल में। यानी उच्च-हिमालयीन खित्ते में। जबकि फ़िलवक़्त अपन डोल रहे हैं निम्न-हिमालय (लेसर-हिमालय) परिक्षेत्र में। दारचा व हमारे दरमियान खड़ी है एक कोही-जंज़ीर। पीर-पंजाल परबत श्रृंखला। जिसे फाँदे बिना दारचा हाथ नहीं आने का। तदर्थ हम अग्रसर हैं श्रृंखला के पूर्वी छोर की ओर। जहाँ है उसका लंघन बिन्दु—रोटांग-जोत। गफ़लतवश जिसे रोहतांग पुकारा जाने लगा है।

यात्रा का श्रीगणेश बस हुआ ही हुआ है। हम मनाली के क़रीब ही हैं अभी। और सफ़र ठिठक गया है। रसूखदारों की मूरतियों मानिन्द चन्द खच्चर बीच राह खड़े हैं। न गाड़ी देख हट रहे, न हारन बजाए। चुनाँचे, मोटर से उतर पासंग खच्चरों को हकाल रहा है। उनके पुट्ठों पर चपत लगा रहा है। पर खच्चर हैं कि वहीं के वहीं खड़े हैं। टस हो रहे न मस। बता दूँ कि यात्रा आगे भी ठिठकेगी, खच्चर आगे भी अड़ेंगे। पासंग आगे भी खच्चरों को दरेरेगा। रेपटे लगाएगा उनके पिछवाड़े पर। यह सिलसिला जारी रहेगा सड़क रहे तक। दारचा तलक।

कितने मज़े की बात है कि गदहे-भेड़-खच्चर पैदल मनक को तो आसानी से निकल जाने देते हैं। किन्तु गाड़ी को नहीं। वे जानते हैं, मोटरों का वहाँ कोई काम नहीं जहाँ वे जा रहीं। शायद कि खच्चर कर्तृत्ववादी (एक्टिविस्ट) हैं। जागरूक हैं। वे हिमालय के हक़ में खड़े हो जाते हैं—मोटरों के आगे। बात यह भी है कि जबरिया-बदलाव के हिमायतियों को जागरूक लोग नहीं पसन्द। उनके यहाँ कर्तृत्ववादी यानी खच्चर। और वे अड़ंगा डालनेवाले को कुचलने में एक पल नहीं लगाते। पासंग तो फिर चपत ही लगा रहा खच्चरों को।

बहरहाल, पासंग की मेहनत रंग लाई। ठिठका सफ़र फिर शुरू हो गया है।

सड़क के दोई बाजू कच्चे-पक्के मकानों का एक सिलसिला है। हमारे सीधे हाथ तरफ़ होटल हैं, कैफ़े हैं। कुछ घर भी। ये घर, ये होटल, सड़क से थोड़ी ऊँचाई पर हैं—कटे पहाड़ की बच रही ऊँचाई पर। पाँच-दस हाथ की वह 'ऊँचाई' मकानों तले कसमसा रही। निकल भागने पर आमादा। वो ऐसा न कर सके यह सुनिश्चित करने हेतु उनके गिर्द जालियाँ बाँध दी गई हैं। जान पड़ रहा जैसे पहाड़ निगड़ित है—बेड़ीबद्ध है—और सड़क ग़ुलाम-मंडी से गुज़र रही हो।

क़रीब ही एक बोर्ड पर लिखा है—'heaven or hell or mother earth choice is yours'! अब आदमी किस ओर जा रहा, यह तो मालूम नहीं। मगर हम बढ़ रहे हैं रोटांग की ओर।

हमारे उलटे हाथ पर, यानी बगार की ओर, पतरे की चन्द टपरियाँ हैं। उन घरों के आँगन में और इन टपरियों के अगल-बग़ल बरफ़ में पहननेवाले लत्ते झूल रहे। रोहतांग जानेवाले सैलानी भाड़े पर ले जाते हैं यहाँ से लत्ते। हालाँकि झूलते कपड़ों से, बोर्ड पर लिखे जुमलों से या कि बेतरतीब मकानात से अपन को कुछ लेना न देना, किन्तु मेरी यह खचड़ा नज़र...लाख जतन किये भी ससुरी वहीं को जा रही। जबकि उसके ध्यान में होना चाहिए गिरिराज का वैभव।

गोया दीदे खुले तो हैं परन्तु देख नहीं रहे। और जो कुछ देखते भी हों तो देखे से जुड़ तो नहीं ही पा रहे। जबकि जिसे हम वापर रहे वह है एक नायाब रहगुज़र। इस पर मँडे हैं कितने ही अग्रज यायावरों के पद चिह्न। न मालूम कितनी दंतकथाओं की जनक है यह लीक। ऐसी महान् लीक पे चलने की सोच मात्र से मुझे लोमहर्षक रस से सराबोर हो जाना था। किन्तु हो नहीं रहा। क्यों?

कारण है कार की सवारी।

जबकि योजना मुताबिक हमारा पैदल सफ़र मनाली से ही शुरू होना था। सोनी ने मगर लँगड़ी मार दी। उसी ने जँचाई भाड़ागाड़ी के उपयोग की बात। बोला, मनाली-लेह को जोड़ने हेतु सड़क बनाई जा रही। लिहाज़ा हिमालय काटा-तोड़ा-फोड़ा जा रहा। जगह-जगह। मनाली से रोहतांग पार तक—जहाँ गिरिराज-उदर में सूराख किया जा रहा—आज बारूदी सुरंगों, जे.सी.बी. और डम्परों का आधिपत्य है। चुनाँचे पुरानी पगडंडियाँ, जिनको पुरखों ने वापरा, अब ढूँढ़े नहीं मिलतीं।

सोनी के कहे का असर हुआ।

सोचा, ऐसे में पैदल चलना मानी दिलख़राश मंज़रों के रूबरू होना। वो भी मुसलसल तीन दिनों तक। सो राज़ी हो गए गाड़ी की सवारी को। ग़रज़ यह कि जितना मुमकिन है उससे भी तेजी से निकल सकें इस काटा-कूटी-फोड़ा-फोड़ी से दूर।

जनाब, मोटर में बैठ तो गया मगर अब हिया धिक्कार रहा। खड़े कर रहा सवाल। कि हिमालय काट बनाए जा रहे जिन महापथों को पानी पी-पी कोसता हूँ, अपने पर आई तो क्यूँकर फट से गाड़ी में बैठा और चट से उसी पर निकल पड़ा? क्यूँ नहीं चला 'हिमालय हित में यात्रा' का उद्घोष करते हुए पैर-पैदल?

ख़ैर! जाने दीजिए। बखेड़िए मन और अपन के बीच जूतमपैजार ठहरा एक ख़ानगी मुआमला। और घर के झगड़े सबको क्यों सुनाना? सो करता हूँ वह, जिस निमित्त अपन लोग इधर हैं। मतलब कि देखता हूँ अगल-बग़ल। कहता हूँ सूरत-ए-हाल।

मोटर विपाशा-घाटी के बाएँ हाशिये पर दौड़ रही है।

घाटी ख़ूब ही ऊँडी है। सो सड़क से नदी, विपाशा नदी, दिख नहीं रही। मगर उसका पुकारना सुन पड़ रहा। पुकार कर्कश है। समीप आने का इसरार नहीं, दूर रहने की ताक़ीद जान पड़ती है। ठीक भी है। घाटी तल में विपाशा चट्टानों से लड़-भिड़ रही होगी। इस करके उसके वस्त्र बेतरतीब होंगे। घूँघट कहीं, चूनर कहीं। घाघरा

कहीं और। ऐसे में अर्णा नहीं चाहती कि कोई उसे देखे। लेकिन घाटी-ओष्ट पर मगरे हैं, भाटे हैं, घास है, झाड़ियाँ हैं।[2] वहाँ धूप सेंकते गिरगिट हैं।[3] घास में भोजन तलाशते मैगपाई भी। और वे सब निर्वसन विपाशा का राग-विराग देख रहे हैं! आदमी इस बिहिश्ती नज़ारे से महरूम है। मोटर में ठँसा आदमी तो क़तई महरूम। ख़ैर।

विपाशा के परली तरफ़, घाटी के उस पार, पहाड़ हैं। कतारबद्ध। सब्ज़ जामा पहिने, एक के पीछे एक खड़े। गोया बटालियन हो पहाड़ों की। किन्हीं पहाड़ों पर देवदारु हैं। वे शीर्ष से नीचे उतरे याकि कमर पे पैर रख माथे पर चढ़े—इसका पता अब नहीं चलता है। लेकिन वे वहाँ हैं, और बहुत दिनों से वहीं हैं, यह ख़बर मिल रही। और उनके उधर होने से पहाड़ रोमल दिख रहे। सुरसुराती, सिहराती हवा की थाप संग जब देवदारू दोलें तो भास हो जैसे भाल से स्कन्ध तक फैले गिरिराज-केश लहराते हों।

रोमल-पहाड़ों के क़रीब के चन्द पहाड़ फाइट मास्टर शेट्टी के से चपड़गंजू भी हैं एवं कुछ शिखाधारी भी। यानी मस्तक व ग्रीवा के मध्य चन्द विटप, बाद बाक़ी सब सफ़ाचट! इन्हें देख मानस बाँचते तुलसीदास की छवि मन:पटल पर उभर रही। इनसे हटकर, आकाश से सटकर, खड़े हैं श्वेतकेश धारी ऋषि से जान पड़ते पर्वत शिखर। ये ऋषि-पर्वत अपितु धवल बदलियों से ढँपी नभ-गुहाओं में विराजित हैं। सुखासन में हैं। ध्यानमग्न हैं। पहरेदार बदलियाँ जब पारी बदलती हैं, तब ही, कदाचित् क्षण भर हेतु, उन ऋषि-पर्वतों की झलक देखने मिल रही। और इन सब को अपने में समेटे है विपाशा-रव। इतना ढेर सारा रव कि न पाखियों की चहचह सुन पड़ रही, न पड़ोसी का कहा ही।

मोटर रव को चीरते हुए चल रही है।

परबत को सरतापा बाँधने निकली डगर का समतल हिस्सा शेष हो चुका। अब वह गिरि-कंठ पर चढ़ रही है—घूम रही है, कुंडली कस रही है। निरीह गिरि भौचक खड़ा है। वो तड़प नहीं रहा। कौन जाने, शायद तड़पता हो। और वह तड़प मुझे दिखती न हो। वैसे तड़प का एकदम से दिखना ज़रूरी भी नहीं। सतही वार की मार का असर अन्दरूनी मुलायम अंग लेते हैं। और दरूनी ज़ख़्मों को पकने में वक़्त लगता है। जब नासूर फूटेगा तब क्या होगा? क्या भहराएगा यह पहाड़ भी, लेह के बाज़ार की तरह? केदारनाथ घाटी के जैसे? गो कि जिसे हम जावेदानी समझे बैठे हैं, है तो वह फ़ानी ही।[4]

जो हो, अभी तो इधर नगपति चुप है। लिहाज़ा चहुँ दिग बेफ़िक्री है। बेपरवाही है। शीतल पवन निश्शंक विहर रहा है। पाखी बेलौस फुदक रहे हैं। सोनी निश्चिन्त ऊँघ रहा है। मोटर निश्चिन्त चल रही है। वलय पर वलय व्यतीत हो रहे हैं। विपाशा-रव दूर जा रहा है। तैश ओ' तेवर वाली दुनिया पीछे छूट रही है। रोहतांग या रोटांग-दर्रा (4100 मी.) क़रीब आता जान पड़ रहा है। वादी पर ख़ामोशी तारी

हो रही। और ख़ामोशी से डर लग रहा है। मामूली वाला नहीं, भारी वाला डर। कि बाज़ लोग ख़ामोशी को तूफ़ान का पेशींगो कहते हैं।[5]

वैसे तूफ़ान की पूर्व सूचना देना रोटांग पर लाजिम नहीं। जानलेवा अन्धड़ यहाँ जब-तब धमाल मचाने लगते हैं। ख़ुशनुमा मौसम के बीचमबीच, और एकदम औचक ही। रोटांग के इस खुरदरे स्वभाव का कारण लोककथाओं से विदित है।

कहते हैं एक समय था जब लाहुल और मनाली के बीच के इस पर्वत को लाँघने का कोई जरिया ही नहीं था। यानी रोहतांग-दर्रे जैसी कोई वस्तु तब थी ही नहीं। अलंघ्य पीर-पंजाल के अगल-बग़ल का संसार दो फाँकों में बँटा था। व्यापार को लालायित लाहुली और कोला (कुल्लूवासी) पीर-पंजाल टापने की कोशिश में आए दिन अपने प्राण खोते रहते। अन्ततः उनने देवताओं के यहाँ अर्जी लगाने की सोची। इस वास्ते शिव के गण ल्हा-फा (lha-pha) को गुहारा। उसे कुँवारी कन्या तथा किशोर बालक की बलि चढ़ाई। मनुहार की उससे कि वह देवता के पास जावे। मनावे उन्हें आदमी को आवाजाही की आसानी देने के लिए। बलि व सुस्तुति से सन्तुष्ट ल्हा-फा ने जनता का सन्देसा निर्दिष्ट ठिकाने पर पहुँचाया।

अपने गण की सिफ़ारिश पर शिव इस पर्वत में राह खोलने को राजी तो हुए, मगर बेमन से। देवता बोले कि 'मैं त्रिशूल से पहाड़ तोड़ तो दूँगा परन्तु इस प्रहार के असर से वहाँ हर कभी बरफ़ के विकट बवंडर उठते रहेंगे।' इतना कह शिव ने अपना शस्त्र फेंका। पीर-पंजाल का अभिमान चोटिल हुआ। उसका शिखर दो भागों में बँट गया। आविर्भूत हुआ एक दर्रा। याचक को समाधान तो मिला, किन्तु अधूरा। दर्रा मिला परन्तु उस तक पहुँचने की राह न मिली। भगतों की विनती पर शिव मानव रूप में अवतरित हुए। नवनिर्मित दर्रे से मनाली तक की पैदल-लीक बनाई।[6]

लोगों की बरसों की साध पूरी हुई। वे लपके नव-निर्मित दर्रे की ओर। किन्तु—जैसा कि शिव कह चुके थे—उनका सामना बरफ़ के तीव्र अंधड़ से हुआ। दर्रा लाशों से पट गया। तब लोगों ने इसे 'रो-थाङ्' पुकारा। 'रो' यानी शव; 'थाङ्' मतलब मैदान/स्थान। भोटी भाषा में कुल जमा अर्थ हुआ—लाशों का मैदान! तब का 'रो-थाङ्-ला' ही आज का 'रोहतांग' है। और स्थानीय लोगों का रोटांग-ला। जनश्रुति कहती है कि रोटांग पर बिखरे भाटे-डिंगल, शिव-त्रिशूल की मार से खंडित हुए पहाड़ के टुकड़े ही हैं।

कांगड़ा ज़िले में एक दूसरी कहानी सुनने को मिलती है। जिसके अनुसार पश्चिमी तिब्बत में एक पराक्रमी राजा था—ग्याब क्येसर। अपनी कुलदेवी—अने गुरमन—के आशीर्वाद से उसे जादुई शक्तियाँ प्राप्त थीं। जैसे उसके अख़्तियार में उड़नेवाला घोड़ा था, और था एक करिश्माई कोड़ा। एक बार हुआ यह कि उसमें राज्यविस्तार की प्रत्याशा जगी। वह उड़न-घोड़े पर बैठा। कुलदेवी को साथ लिया। और जादुई कोड़े को घुमाते हुए पहुँच गया लाहुल। किन्तु सीमा विस्तार

की प्यास—धनार्जन की पिपासा—ठहरी अशमनीय, अदमनीय। पिपासु जितना पावे उतना ही तृषा-कातर होता जावे।

यही हुआ राजा क्येसर के संग। सुन रखा था उसने दक्खिन देशों के धन-वैभव के बारे में। ललच उठा वह लाहुल के दक्षिण जाने को। पर यह सम्भव कैसे हो? समक्ष था हिमाला। पर्वत-शिखरों की अलंघ्य शृंखला। राजा ठिठक गया।

असहनीय।

अदना पहाड़ और राह न दे, यह महान् विजेता को कैसे स्वीकार हो! उसे ऐसा भयंकर ताप चढ़ा कि उसने अपना कोड़ा पर्वत-शीर्ष पर दे मारा। पहाड़ के मस्तक बीच एक राह तो बनी किन्तु दुर्गम। क्येसर पुनः प्रहार को उद्यत हुआ ही था कि उसकी कुल देवी ने रोका। समझाया उसे कि डगर इतनी भी आसान नहीं होना चाहिए कि नीचे के लोग आसानी से लाहुल में घुस आवें। लूट लें इसे। हर लें इधर की संस्कृति। राजा ने हाथ रोक लिया। रोटांग-ला बना तो, परन्तु रहा दुर्लंघ्य ही।

वैसे बहुत सम्भव है कि 'रो-थाङ्' नाम का वास्ता दर्रे पर हुए अनेकानेक संग्रामों से हो। पहाड़ पार करने की सहूलियत से व्यापार की आसानियाँ हुईं सो हुईं लुटेरों की भी तो पौ-बारह हुई। यानी उनने भी इस डगर का भरपल्ले दोहन किया। जोत पार से मंगोल (तुर्क) व अन्यान्य लोग लूटमार हेतु जब-तब कुल्लू की तरफ़ आने लगे।

यही नहीं रोहतांग ने राज्य-विस्तार पिपासु राजाओं को भी आसानियाँ बख़्शीं। स्पीति के राजाओं ने, जो अपना उपनाम 'सेन' लगाते, कुल्लू पर एकाधिक बार धावा बोला। पालवंशी रुद्रपाल तथा प्रसिद्धपाल के क्रमशः राजेन्द्रसेन व चेतसेन संग हुए संग्राम तो लिखित इतिवृत्त का हिस्सा हैं।[7] इसमें प्रसिद्धपाल व चेतसेन का युद्ध तो ऐन इसी दर्रे पर हुआ। उस भीषण संग्राम में प्रसिद्धपाल विजयी तो हुआ पर दोनों पक्षों के सैकड़ों लड़ाकों की जान गई। एक बार फिर रोटांग-ला लाशों से अँट गया। शायद इसीलिए 'ला' का एक अर्थ 'संकट' भी भाखा गया है।

इस्सऽऽ! हम भी कहाँ इस मारा-मारी में उलझ गए। गुज़श्ता वक़्त की भीत पर क्या और क्यों माथा पटकना। दोस्तो, तब की चीज़ें तब ही में छोड़ अपन मुड़ते हैं अब की ओर। बढ़ाते हैं सफ़र को आगे।

क़िस्सों भरा उड़नखटोला

गाड़ी रोटांग सम्त बढ़ रही है।

कह चुका कि सड़क पेचदार है। लिहाज़ा मोटर कौन दिशा में जा रही, समझ नहीं पा रहा। लग रहा जैसे वह कई दिशाओं में एक साथ चलती हो...अपन का ध्यान किन्तु सड़क की दाहिनी ओर ही है। मुसलसल दाहिने ही। और ऐसा करना मेरी मज़बूरी ठहरी। जबसे डिरायवर बाबू ने बताया कि रोटांग के नीचे बन रही सुरंग सड़क के बाईं तरफ़ दिखेगी, तब से दीठ उस ओर घूमती ही नहीं। कि हिमालय-उदर को छिदता कैसे देखूँ?

लेकिन औरों को तोहमत क्यों देना जबकि मैं भी हिमालय-उच्छेदन कर रहा। हड़प रहा अपने दाहिनी ओर का हिमाला नज़रों से। यानी, जिसे मैं देख रहा गिरिराज का उतना टुकड़ा अब मेरा हुआ। और मेरे हक़ के हलक़े में बरफ़ नहीं है। पेड़ होने का तो सवाल ही नहीं उठता। भारी बदन दरख़्त इतनी ऊँचाई पर चढ़ जो नहीं पाते। 'जीरो-फिगर' घास का कहीं भी पहुँचना मगर सम्भव। सो वह इधर भी है। पर कहीं-कहीं।

जहाँ घास है वहाँ और जहाँ घास नहीं वहाँ भी पत्थर हैं। कुछ औंधे पड़े डेंडला रहे। तो कुछ पीठ के बल लेटे टुकुर रहे हैं आसमाँ। पत्थर मगर एक से नहीं। कुछ हैं ढेलेनुमा तो कुछ बड़े भी। चुनिन्दा तो इतने बड़े कि उन्हें चट्टान बुलाना बेहतर। माननेवाले इन पत्थरों को शिव-रोहतांग कथा का प्रमाण जानते हैं। सनद रहे कि वे ढेले भी मेरे ही हैं। चट्टानें भी मेरी। मेरे माशूक पर ख़लाई ज़ब्र की निशानियाँ हैं ये, इन्हें कोई हाथ न लगावे। प्लीज़!

और हाँ, घास पर पसरे पत्थरों की बात से कहीं आप यह न समझ लेना कि मेरी वाली ज़मीन यकसार है। नीरस है। समतल है। न। वह तो है कुमार गन्धर्व के भजनों की-सी लहरिल और रसीली। सीधे-सीधे कहूँ तो रोहतांग-महल्ले में मेरा जो हिस्सा है वहाँ अनेक छोटे-बड़े टीले-पठार हैं। जिनका सरपरस्त है नीला...नहीं...नीला-कच्च आसमाँ। मेरी ज़मीन और नीले-आसमाँ के दरमियाँ हैं बदलियाँ। अफ़ीम-पुष्पों की सी धवल बदलियाँ। नशे का सामान। आँखों से आत्मा में उतरनेवाला चंडू। चार पल थमकर निहारो, चार जनम झूमते गुज़ारो! निस्तीर्ण नभ तो ख़ैर दुनिया भर का है। साझा है। किन्तु बाबू लोगो, चंडूफ़रोश बदलियाँ मेरी हैं। बस मेरी।

दो बरस पहले इस धरती को, इन पर्वतों को, देखा था—ऊपर से। उड़नखटोले में बैठे-ठाले। उस दृश्य ने आनन्द तो दिया मगर सन्तुष्टि नहीं। गोकि परबत जान पड़े नेशनल ज्युग्राफी पत्रिका में छपे चित्र सरीखे मनमोहक। सुन्दर। मगर बेजान। तोशाख़ानों में सजे बाघ हों जैसे। आज किन्तु सन्तुष्ट हूँ। कि उन्हीं परबतों से सट के गुज़र रहा। देख रहा उन्हें इतने क़रीब से कि उनकी हर श्वास-नि:श्वास महसूस हो रही अपने कपोलों पर।

एक इच्छा जाग रही है मन में। उड़ने की इच्छा। वायुयान जितना नहीं, बस वितना ऊँचा कि एकमुश्त देख सकूँ अपने हिस्से के गिरिराज को—नख-शिख। सँजो सकूँ यादों में उसका हरेक तिल। तमाम पेचोख़म। पर हाय! कि हाय! हाय!! कितना बेबस है आदमी। हम लोगन से तो पाखी भले। मन करे तब नज़दीक आ जावो, दिल करे तब ऊपर से देखो सारा जहाँ। काश कि मैं खेचर होता। डैने होते मेरे। जाता ऊपर। देखता उधर से इधर का मंज़र। कैसी दिखती मेरी ज़मीन वहाँ से? शायद कि अंगूर-गुच्छ सी दानेदार! या फिर पके सीताफल जैसी गद्दर!! यह सब देख-दाख के उतरता नीचे। दुम हिलाता किसी चट्टान पे बैठ। गुनगुनाता बदरियों से सीखे गीत। जैसा कि पाखी किया करते हैं—नि:सर्ग से सीखे गीत सुनाते हैं दुनिया को। उड़-उड़। घूम-घूम।

सच कहूँ, कभी-कभी बहुत ख़लता है डैनों का न होना...

सामने—सड़क से थोड़ा हटकर—जहाँ ज़मीन पर हल्की घास है, वहाँ सटे-सटे दो टीले हैं। नाप-जोख में एक से, उलटे धरे भरतियों के-से टीले। घास से अधढके वो टीले ऐसे जान पड़ रहे जैसे तोता-रंगी तंग कंचुकी से झाँकते पुष्ट उरोज। इन दिलक़श टीलों के बीच एक दुमदार शिला है। जैसे स्तन-अन्तराल में झूलता लाकिट। लाकिट के दूसरे छोर से सटा खड़ा है एक गुम्बद। उसे देख उड़नखटोले का गुमान हो रहा। चबूतरे पर धरा विशाल उड़नखटोला।

अपर्णा को बोलते सुना—

"सोनी गाड़ी रोकवाओ, उधर कुछ है!"

गाड़ी रुकी। हम उतरे। सब उतरे।

चार-पाँच सौ क़दम की हल्की-फुल्की ऊँचाई काट पहुँचे चबूतरे के पास। मिली गुम्बद तक पुगने वास्ते बनी पैड़ियाँ। जहाँ पैड़ी ख़त्म हो रहीं, वहाँ एक पाटी है। जिसपे लिखा है—

'ब्यास ऋषि मन्दिर'। ब्यास ऋषि तपस्थली! महाभारत व वेदों की सृजना स्थली।'

ब्याऽऽस ऋऽऽषि मन्दिऽऽर...वाह! क्या बात है!

व्यास-कुण्ड

सोचा, चौदह टप्पे वाली यह पैड़ी तो सेतु है। युगलंघन का सामान है। जहाँ मैं खड़ा हूँ, कलिकाल की इस धरती से उस युग की भूमि को जाती पैड़ी जिधर ऋषि व्यास साधनारत रहे। दूसरी तरह से कहूँ तो इन चौदह टप्पों की यात्रा मुझे ले जावेगी निष्ठुर बौद्धिक जगत से सुकोमल भाव-संसार में।

तर्क बाणों से भरा तरकश मैंने फेंक दिया है परे। अब मैं निहत्था कर रहा हूँ युगलंघन! मन मेरा भीज रहा है—भावातिरेक से...

अपर्णा ब्यास-मन्दिर के चबूतरे पर बैठी है।

दर्शन-बाद, कुछ पलों के लिए ही सही, वह मन्दिर की पैड़ी पर बैठती ही बैठती है। जैसे अभी बैठी है। और उसके पास बैठा हूँ मैं। वहाँ बिखरे पत्थरों को सहलाते हुए।

"ये क्या कर रे हो?," अपर्णा ने पूछा।

"कुछ...नीं...।"

"भाटों को ऐसे चुमकार रहे जैसे कोई बच्चे को समझाता है...कुछ तो चल रहा है दिमाग़ में..."

"बस यूँ ही, कुछ सोच रहा था।"

"क्या?"

"कुछ ख़ास नहीं..."

"फिर भी..."

"यह धरती...इस जगह की भूमि...कितनी भरी-पूरी है...कितने बहुत से अफ़साने वाबस्ता हैं इससे...जैसे ब्यास ऋषि की तप वाली बात, जो इस पाटी पर लिखी ही है...," बोर्ड की ओर देखते हुए मैं बोला।

"तुम भी किन बातों पर भरोसा कर बैठे? ये सारी तो बनाई बातें हैं...," अपर्णा आँखें मटकाते हुए बोली।

मुझे कोई माकूल जवाब सूझता उसके पहले ही सोनी बीच में बोल पड़ा, "सर...मैडम ठीक ही तो बोलती हैं। यह कुंड तो फ़र्ज़ी है, टूरिस्टों को बुलाने के लिए बनाई जगो है..."

"फ़र्ज़ी?"

"और नहीं तो। सर ध्यान है माणा गाँव, वहाँ भी एक व्यास-गुहा देखी थी हमने। उसके साथ भी सेम टु सेम टाइप की स्टोरी जुड़ी है..."[1]

मैं बोला, "सोनी, महज़ माणा ही क्यों वेदव्यास की कहानी की वाबस्तगी तो और भी जगहों से है। उत्तर प्रदेश के सीतापुर में व्यास गद्दी है, उड़ीसा के राऊलकेला में वेदव्यास धाम है, केरल के कोट्टायम में वेद-गिरि है..."

"फिर तो यह सिद्ध हुआ कि यह व्यास-कुंड फ़र्ज़ी है तथा व्यास-कथा मनगढ़न्त," अपर्णा ने मेरी बात काटी।

"हाँ यह हो सकता है। मगर यह भी तो सम्भव है कि वेदव्यास की दीगर गोशों में मौज़ूदगी इस कहानी के जनमानस में मज़बूत पकड़ की रसीद हो। आम यक़ीन के मुताबिक वेदव्यास उर्फ़ कृष्णद्वैपायन व्यास ने महाभारत के साथ जन-स्मृति में बिखरी वेदादि ग्रन्थों की ऋचाओं का संकलन भी किया। तो क्या यह नहीं हो सकता कि व्यास संग जुड़े अन्यान्य स्थान इन दूसरे ग्रन्थों के रचना स्थल हों? वैसे भी अफ़साने तारीख़ के पुख़्ता दस्तावेज़ नहीं होते।[2] अलबत्ता उनमें तवारीख़ी के इशारे हो सकते हैं। जैसे गेंदे की माला में चम्पा का फूल। कहानी जानदार है तभी तो बरक़रार है! इस करके ही तो लोग वेदव्यास की शिनाख़्त में आज तलक मशगूल हैं। बता दूँ कि दानिशमन्द लोग कृष्णद्वैपायन को ज़ेहनी पैदाइश नहीं आदमी की औलाद मान चुके हैं..."[3]

"तुमने तो बात को कहाँ का किधर पहुँच दिया। मुद्दा इस कुंड के झूठे होने का था। इसी पे टिके रहो और इधर लगी इस पाटी को देखो...और देखो इस गुम्बद को...इसकी बनावट पर ध्यान दो...क्या ये सब टटका नहीं जान पड़ते?," अपर्णा ने मेरी बात काटी।

"किन्तु भीतर रखी मूरत तो जूनी है। बनी बात है कि विश्वास, ऋषि-गल्प में विश्वास, तो इस विग्रह से भी जूना होगा।"

"यह कैसे मालूम पड़ा तुमको?"

"अब से कुछ दो सौ बरस पहले की बात है। जब ईस्ट इंडिया कम्पनी से जुड़ा विलियम मूरक्राफ्ट ठीक वहीं खड़ा था जहाँ अभी हम बैठे हैं। तब उसने, अपने पीछे जो दुमदार शिला है, उसके नीचे से निकलती एक दुर्बल जलधारा देखी। और शिला से सटी, उस जलधारा के निकास बिन्दु पर धरी, ठोस पत्थर पर काटी गई, एक मूरत को भी संज्ञान में लिया। मूरत जिसे 'बियास ऋषि की मूर्ति' कह मूरक्राफ्ट ने अपनी रिपोर्ताज में जगह दी। वह ईसाई मानुष इस जगह से ऐसा प्रभावित हुआ कि उसने मूरत और कुंड के गिर्द पत्थरों का एक परकोटा बनवा दिया। कच्चा परकोटा। और हाँ, मूरक्राफ्ट ने तब इस जगह को बियास नदी का उद्‌गम स्थल भी बताया था।"[4]

"अच्छा...आगे?"

"एक अद्‌भुत बात बताऊँ? मूरक्राफ्ट के यहाँ उन पुष्पों का भी ज़िक्र मिलता है जो उसकी आमद से पहले ही ऋषि-मूरत पर धरे हुए थे।"

"इससे सिद्ध क्या हुआ?"

"तनिक सोचो तो कि इस बियाबान में, जो तब और भी अधिक वीरान रहा होगा, पुष्प किधर से आए? फूल चढ़ानेवाले किधर से आए? अब बस्ती से इतनी दूर पूजा-शूजा के लिए तो कोई आने से रहा। बनी बात है कि रोटांग फाँदने के इच्छुक पूजा की तैयारी संग इधर आते होंगे। यानी मूरक्राफ्ट के पहले से ही लोगों को इस मूरत व कुंड की ख़बर थी..."

"रुको...रुको...हो सकता है यह मूरति उस आदिम परिपाटी की द्योतक हो जिसके चलते लोग कठिन जगहों पर रक्षक-देवता बैठाया करते। तथा वहाँ से गुज़रते समय देवता को भेंट चढ़ाते...जैसे कि अपने यहाँ का टंट्या भील..."[5]

"चलो, यही सही। मगर उस रक्षक का नाम ब्यास ऋषि होना मूरक्राफ्ट के कहे से सिद्ध है। सार यह कि ब्यास ऋषि मूरत दो सौ बरस से कहीं उधर की है।"

"हुँ...और?"

"और...मूरक्राफ्ट देखी वह मूरत आज भी गुम्बद में विराजित है। फूल-चूनर आदि से ढँपी होने से जिसे अपन बरोबर देख नहीं पाए। और गुम्बद भीतर का वह कुंड भी वही है जो उस ब्रितानी ने देखा था...अलबत्ता अब उसे पक्का कर दिया गया है...लेकिन है वो वह ही...देखो तो दिखेगी तुमको मूरक्राफ्ट की बताई जलधारा, जिसका जल कुंड में कुछ देर ठहर आगे को बढ़ जाता है।"

"वसिष्ठ कथा वाली विपाशा नदी इसी कुंड से निकलती है...यही कहा था न तुमारे मूरक्राफ्ट ने?"

"हाँ, पर मूरक्राफ्ट के आए तक विपाशा अपना नाम बदल चुकी थी। वह कहाने लगी थी ब्यास नदी। ब्यास कुंड से निकली सो ब्यास नदी। मूरक्राफ्ट से अब तक के सफ़र में न जाने कब 'आधे-ब' के पेट में फँसी डंडी धसकी और 'ब्यास' नदी 'ब्यास' नदी कहलाने लगी। समयान्तर से इस नदी के उद्‌गम स्थल को लेकर

संशय भी उपजा। ढुँढ़क्कड़ों ने एक दूसरी जगह तलाशी है। जिसे अज्ञेय सहित अन्य महानुभाव 'व्यास मुनि' बुलाते हैं।[6] और व्यास नदी का उत्स-स्थल भी बताते हैं।"

"वाह! सर और कौन सी कहानी जुड़ी है इधर से...," सोनी ने पूछा।

"सोनी! यह जगह कवियों को भी ख़ूब सुहाई। केदारनाथ सिंह ने तो एक पूरी कविता कही है इस पर। अज्ञेय बाबू के जीवन में भी व्यास कुंड की पैठ है..."

"अज्ञेय के भी!," अपर्णा चिहुँकी।

"और नहीं तो। बाबू साब ठीक यहीं पड़े हुए थे। लगभग बेहोश। सन्निपात की अवस्था में। यह साल 1934 का वाक़िया है। तब वे मनाली से निकले और सिर्फ़ एक रात विश्राम कर अगले दिन रोहतांग पर धावा बोल दिया। लापरवाही में साथियों से बिछुड़े। थकान लगी तो दारू पी ली। वो भी ख़ाली पेट। एकले ही चलते रहे। भटकते-भटकाते इस जगह पहुँचे। लस्त-पस्त तो थे ही। सो कुंड का पानी पीया और लेट गए। यहीं कहीं...यहीं ही कहीं...लेटे...और सुध-बुध खो बैठे। भला हो कि इधर से गुज़रते किसी मनक की निगाह उन पर पड़ी सो जान बची। वगरना..."

"पानी पीते ही होश खो गए! तो क्या इस कुंड का जल अपकारी है?"

"नहीं...बल्कि जान पड़ता है अज्ञेय बाबू 'हाई अल्टीट्यूड सिकनेस' के शिकार हुए थे। पर्वतारोही को क़तई मना तीन हरकतें उनने कीं। पहली—हड़बड़ी; दूसरी—भोजन-पानी की अनदेखी; और तीसरी—मयनोशी।"

"सच में यह कुंड तो कहानियों से अँटा है...बड़े महत्त्व की जगह है यह...," कहते हुए उसने गुम्बद को नेह भरी नज़र से देखा। उठी। और चल दी गाड़ी की ओर...

डग दूसरा

जाँस्कर की दहलीज़ तरफ़

दारचा

जुलाई 1, 2013। 3350 मीटर, बमुताबिक 11000 फ़ीट। सिन्धु-सौवीर परिक्षेत्र का गाँव—दारचा।

आप सोचते होंगे कि बन्दा जब से रोटांग-राग अलापे जाता था और उसकी क़तई कोई कैफ़ियत दिये बग़ैर ही दारचा आ पहुँचा।[1] सच कहूँ, उस दर्रे की चर्चा मैंने जान-बूझकर नहीं छेड़ी। कुछ तो डर था, कुछ आपका ख़याल। ख़याल यह कि मुझ पर जो गुज़री सो गुज़री—आपका ज़ायक़ा क्यूँकर ख़राब हो! और डर? इस डर वाले मसले पर आऊँगा मगर आपकी फ़रमाइश पूरी करने के बाद, यानी रोहतांग को सुना देने के बाद।

व्यास कुंड से रोटांग-दर्रा अधिक दूर नहीं। लोग तो इसे दर्रे का हिस्सा ही बता गए। शायद इसीलिए कि बमुश्किल सौ-दो सौ मीटर क़द का पहाड़ ही अँटा है दोनों के दरमियाँ। अँटा पहाड़ खड़ा पहाड़ होने से हम-दोई को लगा कि कुंड के बाद की डगर कठिन होगी। कि दम फूल-फूल जावेगा मोटर का—दर्रे तक पहुँचने में। फिर ख़यालों में रोहतांगी बरफ़ भी थी। और यह अन्देशा भी कि शायद वहाँ पहुँचने के लिए पहियों पर चेन लपेटने की दरकार पड़े। किन्तु ऐसा कुछ नहीं घटा। न इंजन का दम फूला, ना ही टायर पर चेन बँधी। मोटर भी बिना किसी हा-हू के चलती रही। और नज़ारा पलट गया।

नाक से सटकर खड़ा पहाड़ हो गया यकबयक ग़ायब!

बिनाई की हद तक अब आसमान ही आसमान था। चटक नीले आसमाँ तले एक नदी थी। और हिमाच्छन्न पर्वत थे। जो अपने शीर्ष पर नभ को उठाए थे। नभ ही की तरह ये बरफ़पोश परबत भी गरदन तक नीले थे। शायद फ़लक का रंग छलक रहा था उन पर। इसके विपरीत, तले बहती नदी मटमैली थी। यह तो होना ही था। कि कूदती-भागती चीज़ों पे संगत का असर नहीं पड़ता। और वह नदी तो जैसे हंगामाख़ेज़ तरीक़े से एक ओर लपके जाती थी। किस ओर, इसका ठीक-ठीक अन्दाज़ा उधर से निकाल पाना मुश्किल था। लगा जैसे वह हमारे दाएँ से बाएँ बाजू को जाती हो। बहरहाल, मंजर पर यकायक नमूदार हुई नदी को देख माथा ठनका। शक़ हुआ घाटी बदल जाने का।

"अयँ! नदी!! यह कौन सी नद्दी आ गई बीच रस्ते?"

सफ़र-गो के सवाल को डिरायवर बाबू ने उचक लिया, बोला—"चन्द्र-नदी है सर, चन्द्रताल से निकलनेवाली चन्द्र नदी..."

"क्या कहा चन्द्र नदी! यानी सामने लाहुल का इलाक़ा दीख रहा है?"

"हो"

"हो...मानी? रोहतांग आया नहीं, लाहुल आ गया...भला कैसे?"

"सर, वहाँ जहाँ टूरिस्ट थे...बरफ़ के टप्पे थे...आपने फ़ोटो लिये थे...वो ही तो दर्रा था," यह सोनी का स्वर था।

सोचा, दर्रे भी कहीं ऐसे हुआ करते हैं? दर्रे तो ऐसे नहीं हुआ करते हैं। खरा दर्रा वो जिस तक आदमी ज़रा-ज़रा करके पहुँचे और पहुँचते-पहुँचते अपना ज़र्रा-ज़र्रा हो जाना महसूसे। और आज का रोहतांग...इतनी आसानी से गुज़र गया जैसे हवा गुज़रे नाक के नीचे से। न बू, न कोई छुअन। क़तई ग़ैर-महसूस!

आसानियाँ किन्तु फोकट में नहीं मिलतीं। कोई न कोई तो उसका दाम चुकाता ही है। एक की जीत यानी दूसरे की हार। जैसे इस सड़क वास्ते पीर-पंजाल श्रृंखला ने गँवाई है अपनी मज़बूती। अपना सौन्दर्य। और हमसे रिन्द तो जैसे लुटा ही गए। हारा है हमने वह रूहानी नशा जो तारी होता महबूब-दर्रे जानिब रफ़्ता-रफ़्ता बढ़ने पर। और वह चमत्कारिक अनुभूति भी तो गँवाई जो होती घंटों मशक़्क़त बाद दर्रे के परली तरफ़ देखने पे। च्...च्...च...उफ़! मगर कोई गल्ल नहीं जी। दूसरों को तो सुकून मिला। इस नाकारा पर्वत-प्रेमी के तमाम सुख उन दूसरों के सुकून के सदक़े!

बहरहाल, कुछ देर चन्द्र नदी संग आगे बढ़ने के बाद उत्तर-पच्छिम को जाती सड़क ने दिशा बदली। वह दाएँ मुड़ी। ठीक इसी मौक़े पर नज़र आई सुरंग। जिस मंज़र से बचने वास्ते हज़ार जतन किये वह ऐन नाक की सीध में था। और कुछ इस तरह कि उससे बच पाने की कोई सूरत ही न बची। चुनाँचे वह सुरंग दीखी। दीखे दहान में ढुकते-निकलते डम्पर। और...और...दीखा दर्द से दोहरा होता गिरिराज।

ख़ामख़याली तारी होने लगी मग़ज़ पर—

> अब समझा तमाम मंज़र के नीले होने का कारण...कि जो डम्पर हैं वो हक़ीक़तन ज़हर-बुझे बाण हैं...उँड़ेल रहे गरल पर्वतराज की नाभि में...न...न...चोटियों ने नभ का असर नहीं लिया...वो तो विष के असर से नीली हो गई हैं...और सिर्फ़ पर्वतशीर्ष ही क्यों, ज़हर ने आसमाँ पर भी तो मार की है...इस करके ही उसका रंग ऐसा गहरा नीला है यहाँ... उफ़!...आदमी ने विषाक्त कर दिया है नभ को...हिमालय को...

इस ख़याल ने हिला दिया मुझे। मारे डर के आँखें मीच लीं। जब आँखें उघाड़ीं तब हम भागा नदी के साथ-साथ बढ़ रहे थे। दारचा की ओर। इधर भी सड़क चौड़ीकरण जारी था। विचार आया कि गाड़ी पहाड़ के पेट से गुज़र रही। सोचा इसमें अनहोनी कुछ नहीं। कुछ भी तो नहीं। कि यही रवायत ठहरी। फ़रमाबरदारों की तसल्ली-बख़्श राहें सदा ही पामालों के पेट से होकर निकलती रही हैं।[2]

ख़ैर।

रोटांग बाद सड़क में पेचो-ख़म तो कम हैं। किन्तु है वह ख़स्ताहाल। यानी सफ़र होता है दचकों-झटकों के साथ, ख़रामा-ख़रामा। गति का अन्दाज़ इससे लगा लें कि हमने दस-साढ़े दस पर रोहतांग छोड़ा और दारचा पहुँचे दोपहर ढाई-तीन के बीच। मगर, देरी-दारी दचका-दुचकी तो चिरकुट परेशानियाँ हैं। सो इस पर समय बरबाद करने के बजाय कहूँ भागा घाटी की बात।

भागा घाटी आपको बार-बार चौंकाती है।

रोटांग बाद, सँकरी भागा घाटी ज्यों-ज्यों ऊपर को बढ़ती है त्यों-त्यों खुलती जाती है। साथ-साथ खुलते जाते हैं अर्णा भागा के वेणी-बन्ध। एक पल वह आता है जब अर्णा-वेणी में गूँथी जलधाराएँ मुक्त हो घेर लेती हैं घाटी-तल का समूचा विस्तार। यह मनोहारी दृश्य आपको चौंकाता है। मलता है मलहम ज़ख़्मी रूह पे। जब आप विमुक्त जलधाराओं को देख रहे होते हैं ठीक उसी पल रोटांग बाद कुंद पड़ा पवन मस्त बयार बन बह निकलता है। उसके संग डोलती आती है एक मीठी महक।

आप फिर से चौंकते हैं।

ढूँढ़ने लगते हैं सुवास-स्रोत। किन्तु दीठ की हद तक नहीं दीखता कोई पेड़-फूल। अब आप परेशान। गन्ध...यह...लोबानी-गन्ध...आ किधर से रही? धुनने लगते हैं सर अपना। और तभी, बिलकुल औचक ही, बोध होता है, महक का उत्स बाहर नहीं—भीतर है। मन:देस के भीतर। जब अन्तस से धूप-ओ-लोबान की महक उठे तब जानिए हो चुका हिमाला प्रविष्ट आपकी काया में। और भागा-बगार में यह घटित होता है दारचा के समीप!

वैसे चौंकता तो आदमी यहाँ तब भी है जब उस पर ज़ाहिर होता है कि दारचा एक नहीं बल्कि दो हमनाम क़बीलों का दस्ता है। पहला सड़क किनारे, नदी से दूर बसा चन्द घरों का टोला—दारचा-ङग्मा (Dangma), और दूजा छितराई भागा के समीप वाला दारचा-सुमडु।

और चौंक यहीं पूरी नहीं हो जाती। यूँ कि रोहतांग के इस पार क़दम धरते के साथ जगहों के नामों की तर्ज़ का बदलना भी तो आदमी को चौंकाता है। उनके उच्चारण व अर्थ दोनों ही मैदानी मनक को दिग करने लगते हैं। उकताकर वह चल देता है नामों के अंग्रेज़ी अवतारों की ओर।

लोग बोलेंगे, इसमें ग़लत क्या है? जो बोलते न बने वे नाम किस काम के! चीनी यात्रियों को ही लो, उनने भी तो अपनी ज़ुबान में बुलाया इधर की जगहों को। फिर वक़्त बदले से पुराने नाम ग़ैर मौज़ूँ भी तो हो जाते हैं।

बात तो सही है आपकी। किन्तु किसी नाम को खो देने के अपने नुकसान भी तो हैं। कि अतीत का जो वर्तमान होता है, उसकी अपनी रवानी होती है। अपना भूगोल, अपनी कहानी होती है। जो बहुधा छुपी होती है तब के नामों में। ढूँढ़े से, इतिहासवेत्ताओं का अजाना प्रागैतिहासिक काल भी साक्षात हो जाता पुरा-नामों में। प्रमाण स्वरूप, कुछ नाम प्रस्तुत हैं।

लाहुल के अन्तिम छोर पर एक दर्रा है—बारालाचा-ला (जिसे काका कृष्णनाथ बोल गए—बड़ा लाचा-ला)। मुक़ामी ज़ुबान में 'बा' यानी गाय, 'बारा' के मतलब तबेला तथा 'लाचा' हुआ राजकुमारी। इस मौक़े पर याद दिला दूँ—नदी को 'दूध-धारा' बुलाया जाना। इन बातों को सामने रख, अब बारालाचा से जुड़ी एक लाहुली लोककथा सुनी जावे—

> पूर्वकाल में कभी सूरज व चन्द्रमा (चन्दा) (राजकुमार/कुमारी) प्रेम में पड़े और बारालाचा-ला पर मिलने-जुलने लगे। यहीं दोनों ने ताउम्र साथ रहने की ठानी। लेकिन गठजोड़ हो तो हो कहाँ, यह प्रश्न अड़ गया। तनातनी होने लगी। अन्ततः तय किया गया कि दोनों बारालाचा-ला से नीचे को दौड़ेंगे। मगर साथ-साथ नहीं, जुदा रास्तों पर। एक दूसरे से छुपकर। आगे जहाँ भी मुलाक़ात होगी वहीं होगा गठबन्धन। सो दोई जन भगे नीचे को। सूरज दौड़ा दुरूह 'भागा' उपत्यका में। चन्द्रमा ने पकड़ी अपेक्षाकृत सरल स्पीति-बगार। परिणामतः चन्दा झटपट नीचे पहुँच गई। तलाशा उसने सूरज को। लेकिन उसका कहीं अता था न पता। प्रियतम की तलाश में चन्दा भागा-बगार में चल पड़ी। उलटा, ऊपर को। ताँदी में प्रेमी मिले। और वहीं समा गए एक-दूजे में।

अब अर्थाया जावे ऊपर कही कथा में वर्णित भूगोल को। बता दूँ कि बारालाचा (कथा का तबेला) के अगल-बग़ल दो ताल (कथा की गाय) हैं—सूरज तथा चन्द्रताल। सूरजताल लाहुल तरफ़, चन्द्रताल स्पीति ओर। पहले वाला भागा नदी का बिजिन, दूजा चन्द्र नदी का। चन्द्र नदी बहकर पूगती है रोटांग तले। यहाँ एक तीक्ष्ण मोड़ काट वह भागा घाटी में घूम जाती है। बहती है उलटी। ऊपर को। ताँदी नामक स्थान तक। दूसरी ओर से सूरज ताल से उतरनेवाली भागा भी ताँदी आती है। वहीं चन्द्र भागा एकमएक होते हैं। और 'चन्द्रभागा' बन कश्मीर की ओर चल देते हैं।[3]

बारालाचा-ला में मगर एक दूसरा इशारा भी छुपा दीखता है। कि 'लाचा' का एक अर्थ इलायची भी है। अब लाहुल में तो इलायची होती नहीं। फिर 'लाचा' यहाँ

क्या कर रहा? क्या इधर से मसालों का व्यापार हुआ करता था कभी? यदि हाँ, तो इसके और भी प्रमाण मिलें शायद, आगे की यात्रा में।

जो हो, अभी तो परखा जावे अन्य दो नामों को—दारचा-ङग्मा व दारचा-सुमडु। जहाँ 'ङग्मा' शब्द शायद बौद्ध भिक्खु ङग्मा ल्हुङ्येल से प्रेरित है, वहीं सुमडु में भोगौलिक इशारा गुम्फित है। ङग्मा ल्हुन्ङ्येल नामक एक बौद्ध भिक्खु ल्हासा में हुए हैं। प्रसिद्ध है कि इनने ऐसे गुप्त तंत्रों को उजागर किया जो बौद्ध धर्म की ञिङग्मा प्रशाखा के लिए महत्त्व के थे। ङग्मा को भारतीय बौद्ध भिक्खु विमलमित्र का अवतार माना गया है। और वह जगह जहाँ जलधाराओं का जाल हो 'सुमडु' कहलाती है। अंग्रेज़ी में लिखते sumdo हैं, उच्चारते हैं—'सुमडु'। बाज़ लोग 'सुमुडु' बोलते भी बरामद हुए हमें।

उपर्युक्त के अतिरिक्त, दारचा में हमारी भेंट और कई भूले-बिसरे नामों से हुई। जैसे बुनन, गारा, स्तोत और पट्टन। इन नामों के मानी तब-के-तब तो समझ नहीं आए। बहुत पूछा किया, कई किताबें खँगालीं तब जाकर रहस्य खुला—

बुनन (पुनन)—भागा बगार का पुरातन नाम

गारा (गैरा)—यानी कोलंग (केलंग) और ताँदी के बीच की भागा घाटी

स्तोत (sTod)—भागा उपत्यका का दारचा व कोलंग का दरमियानी हिस्सा

पट्टन—ताँदी से नीचे, चन्द्रभागा के आधिपत्य वाली घाटी

अँय! यह क्या हुआ? मुआमला सुलझने के बजाय और भी उलझ गया। यानी एक नया सवाल पैदा हो गया। वह यह कि एक ही घाटी को हिस्सावार नामों की ग़रज़ क्यों पड़ी? इसके पीछे कुछ और भी छुपा है क्या?

कौतुक शान्त हुआ राहुल सांकृत्यायन के यहाँ। जहाँ इन नामों के दीगर भाषाओं से आने की ख़बर हासिल है। जैसे कि बुनन व गारा किराती लफ़्ज़ हैं। स्तोत तिब्बती। और पट्टन किन्नरी। यह भी कि बुनन घाटी में सहस्राब्दियों से, बुद्ध के बहुत पहले से, किरात, किन्नर, मोन (Mon) व खस लोगों का वास था। इन जनजातियों की बसाहट के अनुरूप घाटी के हिस्सावार नाम पड़ गए। यहाँ राहुल जी का उद्धृत एक श्लोक याद आ रहा है। जो पाली भाषा में होकर ई.पू. 300 का है—'चन्द्रभागाय नदिया अहोसि किन्नरी तदा'।

इस मौक़े पे एक बात और भी याद आ रही—अर्जुन-शिव संग्राम। जंग, जिसका सरसरी ज़िक्र मनाली गाँव में निकल चुका। महाभारतानुसार यह युद्ध हिमालय के 'पृष्ठभाग' में हुआ।[4] अर्जुन जहाँ पैर-पैदल पहुँचा। तप करने। शिव से दिव्य अस्त्र प्राप्त करने। समीचीन कथा-क्षेत्र में नदियाँ हैं, पाखीरव है, बड़े पत्ते वाले गाछ हैं। यहाँ शुकर रूपधारी राक्षस हैं। और किरातवेश धारी शिव। कहने की दरकार नहीं कि यह उच्च व निम्न हिमाला के सन्धिक्षेत्र का वर्णन है। जहाँ किरात व राक्षस दोनों का निवास है। यानी वैसा ही इलाक़ा जहाँ पर अपन अभी खड़े हैं। प्रसंगवश

बता दूँ कि ग्रीक इतिहासकार किरातियों को फिरन्दर कह गए हैं। और जाननेवाले तिब्बत को ही किरातदेश बताते हैं।

उरी बाबा! बातों-बातों में कहाँ का किधर निकल आया। किन्तु इस मर्तबा यह सफ़रगो क़तई भी परेशां नहीं। गोया सफ़र में फ़क़त सफ़र ही सफ़र हुआ तो फिर क्या ख़ाक सफ़र हुआ! कि दीदों के बताए का ज़िक्र करें भी तो कितना और कब तक, ख़ला से उतरे ख़यालों का बयाँ भी तो ज़रूरी ठहरा। बहरहाल, अब दाएँ-बाएँ कहीं नहीं, सीधे-सीधे चलेंगे अपन दारचा-ङग्मा में।

जान पड़ता है, दारचा-ङग्मा सघन बस्ती नहीं। गिनती के घर दीख रहे यहाँ। उनमें से चार-पाँच सड़क के हाशिये पर क़ाबिज़ हैं। जिन्हें ढाबा बुलाया जा रहा। वैसे उन्हें ढाबा कहने से बात बनती नहीं। क्योंकि वे बाक़ायदा घर हैं। जिनमें मुसाफ़िर को भोजन तो मिलता है मगर ठहरने का ठिकाना नहीं। यूँ कि रात काटने का इन्तज़ाम यात्री को आप करना होता है।

सुना है, लदाखियों का स्वागत शून्य होना। मगर दारचावाले तो हिमाचली हैं। वे क्यों अपने द्वार आगन्तुकों के लिए नहीं उघाड़ते? वैसे, सच कहूँ, लदाखी-ओन की तासीर हम अपने तईं नहीं जानते। यायावरों के सरपेच राहुल सांकृत्यायन और अज्ञेय बाबू के यहाँ से यह बात निकलकर आई है। ऐसा ही कुछ रूसी यात्री नाज़ारोफ़ भी कह गया है।[5] इन तीनों ने लदाख को 'स्वागत शून्य देश' बताया है। जबकि काका कृष्णनाथ लदाखियों को सुसंस्कृत व सत्कार करनेवाला कहते हैं। गोया 'जाकी रही भावना जैसी...' वाली बात हो शायद!

और सोनी? वह क्या कहता है इस बाबत?

बस पूछिए मत जनाब, उसने तो डरा ही रखा है। सामान्य शुचिता से भी चार हाथ दूर रहनेवाला कहता है वह लदाखियों को। उसकी मानें तो पैदल यात्रियों की वहाँ शामत है। गोकि लदाख में आदमी मन चाहे वहाँ डेरा नहीं डाल सकता। मैदान गाँव वालों की निगरानी में होते हैं। और वे कैम्प स्थापित करने के दाम वसूलते हैं। वह भी प्रति शामियाना। खच्चर-चराई शुल्क अलग से। मना करो तो झगड़ते हैं। कभी-कभार यूँ भी होता है कि एक ही पड़ाव-स्थान पर दो गाँव वाले हक़ जताते हैं, और यात्री की मुक्ति दोनों को दाम चुकाए बिना नहीं होती। एक अन्दर की बात बताऊँ आपको। मेरे को सोनी के कहे पर भरोसा नहीं हो रहा। यूँ कि जब वह कभी लदाख गया ही नहीं फिर इतना ज्ञान-गणित किस बिना पर पेल रहा?

जो हो, अपनी मंज़िल-ए-मकसूद तो जाँस्कर है। और उपर्युक्त ठहरीं लदाख सम्बन्धित बातें। कौन जाने जाँस्कर पे ये लागू होंगी भी या नहीं? और ग़र हों भी तो ख़ुदा-मालूम किस हद्द तक? क्योंकि सोनी और दीगर तीनों साहिबान में से

कोई भी तो जाँस्कर नहीं गया। लिहाज़ा हवा में जूतमपैजार करना छोड़ अपने राम चले उधर जिधर कुछ खाना-शाना मिले। यूँ कि भूख से हाल बेज़ार हैं। सुब्बो जो दो-तीन पिल्लर पेट में जमाए थे, वे कब के धँसक चुके।

दारचा-ङग्मा में जो पहला 'ढाबा' बरामद हुआ उसी के हाते में हमारा सामान पटक गाड़ीवाला लौट चुका। उसे रवाना कर सोनी फ़िलहाल दीग़र घरों के मुआयने पर निकला है। पासंग भी उसी के साथ है। रहने की जगह तलाशने की ग़रज़ से। इधर हम-दोई तलबग़ार हैं दो निवालों के। और वो अपन को होना पेशतरक से भी पेशतर!

"खाने में फटाफट क्या मिलेगा दोस्त!," ढाबे वाले से मैंने पूछा।

कह चुका कि इस जगह को ढाबा कहने से बात बराबर खुलती नहीं। ऐसा कहने से लम्बी-चौड़ी खुलो जगह का गुमान होता है। और यहाँ है एक छोटा सा कमरा। बारह में दस का गुणा कर लें, तो कमरे का नाप नमूदार हो जाए। कमरा जिसमें मेज़ें धरी हैं और चन्द कुर्सियाँ। मेज़ ओन काठ की हैं, कुर्सी ओन कचकड़े की। एक कोने में ढाबे वाले की बैठक है। दीवारें ईंट की हैं या पत्थर की यह पता नहीं चलता। उन पर मोटा रंग-रोगन जो है। चटक नहीं मरा-मरा सा नीला-पीला। दीवार पर काले-धूसर चकत्ते हैं। हर आकार-प्रकार के चीकट चकत्ते। जिन्हें आँखों में घुपना चाहिए था पर घुपे नहीं। बल्कि उनके होने से यहाँ एक घरोपा सा लग रहा। परली तरफ़ के कोने में, फ़र्श से चार-पाँच फ़ीट ऊपर, काठ का पटिया ठुका है। वह देवी-देवताओं की जगह है। जहाँ पद्मासन मुद्रा में चन्द मूर्तियाँ बिराजी हैं। मूर्तियों के सामने ताज़ा फूल धरे हैं। और चीनी मिट्टी की कुछ प्यालियाँ भी रखी हैं। जिनमें पानी है। पाटले पर एक दीपक जल रहा है। गोले की सुरक्षा के चलते उसकी लौ निष्कम्प है। गोला एकदम चकाचक है। उस पर किंचित् भी धुआँ नहीं जमा। शायद अभी-अभी साफ़ किया गया हो।

"क्या खाएँगे?," ढाबे वाले ने अपने कोने से ही दरियाफ़्त किया।

उम्मीद के विपरीत बन्दा हिन्दी साफ़ बोला। जबकि उसकी ढब हिन्दी-दाँ नहीं लगती। उसका चेहरा गोल। छोटी सी नाक ऐसी कि लगे मानो बनानेवाला नोक बनाने निकला और बीच राह उसका मन बदल गया। हल्का गेहुँआ रंग, जिसमें पीलापन थोड़ा अधिक। खींची-मिचीं सी छोटी आँखें। और क़द दरमियानी से थोड़ा घटता हुआ। कुल जमा हिमाचली तड़के वाली मंगोली काया।

"जो भी रेडी हो," अपर्णा ने कहा।

"राइस पिलेट चलेगा?," सामने से सवाल उछला।

"तीन बज गए हैं, अभी दाल-भात खाओगे? या हल्का सा कुछ मँगा लें?," अपर्णा मेरी ओर देखते हुए बोली।

ऐसे सवाल-जवाब की तलब नहीं रखते। चुप्पा ही इसका सच्चा उत्तर होता है। जो चुप साधते ना बने तो वो कहें जो मैंने कहा, "जो तुम्हारा दिल करे सो मँगाओ।"

"ठीक! तो लाइट सा कुछ मँगा लेते हैं," अपर्णा ने निर्णय दिया।

इस बीच सोनी भी लौट आया। उसने पराँठे माँगे, जो उसे नहीं मिले। मिलते भी क्यूँकर। कि इधर की जमीं तो थुप्पा, मैगी, मटन-मोमो और प्रभु बुद्ध के अख़्तियार में है। चुनाँचे, रनी ने मैगी-अंडा, सोनी-पासंग ने मोमो और अपर्णा ने थुप्पा मँगवाया। थुप्पा इसलिए कि इसमें सूप ख़ूब होता है। अब हमें ऊँचाइयों के लिए अपना शरीर तैयार करना है। यानी ढेरमढेर पानी पीना है। दिन में ख़ूब ऊपर-नीचे फिरना और रात में बहुत सारा सोना है।

ख़ैर, भूख से निजात मिलते ही ध्यान दौड़ पड़ा दीगर दिशाओं में। सबसे पहले चिन्ता हुई खच्चरों की।

"सोनी, शाम होने को है। और तुम्हारे खच्चर वाले का कहीं अता-पता ही नहीं। जबकि उसे सुबह ही यहाँ पहुँच जाना था।"

"आ जाएगा सर..."

"और जो गच्चा दे गया तो...तो क्या होगा?"

"टेंसन मत लो मेम!," सोनी ने समझाया, "अभी तो चार ही बजे हैं...पैसे पकड़ लिये हैं उसने...आता ही होगा।"

"किधर से आ रहा है वो? रोटांग के इधर तो कोई खच्चर-वच्चर मिले नहीं अपन को," अपर्णा ने चिन्ता ज़ाहिर की।

"मेम! कहीं अटक गया होगा। बिलासपुर से कब का निकल चुका है...आज शाम नहीं तो कल मॉर्निंग में पहुँच ही जाएगा।"

साला अपना कोई भी अभियान बिना ऊहापोह के नहीं गुज़रता। अब खच्चरों की राह देखते बैठो। और जो वो नहीं आया तो...दारचा में कोई खच्चर वाला मिलेगा इसकी सम्भावना तो नहीं जैसी ही जान पड़ती है। मैं यह सब सोच रहा था। मन ही मन कुढ़ भी रहा था कि ढाबे वाले का स्वर सुन पड़ा—

"कहाँ जा रहे हैं जी आप लोग...जाँस्कर सुमुड़ु?," इधर 'जी' का भरपूर प्रयोग होता है। यह शब्द वाक़्य के शुरू, मध्य या अन्त में कहीं भी आ धमकता है।

"नहीं...पदम...," मैंने उसकी जिज्ञासा शान्त की।

"पदम?...शिंगो-ला के उस पार...पऽडुम...जी...?," वह अपर्णा को ऊपर से नीचे देख रहा था। उसके चेहरे के रंग बदल रहे थे।

मैं कुछ उत्तर देऊँ उसके पहले ही रनी बोल पड़ा, "क्या मतलब है तुमारा, मैडम के लिए कुछ मुश्किल नहीं। ऑडेन, कालिन्दी, मियाली सब कर चुकी हैं... तुमारा पिंगो-चिंगो...ला..."

"शिंगो-ला...वहाँ...जी...इंडियन कहाँ जाते हैं जी...," ढाबे वाला और भी कुछ कहने को था कि सोनी के सवाल ने टँगड़ी मार दी।

"क्या कोई इंडियन इस रूट से पदम पहले कभी नहीं गया?"

"नहीं जी! जाते तो हैं जी, साल-दो साल में...पर मैडम लोग..."

ढाबे वाले के मन का हाल मैं बूझ रहा था। जान रहा था कि वह आश्चर्यित है अपर्णा को देख। शायद सोच रहा कि जिस राह विदेशी लोग गाहे-ब-गाहे ही जाते, उस रास्ते पर एक औरत—वह भी देशी जनानी—कैसे चल सकेगी?

साथियो, यह देसी-बिदेसी वाला रगड़ा, और यह औरत-कौम को कमतर कूतना—कोई नई बात नहीं। तक़रीबन हर मुहिम में हमारा सामना होता है इनसे। जी दुखता है यह सब सुन। जी का संताप और भी बढ़ जाता है जब अपने को देखता हूँ बेबस—क़तई चुप्प। शुक्र है कि अपर्णा चुप नहीं रहती। तंज का मुकम्मल जवाब देती है। या कर गुज़रती है वह, जो उसका मन कहे। जैसे कि उसने अभी किया। चलती महफ़िल से उठी। रनी को संग लिया। और चल दी पड़ाव-स्थल सम्त...

जर्मन-बाबा

पड़ाव-स्थल एक चौगान था।

तीतर पंखी मेघों को तरसते इलाक़े में ऐसी चौड़—दुकालग्रस्त क्षेत्र में अन्न का गोदाम हो जैसे। दरख़्तों से मालामाल, हिमालियत से लबरेज़। लगा, पीर-पंजाल के उस पार की धरती का एक टुकड़ा किसी ने तोड़ा और यहाँ खाँच दिया।[1] और टुकड़ा भी साधारण नहीं। ख़ूबसूरत। ऐसा कि पोर्ट्रेट का भास हो।

इस पोर्ट्रेट को बाएँ से दाएँ परखना शुरू किया। सबसे पहले दीखी एक नदी। लहराती-बलखाती कलकल-खलखल बहती नदी। फिर हस्तगत हुआ नदी-तट तथा छोटी-बड़ी चट्टानों का अटूट सिलसिला। फिर हाथ आई घास की हरी झीनी-झालर। झालर में से झाँकते सुर्ख़रू फूल। लगा घास नहीं सुग्गों की महफ़िल जमी है दरिया किनारे। सब्ज़-झालर बाद मिली लुकती-दिखती पगवीथिका। फिर कटी-छितराई, मगर बूटेदार, एक और घासिया चादर। और अन्त में यह चौड़—हमारा पड़ाव-चौगान। तीन या चार छोटी छोलदारियों लायक़ चौगान। जो अभी ख़ाली था, सो हमें अपने पसन्द का कोना चुनने का अवसर मिला।

चयन अपर्णा ने किया।

कैम्प-साइट में अपनी गुम्बद-रावटी के लिए जगह बारहा वही चुनती है।[2] जगह ढलुआँ हो तो हो, असमतल हो तो हुआ करे, रावटी के नज़दीक उसे इत्तु सा भी गोबर-मींगण दीखा कि आफ़त टूटी हम सब पे। शुरू हुई किच-किच। फिर उखाड़ो शामियाने, तलाशो दूसरी जगह। या नई कैम्प-साइट।

और मैं क्या शाणे बच्चे सा चुप रहता हूँ? नहीं जी...नहीं। किच-किच तो मैं भी करता हूँ—रावटी के रुख़ को लेकर। रावटी-मुख सही दिशा की ओर मिले, ऐसा शायद ही कभी होता है। परन्तु आज हुआ। यानी अपर्णा-चयनित जगह पर हमारी रावटी कुछ इस तरह बैठाई गई कि रंगकार का काम मुसलसल बरामद होता रहे। और अपन रंगकारी से रूबरू रहें—पल-पल, हर पल।

रावटी भीतर से नदी-पार का पहाड़ दिख रहा। नदी नहीं। वह तो पगडंडी पर से ही दीखेगी। रावटी में बैठे हुए नदी की कलकल-खलखल भर सुन पड़ रही। लग रहा यूँ कि कोई जलतंरग बजता हो। अफ़सोस कि इस जानदार नदी के असल

नाम का कोई सुराग मेरे पास नहीं। अलबत्ता भागा दरिया की दो सहायक नदियों के बीच दारचा के बसे होने की इत्तिला मेरे पास है। उन सहायक नदियों को लोग अलहदा नामों से बुला गए। मसलन दारचा नदी, झंकार नाला, जाँस्कर नदी, मिलंग नाला। वग़ैरा-वग़ैरा।

जाँस्कर नदी तो ख़ैर यह नहीं ही है। उसका लाहुल में क्या काम? वह तो जाँस्कर में पैदा होती है तथा लेह के क़रीब सिन्धु दरिया में समा जाती है। तो जलतरंग सी बजनेवाली इस नदी को क्या बुलाया जावे? एक उपाय है इसे दारचा नदी बुलाना। काहे कि साल 1862 में इधर से निकले अंग्रेज़ यात्री टोरेन्स के यहाँ यह इस ही नाम से मौजूद है। फिर सोचता हूँ, औरों से हटके क्यों न इसे झंकार नाला पुकारा जावे। यह उन्वान ठीक भी उतरता है जलतरंग की-सी झंकार रही इस नदी पर। सो अपन इसे पुकारेंगे—झंकार नाला।

टोरेन्स के ज़िक्र से उसका लिखा याद आ गया।[2] अपने सफ़रनामे में भाई ने बेहतरीन मंज़र खेंचे हैं, उस पथ के जिससे होकर हम दारचा पहुँचे। उसके लिखे से ख़बर मिलती है इस पथ मिलनेवाले नदी-नालों की। उन पर बने पुलों की। यह भी कि तब लकड़ी-पुल को 'सङगो' बुलाते। और रस्सी-पुल को 'झूला'। कुछ झूला-पुलों में पैर जमाने हेतु रस्सी के टुकड़े होते, जो 'चुक्ज़ाम' कहाते। जिस पर पुल नहीं, वह नदी 'डेरी' की सहायता से पार की जाती। डेरी जानवर की खाल में हवा भर (जिसके मुँह व गुदा वाले सिरे पोटली-मुख की तरह बाँधे जाते) बनाई जाती। प्रत्येक डेरी संग उसका खेवैया होता। जो यात्री को 'फ्लोटर' नुमा डेरी से लिपटाकर नदी पार करवाता। वैसे, लश्कर के घोड़े भी इस काम में जोते जाते। लोग उनकी पूँछ थाम गधेरे पार किया करते। आज किन्तु यात्रा आसान है। इत्तु सी भी मशक़्क़त नहीं होती दारचा पहुँचने के दौरान। नदियों के, गाँवों के, आने-जाने का एहसास तक नहीं होता अब! कह चुका कि आसानियाँ फ़ोकट में नहीं मिलतीं, बहुत कुछ खोना पड़ता है उन्हें पाने वास्ते।

ख़ैर! यहाँ से लौटते हैं उसी ख़ूबसूरत चौड़ तरफ़।

गुम्बद-रावटी में स्लीपिंग-मेट बिछ चुकी। सामान व्यवस्थित किया जा चुका। चाय का एक दौर भी निमटा लिया। किन्तु हाथ में बहुत ढेर सा समय अब भी बचा है। कितने अचरज का विषय है कि इन्दौर में जो समय पुराये नहीं पूरता वह यहाँ खुटाये नहीं खुट रहा। हिमालयीन लम्हों की तासीर ऐसी ही होती है। वे धकियाने पर सरकते हैं अन्यथा खड़े रहते हैं एक ही खूँटे को थाम—देर तलक। ऐसे ठहरे समय को बरतने के कई तरीक़े हमने जान लिये हैं। जिनमें शुमार है किताब सुनना। मतलब कि एक बाँचे, दूजा सुने।

जैसे अभी अपर्णा बाँच रही आंत्वान द सेंतेक्ज़्युपेरी की किताब—'छोटा राजकुमार'। बन्द नयन मैं सुन रहा दूसरे ग्रह से पृथ्वी पर उतर आए एक मासूम

बच्चे की रसीली दास्ताँ। सितारों की दुनिया में उसकी घुमक्कड़ी के क़िस्से। उधर 'झंकार' का जलतरंग बज रहा...इधर वाचन चल रहा...मनपटल पर राजकुमार की छवि बन-मिट रही...। मैं अभी और गहरा गोता लगाता, मगर अपर्णा यकायक चुप हो गई।

स्वप्न भंग हुआ...नयन खुले...

देखा अपर्णा की निगाह चौड़ के दूसरे छोर पर टिकी है...

रावटी से मुंडी निकाली। देखा उधर जिधर अपर्णा देखती थी। पाया चौगान में साँझ उतर आई है। वहाँ छिटपुटा पसरा है। उस छिटपुटे के बीच कोई है। आस्ते-आस्ते बढ़ रहा है हमारी ओर। कौन है वहाँ? कौन है वह? छरहरी काया, नाटा क़द, सर पर हेलमेट...क्या नाने-राजकुमार का नवअवतरण हो रहा चौगान में?

रावटी से बाहर निकल देखता हूँ नई आमद को। वह साइकिल पर है। आ रहा है इधर। वह हमसे कुछ दूर ही रुक गया। साइकिल के पीछे लदा सामान उतारा। टेंट निकाला। उसने डेरा जमाया हमारी रावटी से थोड़ा हटकर। फिर घुस गया अपनी रावटी में। इतने सबके बीच उसने आँख उठा देखा तक नहीं मेरी ओर। जैसेकि मैं होऊँ ही नहीं वहाँ। सोचा मैं ही जाऊँ उसके पास? फिर सोचा पंचायती ठीक नहीं। फोकट क्यों ख़लल डालना किसी के काम में। इत्मीनान से पहचान बढ़ाएँगे, जब वह बाहर आवेगा।

वह बाहर आ गया है। बैठ एक पत्थर पर देख रहा है मेरी ओर। हमारी नज़रें मिलीं। मुस्कानों का लेन-देन हुआ। उसकी नज़र में बकमाल उन्सीयत है। और हँसी में हेला। अपनी ओर खेंचनेवाले इन दो चुम्बकीय तत्त्वों की अनदेखी कोई करे भी तो कैसे, और क्यूँ? मैं बरबस चल पड़ा हूँ उसकी ओर। जैसे-जैसे दरमियानी दूरी घट रही वैसे-वैसे उसकी सूरत खुल रही। कंजरी आँखें, लम्बोतरा चेहरा, पिचके गाल, ज़िल्द पर सिलवटें ही सिलवटें। सोचा बन्दा नी-नी करके सत्तर का तो होगा ही होगा। लेकिन मेरा अन्दाज़ा ग़लत निकला। कि बन्दा अस्सी बरस का बरामद हुआ। इस अवस्था में साइकिल यात्रा! वह भी एकले! वह भी ऐसी लीक पर जहाँ मीलों-मील न कोई पथिक मिले ना कोई गाँव ही!

बन्दे का कंठ मीठा लेकिन वाणी इतनी महीन कि नेपथ्य में चल रहे झंकार-संगीत में से उसे छाँटना मुश्किल जान पड़ रहा। या कि शायद वह जानके धीरे बोलता हो। कि शाम घिर आने से दरख़्तों पर गुमसुम बैठे परिन्दे कहीं हड़बड़ा न जावें।

जो हो, उससे गुफ़्तगू शुरू हुई। गिरहें खुलने लगीं।

मालूम हुआ वह जर्मन है। बाबा जब घर से निकले तब एकले नहीं थे। बीवी साथ थी उनके। यह साथ मगर दिल्ली तक ही रहा। कारण कि श्रीमती जी को साइकिलबाज़ी का शौक़ नहीं। और जर्मन-बाबा को बहुतेरा। चुनाँचे श्रीमान जी अपने तईं आ गए मनाली। वहाँ एक दिन रुक चल पड़े लेह की ओर। बाप रे! साइकिल

से रोटांग पार किया बाबाजी ने!! पैदल तो फिर ठीक है, मगर साइकिल...सोच कर ही फुरफुरी सी भरने लगी बदन में।

मगर ख़ैर। चर्चा बढ़ी तो ख़बर मिली, जर्मन-बाबा एक दिन में सामान्यतः अस्सी से सौ किलोमीटर की दूरी नाप लेते हैं। मगर हिमालय की राहें कठिन हैं। अनुमान था पाँच दिन में लेह पहुँचने का। मगर अब सात या आठ दिन लगने का अन्देशा है। उनकी श्रीमती आगरा जयपुर देख-दुखा कर लेह पहुँचेगी। वहीं दोनों फिर मिलेंगे। साथ घूमेंगे। और निकल जावेंगे किसी दूसरे देश की ओर। अपनी साइकिल सहित। गोकि साइकिल भी ठहरी बाबाजी की सहयात्री। जर्मनी से संग चली है, जर्मनी पुगाकर ही जक लेगी।

एक मज़ेदार बात। जर्मन-बाबा को अंग्रेज़ी का 'ए' भी नहीं आता। जिसकी घोषणा बाबाजी ने हाथ मिलाते के साथ ही की, "मी नो इंग्लिश," और पतलून की जेब से शब्दकोश निकालते हुए आगे जोड़ा, "यू स्पेक इस्लो, आय सी डिशनरी... एंड आनस्योर।"

बाबा मगर जिज्ञासु था। भाषा के भीषण व्यवधान के बाद भी बात करने की चाह थी उसे। बल्कि वह आगे बढ़कर बात में से बात निकालता। सवाल उठाता। इस उमर में भी दुनिया का जुग़राफ़िया अपने तईं जानने की उसकी ललक देख मुझे अपनी जिज्ञासाएँ बोनसाई सी लगने लगीं। जानता हूँ आप यूँ ही नहीं मानने के। कि जमानत चाहेंगे। तो लीजिए जनाब एक बानगी पेश किये दे रहा हूँ। सनद रहे कि जो कहने जा रहा वे बातें हुईं बहुत धीमी रफ़्तार में। कि बाबा जी हर क़दम पर साथ चल रही उस किताब को खँगालते जिसमें शायद जर्मन से इंग्लिश में बात करने की सुभीता देनेवाले वाक्यांश थे। लिहाज़ा टूटी-टूटी सी उस बातचीत को सूत-साँवल में कर आपके समक्ष रख रहा हूँ—

बाबाजी—"कहाँ रहते हैं आप दोनों?"

अपर्णा—"इन्दौर"

"कहाँ है यह"

"मध्य प्रदेश में"

"मधयाप्रादेश...वेअर इज इट?"

"भारत...इंडिया के बीच में..."

"ये...ये...," कहते हुए उसने अपनो जेब से भारत का नक़्शा निकाला। हेड-लैम्प चेताया। डूब गया बन्दा मानचित्र में। कुछ पलों बाद उसके चेहरे पर संतोष की रेखाएँ उभरीं। एक बड़ा वक़्फ़ा गुडुप करने के बाद उसके बोल फूटे—

"ये...ये...ओल्कर (होल्कर) कन्त्री...इस्टोरिक कन्त्री...मांदव...यू सी मांदव..."

"हाँ, बहुत बार...आप भी आएँ समय निकालकर...मैं आपको ले चलूँगा मांडव।"

"ये...ये...थेंक्यू...बट वाय यु काल इट मधयाप्रादेश?

मैं सकपकाया। सोचा यह कैसा बेंडा सवाल है। नाम है तो है। फिर सँभला। बताई गई इसके देश के मध्य में होनेवाली बात।

"नहीं...नहीं...मैं जानना चाहता हूँ इसे प्रदेश क्यों कहते हैं। मेरे शब्दकोश में 'प्रदेश' का मतलब 'कन्त्री' लिखा है। तो क्या मधयाप्रादेश दूसरी कन्त्री है? क्या आपकी भाषा इधर के लोग समझते हैं?"

मैंने उसे आज़ाद भारत का भूगोल समझाया। गाँव, क़स्बे, शहर और राज्यों की परिभाषाएँ बताने के उपरान्त मैंने बाबाजी से पूछा। कि वे इतनी पकी उमर में अकेले यहाँ किस मक़सद से भटक रहे? तफ़रीह या किसी और सबब?

जवाब मिला—अपनी जड़ें तलाशने के लिए। ख़ुद को ढूँढ़ने के लिए। अपने समीप जाने के वास्ते।

मैं सट्ट।

सोच रहा, यह जर्मन मनक कौन-सी और किसकी जड़ें दरियाफ़्त करने भटक रहा इस बीहड़ में? गोया इसके बाप-दादा यहाँ रहे हों कभी?

"नो...नो...नो फेमिली हियर...वी जर्मन...पियुर आर्यन...आय कम टु फाइंड आर्यन...टु मीट डेम..."

यह क्या पहेली है? आर्यों को तो भारत की बपौती बताया जा रहा। फिर एक जर्मन का उनसे वास्ता कैसे और क्यूँकर हो सकता है?

यह राज़ आप पे खुलेगा। मगर अभी नहीं। आगे सफ़र में। फ़िलहाल इस बातचीत को यहीं रुकना होगा। कि जर्मन बाबा जुट गए हैं अपना भोजन पकाने में। और हमारे पेट के चूहे भी बेचैन हैं। सो चला जावे ढाबे की ओर।

नहीं तो वापस आ जाना

दारचा। 2 जुलाई, 2013।

लाहुल के अन्तिम गाँव में सुबह अभी दूर है। न उसके पेशींगो परिन्दे बोले। न उसे पकड़ शफ़क से नीचे लानेवाले पंछियों ने परवाज़ भरी अभी। फिर भी नींद खुल गई। गोया बाहर होती खटर-पटर के चलते।

रावटी-द्वार उघाड़ चौगान में देखा।

जर्मन-बाबा का टेंट ग़ायब था। अलबत्ता उनकी साइकिल थी। जिस पर उनका माल-ओ-असबाब कसा था। और वह चल रही थी। रौशनी का एक वक़्फ़ा चल रहा था, उसके आगे-आगे। हेड-लैम्प के आसरे जर्मन-बाबा ने रवानगी डाल दी थी। जानिबे-मंज़िल। सोचा आवाज़ दूँ। उन्हें रोकूँ। विदा करूँ। पर माँ कहती है, जानेवाले को पीछे से नहीं पुकारना। टोक लगती है। सो चुप रहा। रावटी में बैठा रहा। देखते हुए बाबा का जाना।

तभी जाने किधर से, गो कि ग़ैब से, एक परिन्दा गुम्बद-रावटी के सामने नमूदार हुआ। उसका पेट दूधिया सफ़ेद, आँख और मुख के ग़िर्द भी सफ़ेदी, किन्तु सिर-गर्दन-पीठ स्याह। मानों जाड़े से बचने को बदन पर कृष्णरंगी-दुशाला डाला हो। सर-गर्दन से लिपटा, कमर तक झूलता, दुशाला। धरती पर उतरते के साथ ही वह जुट गया काम में। टोंचने लगा ज़मीन। कभी गर्दन बाईं ओर निहुराकर तो कभी दाईं ओर नमाकर। जैसे वह पाखी नहीं कोई किसान हो। रोपता हो अपनी चंचु में पकड़े रश्मि-रोपे पड़ाव-चौगान में। थोड़ी ही देर में रोपे पनपेंगे। उजास बढ़ेगा। और देखते न देखते हाल होगा यूँ कि ज़मीन देखे से आँखें चुँधियाने लगेंगी।

देर तलक, टेंट के भीतर से ही, निहारता रहा शेतकार-पाखी को। जब उजास बढ़ा तब बाहर निकला। सोचा नदी तरफ़ हो आऊँ। कि 'दिव्यनिबटान' की तलब है।[1] यूँ कि चौगान में सब मौजूद, सिवा एक संडास के।

ख़ासा जाड़ा था टेंट के बाहर। इन्तज़ाम किया। मफ़लर टोपी विंडचिटर गाँठे। और झंकार-नाले के बाएँ किनारे, बहाव के विपरीत जाती पगवीथिका पर निकल गया।[2] राह में दीखा वही पाखी, दुशाले वाला पाखी, बहुतायत में। मुलक की झाड़ियाँ भी दीखीं। जिनके भीतर परिन्दे छुपे थे। चहक रहे थे। इससे झाड़ियों के चहचहाने का गुमान होता।

पगवीथिका पर चलता गया। नज़र ढूँढ़ रही एक 'सुरक्षित' जगह। निबटान हेतु आड़। वह तो नहीं मिली, पर मिला एक मनक। जो मेरे देखते-देखते नदी-किनारे से ऊपर चढ़ा। पगवीथिका पर आया। नंगा सर। होंठों में सुलगती बीड़ी। एक हाथ में गमछा। दूजे में बिसलेरी की ख़ाली बोतल। यह आदमी पहाड़ी नहीं। चाल-ढाल-पहराव से पर्यटक भी नहीं लगता। फिर अपन कौन?

पूछा किया।

मालूम पड़ा, मज़दूर है। इधर कोई परियोजना चल रही, वहीं काम करने आया है। बिहार से। अभी तीन रोज़ पहले। कौन सी परियोजना? उसे ख़बर न थी। सिर्फ़ इतनी ख़बर है उसे कि बड़ी-नदी (भागा) में काम हो रहा। क्या बन रहा? यह भी पक्का नहीं पता अभी उसे, शायद पुल बन रहा या कि कुछ और। वैसे भी, वह ठहरा खलासी। रोटी वास्ते हाड़ तोड़ने, घर छोड़ने को बाध्य बन्दा। कलकत्ते के हाथ रिक्शे वाले की तरह उसका वास्ता 'माल' तोकने भर से। सामान कहीं जावे, किसी काम आवे, उसकी बला से। बहरहाल, मालूम हुआ कि और भी बहुत सारे लोग यहाँ काम पर लगे हैं। कुछ नेपाल से भी हैं। और सब हाजत से निजात पाने इसी तरफ़ आते हैं। मतलब कि यह डंडी है उनकी खारी।[3]

"पण भाये इधर आते हो वो तो ठीक है, पर नदी किनारे क्यों जाते हो? ऊपर जंगल में क्यों नहीं बैठते? जानते नहीं कि पहाड़ों में नदी को गन्दा करना पाप है...," यद्यपि मैं भरसक धीरपाई से ही बोला पर मेरी वाणी में कुछ कर्रापन आ ही गया।[4] वह चुप रहा। मेरी पकड़ में इतराते वेट-वाइप्स के पैकेट को देखा। अपनी बोतल काँख में फँसाई। मुझे जोर से घूरा। और चल दिया अपनी राह।

मैंने भी अपनी राह पकड़ी।

'तफ़रीह' से जब लौटा तो अपर्णा स्लीपिंग बैग में घुस चाय सुड़कती बरामद हुई। निहार-मुँह चाय पीने का उसका शौक़ इन्दौर में पूरा नहीं होता। यहाँ होता है। रनी ने उसे सिर चढ़ा रखा है। उसी के किये से अपर्णा को ओढ़े में ढुके-दुबके चाय चुस्कियाने को मिलती है।

अपन को नहीं सोहता बासी मुँह चाय पीना। लेकिन हिमालय के यहाँ अक्सर पीनी पड़ती है। जाड़े के चलते। अगरचे जंगल में हों तो दो-तीन दिन में एकाध बार गुनगुना पानी मुहैया हो जाता है, वरना चिरौरी करनी पड़ती है—सोनी की। उसका मानना है, ट्रेक में, मुँह-हाथ धोवे ख़ातिर पानी गरम करना मतलब तेल की बरबादी। अपर्णा भी यही मानती है। मुझे मानना पड़ता है। एक बार नहीं माना। ठंडे पानी से कुल्ली कर ली। एक चीख़ निकली। फिर ज़ुबान हो गई थोथी और मुँह पड़ गया सुन्न।

ख़ैर, एक प्याली चाय मेरे वास्ते भी रावटी के बाहर धरी थी। छोटा-सा घूँट भरते हुए टेंट के बाहर से ही अपने राम बोले—

टीनू

"मैडम जी कितनी देर में निकलने का मन है?"
"बस निकलते हैं। अभी क्या बजा है?"
"पौने छै।"
"घंटे भर में?"
"खच्चर आए क्या?"
"आ चुके। रनी ने बताया, कल साँझ बाद पहुँचा खच्चर वाला," वह बोली।

"वाह! यह अच्छी ख़बर सुनने को मिली तुमसे," आसमाँ को देखते हुए मैंने कहा।

मुआमला बिलकुल फिट था। चीज़ें जहाँ होनी चाहिए थीं वहीं थीं। मतलब, मौसम बेहतरीन था। खच्चर उपलब्ध थे। शरीर स्वस्थ और मन था उत्साह से लबालब। यानी पैदल सफ़र का सही मुहूर्त। हिमालय की वादियों में घुल-मिल जाने का मौसम। झटपट चाय निबटाई। फटाफट मुख-हाथ धोये। और पहुँच गए ढाबे में। जहाँ गुट के बाक़ी लोग, रनी, पासंग व सोनी, मौजूद मिले। पासंग ढाबे वाले के साथ खड़ा था। बाक़ी कच्ची धूप ताप रहे थे।

खच्चर वाला, हरीसिंह उर्फ़ टीनू, वहाँ नहीं था। अलबत्ता उसके जानवर थे। चार नाटे खच्चर और उनसे डेढ़ हाथ ऊपर निकलता एक घोड़ा। घोड़ा खूँटे से बँधा था। खच्चर छुट्टे थे। छुट्टे खच्चर बँधे घोड़े को घेरे खड़े थे। अचरज़ हुआ कि जब बाक़ी खुले हैं तो एक बँधा क्यों? सोनी से मालूम हुआ कि खच्चर ओन घोड़े को अपना नेता जानते हैं। उसकी नकल करते हैं। अत: अभियानों में खच्चरों के संग हमेशा एक घोड़ा भी शामिल किया जाता है।

यह तो बड़े मज़े की बात है। घोड़ा नेता, खच्चर चमचे। नेता चले तो चमचे चलें, नेता रुके तो वे भी रुकें। ग़रज़े कि छुट्टे फिरते खच्चर दर-हक़ीक़त ख़ुदमुख़्तियार नहीं होते। एक अगोचर, मगर अटूट, डोर उन्हें अपने नेता से बाँधे रखती है। इस खच्चरी-गुण को भुनाते हैं खच्चर वाले। वे सिर्फ़ नेता को साधते हैं और खच्चरों की जमात आ जाती है काबू में!

जो हो सो हो। अब सुध ली जावे पेट की। जो मारे भूख के कुचकुचा रहा। तो चलिए खच्चरों को अपने नेता की मिज़ाजपुर्सी करने को छोड़ घुसा जावे ढाबे में। देखा जावे उधर का हाल।

"पासंग भाई नाश्ता तैयार है?"

"जी।"

"क्या खिलवा रहे हो।"

"मेगी," हायकू सा जवाब हासिल हुआ।

पासंग ऐसा ही है। बहुधा अपने में डूबा-डूबा सा रहता है वह। बोलता कम है। जब बोलता है मुख़्तसर ही बोलता है। वह भी सपाट स्वर में व भावहीन चेहरे के साथ। सच कहूँ तो उसका लम्बा न बोलना अपन लोगों की सेहत के लिए ठीक ही है। कि बन्दा जब भी लम्बा बोले, चिमटी खोड़ता ही बोले।

"मेगी कितनी देर जोर मारेगी, पासंग भाई। मज़बूत कुछ खिलवाते तो बाद दोपहर तक टिका रहता।"

"सर आज लम्बा नहीं जाना है। रेरिक या छिक्का गाँव तक ही जाएँगे। बस दो-तीन घंटे का ही वाक है," जवाब क़रीब बैठे सोनी के यहाँ से आया।

"वो जो सड़क बन रही थी यहाँ से जाँस्कर जाने के लिए वह कहाँ तक पहुँच चुकी?," अपर्णा ने चर्चा को दूसरी दिशा दी।

"छिक्का तक।"

"तो क्या अपन को रोड-रोड जाना होगा?"

"कच्ची रोड है मेम..."

"क्या इसे टालने का कोई तरीक़ा नहीं?"

"है जी! मेम जी," अब तक चुप हमारी बातें सुन रहा ढाबेवाला चर्चा में शुमार हुआ, "यहीं पास से एक रास्ता है जी। गाँव का रास्ता है...रेरिक तक... फिर जी नई रोड है..."

यानी सड़क से देर-सबेर सामना तो होना है। मगर, जित्ता कम हो, जित्ती देर बाद हो वित्ता अच्छा। सो निर्णय किया ढाबे वाले के बताए पथ को बरतने का और तैयारी में जुट गए। बूट पहन, हाथ में काठी ले जब चलने को हुए तब ढाबेवाले की घरवाली भी होटल के हाते में खड़ी मिली। हमारी ओर देख वो हौले से मुस्काई फिर अपने पति से धीरे से कुछ कहा।

"क्या कह रही हैं वे...," अपर्णा ने पूछा।

"जी...बोलती है जी उधर से अभी कोई यहाँ नहीं आया है जी। शायद शिंगु-ला पर बरफ हो। मैडम जी अपना ध्यान रखना। नहीं तो वापस यहीं आ जाना...जी..."

यह मनुष्य की मनुष्य के लिए चिन्ता थी। आदमी से आदमी के दिली रिश्तों की बानगी! 'बॉन-वाएज़' या 'शुभयात्रा' सरीखे जुमलों में वह बात कहाँ जो 'ध्यान रखना...नहीं तो वापस यहीं आ जाना...' में है।

उसका हमारे लिए इस तरह सोचना दिल छू गया। मन में कल जो भी तोरापन आया था वह उस एक पल में धुल गया। कसैलेपन का स्वाद देर तक रहता है। बाज़दफ़ा उमर भर। चुनाँचे, उसका समय रहते मिट जाना ही अच्छा। कि जी हल्का हो जाता है। जैसे मेरा हुआ। हिया में निर्मल सोते फूट पड़े। आँखें नम हुईं। ढाबेवाली पर स्नेहसिक्त दृष्टि डाली।

अपर्णा को देखा। वह भी भावुक दीखी।

हम-दोई ने हाथ जोड़े। और निकल पड़े सफ़र पर।

गुलगुल ग़लीचा

टूटकर जिसकी बाट जोहता था वह घड़ी आई।

पदयात्रा आरम्भ हुई। तबसे तरसा मन अब निजात पावेगा। अब तलक जैसे चातक देखे चन्दा को वैसे देख रहा था मैं हिमालय। उससे नख-शिख मिलन तो अब होगा। ताबड़तोड़ नहीं, त्वरित भी नहीं—होगा लम्बा समागम। दिनोंदिन चलनेवाला मिलन। अगर प्रेमी उमा-शिव मानिन्द नहीं मिले तो क्या ख़ाक मिले!

इक बात कहूँ, दिल की बात? वह यह कि चहेते को दूर से देखे से नज़ारा तो होता है, मुलाक़ात नहीं होती। ख़बर नहीं पड़ती उसके असल हाल-ओ'-मिज़ाज की। जमा लहू पिघलने के लिए, तनुरूह तनने के लिए सम्पर्क ज़रूरी। संसर्ग आवश्यक। जिसे न हो भरोसा आकर देख ले मेरे बदन की रुआलियाँ। जो तनतना रहीं पगडंडी के ध्यान भर से।

बता दूँ कि दारचा को छूने के बाद मनाली-लेह राजमार्ग उत्तर-पूर्व को निकल जाता है। बारालाचा की ओर। इस राजमार्ग पर—दारचा से आधा-पौन कि.मी. उत्तर को बढ़ने पर—हासिल होती है दूसरी सड़क। पडुम-दारचा महापथ। मगर हमें उस तक नहीं जाना। अपन की चाहत ठहरी ढाबेवाले की बताई पगडंडी।

होटल से थोड़ा आगे बढ़ते ही वांछित लीक दीखी। वह वैसी ही थी जैसी आमतौर पर पहाड़ी पगवीथिकाएँ होती हैं। यानी इधर समतल उधर खड़ी। यहाँ झाड़ियों के बीच गुज़रती वहाँ दरख़्तों के गिर्द घूमती। कभी घाटी के क़रीब सिहरती तो कभी किसी घर के नज़दीक ठिठकती। कभी इतनी सँकरी कि बहुत ही सँकरी तो कहीं चौड़ी तो ऐसी कि हाथी निकले सो निकले उसकी पूँछ भी निकल जावे!

बहरहाल, लीक पर थोड़ा ही चलने के बाद हम उन हालात से दो-चार हुए जिनको दीदे तरसे थे। और जिनकी ख़बर सड़क से नहीं पड़ती। गाड़ी में बैठे-ठाले तो बिलकुल ही नहीं। मेरा संकेत है गमकते पवन व विहँसते पुष्पों की ओर। जब वनस्पति अकिंचनता हेतु बदनाम इस घाटी में इतने बहुत से और इतने बहुत तरह के फूलों का ख़याल हमें सपनों में भी न हुआ। तब बू-ए-गुलाब से महकती फ़िज़ा का तसव्वुर तो बहुत दूर की बात रही।[1] जी जनाब, गाँव की यह फ़क़ीराना डगर ख़ुशबू से लबरेज है। वजह—कँटीली झाड़ियों के बाशिन्दे जंगली गुलाब।[2] अहा!

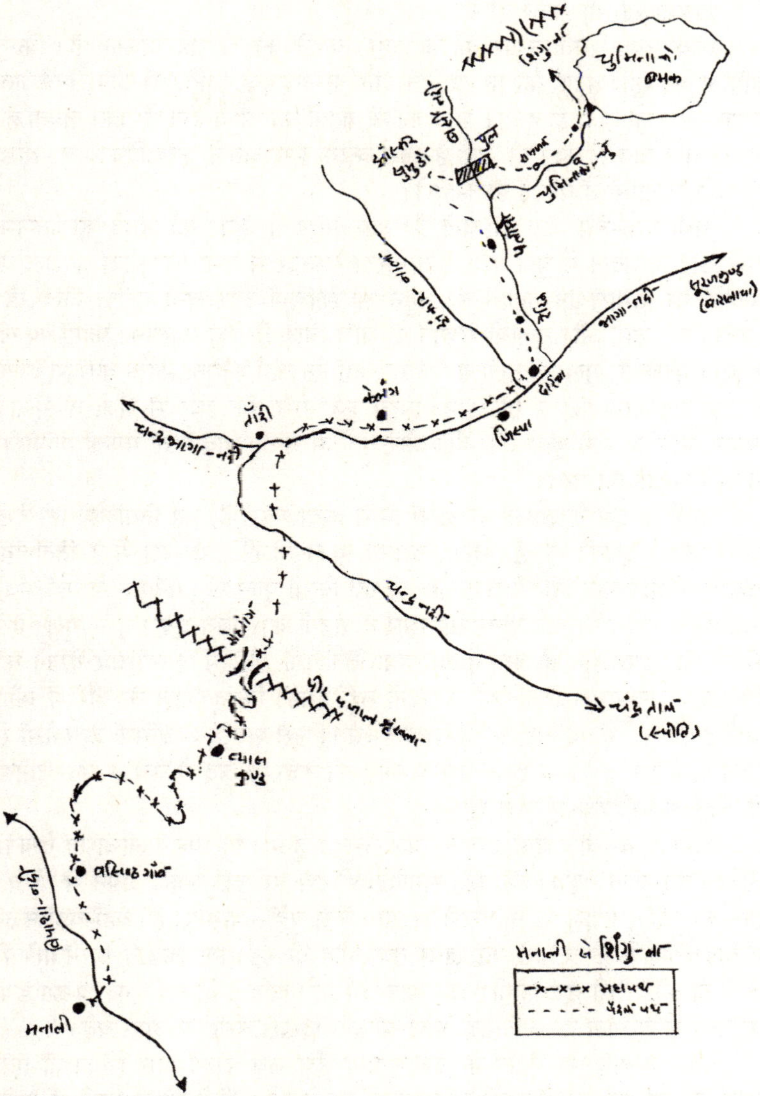

मनाली से शिंगु-ला

जो सफ़र का उन्वान ही इतना दिलखेंच है तो भीतरी तहरीरें कितनी दिलक़श होंगी![3]

ख़रामा-ख़रामा सफ़र हो रहा।

लीक रफ़्ता-रफ़्ता ऊपर को जा रही। कहने को तो राह आसान है। किन्तु हाँफनी भर रही। पदाई का पहला दिन और इग्यारा हज़ार फ़ीट से ऊपर निकलती जगह—यह तो होना ही हुआ। बदन को ऊँचाइयों का आदी होने में वक़्त लगता है। दो या तीन दिन तो खप ही जाते हैं। इस करके हम अगले कुछ दिन थोड़ा-थोड़ा ही चलेंगे। नापेंगे ऊँचाइयाँ हौले-हौले।

अभी एक-डेढ़ घंटा ही चले हैं। और पगडंडी ऊपर को उठते बुग्यालनुमा एक छोटे से मैदान में घुल गई। मानो दरिया समन्दर में समा गया। इस बुग्याल के हाशिये पर हिमालयीन-गुलाब की बहुत सी झाड़ियाँ और चन्द दरख़्त दीख रहे। दरख़्तों के पैताने और गुलाबी-मैखाने के बीच बिछा है एक क़ालीन। पहाड़ी फूलों से बुना महकदार गुलगुल ग़लीचा।[4] अगर कहूँ कि वहाँ शीरीनी महक का पूरा दस्ता है, तो बात गोया बेहतर खुले। मुआमला कुछ ऐसा कि इधर से सूँघो तो गुलाब समझ आवे उधर से कुछ और ही। और बीच में खड़ा आदमी तो पगला ही जावे। ठीक हम-दोई की तरह।

गन्धों के इस गंडोगोल का असर किस क़दर गहरा है, यह तितलियों को देख जाना। पहले इसको छू लूँ...नहीं...उसको पहले पी लूँ...पसोपेश में हैं तितलियाँ बेचारी। निमिष मात्र को भी टिक नहीं पा रहीं किसी फूल पर। ग़नीमत से यहाँ भँवरे नहीं हैं। इन दोनों के दीन दीगर सई मगर दीवानगी का सबब एक। बू-ए-गुल। ऐसे में जो भौंरे इधर होते तो क्या होता? क्या तितलियों-भौंरों में जूतमपैजार देखने को मिलती? हस्बेमामूल तितलियाँ कटखनी नहीं होतीं। किन्तु आज के दौर में कौन जाने इनके परों से भी नाख़ून-नेजे निकल आवें। जैसे शरीफ़ आदमियों के खीसों से निकल रहे इन दिनों। या ख़ुदा! इस क़ालीन को नज़र-ए-बद से बचाना। कि दुनिया में कहीं तो बिहिश्ती-बू बची रहे!

दुआओं के बीच एक ख़याल और नमूदार हुआ। कि यह ग़लीचा तो देखने-अवेरने की चीज़ ठहरी। कि कोई संगदिल ही इस पर चल सके। अपन से तो यह होने का नहीं। जो इस पर नहीं चलें तो आगे कैसे बढ़ें—पसोपेश है। यहाँ-वहाँ नज़र दौड़ाई। ग़लीचे के कग़ारों को ख़ास तवज्ज़ोह दी गई। कि बिछात करनेवाले से कहीं तो कोई झिरी छूटी होगी। और बात बन गई। दाहिनी ओर की गुलाब-झाड़ियों के पास से बुग्याल का बुनियादी फ़र्श झाँकता दिखा। उसी पर आगे बढ़े।

आगे बुग्यालनुमा मैदान के उरूज पर पहुँच जब परली ओर झाँका तो एक घाटी बरामद हुई। खुली-खुली घाटी। बाएँ चलते हुए दाहिने घूमती घाटी। जिसके दूसरे छोर पे थे दो परबत। ऊँचे भरे-पूरे परबत। पूरी तरह बरफ़ से रीते भी नहीं तो ढँपे भी नहीं। अब इनको 'री' पुकारूँ अथवा 'कांगरी'। या कहूँ थोड़ा री, कहीं

कांगरी।[5] दुबिधा है। जो हो पर हैं वे निर्वसन। तृण-विटप विहीन। हालाँकि यहाँ मूर्तिकार ने उन पर एक लोई डाल रखी। नीलवर्णी कुहासे की महीन लोई। लोई जो तन छुपावे कम, दिखावे अधिक। हश्र यह कि पहाड़ों के उभार-उतारों की, और उनके देह से लिपटे हिम-पुष्पहारों की, झलक मिल रही है।

श्वास-गति बढ़ रही है।

यह चलाई का असर है या फिर अध-ढँपे, अध-उघड़े शैलराज के दरस का—कह नहीं सकता। परन्तु दृश्यमान पर्वतद्वय गुदगुदी तो कर ही रहे। और क्यों न हो मीठी गुदगुदी कि पैदल प्रवास के पहले-पहले 'खुल्ले' परबत देख रहा हूँ। खुल्ले इस अर्थ में भी कि यहाँ बस वे हैं और मैं हूँ। बीच में कोई पेड़, चट्टान, न कोई टीला। काम जाग रहा है। धड़कन तेज़तर से तेज़ हो गई है।

हिमालय उत्तराखंड का हो या लदाख का—मन-मृदंग पर थाप तो देता है। अपरंच लयकारी होती है जुदा। चुनाँचे असर भी होते हैं अलहदा। शान्त करता है वेक्षण उत्तराखंडी-गिरिराज का। श्वास मंथर होने लगती है उसके संसर्ग में आते ही। मानो समाधि अब घटी कि तब घटी।

और लदाखी-हिमाला?

अजब-ग़ज़ब सी मादकता है उसके निर्विटप पाषाणी सौन्दर्य में। क़तई ग़दर बरपाऊ कामुकता! तभी तो काका कृष्णनाथ के-से सन्त पुरुष को इन पर्वतों में स्त्री-देह गुम्फित दीखी। उरोज दीखे। जंघा-सन्धि स्थली दृश्यमान हुई। थेसियन-लदाखी पहाड़ मगर अभी दूर हैं। फ़िलहाल तो मैं उच्चहिमालय के शिखर ही देख रहा। जब इनही के दरस से अपन का बुरा हाल है तो जाँस्कर में जाने क्या होगा। जान पर बन आवेगी मुझ कामी की। मगर ख़ैर! ओखली में घुसा हूँ तो मुसल तो पड़ेगी ही। जो होगा देखा जावेगा। अभी तो कहा जावे साक्षात उपत्यका का आँखों देखा हाल।

निर्वसन पर्वतों के समक्ष, जहाँ घाटी दाएँ को मुड़ रही, वहाँ एक नदी है। लग रहा कि वह नीलवर्णी-लोई ओढ़े पर्वतों के तलुवों से निकलती हो। निस्तीर्ण-पाट वाली वह नदी कई धाराओं में बँटी है। और इधर, जिस पहाड़ी पर से हम ताक-झाँक कर रहे उसके पैताने, चार-पाँच मकान हैं। बल्कि कहना होगा मकानों का एक गुच्छ है। गुच्छे के बीच एक चौगान। चौगान में पेड़। कुछ सूखे-सट्ट तो कुछ हरे-कच्च। पेड़ों के बीच तनी है झालरनुमा धर्म-पताकाएँ। पताकाओं ने तमाम मंज़र में जान फूँक दी है। वह हो गया है और भी ख़ूबसूरत।

मगर हाय! कि हाय! हाय!! इस ख़ूबरू मंज़र के दीदार तो हुए, मगर चन्द लम्हा। अभी शुरू, अभी ख़तम। जैसे रोमांस का रोमांच चरम पर हो और कोई दरवज्जा खटखटा दे। ऐसा क्या हुआ, अगर जानना चाहते हैं, तो पहले यह बताएँ कि ऐसी वादी में, जिसका एक नमूना बन्दा ऊपर पेश कर चुका, आप क्या तलाशते हैं?

ख़ैर रहने दें। खादिम पर हुज़ूर लोगों की ख़्वाहिशें आईने की तरह साफ़ हैं।

जानता हूँ कि आप सब भी सुकून के ही तलबग़ार ठहरे। चाहते हैं ऐसी जगहों पर अटूट शान्ति। शान्ति जो टूटे तो नदी-रव या पाखी-कलरव से टूटे। वरना अटूट चुप्प पसरा रहे हरसूँ। लेकिन क्या इस घाटी में चुप्पा है? जी नहीं। तसू भर भी नहीं। कि नदी के दोई ओर सड़क है। इस ओर, यानी मकान-गुच्छ तरफ़, डामर लिपी सड़क। तथा परली ओर वह सड़क जो अभी बन रही। आते कल में जाँस्कर पर हमला बोलनेवाली सड़क।

उल्लेखित सड़कों को जोड़ने हेतु नदी पर एक पुल है। पुल लोहे का है फिर भी है फौरी ही। स्थायी पुल तो आगे कभी बनेगा। जिसके वास्ते अभी खम्भे डल रहे। नदी पर, उसके कछार पर, फौरी-पुल पर, इधर की सड़क पर और उधर की सड़क पर भी—गाड़ियाँ हैं। डम्पर हैं। हैं बुलडोजर और जे.सी.बी.। नदी की खोदाई और पहाड़ की खुरचाई चल रही। थोड़े में कहूँ तो यहाँ घमासान मचा हुआ। विकास-रव यानी भड़भड़-धड़धड़-पींपी-चींची-धड़ामधड़-घर्रघुरुर्र से बगार बेज़ार है। वैसे नदी-रव भी है यहाँ, मगर घुटा-घुटा दबा-दबा सा। गाह-गाह ग़ुमान हो कि नदी कराहती हो जैसे।

और परिन्दे?

अब उनका ज़िक्र न ही छेड़ूँ तो बेहतर। वो शायर मियाँ कह भी तो गए हैं कि किस-किस का ज़िक्र कीजे किस-किस को रोइये![6] बहरहाल, इस मंज़र को दिलख़राश कहा जावे या फिर दिलख़ुश इसका फ़ैसला आप करते रहें। अपने को तो यह नज़ारा बरदाश्त के बाहर। सो अपन तो निकलते हैं यहाँ से। बढ़ते हैं आगे। तलाशते हैं सुकून दिल-महल्ले में।

दिल-महल्ले की बस्ती

दारचा छोड़े दो क्लॉक से कुछ अधिक समय हो चुका।

ढाबेवाले के अनुसार रेरिक बाद सड़क से मुलाक़ात होनी थी। रेरिक तो आया नहीं अलबत्ता सड़क आ गई। यह क्यूँकर हुआ? कहीं ग़लत डंडी तो नहीं पकड़ ली हमने? फिर सोचा चिन्ता क्या करना। पहाड़िया लोगों की बताई दूरी को इतनी भी तवज्जोह क्या देना? जिसे वे बताएँ 'यहीं बिलकुल सामने' या 'दो-ढाई किलोमीटर दूर' वह निकलता है इतनो दूर कि दिन खुट जावे जगह न आवे। ऐसे में कोफ़्त होती है, बहुत कोफ़्त। परन्तु आदमी कर ही क्या सकता है अलावा चलते रहने के। सोचते हुए हिमाला को, पुराने सफ़रों को, सफ़र में मिले लोगों को। जैसे अभी चल रहा हूँ कमल को सोचते हुए।

वैसे तो कमल का ज़िक्र पूर्व बैठकियों में भी निकल चुका, मगर याद ताज़ा करने के लिए दोहरा दूँ कि वह हमारे जीवन में आया, मुलाक़ाती की तरह। जुड़ा बतौर मेहमान हमारे बाली-पास अभियान से।[1] और कर गया हमारा उद्धार। बदल गया हमें भीतर से बाहर तक। उस-ही ने साक्षात के परोक्ष में छुपे हिमालय को देखने की दृष्टि दी। गिरिराज के सन्देशों को पहचानने की, जज़्ब करने की तमीज़ सिखाई और घुल गया हवा में। कमल (उसकी आत्मा को शान्ति मिले) का कहा आज दस बरस बाद भी ज़ेहन में ज़िन्दा है—

> 'जब आप हिमालय आएँ तो मंज़िल पाने का चक्कर पीछे छोड़कर आएँ। कि इधर आएँ तो इसी में डूब जाएँ। बात करें फूलों से। सुने परिन्दों को। बैठें यहाँ के लोगों के बीच। कि हिमालय ही आपकी मंज़िल ठहरी। इसे पड़ावों में मत बाँटें। पड़ाव आपको दौड़ाते हैं। बौराते हैं, उलझाते हैं। लोग इनके चाले में पड़ हिमालय को ही चूक जाते हैं।'

आज कमल याद आया तो दूरियाँ क़दम ब-क़दम तय होने लगीं। पहला क़दम उठाया, गिना एक। दूसरा क़दम बढ़ाया, गिना एक। तीसरा...एक...चौथा...एक... एक...एक। हर क़दम एक मंज़िल। हर मंज़िल बस एक क़दम। ऊहापोह-घुमरी

थमी।[2] धूलि हटी। दिल-महल्ले की गलियाँ दीखने लगीं। दीखने लगे उधर रहनेवाले। कई क़रीबी। बहुतेरे नातेदार। इनमें से दो जनों का ज़िक्र ख़ासकर निकालना चाहूँ हूँ। अलेक्जेंडर सोमा डिकोरस और मिशेल पेस्सेल।

इनसे आपकी पहचान ज़रूरी है। कि जाँस्कर से, इनका अटूट रिश्ता ठहरा। दोनों जो देख-लिख गए हैं उसी के सहारे आज के जाँस्कर को बूझने निकला है यह सफ़रगो। चुनाँचे इनका ज़िक्र बार-बार निकलेगा। तो चलिए पहले आपको लिये चलता हूँ डिकोरस की डेउढ़ी पे—

> उत्कंठा, जिज्ञासा, ज्ञान-पिपासा काग-चेष्टा इत्यादि के असल मानी जो कोई जानना चाहे तो अलेक्जेंडर सोमा डिकोरस की जीवन गाथा पढ़े। अप्रैल 1784 में ट्रान्ससिलवेनिया के एक निर्धन परिवार में जन्मे डिकोरस वहाँ की स्झेक्ली जाति से था।[3]
>
> वह अभी किशोर ही था जब उसे मालूम पड़ा कि हंगरी उसकी मूल भूमि नहीं। वह तो अपनी मातृभूमि से विस्थापित लोगों में शुमार है। ठीक उसी समय वहाँ तीन ख़बरें और भी गश्त कर रही थीं। पहली, हंगरीवासी हूण राजा अत्तिला की सन्तान हैं। दूसरी, उनके देश—'हंगरी'—में 'हूण' शब्द समाहित है। तीसरी, उनके पूर्वजों का एक धड़ा किसी 'हूणदेश' में महफ़ूज़ है। पूर्वज मतलब वह ह्युङ्नू जनजाति (मंगोलिया की जनजाति) जहाँ से अत्तिला निकला।
>
> ये तीन ख़बरें उसकी अनन्त बेकली व अन्तहीन भटकन का बायस बनीं। कि उसे लाग लग गई हूणदेश तलाशने की। अपने रक्तबीज सम्बन्धियों से मिलने की। और हंगेरियन लोगों का गुमशुदा इतिहास तलाशने की।
>
> जाननेवालों से उसने जाना कि उसका इच्छित देश मध्यएशिया में कहीं है। परन्तु 'कहीं है' कहने से तो बात बनती नहीं। पते-ठिकाने की ख़बर जो सौ टंच न हो तो कैसेट उलझ जाती है। डिकोरस की भी उलझ गई। इशारों की तलाश में लोगों से मिला। अपनी भाषा में उपलब्ध तमाम किताबें सभी पर्चे उसने बाँच डाले। पर हाथ क्या आया? मायूसी और क्या! किन्तु सोमा डिकोरस कोई मामूली चीज़ तो था नहीं। 'पस्त' 'निढाल' 'हार' सरीखे कमज़ोर लफ़्ज़ उसके शब्दकोश से गुम थे। ख़ैर, उसने सोचा धुआँ है तो आग भी होगी। यहाँ नहीं तो और कहीं। अपनी नहीं तो और दूसरी किसी भाषा में ही सही। इस देश में नहीं तो दीगर किसी देश में सही। कहीं तो उसकी तलाश चैन पाएगी। मनचाही जानकारी मिलेगी।
>
> इस मोड़ पर उन्नीस बरस के सोमा के सामने दो समस्याएँ आन

खड़ी हुईं। पहली—सिर्फ़ अपनी मातृभाषा का ज्ञान। दूसरी—निर्धनता। परन्तु लोक ने शायद सोमा सरीखों के लिए ही गाया है—

काव्य प्रश्न आता नहीं
पंडित बड़ा परवीन
गज मुख सूजी ना उठे
तो गज क्या बल से हीन

अपना सोमा भी परले दर्जे का कड़ियल मनक निकला। वह जुट गया स्वयं को माँजने में। पढ़ने लगा दीगर विषय। सीखने लगा इतर भाषाएँ। रहा सवाल पैसों का तो धनोपार्जन हेतु वह बन गया सेवक। करने लगा अपने साधन सम्पन्न सहपाठियों की चाकरी।

पन्द्रह बरस अथक परिश्रम के बाद यानी चौंतीस बरस की उमर में उसने हाथ में काठी थामी, पीठ पर टँगाया एक झोला और निकल पड़ा अपना लक्ष्य साधने। वह मुबारक़ दिन था—23 नवम्बर, 1819। अपनी जगह से टर्की, इजिप्ट, बगदाद, तेहरान, खोरासन (ईरान), काबुल, पेशावर, लाहौर, अमृतसर, कश्मीर होता हुआ 9 जून, 1822 को वह लेह आ गया। यह यात्रा अधिकांशतः हुई पैर-पैदल। थोड़ी बहुत घोड़े, खच्चर, जहाज़ से। इस दौरान उसने कई और भाषाएँ सीखीं।[4] हर देश-शहर में उपलब्ध ग्रन्थों को खँगाला। विज्ञजनों से संवाद साधा। कि किसी से तो उसे अभीष्ट जनजाति व देश की पक्की ख़बर मिले।

उलझन सुलझी लेह में। एक इशारा मिला उसे वहाँ। ज्ञात हुआ कि इतिहास, जिसकी उसे तलाश है, वह मिलेगा उन तिब्बती बौद्धग्रन्थों में जो जाँस्कर के मठों में सुरक्षित हैं।

घोर तम में दीप टिमटिमाया। शास्त्राध्ययन हेतु सोमा पहुँचा जाँस्कर। लामाओं का शागिर्द बना। तिब्बती भाषा सीखी। गोनपा में रह उसने न सिर्फ़ ग्रन्थ पढ़े वरन् चालीस हज़ार शब्दों का एक कोश भी तैयार किया। विश्व का प्रथम तिब्बती-अंग्रेज़ी शब्दकोश! ज्ञात हो कि सोमा के पास धन की भीषण कमी जस की तस बनी थी। गोकि उसे कोई वज़ीफ़ा हासिल था न सरपरस्त। परन्तु अशरण सोमा—कड़ियल सोमा—लगा रहा अपनी ढूँढ़ में।

इस दौरान उसने मात्र एक जोड़ कपड़ों में ही गुज़र की। एक कम्बल के आसरे जाँस्कर की प्रचंड सर्दियाँ काटी। सिर्फ़ चाय-सत्तू का भोजन किया। तथा हफ़्तों-महीनों एक ही कोठरी में, एक ही आसन पर बैठे गुज़ार दिये। जब लम्बा वक़्फ़ा जाँस्कर में खपाने बाद भी डेकोरस की

कुरेद इत्मीनान नहीं हुई। तब उसने मध्य एशिया जाने का मन बनाया। नवम्बर 1826 में जाँस्कर छोड़ा। शिंगु-ला लाँघा। और इस पथवीथिका को, जिस पर अपन फ़िलवक़्त हैं, वापर वह पहुँचा दारचा।

वाजेह हो कि डिकोरस की-ही मेहनत के चलते अफ़सानों के जाँस्कर तरफ़ दुनिया की तवज़्जोह हुई। 'सभ्य संसार' को यहाँ के 'असभ्य' जगत की झलक मिली। किन्तु इतने उतापे बाद भी क्या उसे अपनी मंज़िले मक़सूद मिली? क्या वह पहुँच पाया हुणदेश में?

अरे साब, मुकम्मल जहाँ कभी किसी को मिला है जो उसे मिलता! हुआ यूँ कि 1841 ई. में वह कलकत्ते से मध्य एशिया जाने को निकला। दार्जिलिङ् पहुँचा। सिक्किम-वीजा हेतु आवेदन किया। और वीजा की राह तकते हुए कूच कर गया लाफ़ानी दुनिया सम्त![5]

सोमा के बारे में फ़िलहाल इतना ही। इधर से चलते हैं मिशेल पैसल के ठीये पर।

फ्रान्स में पैदा हुए मामा मिशेल के जीवन का एक बड़ा हिस्सा हिमालय, ख़ास कर तिब्बत-लदाख में बीता। इस इलाक़े को बूझने के लिए इस बन्दे ने भी तिब्बती भाषा में महारथ हासिल की। मामा मिशेल की गति सोमा डिकोरस से उलट थी। मामा की रुचि धर्म शास्त्रों में नहीं, यहाँ के लोकरंग में रही। वैसे उसकी लदाख व जाँस्कर की एकाधिक यात्राओं के पीछे एक कुरेद और भी थी। सुवरण-खुदैया चींटों की तलाश। इस अफ़साने को, चींटी-गल्प को, आप संग बाँट चुका। अलबत्ता उस पर बहुत कुछ कहना बचा है। जो कहा भी जावेगा। पर अभी नहीं—किसी ख़ूबतर मौक़े पर। क्योंकि सामने से रेरिक की आहटें सुन पड़ रही हैं।

आगे बढ़ने से पहले इतना और कह दूँ कि मिशेल सम्भवत: 1977 में जाँस्कर आया था। इस घाटी में वह ढुका करगिल तरफ़ से बाहर निकला शिंगु-ला पार कर। पहुँचा इसी जगह जिधर से यह सफ़रगो आप से मुख़ातिब है। अचरज है कि अपने यात्रा वृत्तान्त में उसने इस घाटी का, इस नदी का तो ख़ूब बखान किया है। किन्तु उसके यहाँ से इधर के गाँव सिरे से ग़ुम हैं। अब क्या दर्ज करना क्या नहीं यह तो लेखक ही तय करता है। और इससे मुझे कोई परेशानी भी नहीं। परेशानी तब होती है जब वह इस घाटी को (ठेठ सड़क तक) मनुष्य व घर विहीन बताता है। यह कैसे सम्भव है कि मिशेल के समय दारचा नामक बस्ती ही न हो? क्योंकि इसका होना टोरेन्स (1862) और राहुल सांकृत्यायन (1977) के यात्रा वृत्तान्तों में नोंद है। अलबत्ता इन दोनों के यहाँ भी दारचा को फ़क़त सरसरी ज़िक्र ही मुहैया है।

वैसे दारचा साल 1862 से भी उधर की बस्ती है। तबकी जब लाहुल में जनजातियों का राज हुआ करता था। जब तिब्बती लामा-परिपाटी इधर आम नहीं

हुई थी। मेरे कहे की जमानत है इस गाँव के मिटने फिर बनने की वह लाहुली कथा, जो हमें दारचा में ही सुनने को मिली—

> बहुत पुराना क़िस्सा है। लाहुल में एक गाँव था—दारचा। वहाँ का अधिपति था महाबलशाली प्रेत—झिमुङ्ग्रिङ्ग्पो। प्रेत-शासित वो दारचा दो तरह से निराला था। पहला, वह धन-वैभव सम्पन्न था। दूसरा, वहाँ के लोग हरदम छङ् के नशे में चूर रहते।
>
> बात उस साँझ की है जब दारचा में थका-माँदा एक लामा आया। उसे दरकार था एक रात का ठिकाना। उसने कई द्वार खटखटाये। कई घरों को गुहारा। अव्वल तो दरवाज़े खुले ही नहीं, जो खुले भी तो नतीजा सिफ़र। नशे और मौज-मस्ती में मुब्तिला दारचा के लोगों ने लामा को न सिर्फ़ नकारा बल्कि उसका मखौल भी उड़ाया। सिवा एक घर के। जहाँ लामा को ठौर ही नहीं सम्मान भी मिला। भरपूर भोजन मिला।
>
> उसी रात गाँव पर मुसीबत टूटी। बादल फटे। हिमस्खलन हुआ। भागा में बाढ़ आ गई। आसमानी-सुलतानी के चपेटे में फँस दारचा हो गया नेस्तनाबूद। बचा तो मात्र वही घर-परिवार जिसने लामा को स्वीकारा। कहते हैं, उस घर की रक्षा स्वयं भागा नदी ने की। अपनी गोद में उठा उसे एक ऊँचे स्थान पर बिठला दिया। समय बीता। आपदा से सुरक्षित निकला परिवार बढ़ा। और धीरे-धीरे नये दारचा में बदल गया। उस दारचा में जहाँ हमने बीती रात गुज़ारी।

यह कहानी अब आपके हवाले। चाहें तो विचारें इसे, न चाहें तो नकार दें। अपन तो चले रेरिक की ओर।

मणि-मंत्र

पगडंडी आवारा हो गई है। चल रही है रुख़ बदल-बदल। हम उसका पीछा कर रहे। जिधर वह जावे हम भी उधर ही जावें। वह नदी से परे, तो हम भी। वह नीचे तो हम नीचे, ऊपर तो अपन भी ऊपर।

आवारा पगडंडी के साथ हम बहुत दूर आ चुके।

इधर सब बदला-बदला सा है। समाँ भी। नज़ारा भी। यहाँ गाड़ियाँ नहीं। चेंचामेंची नहीं। और तो और अर्णा-रव भी यहाँ नहीं सुन रहा। यहाँ मगर हरियाली है। नदी-तट पर तो पेड़ नहीं-से ही थे। इधर भरपूर हैं। यह कैसे कि नदी-तट रीते और इधर इतने विटप?

मैं क्या जानूँ...कयास ही लगा सकता हूँ...कि शायद दरख़्त सनाका खा गए हों नदी का हश्र देख...भयज़दा हों आदमी से...इस करके बना ली हो उनने साहिल से छेंटी...कि आदमजात से छुपने का और छुपके बचे रहने का यह उनका अपना तरीक़ा हो...कौन जाने...कारण जो-हो सो-हो मगर इस डगर विटप हैं...और बहुतायत में हैं...इतने कि जंगल का भास हो रहा...वही सरगोशियाँ...वही छाँव-धूप का खेला... खेला जिसके बीच हम अचानक से घुस आए हैं...और...

शजर-छाँह में नि:शंक डोल रहे पाखी चौंक गए हैं। गोया हमारी आमद उन्हें रास नहीं आई। उनमें घबराहट है। किसी महफ़ूज़ गोशे में पोशीदा हो जाने की हड़बड़ाहट भी। लिहाज़ा उनका दिखना आस्ते-आस्ते कम हो गया है...पर वे बोल रहे हैं...छुपके बोल रहे हैं...पासंग व रनी को तो यह मस्ती भरी चहचह लग रही।

किन्तु अपने राम शंकित हैं।

पाखी ऐसे कहाँ बोला करते हैं? वे तो गन्धर्व हैं। मधुर गीत गाते हैं। विलम्बित ताल में निबद्ध अरण्य-गीत। परन्तु अभी वे अनवरत बोल रहे। लय टूटी। सुर ऊँचा-नीचा। ताल, बे-ताल। इस बेढब गायन से शंका हो रही कि परिन्दे कहीं डिंडोरी ही न पीटते हों। आगाह न करते हों विटपों को, हवाओं को, गुलों को और रेरिक वालों को भी कि बचो...छुपो...कि हमारी दुनिया में घुस आया है एक नक़ाबपोश। जो दिखता कुछ है पर है कुछ और ही। ऊपर से प्रकृति अनुरागी, भीतर से महापातकी।

लोग कहेंगे लम्बी फेंक रहे हो गुरु! तुम क्या जानो पाखी क्या बोल रहे? कि खग की भाषा किसे पता, खग ही को और किसे भला! किन्तु ऐसा है नहीं। कि कंठ से निकसा बोल मन में उपजा बयान ही तो है। जब कंठ बोलता है, मन बोलता है। उसके बोले में शब्द महत्त्वहीन। कि मन का बोला, स्पन्दन का खेला। और जगत में ऐसी कोई वस्तु नहीं जिसमें स्पन्दन न हो। जो संवाद न कर सके। दरअसल दिक़्क़त बोलने की नहीं सुनने की है। स्पन्दनों को पकड़-समझ पाने की है। फिर किसी कंठ से भले चह-चह ही क्यों न फूटे, श्रोता जान सकता है वक्ता-मन का हाल।

जैसे इस बखत मैं जान रहा हूँ पाखियों को पेशींगो। अपनी चहचह से वे चेता रहे तमाम वादी को कि इस आमद का एतबार मत करना। कि इसका क़ुदरत से वास्ता ठहरा सरसरी। महज़ दिखाने भर का। इस बन्दे के घर में क़ैद हैं दर्ज़नों पाखी। जिनको यह ख़बीस दाना-पानी मुहैया करवानेवाली मशीनों के भरोसे छोड़ आया है।

हिमालय ने आईना दिखाया है।

अपनी विद्रूप सूरत दीख रही है...मैं धक्क हूँ। घबड़ा रहा हूँ। कि मशीनों का क्या भरोसा? जो दग़ा कर दे तो? जो दाना-पानी ख़त्म हो जावे तो? मन व्याकुल हो रहा...एहसासे गुनाहगारी तारी हो रहा। हाय! कि हाय! हाय!! यह क्या कर बैठा... दुष्ट मैं...पर...अब...उफ़! कि अब मैं क्या करूँ...मुआफ़ी की दरख़्वास्त करूँ क्या?

हाँ! यही ठीक है।

रेरिक के पंछियो विनती है तुमसे...यह सन्देसा पहुँचा दो घर-क़ैद तुमारे बिरादरों तक कि मैं उनका क़ुसूरवार हूँ। मुआफ़ी चाहता हूँ। हिमालय तो साक्षी है ही, ओ रेरिक के नभचरो! तुम भी मेरे इस कौल की गवाही देना कि घर पहुँचते के साथ मुक्त कर दूँगा उन्हें...ताकि उनको मिले अपने हक़ का आकाश...फैलाएँ वे अपने डैने...जमा करें तिनके...बसाएँ अपने बासे...बनाएँ अपनी बस्तियाँ...कि वो आज़ाद रूहें आदमी की तरह क़फ़स बन्द क्यूँकर रहे...

पाखी-कलरव अब कम हुआ सा जान पड़ रहा। परिन्दों के यहाँ मेरी मुआफ़ी मंज़ूर हो गई शायद। गो आगे के सफ़र में, कोई परिन्दा मुझसे दूर न भागे। जी में निरात है। पस्त मन मस्त हो गया है। रेरिक सम्त जाने का मौसम आ गया...

मौसम यहाँ ज़रा मारक किसम का है।

आसमाँ साफ़ है। ख़ूब धूप है। पथ अब चौड़ा है। पक्का है। सीमेंट का है। तप रहा है। उसके अगल-बग़ल गाछ हैं। जहाँ गाछ हैं, छाँव है। जहाँ नहीं, वहाँ धूप है। खड़ी धूप में खुनस है, बहती हवा में खुनकी। पथ है कि कभी धूप में घुस रहा है, कभी छाँव में। पथिक परेशान हैं। छाँह में भी, धूप में भी।

रेरिक और छीक्का इस घाटी में सिर्फ़ ये दो गाँव ही हैं। 'इस घाटी' से मेरी मुराद उस घाटी से है जहाँ षोड़सी-अलकावलि की-सी जान पड़ती नदी बह रही। वह घाटी जिसे काट-कूट कर सड़कें बनाई जा रहीं। घाटी जिसके बहुतेरे नाम

हैं। जैसे बाल गोपालों को बुलाते हैं वैसे-ही इसे नाम बदल-बदल के पुकारा गया है। अतएव इसका मिष्टी-नाम, बोले तो प्यार का नाम, कौन है और कौन इसका 'भालो' नाम—यह मालूम नहीं पड़ता। लोनली-प्लेनेट वालों ने इसे दारचा नदी बुलाया जबकि स्थानीय लोगों के पास यह 'बर्सी नदी' है। सो अपने लिए इस नदी का नाम ठहरा—बर्सी नदी। घाटी हुई, बर्सी बगार।

बर्सी बगार के दोनों गाँव लगभग सटे-सटे हैं। और दोनों को मिला कुल जमा एक कम बीस घर हैं। दूसरी तरह से कहूँ तो घाटी में बस्ती तो है मगर सिर्फ़ सौ लोगों की। परन्तु मनकों की यह गिनती पुख़्ता नहीं। मतलब कि वे दस-पाँच कम हों तो हों पर बेशी तो क़तई नहीं।[1]

दोस्तो, यहाँ हमें विषय बदलना होगा। काहे कि पिछले तीन-साढ़े तीन क्लॉक से जो पदाई करा रहा वो रेरिक अब आया कि आया। क्या पूछा आपने? फिर से कहें। नहीं...जी...नहीं... कोई घर-वर नहीं दीख रहा उधर। फिर कैसे जाना, रेरिक आने को है? टेंशन नॉट जी...आपका ताबेदार कहेगा सारी बात खोलकर।

जी, तो बात यह है कि सामने घर-वर तो कोई नहीं अलबत्ता राह के बीचोबीच पत्थरों की एक ढेरी दीख रही। ऐसी ढेरियों से हमारा साबिका है। दो बरस पूर्व परिचय हुआ था इनसे। लदाख मुहिम के दौरान। परिचय की ऊष्मा दूर से महसूस होती है। उसकी भी हो रही। सो जानता हूँ कि सामने जो चट्टानी-ढूह दीख रहा वह एक 'माने' है।

माने को मामूली पत्थरों का साधारण ढूह मत समझ लीजिएगा। यह तो बौद्ध परिपाटी से जुड़ी बड़ी मानीख़ेज शै ठहरी। कहते हैं दुनिया भर के बौद्ध-ठिकानों में माने देखने को मिलता है। अब दुनिया की तो मैं क्या जानूँ लेकिन लदाख पे यह बात खरी उतरती है। इस बिना पर कह सकता हूँ कि चन्द मिनटों बाद हम होंगे बौद्ध-जगत में। और आते बहुत से दिनों तक उसी दुनिया में फिरा करेंगे। बार-बार दीखेंगे माने, जिसके अर्थ जानने को यह सफ़रगो बहुत तड़पा था—2011 में। तब कई लदाखियों से बात की। जिज्ञासा मगर शान्त नहीं हुई। कि लोग रवायतें तो ख़ूब निबाहते हैं, उनके मतलब नहीं जानते। जानते भी हैं तो उथला-छिछला। चुनाँचे गहरी पड़ताल की गई। उस यात्रा में मिले लोगों के हस्ते जो पाया उसे किताबों के सहारे आपके सम्मुख खड़ा करने का प्रयास करता हूँ।

देखा जावे तो माने पत्थरों का एक बकुचा है। रास्ते के क़रीब, बहुधा बीचोबीच, चबूतरे या ज़मीन पर धरी पत्थरों की ढेरी। किन्तु इसे पत्थर-टीला कह टाल देना न्यायोचित नहीं। क्यूँकि ऐसा बोलने से अनगढ़ ढेलों की ढेरी की प्रतीति हो सकती है। जबकि माने होता है सुघड़ प्रस्तरों का जमावड़ा। हर प्रस्तर पर दर्ज होता है एक मंत्र—ॐ मणि पदमे हुम्। यानी मणि-मंत्र। जिसे लन्त्शे लिपि में निहायत ख़ूबसूरती के साथ स्लेट के से सपाट पत्थर पर उकेरा जाता है।[2] फिर इसके हर

आखर को नयनाभिराम चटकीले रंगों की मदद से उभारा जाता है। श्रृंगारित प्रस्तर का उद्‌बोधन किया जाता है लामाओं द्वारा। मंत्रों की मदद से 'जाग्रत' हुई स्लेट को समुचित स्थान पर जमाया जाता है। जैसे कि गाँव को जाती राह। कोई चाहे तो इसे ग्राम्य-डगर की बाँह पर बँधा तावीज़ भी कह सकता है। बिजूका भी। किन्तु मेरा अनुभव दूजे किसम का है। कि पहले-पहल जब इसके क़रीब से निकला—चौंका था। जाने कैसे स्पन्दन महसूस हुए। लगा माने में छुप कोई उच्चारता हो अनवरत—ॐ मणि पदमे हुम्!

कहते हैं कि मणि-मंत्र दुनिया में सबसे अधिक बरता जानेवाला मंत्र है। इस दावे को जाँचने की लियाक़त अपन में नहीं। अपने राम तो इतना भर जानें कि यह सूक्त जूना है। और यह बोधिसत्व अवलोकितेश्वर की स्तुति है। पर इतने संक्षेप में कहने भर से कई महीन नुक़्ते बरोबर से खुलते नहीं। नहीं मालूम पड़ती इस मंत्र की बौद्ध इतिवृत्त से संगति।

चर्चा आगे बढ़ाने के अगाड़ी एक स्वीकारोक्ति। मैं बौद्ध धर्म का अध्येता हूँ न अनुयायी ही। इस लिहाज़ से मुझे बुद्ध व उनके दर्शन पर एक भी लफ़्ज़ कहने का हक़ नहीं। लम्बी चर्चा का तो कदापि नहीं। फिर भी यह गुनाह मुझे करना ही होना। यह मजबूरी भी है। ज़रूरी भी। ग़रज़ यह कि जिस बौद्ध-जगत की ओर अपन चल पड़े हैं उसका सरसरी सही पर एक नक़्शा तो होना ही चाहिए अपने ज़ेहन में। अस्तु आपकी अनुमति से बढ़ाता हूँ चलती बात।

बुद्ध। जब भी गौतम बुद्ध की बात निकलती है, मेरे समक्ष उनका काल (ई.पू. 563-483) दृश्यमान हो जाता है। उनके आने तक सभी वेद प्रकट हो चुके थे। ब्राह्मणों की रचना (ई.पू. 800-600) भी हो चुकी थी। भारत-संग्राम के उपरान्त भारतवर्ष में ग्रीक आदि देशों के लोग घुसपैठ कर चुके थे। भीषण मारा-मारी का दौर चल रहा था। ब्राह्मणवाद के चलते अध्यात्म पर कर्मकांड हावी था। बलिप्रथा तथा जीव हत्या अपने चरम पर थी। अवाम त्रस्त था और शासक पथभ्रष्ट।

ऐसे विपर्यस्त काल को दरकार थी बदलाव की। नई दृष्टि की। एक अदद शान्ति दूत की। गौतम बुद्ध की। अवधेय है कि शुद्धोधन-सुत गौतम, इक्ष्वाकु वंश में पैदा होकर दशरथ-तनय राम के नातेदार थे। फिर भी उनने ईश्वर की अवधारणा को चुनौती दी।[3] अवतारवाद को नकारा। कर्मकांड छोड़ मनन-चिन्तन अपनाने की देशना की। स्वर्ग-नरक की बात को ख़ारिज कर प्रेम व करुणा का पाठ पढ़ाया। पंचभूतों की चर-अचर में समान उपस्थिति जान प्रकृति से एकमएक हो जीवन बरतने की बात कही।

स्वयं को परिभाषित करते हुए गौतम ने जो कहा वह यहाँ ध्यातव्य है—'मैं न देवता हूँ, न गन्धर्व, न यक्ष, न (सामान्य) मनुष्य ही। मैं बुद्ध हूँ।' यहाँ 'बुद्ध' शब्द का आशय उस चेतना से है, ज्ञान से है, जिसके सहारे जीवन-मृत्यु के चक्र

को बूझ आदमी जगत के क्रियाकलापों को निरपेक्ष भाव से देखता है। चूँकि चेतना की काया नहीं होती इसलिए महापरिनिर्वाण (ई.पू. 483) के समय वे अपने अनन्य शिष्य आनन्द को बुद्ध की काया से निरपेक्ष रहने को कहते हैं। कहते हैं कि उनकी देह पूजा भिक्खु न करें। कि भिक्खु उन्हें नहीं उनके कहे को ही विचारें। और अपने दिवंगत हो चुके उन शिष्यों को, जो बुद्ध-देशनाओं को भली-भाँति सीख-समझ-सोख चुके और जो मृत्यूपरान्त भी आती पीढ़ियों के पथप्रदर्शक बने रहेंगे, वे बोधसत्व कहलाएँगे। आगे चलकर यही देशना 'बुद्ध-यान (महायान)' कहलाई।[4] और इसके अनुयायी कहे गए 'बुद्धयानी'।

यह दीग़र बात कि तथागत के जाने के पाँच सौ बरस के भीतर ही बुद्धयानियों ने अनेक बोधिसत्वों की कल्पना की।[5] जिनमें प्रमुख हैं करुणा के देवता अवलोकितेश्वर। दलाई लामा इन्हीं के अवतार माने जाते हैं। मान्यता है कि उल्लिखित मणि-मंत्र, अवलोकितेश्वर का दिया साधन है। जिसका सामान्य अर्थ है, 'कमल में जो मणि है उसका अभिनन्दन'। यहाँ सवाल उठता है कि इस सूक्त में कमल व मणि के मानी क्या हैं? वो जो-हो सो-हो पर मुझे तो तथागत का सम्पूर्ण दर्शन ही इस एक सूक्त में समाहित जान पड़ता है। यहाँ पंक (दुख) में से प्रकट हुए कमल पर विराजित तथागत (मणि/असल सुख या चेतना) को सम्मान देने की बात अन्तर्भुक्त है।[6] किन्तु महायानियों के यहाँ इसके अर्थ फ़र्क़ हैं। जिसको समझने वास्ते हमें 'महायान' पर सरसरी निगाह डालनी होगी।

विडम्बना देखिए कि जिन चीज़ों के विरोध में गौतम खड़े रहे महायानी उसी को बौद्ध धर्म में लाने में जुट गए। हिन्दू अवधारणाएँ तथा देवी-देवता, कुछ फेरबदल के साथ, बौद्ध धर्म में प्रविष्ट होने लगे।[7] आदिबुद्ध की कल्पना की गई। बोधिसत्व तथा बुद्ध उनके अवतार बने। अवतारी बोधिसत्वों का एक सिलसिला कायम किया गया। इसी के साथ वजूद में आए पाँच तरह के स्वर्ग। इनमें से एक स्वर्ग के अधिष्ठाता बने अवतारी-बुद्ध अमिताभ। अवलोकितेश्वर अमिताभ परम्परा के बोधिसत्व हैं और गौतम मानवीय बुद्ध। मालूम हो कि गौतम मानवीय बुद्ध सिलसिले की अन्तिम कड़ी हैं।

कहते हैं अमिताभ के स्वर्ग में एक ताल है जिसमें कमल उगते हैं। मान्यता है कि सामान्य मनुष्य यदि बुद्ध-पथ को कड़ाई से निभावे तो वह अमिताभ के स्वर्ग में पहुँचेगा। और स्वर्ग-ताल के कमल के मध्य उसका सूक्ष्म शरीर मणि की तरह स्थापित हो जावेगा। यहाँ पहुँचना ही सामान्य आदमी का ध्येय है। परमगति है। और मणि-मंत्र यही बात सतत ध्यान दिलाने का साधन है। वैसे महायानी साधकों ने कमल को दूसरी तरह से भी परिभाषित किया है। यहाँ कमल आदिबुद्ध के 'स्त्री-तत्त्व' का प्रतीक है। यानी प्रज्ञा-पारिमिता का द्योतक।[8] इस अर्थ में मणि-मंत्र आदि-बुद्ध तक पहुँचने का यंत्र हुआ।

लेकिन मणि-मंत्र को अर्थाने का सिलसिला यहीं शेष नहीं होता। बौद्ध परम्पराओं/प्रतीकों को बूझने वास्ते बचा सिलसिला भी जानना आवश्यक है। कि आते दिनों इसकी दरकार हमें बारहा पड़ेगी। तो हुआ यह कि बदलते काल के साथ बुद्ध के कहे पर तांत्रिक कर्मकांड हावी हो गए। गौतम की देशनाएँ नेपथ्य में जाने लगीं। दुनिया-माया-मोह से निरपेक्ष रहनेवाले गौतम की प्रतिमाएँ स्थापित होंने लगीं।[9] बौद्ध धर्म पर राजा ओन ने पकड़ जमाई। बोधिसत्वों के विशाल मन्दिर (मठ, गोनपा) बनाने की होड़ मची।

इसी समय में महायान के भीतर से गुह्य-समाज निकलकर आया। इस बागड़ ने खेत खाना शुरू कर दिया। नूतन मंत्र गढ़े जाने लगे। तंत्र सिद्धि के बीज पड़े। भैरवी-चक्र (वज्रयान का अटूट हिस्सा) का अभ्युदयन हुआ। शराब, स्त्री-भोग और तंत्र-मंत्र धार्मिक उन्नयन का साधन बन धड़नतख़्ता उपयोग में आने लगे। बक़ौल राहुल सांकृत्यायन कालान्तर से यह बदलाव ही भारतवर्ष में बौद्ध धर्म के पतन का कारक बना।

बुद्ध-देशनाओं से भटकने की ऊपर कही गाथा भी मणि-मंत्र को अर्थानेवाली बात से जुड़ती है। वो इस तरह कि तंत्र साधकों ने मणि-मंत्र में लैंगिक इशारे ढूँढ़ निकाले। कमल को योनी से जोड़ा और मणि को शिश्न से। कुछ लोगों ने मणि के मानी भगनासा भी बताए। परिणामत: भग-पूजा और सम्भोग-क्रीड़ा धार्मिक अनुष्ठान (भैरवी-चक्र) के अंग बन गए। अभिन्न अंग। सुखद है कि यह मार्ग महायान के भी चुनिन्दा लामाओं तक ही महदूद रहा।[10] सामान्यजन में तब से आज तक मणि-मंत्र बुद्ध से जुड़ने का साधन ही बना हुआ है। आसान और सहज उपलब्ध साधन!

माने को तकते-बोलते ख़ूब सारा वक़्त गुज़र चुका। मगर उस सम्त क़दमपेशी से पहले बच रही तीन बातें कह देना ज़रूरी ठहरा। सो—

पहली बात। मणि-मंत्र का हर आखर चटकीले रंग से उभारा/लिखा जाना तो जैसे अब सर्वज्ञात है। इसके मायने यह नहीं कि 'क्रिएटिविटी' चुल का मारा मनक जो जी को भाये सो रंग बरत ले। इसकी अनुमति नहीं। छह शब्द के मणि-मंत्र में बरते जाते हैं छह रंग। हर शब्द हेतु एक रंग-विशेष सुनिश्चित। सफ़ेद (ॐ) हरा (म) पीला (णि) नीला (पद) लाल (मे) तथा गहरा नीला (हुम्)। चलती बात में यह भी जोड़ दूँ कि उपर्युक्त रंग-संयोजन बेसबब नहीं। इसके अपने अर्थ हैं। गूढ़ार्थ हैं। काहे कि इधर का हर रंग जुड़ा है किसी बोधिसत्व या महान् लामा संग। मसलन अवलोकितेश्वर (श्वेत), वज्रपाणि (नीला) या मंजुश्री (लाल)।

अब दूसरी बात। माने को हमेशा अपने दाहिने ओर रखकर निकला जाता है। वैसे लोग अक्सर इसकी परिक्रमा करके भी आगे बढ़ते हैं। बेहतर है कि आते दिनों में अपन इस रवायत का ध्यान रखें। वगरना बुद्ध में माननेवाले लोग बुरा मानाते हैं। टोक देते हैं। लताड़ भी देते हैं। जैसे 2011 में हमें लताड़ा था 'राठौड़' ने। राठौड़

हमारा ख़ानसामा था। लदाखी था। फिर हालिया अभियान का हमारा ख़ानसामा, यानी पासंग, भी बौद्ध है। सो माने को नियमानुसार ही बरता जावे। अन्यथा पासंग टोकेगा। और आप उलाहना देंगे मुझे कि बताया क्यूँ नहीं!

और अब अन्तिम बात। विदेशी घुमक्कड़/इतिहासकारों की देखा-देखी में अभिमंत्रित पत्थर-ढूह को 'मानें-वॉल' कहने का प्रचलन पड़ गया है। जो भूल है। मतलब कि ढूह को दीवार कहना सही कैसे हो सकता है? यह अलहदा बात कि माने कई तरतीब-ओ-तर्ज़ के होते हैं। और बड़े क़स्बों-शहरों में 'माने-भीत' भी देखने को मिलती है। कोई मुफ़ीद मौक़ा हाथ आया तो इस पर ठहरकर गुफ़्तगू होगी। यहाँ से प्रस्थान पूर्व, कृष्णनाथ जी के हवाले से, इतना और जोड़ दूँ कि प्रस्तर-टीला अपने आप में पूर्ण माने नहीं होता। कि परिक्रमा पथ से मिलकर ही माने सम्पूर्णता पाता है।

जान रहा हूँ कि बतकही कुछ अधिक ही खिंच गई। किन्तु एक वस्तु होती है पिछवाई बोले तो बैकड्राप। जो सफ़रगो उसे न खेंचे तो आगे निकलनेवाले चर्चे, बौद्ध-जगत सम्बन्धित बातें, क्यूँकर खुलें। ख़ैर, अब अपन तैयार हैं। बौद्ध धर्म बाबत चन्द बातें—सरसरी मालूमात—अपनी मुट्ठी में हैं अब। सो घुसा जावे एक सर्वथा नूतन संसार में। बढ़ा जावे चाक्षुस माने की ओर...

डबके में रेरिक

माने से चार पग पहले पासंग चुप हो गया।

चुप तो वह वैसे भी रहता है मुदा अब समूचा चुप हो गया। चेहरा चुप। दीदे थिर। श्वास-प्रश्वास इतनी शान्त कि लग रही रुकी-रुकी। यह तो होना ही था। कि बरसों बाद वह माने के सामने है।

उसने दाहिने हाथ की हथेली हृदय-स्थल के बीचोबीच नमस्कार मुद्रा में खड़ी कर ली। कुछ बुदबुदाते हुए (हो न हो वह मणि-मंत्र ही बोलता होगा) उसने माने का एक फेरा लिया। फिर आगे बढ़ा। रुका। पलटा। हमें देखा। हमने उसे देखते हुए देखा। मुस्काए। हाथ जोड़े और उसका किया दोहराया। पासंग सन्तुष्ट हुआ। हँसा। तीन दिनों में पहली हँसी। सूमड़े लोगों का हँसना अलग क़िस्म का रस देता है।

दस-पाँच मिनट चलने के बाद हम पहुँचे वहाँ जहाँ फिर बहुत से पेड़ थे। जूने और बड़े पेड़। सूखे और हरे पेड़। बोले तो नज़ारा फिर वही जंगल का-सा। यहाँ एक बात पर ध्यान गया कि इधर जब पाखी नहीं बोलते तब जंगल में घना चुप्पा पसर जाता है। उत्तराखंड के जंगलात में ऐसा नहीं होता। अरण्यीय सन्नाटे को तोड़ती रहती है वहाँ अगोचर 'क्रिकेट' की विह्वल पुकार—चटर्रचर्र...चर्रचर्र... चुचचुर्रर्टचचर्रर...। इधर मगर क्रिकेट-स्वर नहीं है। घना चुप्पा है। और चुप्पा साल रहा। काहे कि ऐसे जंगी-सन्नाटे से मसान-क़ब्रिस्तान का ख़याल होता है। ऐसी जगहों से झटपट निकल भागने की छटपट होती है।

यहाँ भी हुई।

चैन पाया थोड़ा आगे निकलने बाद। तब जब साक्षात हुआ रेरिक का पहला घर और वहीं का एक मनक। इकतल्ले मकान की बनाई-चुनाई वैसी ही थी जैसी शहरों से सटे क़स्बों में अक्सर देखने को मिलती है। यहाँ फ़र्क़ था तो बस अनगढ़ पत्थरों से बने परकोटे का। अन्यथा वही ईंट सीमेंट की भीत, छत पर डिस्क-एंटिना, पाँचिल पर सूखता एक अदद तौलिया। जगह के हिसाब से घर 'आउट ऑफ़ प्लेस' लगा। क़तई अरुचिकर।

सोचा, आगे बढ़ चलें। कमल के कहे—हिमालय आवो तो बैठो यहाँ के लोगों के पास—ने मगर रोक दिया। मकान की चश्मपोशी कर आदमी पे नज़र टिका दी।

तेनझिन शेराब

उमर होगी उसकी यही कुछ तीस या पैंतीस की। गोलाईदार नुक्कीवाली लम्बी नाक। क़द ऊँचा न नाटा। चेहरा लम्बोतरा, नूरदार। बदन पर पैंट-टीशर्ट। तथा एक बहुजेबीय जेकैट भी। कुल जमा बन्दा शिष्ट और सुदर्शन जान पड़ा। मगर एक खटक भी थी उसमें—छोटी-छोटी आँखों में ढेरम-ढेर उदासी। जो पर हमसे नज़र मिलते साथ दुबक गई। वह तपाक से हमारी तरफ़ बढ़ा। इतने तपाक से कि मेरे भीतर का शहराती चौंका। यूँ कि बचपन से उसने यह शे'र सुना-गुना है—

कोई हाथ भी न मिलाएगा जो गले मिलोगे तपाक से
यह नये मिज़ाज का शहर है ज़रा फ़ासले से मिला करो[1]

शुक्र है, यह नया मिज़ाज अभी यहाँ नहीं पहुँचा, रोहतांग-जोत के उस पार तक ही महदूद है। बहरहाल, निश्छल मुस्कान ने दिल-दरवज्जे पर दस्तक दी। मुद्दत से बन्द पल्लों में हरकत हुई। वे चरमराये। खुले। और जमाने बाद स्याह कोठर में रौशनी की एक लकीर खिंच गई। वहाँ जब से मूर्च्छित पड़ा मनुष्य चेता। कुनमुनाया। जगा। विहँसा। एक इंच से अधिक नहीं हँसनेवाला मैं, अपने चेहरे पर फैलती मुस्कान महसूस आश्चर्यचकित!

"नमस्ते जी!," वह बोला।

उसका 'नमस्ते' बोलना भला लगा। खला भी।

हमारे उधर से तो 'नमस्ते' बोलने-बुलाने की परम्परा लगभग धराशायी हो चुकी। मिलने-मिलाने पे अब नारे लगाए जाते हैं—धार्मिक नारे। इस तरह से तो उसे 'जय बुद्ध' या 'जय तारा' का नारा बुलन्द करना था। जो उसने नहीं किया। भला लगा।

उसका 'नमस्ते' खला यूँ कि मुझे लदाख की तरह लाहुल में भी 'जुलै' सुनने की अपेक्षा थी। जैसा कि कृष्णनाथ जी सुने थे। अब से कोई पचास बरस पहले, 1974 में। परन्तु 'जुलै' हमें न दारचा में सुनने को मिला न रेरिक में। क्या यहाँ का पारम्परिक अभिवादन उड़नछू हो चुका? यदि ऐसा है तो मतलब हुआ लाहुल

पर मैदानी संस्कारों का आलेपन। मगर ख़ैर, मैंने अपनी वाकिंग स्टीक काँख में दबोची। हाथ जोड़े। फिर बोला—

"नमस्ते! नमस्ते भई नमस्ते! क्या यह रेरिक है? क्या आप इसी गाँव से हैं?"

"जी।"

"क्या नाम है आपका?"

"तेनझिन...तेनझिन शेराब...और आपका जी?"

मैंने अपना नाम बताया। सबका परिचय करवाया।

"किधर जा रहे हैं जी? जाँस्कर-सुमुडो?"

"नहीं, पदम।"

"पदुम जी...अभी तो शिंगुला पर बरफ़ होगी जी," उसकी मुस्कान ग़ुम। उसके चेहरे पर चिन्ता के चिह्न। यानी फिर वही इनसान को इनसान की फ़िकर वाली बात। यह लेकिन दौर-ए-मौजूद की रवायत नहीं। आधुनिक मनक की आदत नहीं। वह तो पड़ोसी तक से नहीं जुड़ता। नावाकिफ़ आदमी के सबब अपना जिगर जलाना—उसके क़रीब पिछड़ेपन की जामिन।

सच कहूँ, तेनझिन का चिन्ता करना—उसका यह 'पिछड़ापना'—भला लगा। भीतर कुछ आर्द्र होता जान पड़ा। किन्तु मुझे भावनाओं में नहीं बहना। अपनी मरज़ी, कठिन राह और दुश्वार मौसम से दीगर मुद्दों पर बात करने की। यहाँ के रिवाज, धर्म, दर्शन, सुख-दुख को जानने की। बूझने की।

"आपसे दो-चार मिनट बात करना है...समय हो तो?"

"चलिए घर में बैठिए। थोड़ी-थोड़ी छंग लीजिए...औरत खेत पर है...नहीं तो खाना खिलाता जी..."

"छंग!...सुब्बो-सुबह छंग...अरे नहीं...नशा हो जाएगा...भई बहुत आगे जाना है अभी..."

"छंग से नशा नहीं होता जी...थोड़ी सी लीजिए...चलिए..."

मन ललचाया। सोनी को ताका।

वह तेनझिन के घर की ओर पहला डग भर भी चुका था। अब अपर्णा का जायज़ा किया। वह अकबकाई-घबराई सी दीखी। मैंने नाड़ उसकी ओर नमाई। लगभग फुसफुसाकर पूछा किया। उत्तर भी दबे स्वर में ही हस्तगत् हुआ, "पगला गए हो क्या? भूल गए हर-की-दून? अनजान महल्ले में, अनजान मनक की दी अनजान दारू पीने का हश्र फिर...आगे जैसा तुम ठीक जानो करो..."[2]

अपर्णा के चेताये उलटी हवा बह निकली। दिल-दरवज्जा फिर चरमराया। दारीचा फिर बन्द। कोठर फिर स्याह। भाई साब, अपन ठहरे नफ़रतफ़रोशों के महल्ले में पले-बढ़े। बोले तो उन शहरों की पैदाइश जहाँ रोपी जाती है शंका। काटी जाती है नफ़रत। परोसी जाती है जुगुप्सा। सिखाया जाता है आदमी को आदमी पर शुबह

करना। नतीजा यह कि अपन हो गए हैं वहमी। वहशी। जुगुप्सु। गोया इसी करके राहत इन्दौरी को कहना पड़ा—

और कितनी नफ़रतें बोएगी यह बूढ़ी ज़मीं
जितने घर थे गाँव में उतने क़बीले हो गए

और लिखना पड़ा मंगलेश डबराल को—

और शहर हमें
अपनी मनमानी शक्ल में ढाल रहा है...
...फफूँद की तरह फैल रहा है
शहर हम पर।

ख़ैर। आगे हुआ यूँ कि बढ़ते क़दम थम गए। हकलाते हुए बोला मैं—

"न...न्...च्च...ट्...च...नऽऽहीं दोस्त अभी नहीं। यदि आसपास कहीं रुके तो शाम को आवेंगे..."

इतना कह बैठ गया मैं वहीं एक पत्थर पर। तेनझिन को पास बिठलाया। और शुरू हुआ बातचीत का सिलसिला। जाना कि वह ख़ूब पढ़ा-लिखा है। तब भी गाँव ही में रहता है। रसायन रहित खेती करता है। अनाज, तरकारी, मटर-आलू उगाता है। पशुपालन भी करता है।

"और जड़ी-बूटियाँ भी तो होंगी यहाँ। उनको भी तो उखाड़ते-बेचते होंगे आप," अपर्णा ने पूछा।

पूछे का उत्तर उसने से दिया—ठहरकर। नरमाई से—नज़र नमाकर। बताया कि दारचा ही नहीं समूची भागा-उपत्यका में जड़ी-बूटियाँ प्राप्य हैं। उनमें जो दुर्लभ हैं उनका बाज़ार मूल्य भी ख़ासा ही है। तब भी उसके गाँव में कोई भी जड़ी-बूटियों का व्यापार नहीं करता। पेट के लिए शेतकारी, धन के लिए पशुपालन—यही तौर है इधर का। यह नहीं कि वे जड़ी-बूटी उखाड़ते ही नहीं। उखाड़ते हैं। मगर वक़्तन-फवक़्तन। अपनी औषधीय दरकारों के अर्थ। इस करके उसे चन्द जड़ियों की ही मालूमात है।[3]

बोलते हुए वह रुका। एक वक़्फ़ा लेने के बाद उसने आगे जोड़ा। कि रेरिक में जंगल से जड़ी लेने के अपने क़ायदे हैं। अव्वल तो वे औषधीय-पौधे उखाड़ते नहीं। कतरते हैं। इस तरह कि उनकी जड़ ज़मीन में छूटी रहे। जो कभी पौधा जड़ सहित चुगना पड़े तो इसकी भरपाई की जाती है—जड़ के चयनित टुकड़ों को पुनः रोपकर।[4]

चर्चा के दौरान पुरा-जनजाति के प्रतिनिधि तेनझिन के परिवार की जानकारी

मिली। जाना कि उसका परिवार गाँव में ही है। माँ-बाप हैं। उसको बच्चे नहीं हैं। यह भी जानने को मिला कि रेरिक गाँव दारचा पंचायत में शुमार है। वहीं शाला भी है। गाँव वालों के बाल-गोपाल वहीं पढ़ते हैं। पढ़ाई ठीक है। दारचा में दवाख़ाना भी है। प्राथमिक अस्पताल। जहाँ मामूली मर्ज़ों का ही इलाज़ होता है। या होता सा जान पड़ता है। पर इससे कोई वाँदा नहीं पड़ता। गो कि इधर पर लोग पारम्परिक दवाओं पर ही भरोसा करते हैं। पीढ़ियों की आजमाई दवाएँ जो ठहरीं वो।

वह बोलता रहा।

मैं उसे बोलते देखता रहा। देखा कि बन्दा बोल तो रहा किन्तु उसके बोले में बिन्दासपन नहीं। खड़खड़ाहट है। कहीं कुछ अटका है उसके भीतर। कि उसकी वाणी है दबी-दबी सी। उसमें है उदासी का पुट। जिज्ञासा जगी। मायूसी के सबब जानने वास्ते सवालात किये गए। बात से बात निकलती गई। आख़िरकार उदासी के सबब भी सरीह हुए।[5] इल्म हुआ कि उसका ख़ूबसूरत गाँव बस चन्द रोज का है। थोड़े समय बाद डूब जावेगा।

डूब जावेगा छिक्का-रेरिक?

उसके कहे पर एकबारगी भरोसा नहीं हुआ। सुनने में गफ़लत का शक़ हुआ।

"क्या कहा तेनझिन भाई? गाँव टूट जावेगा...यही न? पर टूटेगा क्यों? जबकि सड़क तो नदी के उस पार से जा रही..."

"टूटेगा नहीं जी, डूऽऽबेगा! डेम बन रहा है?"

"ऐं! डेम। कहाँ बन रहा है डेम इधर?"

"जिस्पा के पास।"

इधर किसी बाँध के बनने की हमें क़तई भी ख़बर न थी। सो घबड़ाया। कि बाँध के, बड़े बाँधों के, बेजा असर मेरे देखे हैं उत्तराखंड में। यथा जूनी टिहरी का डूबना, नई टिहरी का जल हेतु तरसना, विस्थापितों का आज दिन तक भटकना, परियोजना क्षेत्र में पहाड़ों का अतिशय दरकना-धसकना, बराज में बदली भागीरथी-जल का सड़ना। इसी तरह भिलंगना-बाँध संकुल अंचल (घुत्तु परिक्षेत्र) के लोगों को बिजली-पानी (पीने या खेती हेतु) वास्ते तरसते, उधर के जंगलों को कटते-बदलते, सोतों व गाँव की देव-धाराओं को सूखते देखने का गुनाह भी मुझसे हुआ है। लिहाज़ा बाँध बनने का सुन मेरा मुँह तोरा-तोरा होने लगता है।[6] घबड़ाहट होती है। कि बाँध के फ़ायदे चन्द पर उलटे असरों की फ़ेहरिस्त इतनी लम्बी कि बहुत ही लम्बी। अतएव बाँध बाबत पिछली बैठकियों में ख़ूब बोल चुकने के बाद भी बहुत कुछ बचा है कहने को। पर वे बातें फ़ुरसत माँगती हैं। अभी तो जिस्पा गाँव सम्बन्धित कुछ महत्त्वपूर्ण बातें झटपट ताज़ा कर ली जावें।

जिस्पा। यह एक छोटा सा क़स्बा है। दस-बीस घरों का। केलंग और दारचा के बीच। कुछ समय पहले तक तो यह एक गुमनाम बस्ती ही थी। बस्ती जो दुनिया

की निगाह में आई 1994 ई. में। तब जब यहाँ दलाई लामा पधारे। उनकी आमद का सबब था कालचक्र-सन्धान। जो बौद्धयानी तांत्रिक क्रिया है। दलाई लामा स्वयं कालचक्र साधते हैं। कई दिनों तक चलनेवाली तंत्र-साधना के दौरान विश्व-शान्ति हेतु प्रार्थनाएँ की जाती हैं। आमजन को तंत्र-दीक्षा भी दी जाती है। बौद्ध धर्म में माननेवालों के यहाँ इस दीक्षा का बड़ा महत्त्व है। कि यही एकमेव धार्मिक दीक्षा है जो सामूहिक तौर पर दी-ली जा सकती है। और चूँकि ऐसे अनुष्ठान यदा-कदा ही हुआ करते हैं, सो सन्धान-स्थल बन जाता है तीर्थ। कहते हैं तब तीस हज़ार से अधिक श्रद्धालुओं का उद्धार हुआ था जिस्पा ग्राम में। और आज तेनझिन इसी जिस्पा के पास बाँध बनने की ख़बर दे रहा है।

तेनझिन ने बताया कि एच.पी.पी.सी.एल. भागा नदी पर एक बाँध बना रहा है।[7] जो पहले जिस्पा के नीचे, यानी केलंग की तरफ़, बनने का था। इसलिए जिस्पा का डूबना तय था। जैसा कि होना था—लोगों ने विरोध किया। और जैसा कि हर्मेश होता है—सरकार ने इसे हुज्जत बताया। पर जैसा कि बारहा नहीं होता—लोग अड़ गए। और अड़े ही रहे। अन्ततः अपवाद घटित हुआ। बाँध की जगह बदली गई...

'बन्धुवर लोगो! कुछ पूछा क्या आपने?'

'हाँ!'

'क्या?'

'सरकारी निर्णय बदलने का कारण।'

'आप ही कयास लगाएँ।'

'जनता की इच्छा का सम्मान?'

'छोड़िए भी, इसकी तो क़तई भी गुंजाइश नहीं। तारीख़ में इसकी कोई मिसाल ही नहीं। दौर कोई रहा हो, हुकूमत किसी भी जमाने की रही हो, मथा तो हर्मेश अवाम ही गया है। हमने पीछे से जनता के मानमर्दन की परम्परा पाई है दोस्त!... सम्मान की नहीं...'

'तो क्या सरकार विरोध से डर गई, झुक गई?'

'बड़ी दूरी की कौड़ी लाए हो मियाँ, सूरज कभी पच्छिम से उगता बरामद हुआ है क्या?'

'फिर? कोई अध्यात्म या धरम का चक्कर था क्या इसके पीछे?'

मैडम/सर लोगो, यहाँ आप सही हैं। कि कालचक्र-सन्धान का इत्ता बड़ा आयोजन करने देकर सरकार वाहवाही लूट चुकी थी। इस ऐतिहासिक घटना की याद में वहाँ (आयोजन स्थल पर) एक स्मारक भी बन चुका था। चुनाँचे जिस्पा पे दुनिया की, ख़ासकर बौद्ध देशों की, नज़र थी। अब जो जिस्पा डूबे तो भारत की 'धर्मनिरपेक्ष' छवि डूबे। बुद्ध में माननेवालों के वोट टूटें। बौद्ध देशों संग के व्यापारिक नाते ग़र्क़ होने के ख़तरे अलग से!

अलक़िस्सा यह कि जिस्पा धार्मिक महत्त्व के कारण, अपनी प्रसिद्धि के कारण बच गया। परन्तु दारचा रेरिक या इस सरीखे दूसरे आठ-दस गाँवों की किसको पड़ी है? और किसको पड़ी है जलचरों, नभचरों, थलचरों और अरण्यों की? कि अब वह बाँध जिस्पा से ऊपर, दारचा के नज़दीक कहीं बनाने की तैयारी है। और यह बनेगा ही। कि केन्द्रीय सरकार (2008 में) इसे राष्ट्रीय महत्त्व की परियोजना घोषित कर चुकी।[8] चुनाँचे, रेरिक-दारचा न बच सकेंगे। विरोध करके भी नहीं। नी मतलब कि ये सारे तो कहानी कहिया के कयास हैं। कोई माने तो माने। नी माने तो मत भी माने। कौन अपनी छोरी का ब्याव बिगड़नेवाला है? हाँ नी तो!

बात दो हर्फ़ां थी और कित्ती लम्बी खिंच गई।

ख़ैर, फिर लौटते हैं रेरिक में। बता दूँ कि आज जिन पर जलप्रलय के ख़तरे मँडरा रहे उन गाँवों में दारचा-पंचायत के क़स्बे शुमार हैं। इस करके तेनझिन की वाणी में हुड़कन है। भय है। बाँध का ज़िक्र निकलने के बाद से तो वह जैसे बौरा ही गया। उसकी सुई अटक गई एक ही जगो पर। हर सवाल का उसके पास अब एक ही जवाब—'हम विस्थापित नहीं होना चाहते जी!' और तेनझिन का यह डबका बेवजह भी नहीं। मालूम हो कि दारचा पंचायत कार्यालय में नोटिस आ चुका। गाँव खाली करने का नोटिस!

मैं—"तेनझिन भाई! एक बात बताओ क्या बाँध का काम शुरू हो चुका?"

वो—"हाँ, सुना तो यही है जी...सर, हम विस्थापित नहीं होना चाहते।"

मैं—"आपने बताया कि यह आपके पुरखों की धरती है। सदियों से जिस पर क़ाबिज़ हैं वह ज़मीन आप क्यूँकर छोड़ें? क्या लाभ होगा आपको बाँध से, यह किसी ने समझाया आपको? कोई चर्चा करने आया था आपसे योजना बनाने से पहले? क्या आपकी अनुमति ली गई थी?"

वो—"नहीं सर...नहीं...नहीं...हमारा विरोध है जी...हम विस्थापित नहीं होना चाहते जी।"

मैं—"आपकी घाटी, आपकी ही धरती पर जाँस्कर-दारचा राजपथ का निर्माण हो रहा। क्या आपने चाही थी यह सड़क? क्या सड़क-प्रस्ताव पूर्व आप लोगों से मतामति हुई थी, कि क्या असर होगा महापथ का पहाड़ पर? पर्यावरण पर?

वो—"नहीं...नहीं...सर...नहीं...हुई...पर हम विस्थापित...'

मैं—"आपका दर्द मैं समझता हूँ दोस्त। भला कौन छोड़ना चाहता है अपनी धरती? लेकिन जो ज़मीन के एवज़ में ज़मीन मिले तब तो कोई परेशानी नहीं होगी?"

"यह कैसा सवाल है? सगी माँ के एवज़ में विमाता कौन स्वीकार करेगा भला?," अपर्णा फुसफुसाई किन्तु उसका कहा तेनझिंग तक पहुँच गया।

तेनझिन तड़पा। एक निगाह अपर्णा को देखा। फिर सिर नवा लिया। देखने

लगा अपने क़दमों को। उनके तले की ज़मीन को। ज़मीन कुरेदते दाएँ पैर के अपने अँगूठे को। मानो पैरों तले से सरकती धरती को थामने का जुगान तैयार करता हो। वह चुप। हम चुप। विहग चुप। विटप चुप। दिनकर चुप-से छुप गया बदली भीतर। अब हमारे-उसके दरमियान कुछ न था सिवा असहज करते सन्नाटे के। जो एक लम्बे वक़्फ़े बाद टूटा। उसकी रुँधी-भर्रायी वाणी से गूँज उठी सारी घाटी—

"बाँधों के चलते विस्थापित हुए लोगों का हाल हमने सुना है जी...हऽऽम वि-स्था-पि-त नहींऽऽ होना चाहते जीऽऽ!"

मैं—"ख़ूब पैसा देगी सरकार...फिर तो छोड़..."

वो—"..."

उसका माटी कुरेदना जारी था। आसमाँ झुक गया था। बदरिया—एक कारी बदरिया—उतर रही थी रेरिक में।

मैं—"सरकार है जबरन निकाल फेंकेगी...कैसे रह सकोगे? जब बात नहीं बनती तो सरकार 'राष्ट्रहित' का वास्ता देगी, तुमारे नेताओं को तोड़ लेगी, जैसा कि वह हर्मेश करती रही है...कैसे बचोगे?"[7]

दोस्त लोगो! डूबने के डबके तले दबे-सहमे-बिलखते किसी मनक से रूबरू होने का यह पहला तजरबा था मेरा। क्या बोलना और किस तरह बोलना, यह शऊर नहीं था अपन को। सो मेरे बेलगाम बोल गिरे उस पर तड़ाक से। बर्क़ की तरह। हश्र यह कि तेनझिन तबाह। उसका खिलखिल मुखड़ा अब झूल-झूल। फूटा फुग्गा हो जैसे।

और उसकी आँखें?

उसकी आँखों के मौसम भी बदल गए। यकबयक। शांतता के बनिस्बत अब उधर था—आर्तनाद। जैसा कसाई के पीछे घिसटते जा रहे बकरे की आँखों में दीखता है न, ठीक वैसा ही आर्तनाद।

उफ़! वह नज़र! 'बचा लो मुझे' गुहारती नज़र...आलम-ए-बेकसी से लबरेज़ वो नज़र...खुबती चली गई मेरे हिया में। टँग गई खरहे की क़ातर आँखों की छवि के पास। क्या मेरा अन्तस आर्तनादी-नयनों की दीर्घा बन जावेगा इस यात्रा में?

हिया फड़फड़ाया।

मरहट में पड़ी आत्मा ने पासा पलटा। फफूँद झरी। मनुजता ने अँगड़ाई ली। पसीजा मरमर अन्तर का। जान पड़ा दर्द रेरिक का अपना सा। आँखें मेरी पुरआब। ढुलकने को बेताब। तभी, और बिलकुल तब के तभी, भीज गया मेरा तन-बदन। कि दो अदद दीदों के रोये से जब बात नहीं बनती तब सुबकता है बदन का हर मू! पेशानी से पैतानी तलक!

रेरिक में बारिश

मन-मिज़ाज में ख़ुश्की है। कुछ तल्ख़ी भी है उधर।

जबकि इधर, रेरिक-वन में, समाँ हो गया है धुआँरा-धुआँरा। एकदम गच्च! फुलटुस रूमानी! रेरिकारण्य रूपायित हो चुका लासघर में। लासघर—जिसके मंच पर स्याह रंग बदलियाँ घिर आई हैं। समीर छू रहा बदलियों को, मिजराब पहिन। बदलियाँ कँप रहीं सितार के तार माफ़िक। दर्शकदीर्घा में बैठे हैं पाखी। उनमें से एक मनचला अपने को रोक नहीं पा रहा। मार रहा सीटी, पत्तों की ओट से। रुक-रुक।

मुख़्तसर कहूँ तो रेरिक में बारिश हो रही। जैसी लाहुल-स्पीति में होती है ठीक वैसी बारिश। वैसे तो इधर पर मेह-कृपा कम ही होती है। किन्तु जब होती है स्वर्ग उतर आता है धरा पे। और भास होता है जैसे सद्यःस्नात परियों के पंख से बिछली बुंदकियाँ झरती हों नभ से। झीनी, मलमली, शीतल और अरण्य-गन्धित बुंदकियाँ। लासघर में अरण्य-सुवास फैल जाता। लगता जैसे अरण्यगन्धा परियों का कोई समूह सुखाता हो अपने पर बदलियों पे बैठ!

ऐसा ही कुछ घटित हो रहा अभी रेरिकारण्य में।

क्या मैं इस मंज़र में डूबा? मधुपान किया? हाँ भी और ना भी। डुबकी तो लगाई पर घोंघे की तरह। तन भीजा मगरचे मन रहा सूखा-सट्ट। बना रहा खट्टा का खट्टा। चाशनी चढ़ी इमली की तरह। ऐसी मनोदशा में तेनझिन से विदाई ली। आगे बढ़ा। बदलियाँ भी संग चलीं। परियाँ भी। अरण्य-गमक भी। किन्तु चलाई में अब पहले का-सा वह रस कहाँ! न तन पर अपना काबू। न मन ही अपने बस में। अपर्णा संग अगोचर डोर से नत्थी मैं चला जा रहा, पीछे-पीछे। जैसे कि कोई मृच्छकटिक।[1]

रेरिक छूटा। पता न चला। छिक्का आया। निकल गया। कुछ देखा न सुना। कि आँखों में तो तिरता था तेनझिन का रुआँसा चेहरा। कानों में गूँजता था उसका कातर स्वर—'हम विस्थापित नहीं होना चाहते जी।' और सोच पर क़ाबिज़ था एक ही ख़याल कि तरक़्क़ी के नाम पर यह जो कुछ भी हो रहा उसकी ज़िम्मेदारी क्या सरकार व बाज़ार पर डाल मैं फ़ुरसत हो सकता हूँ? क्या तेनझिन सरीखों को

बेघर करने के पीछे मेरी आरामतलबी, मेरे लालच, मेरी लम्पट इच्छाएँ काम नहीं कर रहीं? जो नहीं तो कैफ़ी आज़मी साहब को क्यों कहना पड़ा—

इनसान की ख़्वाहिशों की कोई इन्तहाँ नहीं,
दो गज़ ज़मीन भी चाहिए दो गज़ कफ़न के बाद।

यह शे'र अभी ज़ेहन में उतरा ही था कि एक आवाज़ सुन पड़ी। लगी जैसे समावी-आवाज़। हुई जैसे कोई आकाशवाणी—"मदहोश होश में आवो? किस गुंताड़े में पड़े हो? देखो तो सई आँख उठाकर। सामने की घाटी को। यहाँ के माने को। कित्ता सुन्दर है यहाँ सब!"

चौंका। होश आया। साक्षात हुआ अपर्णा का मंत्रमुग्ध मुख। दिपदिप करती उसकी दीठ। ठीक ही तो है जैसी जिसकी दृष्टि वैसे उसके दृश्य। अपर्णा ज़िन्दगी को देखती है मात्र एक दर्शक की तरह। लम्हे ख़ुशनुमा हों या कि परेशान करनेवाले, सालहा साल उन्हें संग लिये नहीं फिरती। मन-पाटी हर पल साफ़ होना उसको।

और मैं...उससे एकदम उलट। ख़ुशनुमा माहौल से भी रोने का सामान जुगाड़ लेने में माहिर। यह किन्तु अच्छी आदत नहीं। सो लताड़ा अपने को। और डुबो दिया दीठ को हासिल मंज़र में।

देखा स्वयं को खड़ा एक मगरे के उरूज पर। जहाँ मौज़ूद है एक माने। छिक्का के परली तरफ़ वाला माने। पहले से अलहदा तबीयत माने। अलहदा ऐसे कि इधर मणि-मंत्र उकेरी स्लेटों के बीच डोरियाँ खींची। जैसे कपड़े डालने को तनी बाँधी जाती है ठीक उसी तरह। तनी से बँधी हैं पताकाएँ। कोई चौरस, कोई तिकोनी तो कुछ स्कार्फ़नुमा। कोई हरी, कोई नीली, पीली या लाल और चन्द सफ़ेद भी। इसके अलावा उस ढेरी में विद्यमान है एक सींग। अर्धचन्द्राकार सींग। आइबेक्स का सींग।[2] पताकाओं से सजा-धजा सींग। पताकाएँ—कुछ लिपटीं, चन्द झूलती। पर सब की सब सादी। इनसे उलट, डोर वालियों पे मंत्र लिक्खे। कुछ पर मढ़ी हैं ड्रेगननुमा आकृतियाँ भी।

भेजे में फिर घचड़-पचड़! हर घटना को उलट-पलट देखने का लती मेरा मन फिर आकुल। उड़ चला वह। जा पहुँचा 2011 में। लदाख में। तब देखे इसी तर्ज़ के माने फिर ताज़ा हो गए। और ताज़ा हो गए तब से दबे तमाम सवालात भी। कि पर्वत-शीर्ष पे माने बनाने के अर्थ क्या हैं? आइबेक्स-सिंग और ड्रेगन किस मतलब से माने संग गुँथ गए? तब भी तपास की गई, आज भी पासंग से पूछा। जो उत्तर तब मिला वह-ही आज पाया—

"परम्परा है।"

"परम्परा तो दीख ही रही है पासंग भाई। मैं बेताब हूँ परम्परा के पीछे की बात जानने को।"

"पीछे की बात मतलब?"

"मतलब कि परम्परा आई कहाँ से और क्यूँ?"

"हमारी किताबों में, तिब्बती किताबों में लिखा है..."

"तुमने पढ़े हैं वो ग्रन्थ?"

"नहीं। लामा लोग बताते हैं। हम मानते हैं। पुरखों ने किया है, हम भी करते हैं..."

ये कमबख़्त रिवायतें! ये पाजी परम्पराएँ! यह मैं नहीं कह रहा। बाज़ लोगों की ज़ुबाँ से ऐसे जुमले सुने हैं मैंने। 'परम्परा' शब्द इन लोगों की चिढ़ावनी। सुना कि चेके। बिफ़रे। जैसे साँड़ बिफ़रे लाल चिन्दी देख। बहुत समय नहीं बीता जब अपने राम भी इसी मिज़ाज के थे। अपन को भी मचती थी चिढ़ 'परम्परा' शब्द से। मानता था रिवायतों को तोड़ने-छोड़नेवाली वस्तु।

फिर जीवन में घुमक्कड़ी समाविष्ट हुई। लोक से सच्चा संसर्ग हुआ। बोध हुआ कि परम्पराएँ अनुकरणीय हों न हों विचारणीय अवश्य होती हैं। गो बरास्ता रिवायत की जा सकती है पुरखों के सोच की शिनाख़्त। इस अर्थ में डूँगर-शीर्ष पे माने स्थापित करने की परिपाटी जाँची तो उसके दूरारूढ़ सन्दर्भ खुलते दीखे।

हम जानते हैं पारसिन्धु-प्रदेश (मध्य व क्षुद्र एशिया, ग्रीस, रूस, चीन) से लदाख-पंजाब-कश्मीर को जोड़नेवाली राहों को। ग्रेट यूरेशियन-स्टेपी तथा पर्शियन महापथ को। जिन पर चल सिकन्दर सिन्धु घाटी पहुँचा। किन्तु सिकन्दर इस बाट का प्रथम बटोही नहीं था। न दारा-प्रथम, ना अर्जुन ही। फिर कौन थे उपर्युक्त महापथों का सन्धान करनेवाले अर्जुन के पूर्ववर्ती लोग?

जवाब है—प्राच्य फिरन्दर। शक, स्कुथ, सिथ, हूण, यवन तथा तुङ्-हू के पूर्वज।[3] फिरन्दर जो मध्य एशिया में जनमे। पनपे। और दुनिया भर में फैल गए। साथ लेकर अपने रिवाज व विश्वास। जैसे कि पंचतत्त्वों की आराधना। ग्रीक इतिहासकार हेरोडोटस के लिखे से पुष्ट होता है शकों का आकाश को देवता मानना।[4] उनका पर्वत-शीर्ष पर जा आकाश-देवता की पूजा करना, बलि चढ़ाना।

यहाँ स्मृति की काल-लंघन क्षमता चमकृत करती है। यूँ कि उन फिरन्दरों के यहाँ की कई प्रथाएँ प्रकारान्तर से आज दिन तक बदस्तूर हैं। जैसे आसमाँ तरफ़ मुँड उठा आँख मूँदने की आदत। कृतकृत्य हो या विपरीत समय में जब कोई ऐसा करता है तो वही कर रहा होता है जो सात हज़ार बरस पहले शक लोग किया करते। आकाश-समीप जा पूजा करने का पुरातनी-आग्रह अब भी धड़क रहा रवायतों में। अब भी मन्दिर 'शिखर' पर ध्वज फहरा रहे। आज भी गिरि-गुहा में बैठ तप-जप किया जा रहा। पर्वतों पर देवालय बन रहे। और डूँगर-शीर्ष पर माने स्थापित किये जा रहे।

अब बच रहा प्रश्न पशु-शिरोस्थी व अर्धचन्द्राकार सींग का। मेरे मत में यह भी स्मृति-अंश ही है।

आदिम-मानव के यहाँ से निकल इहकाल में अवतरित स्मृति। प्राच्य-फिरन्दरों ने इसके प्रमाण रख छोड़े हैं भीमबेटका में। उनके विरचित शैलचित्रों में अर्धचन्द्राकार-सींगधारी योद्धा बहुतायत से विद्यमान हैं।

पुरा नगरों की बात करें तो सिन्धु घाटी में कमोबेश इसी तर्ज़ का ताज पहना देवता मिलता है और दो-सिंगा टोपा पहने तांत्रिक भी। संक्षेप में सींग-धारक यानी रक्षक। तारणहार। गोचर-अगोचर शत्रु को ध्वस्त-पस्त करनेवाली शक्ति। गो कि उसी रक्षक का प्रतीक बन सींग आज भी डटे हैं। विशेषकर पहाड़ों में। उत्तराखंड के देवालयों के प्रवेशद्वार पर टँगे पशु-शिरोस्थी तथा सींग हमने देखे हैं। उधर की दुर्गम घाटियों के बाशिन्दों के घरों पर भी गाहे-ब गाहे ये दीखे। यद्यपि अब वहाँ की हवा बदल रही। इधर के दिनों में सींग को परे धकेल गणपति घर-मन्दिर के दरवाज़ों पर क़ाबिज़ हो चुके। बाज़ जगहों पर दुर्गा भी शुभंकर की तरह बरती जा रही। जैसा कि अपन मनाली बाज़ार के काष्ठ-मन्दिर में देख आए हैं।

प्रतीत होता है लाहुल अभी आद्योपान्त नहीं बदला। आधुनिकीकरण तथा पौराणिकीकरण के अन्धड़ में—लदाख की तरह—इसने भी अपनी पुरानी गन्ध बचा रखी है। सो पशु-शिरोस्थी माने से संयुक्त हो आज भी मुस्तैद है यहाँ। बौद्ध लोग इस संरचना को जंत्र जानते हैं। अप्रीतिकर शक्तियों से रक्षा करनेवाला जंत्र। मान्यता है कि पताकाएँ जब फड़फड़ाती हैं तो मंत्रोच्चार करती हैं। मंत्र पवन संग बह निकलते हैं। विचरते हैं घाटियों में। वादियाँ हो जाती हैं पाक-साफ़!

शायद कि लाहुल की तर्ज़ के माने व फिरन्दरी-आचार हमें जाँस्कर में भी देखने को मिलें। कि लाहुल कभी जाँस्कर-राज्य ही का भाग था। वैसे इस अवधारणा पर सवाल खड़े किये जा सकते हैं। जैसेकि साल में आठ-दस मास बरफ़ में दबे रहनेवाले देस जाँस्कर में—जहाँ जंगल तो दूर हृष्ट-पुष्ट पेड़ भी नहीं मिलते—मारू-तोकू फिरन्दर क्यूँकर आए होंगे? जो आए थे तो क्या प्रमाण हैं इसके?

यह एक अहम सवाल है। जिसपे आगे कभी तसल्ली से विचार करने का वादा रहा। अभी तो लौटा जावे मगरे पर। बैठा जावे माने के क़रीब। देखा जावे वह कमाल जो घट रहा है बर्सी-घाटी में।

बर्सी बगार में रास-रंग

हम हैं डूँगर शीर्ष पर। बैठे हैं अर्धचन्द्राकार सींग से सुसज्जित माने के क़रीब। यहाँ सभी चुप हैं। बस पताकाएँ बोल रहीं। कभी सींग-चाप से मुख सटा। कभी दूर ही से। फटड़फड़ऽऽड़ट्र्रर...र्...र्...फट्टर्रऽऽफड़। यह कैसा मंत्रोच्चार कि जान पड़ रहा जैसे वे गुहारती हों पर्यन्त-पर्वतों को? फड़फड़ाती हों हिमाला का जमाल देख!

हिमाला का बाकमाल हुस्न मैंने भी देखा। सींग-चाप तले से। और देखता ही रह गया। कहने को तो घाटी वो ही थी। वो ही...जिसे अपन सुब्बो से देख रहे। किन्तु इधर से—इस मगरे पर से—सब कुछ जान पड़ रहा दूसरा-दूसरा सा। अयँ! यह कैसे घटा? चन्द घंटों में तमाम नज़ारा कैसे बदल गया? कैसा कमाल है यह? किसका कमाल है यह?

शैलराज का, और किसका! न...न...आप बेचैन हो पासे मत पलटें। मैं समझाता हूँ आपको कि आँखों के सामने शैलराज किस तरह जादू खेलता है—

रसिक लोगो, जादूगरी का यह कोई मामूली खेला नहीं। महानाट्य है। और महानाट्य की तरह ही बहुपात्रीय भी। चलिए, आपकी पहचान करवाता हूँ प्रथम पांक्तेय सहपात्रों से। जिसमें सर्वोपरि है आसमाँ। सुब्बो जब चले थे तब आसमाँ साफ़-सूफ था। ताज़ा-ताज़ा झाड़ा-बुहारा। यानी उधर कोई बादल था न बदलियाँ ही। किन्तु अब नभ उनसे ढँपा पड़ा है। मज़े की बात है कि ये बदलियाँ नभ से एकसार नहीं। हुदकी-उभरी हैं। मानो हाल ही में धुनकी कपास नीली-जाजम पर चस्पाँ हो गई। इस करके भास हो रहा जैसे सर पे आसमाँ नहीं कोई म्यूरल तना हो।

अब महानाट्य का दूसरा सह-पात्र। जिसे बुलाते हैं लोग घाम उर्फ़ धूप। आज जिधर से पहली दफ़ा दारचा घाटी के दीदार हुए, वह जगह याद है न आपको। नहीं? अरे वही जहाँ पुल बन रहा था, डम्पर चल रहे थे, चिल्ल-पों मची थी। याद आया अपना उधर से समूची घाटी को देखना? तब घाटी में चौंध थी, चकमकाहट थी। इसलिए कि उस समय तमाम घाटी थी धूप से पूर। धूप तो यहाँ भी है, परन्तु उसमें सुब्बो वाली बात नहीं। न वैसी सघनता है। और न ही वैसा ताप। गो कि बदन सिकोड़ना पड़ता है धूप को बदलियों के बीच की फाँक में ढुकने वास्ते। निचुड़ जाता है सारा ताप वहीं। और बदली-झाँईं तन से चेंटे सो अलग। नतीजा यह कि

यहाँ जब घाम उतरा तो संग उतरे बदलियों के साये भी। इसलिए अभी सारी बगार दीख रही, काले-धौले ख़ानों में बँटी। शतरंजी। कहीं-कहीं पाखी भी टिके हैं ख़ानों में, शतरंज-गोट की तरह।

कहने की ज़रूरत नहीं कि कोई महानाट्य सिर्फ़ दो सह-पात्रों के साथ नहीं खेला जा सकता। चुनाँचे वे और भी हैं। जैसे अर्णा है। समीर है। चट्टानें हैं। और भी न जाने क्या कुछ है सरे नज़र। जो सब का हाल कहने लगूँ तो न मैं कह सकूँ न आप सुन सकें। सो सीधे-सीधे आता हूँ नाटक के नायक पर। बड़ा नाम है उसका। शौक़ीन उसके दीदार वास्ते पैदल आते हैं यहाँ। जाने कहाँ-किधर से। अपन का इशारा है आबशार तरफ़। बोले तो झरने की ओर।

झरना जो घाटी पार है। जोरावर है। दो पहाड़ों को परे धकेलते हुए नीचे दौड़ा आ रहा है। मंच की ओर। क़तई हंगामाख़ेज़ आमद। हवा में तिरते, आठ-दस मुस्तंडों के थोबड़े भसकाते दक्षिण भारतीय फ़िल्मों के हीरो जैसी एंट्री! बनी बात है कि यह झरना परबत का अलक-लड़ैता झरना है। नी मतलब कि जो लाड़ला न हो तो पहाड़ उसे अपनी पीठ पर उस तरह कूदने क्यों दे जिस तरह वह कूद रहा !

एकमुश्त देखे से सारा मंज़र कुछ इस तरह सरीह होता है—नायक झूमता-झामता घाटी में प्रविष्ट होता है। वहाँ देखता है काले-धौले ख़ानों के बीच 'धूप-छाँव' खेलती अल्हड़ नायिका को। अर्णा को। अर्णा भी देखती है नायक को। नैन मिलते ही नायक लुब्ध। उसकी तमाम फुटानी फुस्स। अकड़फ़ों लुस्त। आ जाता है वह घुटनों पर। करता है चिरौरी। सरकता है माशूका जानिब। चलता है कुछ दूर संग-संग। फिर समा जाता प्रेयसी में। मचलती है अर्णा पहले। फिर सिहरती है। फिर हो जाती है बेबस। इतनी कि नहीं रहता उसका बदन उसके ही बस में। वह कभी निढाल पड़ जाती। कभी तन जाती है कमान की तरह। रस निःसृत होता। प्रेम-रस बुंदकियाँ उछल पड़तीं आकाश सम्त। मंथर समीर देखता है अवसर। लपक लेता है सारा रस, किन्तु सहेज कहाँ पाता! चूने लगता बदन उसका। चट्टानें भीज जाती हैं।

इस बिहिश्ती सोहबत का असर इधर मौजूद हर शै पर है। चंचल बदलियाँ किंकर्तव्यमिमूढ़-सी खड़ी हैं अपनी-अपनी जगहों पर। उनकी पूछ-परख बढ़ गई है। हिमवान पर्वत-शिखर ने बादल के कोने से अपना मुख ढाँप लिया है। बादलों का सहारा दिवाकर ने भी लिया है। चला गया है वह गुलाबी किनार वाली एक बदलिया के पीछे। मगर दिवाकर ठहरा फ़ितरतन रसिक। सो उसका छुपना बस दिखावे भर का। ओटले पर बैठ रसिया जैसे ताड़ता है गली से गुज़रती पनिहारिन को—अख़बार की आड़ से—वैसे ही बुढ़ऊ दिवाकर भी झाँक रहा है बदली की ओट से। देख रहा दैवीय प्रेमकेलि छुप-छुप। रह-रह।

अपन भी डूबे हैं रस-प्रसंग में। नशा खींच रहा है। क़दम अपन के डगमग। झूमते-झामते उतर रहे हैं हम-दोई मगरे पर से...

देव-पथ पर जोरा-जोरी

इधर बर्सी-बगार ने पुनः रूप बदला है। अब वह उथली है। खुली-खुली है।

उसकी नदी, बर्सी, भी अब आज़ाद। चाहे तो फैल जावे पूरी बगार में। किन्तु वह ऐसा कर नहीं रही। बह रही वह गुज़ारे भर की घाटी घेर। धीरपाई से। बड़की नदी से मिलने की उतावली उसमें नहीं दीख रही। कम-से-कम इधर नहीं। पंडित नेहरू देखते तो इस नदी को दब्बू कहते। पिछड़ी बताते। गँवठी घोषित करते।[1] तब मैं उनका पुरजोर विरोध करता। कहता मेरे नज़दीक तो वह कच्ची है। बच्ची है। सच्ची है। अच्छी है।

बहरहाल, तथाकथित गँवठी-बर्सी के इस बग़ल पगडंडी है। जो है तो किसी सड़क जित्ती चौड़ी मगर उसकी-सी कटखनी नहीं। वह पहाड़ को चोंथ नहीं रही। उससे छेंटी बनाकर चल रही। यदा-कदा सटे भी तो फ़क़त चुमलाने जित्ता—टच एंड गो टाइप। यानी यह लीक भी गँवठी ही है।

यह गँवठी-लीक किन्तु बड़े महत्त्व की है। नई-पुरानी कई कहानियाँ दबी हैं इसके तले। इस पथ को मामा मिशेल और डिकोरस द्वारा वापरना, हम सुन ही चुके। इन दोनों के पहले, सुना है, इस पथ गौतम बुद्ध एवं जोरावर सिंग की आवाजाही भी हुई। यह कपोल-कल्पित बात हो भी सकती है, नहीं भी। अतः तेनझिन—वही अपना रेरिक वाला तेनझिन—से चर्चा की गई थी इस मसले पर।

सवाल सुन तेनझिन सोच में पड़ गया। बोला कि हमारे पुरखे इस घाटी में छै-सात सौ बरस से हैं। उनसे जोरावर सिंग का ज़िक्र तो नहीं सुना। गौतम के इधर आने की बात भी नहीं सुनी उनसे। अलबत्ता इस पथ का देव-पथ होना उसे विदित है। कहते हैं, गुरु पद्मसम्भव इसी राह लाहुल से जाँस्कर गए थे।

यही नहीं, पद्मसम्भव से बहुत पहले—बहुत ही पहले—देवी पलामो और गोन्बो देवता भी इसी पथ से जाँस्कर गए थे। तब यह डगर बेहद कठिन थी। थका-थका दिया उसने देवी पलामो को। एक समय वह आया जब देवी थककर बैठ गई, एक चौड़ में। वह चौड़ कालान्तर से देवी के नाम से ही जानी जाने लगी। सागर तल से बारह हज़ार फ़ीट ऊँचाई पर हासिल वह चौड़, पलामो, आज कैम्पिंग-साइट की तरह बरती जा रही। तेनझिन के अनुसार वहाँ, नदी के पास, एक चट्टान पर देवी की छाप आज भी मौजूद है।

रेरिकवासी की बातें सुनते हुए एक लफ़्ज़ ज़ेहन में उभरा—ढेपुनी।[2] इस लीक को ढेपुनी नहीं तो और क्या कहूँ! कि इसी के सहारे जाँस्कर दुनिया के नक़्शे से झूलता रहा। गो इसी के होने से जाँस्कर का सामाजिक रंग-ढंग पनपा। वहाँ की अर्थव्यवस्था चली।

क्या पूछा आपने, मेरे कहे की जमानत? हैं न—शिन्गु-ला और छिक्का।

रेरिकवासी तेनझिन के अनुसार इन नामों में वाबस्ता है जाँस्करी लोकरंग की ख़ुशबू। कि इन जगहों के सही नाम हैं शिंगखुर-ला तथा छिप्पा। भोटी में शिंग का अर्थ है लकड़ी। और खुर का मतलब है तोकना या लादना। उन दिनों लकड़ी या तो सर पे अथवा घोड़ों पर लादकर ले जाई जाती होगी वन-बहुल लाहुल से वनहीन जाँस्कर में। घर बनाने के लिए। जलाने के लिए भी। अतएव जाँस्कर को दीगर दुनिया से जोड़नेवाली जोत को बुलाया गया शिंगखुर-ला। इसी तरह, इस लीक पर घुड़सवारों की आवाजाही का इशारा छुपा है 'छिप्पा' में। लाहुली में 'छिप्प' यानी सवारी घोड़ा।

जो हो, पर एक बात तो तय है कि यह डाँड़—इस डाँड़ में गुंधी कहानियाँ—जल्दी ही खो जानेवाली हैं। कि उधर, बगार की परली धार पर, जाँस्कर हेतु नया महापथ बन रहा है। यही नहीं इस गँवठी-लीक को भी बनाया जा रहा। डामरीकरण किया जा रहा इसका। सवाल उठता है किसके लिए?

लोग कहेंगे—गाँव वालों के लिए।

परन्तु बगार के गाम-धाम तो पीछे रह गए। यहाँ से आगे अब कोई गाँव नहीं। जाँस्कर-सुमुडो है। मैदान है। फिर, बक़ौल तेनझिन, घाटी के दोनों गाँव डूबनेवाले हैं। तो यह सड़क कैसे बचेगी? बचेगी भी तो किसके सबब?

मगर ख़ैर, अपना धरम तो चलना है। जो निभाया जा रहा। यह मनाते हुए कि सुमुडो तलक यह लीक कच्ची ही रहे और वास्ता न पड़े डामर ढोनेवाली लारियों की खिचखिच से। सुनें हम ठेठ सुमुडो पर्यन्त बस गँवठी-बर्सी से लोकसंगीत। उसकी सुमधुर कलकल।

कलकल से ध्यान आया कि यह दरिया जितना जल लेकर चला था उतना अभी बह नहीं रहा उसमें। कि बहुत-सा जल कगार-कटान में उलझ गया है उसका। बहता पानी मटमैला है। ठहरा हरियल झाँईं लिये नीला। इससे लैगूनों का एक सिलसिला-सा बन गया है साहिल पर। परिणामत: नदी-तट नीलम-जड़ित कंठमाल से सजा जान पड़ रहा। जड़ाऊ हार पहनी बर्सी की शोभा यहाँ देखते ही बनती है। यह बात अलग कि इन जल-कुंडियों को देख मन मेरा ललच रहा। चाह रहा उसमें कूदना-नहाना। बमुश्किल मन को थामा। समझाया कि यह ठीक नहीं। लैगून उथले हैं। नहान तो होने से रहा, वे मटियल ज़रूर हो जावेंगे। तट-शोभा व्यर्थ ही पस्त होगी।

वैसे पस्त तो हम भी हो रहे। कि कड़कड़ाती भूख लग रही। सुबह का खाया-पिया पसीना बन कब का बह चुका। आप कहेंगे इसमें रिरियानेवाली क्या बात है। माल-ओ-असबाब तो साथ ही है। रुको, राँधो, भकोसो। रोकनेवाला कौन है तुम्हें इस बियाबान में?

चाहत तो हम-दोई की भी यही है। मगर यह हो नहीं सकता। कि बरजते हैं छिक्का-गाम के क़ायदे। जो मन कहे उधर डेरा नहीं डालने देते। इस वास्ते हमें पहुँचना होगा पलामो। फ़िलहाल तो जिधर देखो, सब ऊबड़-खाबड़ दीख रहा। ख़ुदा मालूम पड़ाव और कितनी दूर है। चलते-चलते पैर कंटाल गए हैं। विश्राम चाहते हैं। मगर कर ही क्या सकते हैं हम चलने के सिवा। सो चल रहे हैं। अगल-बग़ल देखते हुए।

बग़ल में, सड़क के बग़ल में, चट्टानी ढूह हैं। किन्हीं ढूहों के पीछे फूल हैं। चार पंखुरियों वाले इन नीले फूलों से हम उत्तराखंड में भी मिल चुके।[3] वहाँ दस से तेरह हज़ार फ़ीट पर मिलते हैं। जहाँ मिलते हैं बहुतेरे मिलते हैं। इधर विरल हैं। दूर-दूर हैं। एकले हैं। शर्मीले हैं। ढूह-पीछे से झाँक रहे। वहीं से बतिया रहे। आगाह कर रहे हमें। कि अब बस करो। कि एक हज़ार फ़ीट से ज्यादा ऊँचाई नापी जा चुकी आज। माना कि मनुष्य ऊँचा उठना चाहता है। वो भी एकदम झटपट। परन्तु ऊँचाइयों की अपनी परेशानियाँ हैं। अपने संकट। कि सरपट हासिल ऊँचाइयाँ सर चढ़ बोलती हैं। जीवन में भी, पहाड़ पर भी।

मैं सुनता हूँ। ठहरता हूँ उस दोस्ताना फूल के यहाँ। चाहता हूँ उसे उसके कहे का उत्तर देना। पर एक शब्द नहीं निकलता मुख से। ज़ुबान तालू से चिपकी बरामद होती है। यह तो होना ही था। कि एक अरसा हुआ प्रकृति से संवाद किये हुए। इतना कि बिसर गया आदमी फूल-बोली अब तो। अब क़ुदरत प्रेम के मानी उसकी तस्वीरें बनाना-खींचना-बेचना। और बिकाऊ शै से टिकाऊ नाते क्यूँकर बनें? बनाए जावें? ख़ैर, अपने राम भी तो बेचक ही ठहरे। सो उस फूल की एक तस्वीर उठाता हूँ। और चल पड़ता हूँ वहाँ से। जानता हूँ फूल विहँसता होता। विदाई देता होगा मुझे। किन्तु पलटकर देखने का साहस नहीं हो रहा...

तीन बजने को हैं।

अब जाकर वह शै दीखी जिसकी बेसाख़्ता तलब थी। यानी हमारा आज का रैन-बसेरा। जो इस दफ़ा छोटा है। फ़क़त तीन शामियानों का। हमारे वास्ते एक गुम्बद-रावटी। राँधने-शाँधने हेतु एक बड़ी छोलदारी। बड़ी इसलिए कि इस-ही में बैठकियाँ होंगी, गुफ़्तगू के लम्बे दौर चलेंगे। सोनी, रनी व पासंग की रातें भी इसी छोलदारी में कटेंगी। और तीसरा शामियाना है—टॉयलेट-टेंट। हाँ, यह बला इस

बेर हमन के गले पड़ गई। पेड़ न कोई आड़, ऊपर से कैम्प-साइट अक्सर किसी गाँव के क़रीब, ऐसे में संडास-रावटी ज़रूरी हो जाती है। ख़ासकर तब जब कोई जनानी संग हो।

कोई पूछे उसके पहले बता दूँ कि जैसा दूसरे खच्चरवाले करते हैं, हमारा वाला भी करेगा। मतलब खुले में ही रात गुज़ारेगा। कि मासूम जान पड़ती यह घाटी गोश्तख़ोरों का घर भी है। ज्यों-ज्यों रात गहराती है भालू, भेड़िए, तेंदुए, लोमड़ियाँ काबू कर लेती हैं तमाम घाटी पर। इस करके आग चेता (कभी बिना आग के भी) हरिसिंह उर्फ़ टीनू खुले में सोवेगा। हर मामूली या ग़ैर-मामूली आहट पर उठेगा। हाँका लगाएगा। देखेगा। खच्चर गिनेगा।

'ग़ैरमामूली आहट' मतलब—यह सवाल उठता होगा आपके मन में। सो बता दूँ कि बीहड़ में आदमी नहीं मानी आवाज़ नहीं, यह बूझना भूल होगी। सन्नाटों का अपना शोर होता है। मन्द समीरण की गुनगुन और पत्थरों की घिसघिस, पाखियों की चहचह और बादलों की घहघह तो सबकी जानी है। लेकिन ये सभी मामूली आवाज़ें ठहरीं, सन्नाटे का शोर नहीं। बीहड़ की पेट-बोली नहीं। पेट-बोली वह जब बोला सुनाई दे किन्तु बोलनेवाले की ख़बर न मिले।

हमने सुनी है यह पेट-बोली मानव बस्तियों से दूर जगहों पर। नभ-अर्णव से सटे प्रदेशों में। यथा मसरा-टॉप कने फटफटी की आवाज़, हर-की-दून में ढोल के बोल, खतलिंग-बमक की सरगोशी, धूमधार कांडी तले पदचाप। फिर जंगल भी तो बात करते हैं। जिस तरह आप हम बतिया रहे ठीक उसी तरह।

बीहड़ की पेट-बोली जाँस्कर में भी हमें दिग करेगी। गो शामियाने में होने पर भी चैन किधर मिलनेवाला है हमें। टीनू की तरह हमें भी सुन पड़ेगी घर्रघर्र... हूऽऽफूँऽऽ...गुर्रगुर्र...थर्रथप...। जागेंगे रातों में बार-बार। बजावेंगे सीटियाँ। इस सबब हम-दोई की पतलून में एक परेड सीटी है और है एक टॉर्च! कुल जमा यही असलहा है हमारे पास जानवरों को डराने के लिए। सन्नाटे को धमकाने वास्ते।

यह दीगर बात कि लोग ओन हमारे कहे पर भरोसा नहीं करते। बाज़लोग हमें अन्धविश्वासी घोषित कर चुके। फट्टू भी। लोगों का क्या, कहा करें जो चाहें सो। ग़ैर-मामूली आवाज़ों के असर वह जाने जिसका कभी वास्ता पड़ा हो बीहड़ की पेट-बोली से।

इसऽऽ! बात फिर पटरी से उतर गई। ज़ुबाँ पर जो आया था, बयाँ होने से रह गया। कोई गल्ल नहीं जी अब कहे देता हूँ। तो कहना यह है कि डेरा दीदार का सुकून आरज़ी निकला।[4] कारण था डेरे के अड़ोस-पड़ोस का मंज़र। वह हश्रअंगेज़ मंज़र क्या देखा था, लगा तेज़ाब टपका हो जिग़र पर। वो चिनक मची कि आदमी के हवास गुम। मंज़र देखते साथ वह दौड़ा बौराये साँड़ सा। धँसा कैम्प में। तलाशा सोनी को...और पिल पड़ा।

"यह क्या हिमाक़त है सोनी? कैसी वाहियात जगह कैम्प लगा दिया तैंने?"

"हॅहॅहॅ...देखा भाई जी, बोला था न आपको कि सर नाराज़ होंगे। उनको ऐसी जगह पसन्द नहीं आएगी...टेंट खोलना पड़ेंगे...," रनी ने बीच में अपनी टाँग फँसाई। मौक़ा-बेमौक़ा सोनी की चिकोटी लेने की यह लत उसे गत तीन बरसों में पड़ी है। यानी जबसे उसने अपना अलग काम शुरू किया तबसे। अब तो सोनी संग मेरी अड़ा-अड़ी हुई कि 'चप्पल उलटी' कर देना जैसे उसका शगल ही हो चला है।

बहरहाल, चिकोटी का पुरज़ोर असर हुआ। तीखे स्वर में सोनी का जवाब आया, "क्यों पसन्द नहीं आएगी? इतनी तो सुन्दर कैम्प साइट है। फ्रंट में रिवर है, घास है और साइड में झरना..."

"और पीछे जो लोहा-लंगड़ है, रोड-रोलर है, ट्रक है, हिमालय का चूरा करनेवाली क्रशर-मशीन है, चूरे को छाननेवाली विशाल छननी है, मज़दूरों के घर हैं, ठेकेदार का ऑफ़िस है, मशीनों की आवाज़ है, उड़ती धूल है...उनका क्या?," मैं लगभग चीख़ पड़ा सोनी पर। उसकी तो जैसे सिट्टी-पिट्टी गुम। सिर नवा बैठ गया बापड़ा अपर्णा के समीप। उसकी चुप से अन्तस में छुपा शैतान तुष्ट हुआ। पुष्ट हुआ। अधिक दुष्ट हुआ। कैकेयी कोप भवन में ढुकी कि ढुकी।

"सरर्र...मशीन तो अभी बन्द...," सोनी ने मुँह खोला।

"सोनी, कुछ बोलो मत, बस कैम्प समेटो..."

इस बीच पासंग ने अपर्णा के सामने चाय धर दी। तीन गिलास चाय। उसने एक गिलास सोनी की तरफ़ बढ़ाया, एक मेरी ओर। कुपित कैकेयी ने मौक़ा ताड़ा। चीख़ी, "मैंने कुछ खाना है न पीना। एक पल भी नहीं रुकना इस जगो...अभी के अभी उखाड़ो शामियाने और चलो यहाँ से दूर..."

"ठीक है, मत खाओ-पीओ, लेकिन चीख़ो भी मत। सोनी की सुनो तो सई...," अपर्णा ने मुआमला अपने हाथ में लेने की कोशिश करी।

"नहीं सुनना मुझे कुछ। आगे ट्रेक भी नहीं करना मुझे। चलो यहीं से वापस..."

"ठीक है। यही सई। बाहर चलते हैं। वहाँ बैठ बात करते हैं, मगर शान्ति से," कहते हुए उसने अपना गिलास उठाया और रसौड़े से बाहर निकल गई।

उसके पीछे मैं भी निकला। फिर रनी बाहर आया—बग़ल में स्लीपिंग-मैट दबोचे, हाथों में बिस्कुट और गरमागरम भजिए से भरी तश्तरी उठाए। प्रसंगवश बता दूँ स्लीपिंग-मैट का एक बहुउद्देशीय वस्तु होना। दिन में वह होती है चटाई, रात को गादी और हल्की-फुल्की बरखा में त्रिपाल।

बहरहाल, रनी ने मैट बिछाई। अपर्णा बैठी 'ज़िबहख़ाने' की तरफ़ रुख़ कर, मैं दरिया सम्त देखते हुए। कुछ पल बाद सोनी भी बाहर आया। हम-दोई से परे, एक शिला पर बैठ गया। पासंग रसौड़े में ही रहा। टीनू के कहीं अते-पते नहीं थे।

"अब कहो तुम्हें जो कहना है, मगर धीरपाई से," मेरी ओर पकौड़े बढ़ाते हुए अपर्णा ने बात आरम्भ की। मेरी भूख चमकी। भजिया-प्रेम घुमड़ा। प्रेम बवंडर बने उसके पहले ही जज़्ब किया अपने को। फेर लिया मुँह दूसरी तरफ़।

वार ख़ाली जाता देख अपर्णा ने तश्तरी ऐन मेरी नाक के नीचे तक बढ़ा दी। और वह घटा जो नहीं घटना था। मेरा हाथ, पाजी हाथ, बेसाख़्ता उठा और लपक लिया एक पकौड़ा रकाबी से। मरद के दिल की डगर पेट से होकर गुज़रती है, यह राज़ हर औरत को मालूम!

"अब कह भी दो जो कहना है," चाय का बड़ा सा घूँट भरते हुए अपर्णा ने बात दुहराई। अब उसके मुख पर दूजे क़िस्म का तोष था, विजेता-दर्प मिश्रित तोष।

"क्या तुम्हें ध्यान नहीं केदारनाथ सिंह ने जो कहा है, रोहतांग दर्रे पर बैठ..."

"नहीं"

"रोहतांग की एक चट्टान के लिए कवि बोला था—

इस ख़त्म होती हुई सदी के छोर पर
अपनी जगह पर टिकी वह अकेली चीज़ है
जो तुम्हें अब भी आश्वस्त करेगी
नदियों के जल
और स्त्रियों की प्रजनन-शक्ति के बारे में...

...और यहाँ...इस मनहूस जगह...कवि की, और मेरी, उस आश्वस्ति का ही हरण हो रहा। एक चट्टान नहीं समूचे पहाड़ को ही किया जा रहा यहाँ चूर्ण-शूर्ण। गिरिवर की आह-कराह सुनते हुए मैं यहाँ रात कैसे काटूँगा? कैसे काटूँगा!...ऐसा नहीं कि सोनी को मेरा मिज़ाज मालूम नहीं...फिर भी कमबख़्तमारे ने कैम्प यहाँ... उफ़! दम घुट रहा है मेरा यहाँ...चलो इधर से...दूर चलो..." मेरा कंठ रुँध रहा था।

"ठीक है। सोनी क्या यह पॉसिबल है?"

"नहीं मेम, यही पलामो है। छिक्का की कैम्प-साइट। पानी भी यहीं है। यहाँ के बाद पानी सुमुडो में ही मिलेगा। चार-पाँच घंटे और लगेंगे वहाँ पहुँचने में।"

"थोड़ा-सा आगे नहीं लगा सकते हमारा टेंट, ऐसी जगो पर जहाँ से यह सब न दीखे?," वह गिट्टी के उन ढूहों को देख रही थी जो चन्द रोज़ पहले भरपूर पहाड़ थे। हिमाला थे।

"टीनू से मैंने पूछा था मेम। उसके अनुसार बहुत दूर जाना होगा इसके लिए। उधर गाँव वाले नहीं ठहरने देंगे।"

"सोऽऽनीऽऽ! यह सब मेहनत से बचने के बहाने हैं तुम लोगों के। पानी के लिए चार डग अधिक भरने से कंटाल रहे हो तुम सब। ऊपर से तुम हो विकास-पुजारी। तुमारे वास्ते तो यह स्थान तीरथ ठहरा...तुम रुको इधर...बनाओ-सूतो हिमाला के

सींक-कबाब...अपन तो चले," कहते हुए मैं उठ खड़ा हुआ। उद्यत हुआ नदी तरफ़ जाने को। गो फिर तैश तारी हो चुका था तबीयत पर मेरी।

अपर्णा ने मगर हार नहीं मानी। वह पुनः सन्नद्ध हुई। आवाज़ दी मुझे।

"रुको! बावरे हो गए हो क्या! हत्थे से क्यूँ उखड़ रहे हो छोटी सी बात पर?"

"क़ुदरत से बेमुरव्वती मेरे क़रीब छोटी नहीं महाखोटी बात है," कहते हुए मैं तेज़ी से आगे को चल पड़ा।

"अरे! अरे!! कहाँ जा रहे? उतापा छोड़ो। ठंडे दिमाग़ से काम लो। रुको और मैं जो पूछूँ उसका सिर्फ़ हाँ या ना में जवाब देना। दोगे?"

"ठीक है, पूछो जो पूछना है। मगर फटाफट..."

"नहीं। यूँ नहीं। जवाब सिर्फ़ हाँ या ना में ही दो तो बात बने।"

"हाँ।"

"क्या इस यात्रा का पहला मक़सद चींटी-गल्प के सूत्र तलाशना है?"

"हाँ।"

"और दूसरा मक़सद है, हिमालय पर जो गुज़र रही उसे दुनिया की नज़र में लाना?"

"हाँ।"

"तो फिर इतना ग़ुस्सा क्यों? जो गुज़र रही है हिमालय पर वही तो दीख रहा है इधर।"

"जो मुझे अतिप्रिय है, गुरु है जो मेरा उस पर जोरा-जोरी मैं कैसे सहूँ? उसे दरकता-तड़पता मैं किस तरह देखूँ..."

"देखो तो देखोगे तुम अपने को संग्राम-क्षेत्र में खड़ा। और जानोगे स्वयं को हताशा-आबद्ध। ऐसे में अपना लक्ष्य कैसे साधोगे? कैसे निभाओगे वह धर्म जो धारण किया है तुमने? इस अर्थ हताशा-मुक्त होना होगा तुम्हें। वह भी ख़ुद अपने तईं। कि तुम्हें छुड़ाने कोई कृष्ण नहीं आने का। कि उसे बहेलिया कब का निमटा चुका। वैसे भी हताश अर्जुनों से दुनिया का कोना-कूचा अँटा पड़ा है आज। जो होता भी तो एक कृष्ण कहाँ-कहाँ और किस-किस को सँभालता? कि उसकी विराट काया आज ओछी जान पड़ रही..."

"पर..."

"कहा ना जो गुज़र रहा, वही नज़र में है। फिर प्रलाप क्यों? वैसे भी किसी के रोये कुछ होता नहीं। अलबत्ता समझाने से हो सकता है कि सोच बदले। भेजे में बात चीख़े से नहीं ठँसती। फिर इस चीख़ा-चीख़ी का क्या लाभ? फ़ायदा क्या धमकाने-गुर्राने से? कि ब्लैकमेल करके तुम अपनी बात मनवा तो सकते हो समझा नहीं सकते। आदमी को सोचने हेतु प्रेरित नहीं कर सकते। जो तुम चाहते हो सोनी तुमारी सुने-सोचे-बदले तो पहले शान्तता बरतो..."

“पऽऽर...”

“परर्र पऽऽर...क्या...लगा रखी है, चलो मान लिया कि यहाँ पर्वतराज-कुमुक का एक सिपाही, यह अनाम पहाड़, शर-शैया पर है। अपने नातेदारों ने जुलुम तोड़ा है उस पर। इतना जुलुम कि आज वह मरणासन्न है। तो क्या अपन भी उसे मरता छोड़ भाग जाएँ? प्रियजन को मृत्युशैया पर छोड़ भागना शोभता है क्या किसी को?”

“नहीं।”

“फिर क्यों न हम यहीं रुकें। एक दिन...कम-से-कम एक दिन तो इस मरते पहाड़ के क़रीब बैठें। उस सहमे-सहमे से झरने को सहलाएँ। चुभलाएँ। ढाढ़स बँधाएँ। और...जो हो सके...तो आदमी की करतूतों के लिए क्षमा माँगें उनसे...इतना तो हमारे हाथ में है...इतना तो हम कर ही सकते हैं...करना ही चाहिए हमें...”

बोलते-बोलते अपर्णा चुप हो गई। उसका कंठ अवरुद्ध हो चुका। मेरी तो रुलाई ही फूट गई। अब इधर तीन आबशार। एक वह जो झरता था पहाड़ से, दो वे जो झरते थे मिरे दीदों से...

गाया

सोनी शंकालु है।

जाँस्कर और सत्तू को लेकर वह भारी पूर्वग्रह पाले है। अभियान जिसमें सत्तू संग हो, वह सफल नहीं होता—ऐसी मान्यता है उसकी। और जाँस्कर को, जैसा कि पहले भी कह चुका, वह सोचता है सूगले-भूखे-नंगे लोगों का बसेरा। वक़्ते मुसीबत उनसे क्या तो मिलेगा और कैसा तो मिलेगा, उसे चिन्ता है। सो सत्तू संग है इस मर्तबा हमारे। कार्ला चाय में घोल वही विकाल भोजन के रूप में पाया है। खा-पी कर लोग इत्मीनान हैं अब। मगन हैं अपनी-अपनी दुनिया में। कामों में।

अपर्णा फ़िलवक़्त गुम्बद-रावटी में है। अपना 'घर' बसा रही है। चटाई के अगल-बग़ल जो आठ-दस इंच जगह बच रहती है वहीं जम रही उसकी गृहस्थी। दोनों के पिट्ठू, गरम कपड़ों का बैग, जूते। पानी की दो बोतलें, कैमरे, टॉर्च, पढ़ने हेतु किताबें-हेड लैम्प। मेरी यात्रा-डायरी, उसका चित्रकारी का साजो-सामान। और थोड़ा सा कलेवा। और? और क्या बस इतना ही तो सामान है हमारे कने। इतने में ही काटे जावेंगे आनेवाले हफ़्ते-दिन। बड़े मज़े से। मज़े से? जी मज़े न मिल रहे होते तो अपर्णा आलमे बेख़याली में क्यूँ गुनगनाती होती...'मेरे घर के बाहिर मोहब्बत लिखा है...हैं दीवारें गुम और छत भी नहीं है...आना मेरे घर आना ज़िन्दगी...।' सच कहूँ तो यह रावटी बड़े काम की चीज़ है। सोख़्ता है। मानस का सारा कलुष सोख लेती है। कैसे? यह तो मालूम नहीं, बस इतना समझ लीजिए कि इस जीवन के, इस दुनिया के और तमाम कायनात के निर्विष-निष्कंटक होने की प्रतीति होती है इसके साये में।

बहरहाल, अब दूसरे लोग क्या कर रहे, यह देखा जावे।

सोनी। तम्बू तनने के बाद सोनी की दुनिया सिमट जाती है रसौड़े में। अभी भी वहीं है वह। दीखा ऐसे रहा मानो मगन हो पासंग संग बतियाने में। जबकि वह काट रहा है समय। देख रहा सूरज ढलने की राह। सूरज अस्त कि सोनी मस्त। वैसे उसके पीने से हमें आपत्ति नहीं। और हो भी क्यों जबकि नशे में वह कभी बेशऊर नहीं होता। फिर वक़्तन-फ़वक़्तन हमन के भी तो काम आता है उसका सामान!

रनी। कह चुका, रनी के पीने से हम सभी डरते हैं। कि शराब उसके सर चढ़ बोलती है। मदमस्त हाथी और मदोन्मत्त रनी, दोनों एक से। अपनी ख़ैर तब तक जब तलक मय औ' रनी में चार बिल्लात छेंटी बनी रहे। सफ़र तमाम होता है यही छेंटी बनाए रखने की फ़िक्र में। रनी की नज़र में रहता है सोनी का पिट्ठू, और हम सबकी नज़र में रनी! जो हो, फ़िलहाल वह रसौड़े में नहीं है। उसके जिम्मे कर दिया गया है पानी जुटाने का काम। इसी आशय से वह गया है झरने पर। आता-जाता रहेगा वहीं बार-बार। शाम ढले बाद भी।

हरिसिंह। अपना खच्चरवाला। वह भी यहाँ नहीं है। दूर कहीं गया है। घास ढूँढ़ने। सामने जो घासिया मैदान है वह गाँव की चरनोई भूमि है। चरने को यात्रियों के घोड़े-घाड़े उधर चर तो सकते हैं, पर सेंत-मेंत में नहीं। सःशुल्क। शुल्क जो किसी खच्चरवाले को बरदाश्त नहीं होता। टीनू को भी नहीं हुआ। सो वह अपने खच्चर भी साथ ले गया है। कि जब तक वह घास छीलेगा, जानवर चरते रहेंगे।

और जी क्या पूछा आपने? सफ़रगो किधर है, क्या कर रहा है?

'हुज़ूर, मैं हूँ इधर। रसोई-शामियाने के बाहर। ज़ाहिर है एकला। चश्मे को देखता हुआ चश्मेतर।'

'फ़ज़ूल है यह रोना-धोना। यह परती भूमि कौन ज़िन्दा शै है? पहाड़ कौन तुमारे रिश्तेदार धरे हैं जो रुदाली बने हुए हो?'

'आसिम वास्ती का एक शे'र याद आ रहा है—

रख उस पे नज़र जो कहीं ज़ाहिर में है पिन्हा[1]
वो भी तो कभी देख जो मंज़र में नहीं है

'लफ़्ज़ों की कीमियागरी छोड़, कहना है सो साफ़-सीधे कहो।'

'कहना मैं यह चाह रहा कि लाज़मी नहीं कि जो चीज़ मुझे साले वह दूसरे को भी दुख दे। कि संसार कोई सपाट वस्तु तो है नहीं जहाँ सबका सत्य एक ही हो। दुनिया बदल जाती है दृष्टि बदलते ही। सोचता हूँ अक्सर कि क्या बुलबुल, या चींटी, या बिलाड़ के आगे वही की वही दुनिया सरीह होती है जो आदमज़ाद पर ज़ाहिर है? क्या उनके और आदमी के सच एक से हैं? और सोचता हूँ, अपनी-अपनी दुनिया को बदलने को क्या ये सब भी वैसे ही बेसब्र होते होंगे जैसा कि आदमी है?'

'और नहीं तो। जो दुनिया बदलने को बेसब्र नहीं वह आदमी आदमी ही नहीं...'

'तब तो वह चीज़ जिसे हम दुनिया कहते हैं आदमी प्रसूत ठहरी। इनसान द्वारा अपने मतलब के लिए रची-गढ़ी वस्तु...'

'यह कैसी बेढब बात कर रहे तुम? जो न बनावे आदमी अपने मतलब का संसार तो उसी कादे में उम्र गुज़ार दे जहाँ वह पैदा हुआ? आदमी के किये से ही वह सुनहला संसार बना है जिसे तुम भी भोग रहे हो।'

'कोई भोग रहा याकि भुगत रहा, कौन जाने? परन्तु यह अवश्य जानता हूँ कि नीली-छतरी तले गुज़र करते दस जने दस दीग़र दुनियाओं के बाशिन्दे हो सकते हैं। होते ही हैं। ऊपर से, मनुष्येतर प्रत्येक जीव की अपनी निजी दुनिया होती है। होती ही है। चुनाँचे जब एक मनक अपनी दुनिया बदल रहा होता है तो न मालूम कितनों की दुनिया उजाड़ता चलता है...'

'फिर ढाक के वही तीन पात। मनुज को अकर्मण्य बनाने की ठान रखी है क्या तैने?'

'आत्मा कल में अपना घोंसला बनाती है। ख़लील जिब्रान के यह शब्द मनुष्य पे सौ टंच सही उतरते हैं। मनुज-मन आदतन कल में देखता है, जबकि उसकी देह फँसी होती है 'आज' के दलदल में। खटती है, खटती ही रहती है, कल की आस में। फिर उम्मीद, चंचल-उम्मीद, महदूद कहाँ रहती है हफ़्ता-महीना-सालों की हद्द में? वह तो कल को आज में खेंच लाने में भिड़ी रहती है। समय-परिधि के पार पसरे कुहासे में ढुक आगामी पीढ़ी, यहाँ तक कि आते जनम को भी, साधने में सतत सन्नद्ध। बहुधा सोचता हूँ कि ऐसी आस...ऐसी उम्मीद क्या है अलावा एक रोमांटिक भुलावे के?'

'बड़ी अहमकाना बात कह गए गुरु! जो आस न हो तो आदमी ज़िन्दा क्यूँकर रहे...?'

'अतिशय यशोगान ठीक नहीं। किसी का भी नहीं। आस का भी नहीं। कि अन्धश्लाघा से मिथक फैलता है। चीज़ों की सात्त्विकता नष्ट होती है। वस्तुपरकता विच्छिन्न होती है उनकी। बन्धु मेरे! माना कि यह आस बेमज़ा ज़िन्दगी को बरदाश्त करने वास्ते ज़रूरी है। किन्तु वही मनुज-मन का सबसे सहज-जेय वह कोना भी तो गढ़ती है जिस पर क़ब्ज़ा कर मनुज का विवेक-हरण आसानी से किया जा सकता है। अधिगृहीत-विवेक को विजेता अपनी मनचाही दिशा में मोड़ सकता है। बना सकता है आदमज़ाद को अपना ताबेदार। डरा-ललचा सकता है उसे। कहने की दरकार नहीं कि निजस्वार्थ-सिद्धि हेतु यह खेला अनादिकाल से खेला जा रहा। यही अध्यात्म की ओट से धर्मगुरुओं ने किया। विज्ञान की आड़ से यही तकनीक-गुरु कर रहे हैं, इन दिनों। इन दोनों ही ने हमें एक ऐसे जगत का स्वप्न दिखाया—और अनवरत दिखा रहे—जहाँ मात्र सुख-ही-सुख है। अकूत भोग है, अक्षय विलास है, अनिंद्य रागिनियाँ हैं, अनंतरता है, अपरिश्रम है। फ़र्क़ बस यह कि धर्मगुरुओं के हस्ते मरणोपरान्त मिलनेवाले स्वर्ग को, तकनीक-गुरु जीते-जी उपलब्ध करवाने का वादा कर रहे। इस सबब तकनीक-पुरोधाओं ने आस के क़शीदे इस क़दर काढ़े कि मानव संग नत्थी नैसर्गिक-आशा हो गई निरंकुश। बदचलन। क्रमशः बदल गई हवस में। हवस, हाँ! हवस, हो तो हावी है आज के दौर पर। जिसके असर में आदमी है बदहवास। दुराचारी-आस व अभिचारी-तकनीक द्वारा संयोजित तांत्रिक-अनुष्ठान

में बलि दे रहा अपने 'आज' की। कपोलकल्पित दुनिया पाने-बनाने की ललक में वह क़ुदरत का सीना चीर गटक रहा है लहू...बड़े मज़े से...'

'दुनिया और क़ुदरत दो अलहदा चीज़ें हैं क्या? तुम इनमें भेद किस बिना पर कर रहे?'

'नहीं...नहीं मेरे मित्र, अपनी गढ़ी दुनिया में अन्यान्य जीव-जन्तुओं को मसाले मानिन्द फेंट बनाई जिस वस्तु को आदमी 'क़ुदरत' पुकारता है, वह तो असल क़ुदरत नहीं। घालमेल है। धोका है। जो मुगालता भरता है आप में। मुझमें। जिसके असर से हम बुलन्द करते हैं 'सेव-अर्थ' जैसा नारा...'

'तुम हो बिलकुल अतृप्त आत्मा। हर कुछ से, हर किसी से तुम्हें शिकायत ही शिकायत। धरती यानी क़ुदरत को बचाने के लिए उद्घोषित इस पवित्र नारे से भी...'

'मुआफ़ करें, इससे कुटिल, इससे भ्रामक और इससे अश्लील नारा मेरे जाने दूसरा नहीं। मेरे मत में तो यह लुटी-चुसी कन्या को देवदासी के पीढ़े पर बैठा स्त्री-उद्धार का प्रयास करने जैसा घृणित कर्म ठहरा। अरे! जिस धरती की बनने और बने रहने की प्रविधि ही अगम्य हो उसे बचाने का दावा कोई क्यूँकर कर सकता है? चार पेड़ लगा चालीस जंगल लूटने के गुनाह से छूट जाने की जुगत इसी उन्मादक नारे की उपज है। इतना ही नहीं, इस नारे में धरती व क़ुदरत में भेद नहीं होने की अनुगूँज है। और इस तरह से वह क़ुदरत के मानवाधीन होने की घोषणा है...घातक घोषणा...'

'ऐं! यह क्या बात हुई...क्या धरती ही क़ुदरत नहीं?'

'नहीं! जनाबेआली नहीं! धरती को क़ुदरत का अंग तो कहा जा सकता है, परन्तु वह ही क़ुदरत नहीं। असल में क़ुदरत वह अगोचर व अपरिभाषित शै है जो धरती को जीवनोपयोगी बनाए है। और आदमी की दुनिया को चलायमान रखे है...'

'मतलब?'

'मतलब भाखने वास्ते अपन को जाना होगा जेम्स लवलॉक के यहाँ। 'गाया' के समीप।'

'गाया?'

'अरे! वही 'गाया' जिसका सरसरी ज़िक्र पहले भी निकल चुका। भलेई आपको न याद हो पर मुझे याद है इस पर खुलकर बात करने का अपना वादा। ग़र वह वादा वफ़ा हो जावे तो बन्दे को क़रार आवे...'

'चलो कर लो अपना जी हल्का।'

'देखिए, आपकी दी हिम्मत से मैं बढ़नेवाला हूँ एक गूढ़-नीरस संसार तरफ़। क्योंकि 'गाया' ठहरा एक वैज्ञानिक सिद्धान्त।[2] बहुपर्तीय व क्लिष्ट सिद्धान्त। इस करके यात्रा भी ठिठकेगी और चर्चा भी ठहरकर ही होगी। हो सके कि बाद सुनने के कुछ लोग मेरे को बरज़ोर कहें। मगर हालाते मौजूद के मद्देनज़र बात बेहद

ज़रूरी भी है। सो बावजूद तमाम ख़तरों के सफ़रगो कहेगा जो कहना है। जो कहा जाना चाहिए। तो चलिए आपको लिये चलता हूँ उस दौर में जब लोग दुनिया को दूसरी तरफ़ से देखने लगे थे...'

क़िस्सा बीसवीं सदी के सातवें दशक का है।

तब का जब नासा जुटा था मंगलग्रह पर जीवन ढूँढ़ने में।[3] इस अभियान में शोधकर्ता जेम्स लवलॉक के सुपुर्द था एक ऐसी मशीन बनाना जो मंगल पर जीवन तलाशे। इस ज़िम्मेदारी ने दादा लवलॉक को हलकान कर दिया। आदमी परेशान कि जिस 'जीवन' पर ग़ौर करना है वह आख़िर चीज़ क्या है? क्या है उसकी पहचान? इस पहेली को सुलझाते हुए दादा लवलॉक का सामना हुआ जीवविज्ञान के यहाँ की एक ख़ामी से। ख़ामी कि जीवविज्ञानी वस्तुओं को सप्राण-निष्प्राण में बाँटते तो हैं लेकिन सिर्फ़ एक आन्तरिक बोध के सहारे। बोध जो हर प्राणी में उपजा धरती पर अवतरण पश्चात। दैनन्दिन के अनुभव-आघात-संताप के चलते।

समस्या कैसी विकट है यह समझाने वास्ते लवलॉक दीपक की लौ का सहारा लेते हैं। लौ जो माचिस-तीली से ऊर्जा हासिल करती है। जैसे जीव सूर्य से ऊर्जा पाता है ठीक उसी तरह। फिर भोजन (बाती व तेल) से अपनी काया बनाती है। घटती-बढ़ती है। हिलती-डुलती है। दूसरे दीवे से सटीक-संसर्ग होने पर फ़ौरन ही एक नूतन लौ प्रजनित करती है। और काया-क्षरण के चलते एक दिन ग़ुम हो जाती है मंज़र से। तो क्या लौ को प्राणवान माना जावे?

नहीं न। तब तो जिनके आधार पर जीवविज्ञानी सप्राण को पहचानते हैं, घटना-बढ़ना तथा जनन-मरना आदि, वे गुण प्राणवान (life bearer) की अचूक पहचान नहीं। मतलब यह भी कि उपर्युक्त वृत्तियों की उपस्थिति भर से 'जीवन' बोले तो 'प्राण' (life) की पहचान नहीं होती। फिर जीवन को किस विधि पहचाना जावे?

दादा लवलॉक पसोपेश में पड़ गए।

पसोपेश का पाश टूटा तब जब दादा ने धरती का इतिहास देखा। गुजश्ता हिमयुगों का और उनके दरमियानी अन्तरालों का अध्ययन किया। उसके—धरा के—वायुमंडल की बुनावट को गहराई से निरखा।

उनने पाया कि करोडों बरस से धरती-सतह का तापमान 10^0-20^0 से. ग्रेड के बीच बना हुआ है। जबकि इस दौरान सूरज की गरमी एक सी नहीं रही—बढ़ी। समीचीन चार सौ करोड़ बरसों में सूर्य-ताप में तीस फ़ीसद इज़ाफ़ा हो चुका।[4]

दादा हड़बड़ाए कि यह कैसा गोरखधन्धा है?

उनने आगे तपास की तो प्रत्यक्ष हुआ वायुमंडलीय ऑक्सीजन तथा नाइट्रोजन की मात्रा बेहद लम्बे अन्तराल से क्रमश: 21 व 79 प्रतिशत पर थिर रहना।[5] वह भी तब जब नाइट्रोजन जज़्ब करनेवाले जीवाणु समन्दर में बहुतायत से—यह कहना

ग़ैर-मुनासिब नहीं होगा कि अनादिकाल से—मौज़ कर रहे। और इस वायुमंडल से ऑक्सीजन सोखनेवालों की आबादी लगातार बढ़ रही।

दादा अचम्भित।

अचम्भा और बढ़ा जब देखा गया मिथेन का बर्ताव। यह गैस उनको मंगल तथा बुधग्रह के यहाँ से क़तई ग़ुम मिली। हासिल हुई तो बस पृथ्वी के वायुमंडल में। प्रसंगवश बता दूँ कि आरम्भिक दिनों में पृथ्वी के वायुमंडल में मिथेन की मात्रा थी 100 पीपीएम जो आज अमूमन 1.7 पर थिर है।[6] जबकि अरबों प्राणी हर दिन वायुमंडल में यह गैस छोड़ रहे हैं। और जबकि वातावरण में भरपूर ऑक्सीजन है, सूरज का ताप है। इन दोनों की मौजूदगी में मिथेन का अपने मूल रूप में बने रहना दादा लवलॉक के क़रीब एक असामान्य घटना थी। ठीक वैसी जैसे बाघ व हरिन का एक ही गुहा में मज़े-मज़े रहना।[7]

अचम्भा यहीं नहीं थमा।

वह तब और भी बढ़ा जब इल्म हुआ दादा को कि उद्‌भव उपरान्त धरा कार्बन डाई-ऑक्साइड के क़ब्ज़े में थी। आज के बनिस्बत तब के वायुमंडल में इस गैस का परिमाण तीस टका अधिक था। ध्यातव्य है कि अपने जनम के सत्तर करोड़ बरस के भीतर ही धरा पर प्रथम जीव CO_2 प्राचुर्य के सान्निध्य में आविर्भूत हुआ। बाद में CO_2 शनैः-शनैः कमती गई। प्राणवायु बढ़ती गई।[8] यहाँ एक पेच है। वह यह कि CO_2 कम हुई, ख़त्म नहीं। उसकी मात्रा उतने पर आकर टिक गई जितनी कि परवर्ती जीवों के लिए अत्यावश्यक थी। और तब से—हज़ारों-हज़ार बरस से—वातावरण में CO_2 की मात्रा (हालिया वक़्त को छोड़ दें तो) 0.03 फ़ीसद पर टिकी है।

यह किसका कमाल है? किसके किये घटित हुआ यह करिश्मा?

दादा ने तफ़तीश जारी रखी। इलहाम हुआ कि अब धरती के वातावरण में लेशमात्र भी ऊँच-नीच का नतीजा हश्रअंगेज़ होगा।[9] ऐसा होना मनुष्य-प्रजाति के लिए तो मारक सिद्ध होगा ही होगा। मसलन, यदि ऑक्सीजन एक प्रतिशत बढ़ जावे तो जंगल धधक उठें। जो वायुमंडलीय कार्बन डाई-ऑक्साइड 0.03 से बढ़ एक फ़ीसद हो जावे तो सागर खौलने लगे, चाय के अदहन की तरह। या कार्बन डाई-ऑक्साइड की मात्रा थोड़ी भी घट जावे तो हम फँस जावें एक नये हिमयुग में!

दादा का भेजा भंड! कि यह कैसा ना-मुत्तफ़िक़ी का आलम है। विपर्यय है। जहाँ तमाम आपाधापी है। अनपेक्षित घट रहा पल-पल। फिर भी सब सुचारु है। हर कुछ आप्तकाम सा, सन्तुलित सा भास होता है। हर चीज़ बस उतनी ही है जितने की धरती को दरकार है, अपना रूप यथावत् बनाए रखने के लिए। ज़ाहिर सी बात ठहरी कि ऐसा सुशान्त-विपर्यय किसी के साधे बिना नहीं सध सकता।

तो कौन है वह अन्तर्व्यापी जो धरती को धारण किये है? उसे जीवन के हित में सन्तुलित किये है?

ख़ूब विचारा दादा ने तो एक-हर्फ़ा जवाब मिला—'होमियोस्टेसिस'। हर प्राणवान में अनिवार्यत: उपस्थित वह 'विधायक आन्तरिक वृत्ति' जिसके तहत क्रिया-प्रतिक्रिया एक-दूजे पर काबू रखते हैं।[10] और जिसके हुए से क्रिया-प्रतिक्रिया के अनुपरिणामों (remification) का भी सम्यक् प्रबन्धन होता है। कहे का अर्थ यह कि जो वस्तु सक्रियता व अग्रसक्रियता के साथ बदलती परिस्थितियों से संघर्ष कर आन्तरिक और बाह्य वातावरण को अपने हित में बनाए रखने में चेष्टारत है, वह प्राणवान है।[11] और सचेष्ट-सजग-सन्तुलन बनाए रखने की यह 'विधायक आन्तरिक वृत्ति' ही जीवन की सार वस्तु है। इस वृत्ति का होना ही जीवन के होने की अचूक पहचान है। और इस वृत्ति के क्रियाशील होने का प्रमाण है उसके (जीवन्त के) आसपास के वातावरण में परिव्याप्त उलट-पुलट। सुशान्त-विपर्यय।

सुशान्त-विपर्यय। जो धात्री के यहाँ अपनी सम्पूर्णता से उपस्थित है। इस लिहाज से धरा स-प्राण है। एक महाकाय-जीव है! गाया है। एक महत्त्वपूर्ण बात अपन को यहीं समझ लेना चाहिए। वह यह कि गाया (क़ुदरत) पृथ्वी का पर्यायवाची नहीं। कि गाया एक प्रणाली है। और पृथ्वी गाया का एक छोटा सा हिस्सा मात्र है, सम्पूर्ण गाया नहीं। गाया की निर्मिति होती है धरा की चन्द मीटर मोटी सतह (ऊपरी सतह) और उस सतह पर निवासरत जीवों-निर्जीवों से। उनके संग-सहयोग से गाया न सिर्फ़ अपना वायुमंडल बनाती है वरन् उसे नियंत्रित भी करती है।

यथार्थत: हम सब—तमाम जीव, सारे तृण-विटप, सगरे पोखर-सागर और सारे रेगिस्तान और दीग़र ग्लेशियर और दुनिया भर की चट्टानें और तमाम परती भूमि भी—गाया अर्थात् क़ुदरत नामक इस जीव के अंग हैं। अन्दरूनी अंग। एक अदना घटक। घटक जो अपनी निजता में बेमानी। फिर भी इनमें से हर-एक ज़रूरी। न कोई किसी से कमतर, न कोई किसी से बढ़कर। वाजेह हो कि ये अंग, जिनमें मनुष्य को भी शुमार जानें, इस महाकाय-जीव का साध्य नहीं। साधन हैं। साधन जो आपस में संवाद करते हैं। क़ुदरत की संचार व्यवस्था के ज़रिये। व्यवस्था जो हवा-नदी-सागर के मार्फ़त चलती है। इनके सहारे ही गाया अपने को बचाए है। पृथ्वी को जीवों के अनुकूल बनाए है। तीन सौ करोड़ बरसों से।[12]

मित्रो! यही है दादा लवलॉक का 'गाया-सिद्धान्त'।

'जब तुम कहते हो कि क़ुदरत ज़िन्दा शै है। हज़ारों बदलावों के बाद भी करोड़ों बरसों से अपना सन्तुलन बनाए है। तब तो बचकाना ठहरा तुम्हारा यह विलाप। कि धरती के एक टुकड़े के पुनर्संयोजन से, जिसे तुम अंग-भंग करना कह रहे, उसका कुछ बिगड़ने का नहीं। कर लेगी वह अपने को पुनर्सन्तुलित...'

'हाँ, पूर्व में ऐसा कर पाना गाया के लिए सम्भव था, किन्तु अब नहीं...'

'ऐसा क्यूँ भला?'

'झरने जहाँ फूटते हैं अदिति-कोख से, दरिया जिन साहिलों के बीच से गुज़रते हैं, समन्दर जहाँ जूझते हैं ज़मीं को आगोश में भरने ख़ातिर और आस्माँ चूमा करता है जहाँ परबतों का मस्तक वहाँ और ठीक उन्हीं जगहों पे कायम है गाया की राजधानी। करती रही है गाया बारम्बार वातावरण का पुनर्सन्तुलन वहीं पर बैठ...'

'तेरी गिनाई जगहें तो आज भी हैं, फिर क्यों नहीं चलेगा गाया का काम बदस्तूर...'

'इसलिए कि अब वह पहले की सी बात कहाँ? बदल चुका है कितना कुछ। भोथरे हो चुके गाया के कई हथियार। नपुंसक हो चुके उसके कई अंग। बखिया ही बिखेर दी है मनुष्य ने उन कल-कारख़ानों की जहाँ गाया रात-दिन खटती रही...खटती ही रही...धरती को जीवन्त रखने हेतु...दूर क्यों जावें...इसी जगह को लें जहाँ पर कि अभी हम हैं...यह भी तो गाया की पसन्दीदा जगह है...और आदमी क्या कर रहा है उसके साथ...आप गवाह हैं कि इसे लूटा जा रहा बेरहमी से...बेशरमी से...जैसे गारद लूटती है औरतों की अस्मत...भौंकती है उनके गुप्तांगों में कटार...ठीक वही सब तो भुगत रही है यहाँ की भूमि... और...लूटा-लूटी के इस मंज़र में मेरे लिए कुछ नया नहीं...कुछ भी तो नहीं... यह दुर्भाग्य ही है कि ऐसे जुलुम पहले भी देखे हैं हमने...गाया की नज़र से मानीख़ेज़ और भी तमाम जगहों पर...अब अपना हाल यह कि डरपता है हिया आनेवाले समयों को सोच...कि आदमी की नस्ल बचेगी या नहीं...गर बच रही तो गुज़ारा किस तरह होगा उसकी आती पुश्तों का...कि मेरे ज़ेहन में आइन्दा दुनिया का कुछ ऐसा अक्स तिरता है...

सब ताल-तलैया सूखे भिया
बँधी है नदिया छिछला पानी
जाकर कहाँ मुन्ना अब देखे
बाहुक बतख़ें बहता पानी

विहगों के दल भटक रहे हैं
कैसे नभ में नीड़ बनाएँ
डाल नहीं दीखती है नीचे
न है तिनकों की आसानी

इधर श्वान है उधर श्वान है
खड़े श्वान हैं घात लगाए
चीख़ रहा है बेबस मानव
चाहे मरने की आसानी

मड़ही चुप है मौन महल है
दैरो-हरम हैं खड़े मुँह बाये
आदमी कहाँ, किधर है आदम
कहता था ख़ुद को लाफ़ानी

जाँस्कर-सुमुडो की ओर

जुलाई 3, 2013। समय सुब्बो ग्यारह का।

सफ़र में चार घंटे खप चुके। जहाँ कल डेरा किया था उधर से सवा सात सौ फ़ीट ऊपर चढ़ चुकी यह बगार। दरख़्त-ओ'-दश्त की दुनिया पीछे छूट चुकी।

हमारे सामने वही श्वेत-पगधारी परबत है जो कल दोपहर दीख तो रहा था मगर आधा-अधूरा। कभी बादलों से ढँपा, कभी कुहासे से। किन्तु आज साक्षात है उसकी समूची देहयष्टि। मालूम हुआ कि उसने जो श्वेत-पग पहनी है उसका कारण ताज़ा बरफ़ नहीं मुसलसल जमे रहनेवाला बमक है।

वैसे कुछ बमक चन्द-रोज़ा भी होते हैं। पहाड़-पहाड़ियों के तन से लिपटे दीखते हैं जाड़ों में। किन्तु मौसम गरमाते ही मिज़ाज बदल जाता उनका। फिर वो पिघलते हैं। फिसलते हैं। निकल पड़ते हैं पैताने से सट बहती नद्दी सम्त। छह मास के साथी को अकेले कैसे जाने दें, पहाड़ी सोचती है। लिहाज़ा वह भी रपटती है प्रियतम-बमक संग कुछ दूर तक। परबत-शाने से पैताने तक पुगती ये रपटें, जिन्हें नृ-शास्त्री स्क्री बुलाते हैं, यथार्थतः राग-रमण चिह्न हैं। प्राणाधिका-कटि पर ज्यूँ नख-दंश। दंश जिनसे अलंकृत है इस घाटी को घेरे हरेक पहाड़-पहाड़ी का बदन। जिन्हें देख इस बगार के प्रणय-वाटिका में बदल जाने का भास हो रहा। वाटिका, जहाँ लाज-शरम तज घाटी ने ढीली कर दी है अपनी तमाम गिरहें। नतीजन परबतों को छोड़ चट्टानें ढुलक आई हैं घाटी-तल पर। छोटी-बड़ी, गोल-नुकीली चट्टानें। धूसर-लाल-सिन्दूरी चट्टानें।

यह नहीं कि अपनी गाँठ ढीली कर घाटी को अलावा पत्थरों के कुछ नहीं मिला। प्रचुर जलराशि भी पाई है उसने। बात बर्सी नदी की नहीं उस पानी की है जो छुट्टा घूम रहा घाटी में। जहाँ-तहाँ, जिधर-तिधर बहती उन धाराओं को देख हक्का-बक्का हूँ। सोच रहा, इतना बहुत-सा पानी किधर से आ रहा? क्या भुँइतोड़-जलधाराएँ हैं ये? धरती के पेट में कितने बहुत से राज़ छुपे हैं, किसे मालूम। शायद कि वहाँ ऊर्ध्वगामी सोते होते हों। धरणी-कोख से निवृत्ति पा निकल आए हैं बाहर। गुडाली चल रहे हैं घाटी में।

जो हो, पर इन छौनी-धाराओं ने घाटी-तल को सहस्रों टापुओं में बाँट दिया है। कहीं छोटे टापू, कहीं बड़के, कहीं समतल तो कहीं ऊँचे। काश कि! मेरे भीतर का बच्चा, बच्चा ही होता। तो नदी-पहाड़ का खेला खेल लेता। अब तो इन्हें देख भर सकता हूँ। जज़्ब कर यह ख़ूबसूरत मंज़र बाँट सकता हूँ आप संग।

देख रहा हूँ अधिकांश जज़ीरों की कगारों पर बेल-बूटाकारी। सब्ज़ घास, गुलाबी फूल। बादलों के रोशनदान से छूटी किरणों से झिलमिल जलधाराएँ देख लग रहा जैसे बेल-बूटों के बीच चितेरे ने सलमा-सितारे भी टाँक दिये हों। इस निर्दोष दृश्य में पर एक दोष भी है। वह यह कि चन्द द्वीपों पर क़ाबिज़ हैं मजूर। देसी-परदेसी मजूर। आज के गिरमिटिया। जो तोड़ रहे हैं टापुओं पर हासिल चट्टानें।

हम बढ़ रहे हैं जाँस्कर-सुमुडो की ओर। टापू-दर-टापू। बड़ी आसानी से। आसानी जो जर्मन घुमक्कड़ मामा मिशेल को तब हासिल नहीं थी, जब वह गुज़रा था इधर से। कोई छत्तीस वरस पहले। इन धाराओं ने घोड़े तक बहा दिये थे उसके। और तब जाड़े के आरम्भिक दिन थे। जबकि अभी तो वर्षाकाल है। दोपहर है। तापमान 27⁰ से. ग्रेड है। जाड़े में पड़ी बरफ़ इसी कालखंड में, ऐसे ही मौसमों में पिघला करती है। फिर भी ये धाराएँ इतनी कमज़ोर क्यों? क्या इधर हिमपात कम होने लगा है? क्या तेनझिन का मौसम बदलने का दावा सच है?

चिन्ता हो रही।

क्या बदले मौसमों में अपनी सुवरण-खुदैया कीड़ियाँ बची होंगी? होंगी तो भी बर्सी-घाटी में नहीं ही दीखेंगी। ऐसा मानने के दो कारण हैं। पहला—हेरोडोटस-गल्प की भुँइ सगबग नहीं सूखी होना। दूसरा—इस क़िस्से को सुन तेनझिन का बाका फट जाना। और यह बताना कि इधर एक ज़मीन-खोदू जीव अवश्य मिलता है—फ़िआ (Phia)। मगर वह चींटी नहीं चूहे सरीखा दीखता है। बड़े चूहे का सा। हँसते हुए उसने आगे जोड़ा था—

"कितने मज़े की बात है कि दारचा में फ़िआ पिट्...पिट् बोलता है किन्तु आदमी की तरह उसकी भाषा भी जाँस्कर पहुँच बदल जाती है। वहाँ वह कर्र... कर्टर...कर्र...बोलने लगता है जी..."

तो क्या फ़िआ ही हेरोडोटस का चमकदार-ख़ाल वाला चींटा है। तेनझिन को नहीं पता। लेकिन उसे जाँस्कर में मिलनेवाली यूर्जी (?मूर्जी) नामक एक काली धातु की ख़बर है, जो किसी पत्थर (खोपर) के संसर्ग से सोने में बदल जाती है। लेकिन अपन को किसी पत्थर-शत्थर से क्या मतलब। अपना लक्ष्य सोना नहीं, सुवरण-खुदैया चींटा तलाशना है।

लक्ष्य? सोच रहा हूँ कि विपर्यस्त जगत में सटीक लक्ष्य-भेदन सम्भव है क्या? लक्ष्य-आलम्बित यात्रा करना उचित है क्या? आख़िर लक्ष्य भी तो एक तरह से आस

ही है। जो भरमाती है। भगाती है। आस भूल-भुलैया में भटका तो यात्रा संशय में तिरोहित हुई कि हुई। लक्ष्य की ज़िद में अन्धाधुन्ध दौड़ने का हासिल क्या—बेज़ायक़ा सफ़र। इस दौड़ में उलझने से बेहतर लम्हा-लम्हा, गाम-गाम मज़ा लूटते हुए यह सफ़र—हर सफ़र—तय करना।

यह मगर भरे-पेट किया गया चिन्तन ठहरा। रोटी की आस, मनुष्य का-सा जीवन पाने का लक्ष्य किन्तु सात्त्विक-लक्ष्य ठहरा। लक्ष्य जिसके अधीन इस देव-पथ के बीच बने टापुओं पर लोग खट रहे। लारियाँ ढो रहीं, उनकी तोड़ी चट्टानें। ला-ले जा रहीं मालो-असबाब घाटी की परली कगार पर काम कर रहे मजूरों तलक।

लारियाँ। ये कुमुख-लारियाँ। ठेकेदारों के लिए परम आवश्यक किन्तु दुश्मन हैं मेरी जान की। इनकी गड़गड़-घुर्रघुर्र-पोंऽपों-पेंऽपें के चलते कल शब गुज़री बेदारी में।[1] कभी सोनी पर कनकनाते। कभी ख़ुद को कोसते। तो कभी 'घाटी विकास योजना' के रचनाकारों को बददुआएँ भेजते।

इस गुलगपाड़े का अपर्णा पर असर?[2]

राई-रत्ती जित्ता भी नहीं! वह तो मस्त सोती रही। मस्ती जो उस पर हर समय तारी होती है। फ़िलवक़्त भी है। जबकि अपने राम, सच कहूँ तो, पस्त हैं। मायूस हैं। कारण—सुबह से चढ़ा हुआ माथा। जो तब-से अब तलक इत्तु सा भी नहीं उतरा। पीर अब ऐसी कि बरदाश्त के बाहर। चलना मुहाल।

डग-डग धमक पड़ी रही माथे पर। जैसे घन की मार। ऊपर से जी मिचला रहा, सो अलग। यह मगर हैंगओवर नहीं। सौं आपकी! विगत सात दिनों में एक बूँद भी हलक़ से नहीं उतरी—और यह चिन्ता का विषय है।

क्या? मय से दूरी?

नहीं बन्धु, यह सरदर्द।

चिन्ता कि यह ऊँचाइयों वाला शिर-शूल न हो। बोले तो हाई-एल्टी का लक्षण न हो।[3] काहे कि मनाली (6700 फी.) से साढ़े बारह हज़ार फ़ीट की ऊँचाई लगभग ताबड़तोड़ तय करने का खोटा काम हुआ है अपन से। ऐसी हबड़तान नहीं करनी थी हमें। जो जाँस्कर-सुमुडो हमारी मंज़िले मक़सूद होता तो बात और होती। किन्तु अपन को तो जाँस्कर-भुँइ तक पुगना है। जूझना है बदनाम शिंगु-जोत से। सुना है वह आदमख़ोर है। खच्चर-घोड़ों के पंजर वहाँ बहुतायत से दीखते हैं। वैसे इसमें अचरज कैसा और क्यूँ? कि जीवनदायी चार कि.मी. मोटी वायुमंडलीय-परत के उस पार की वस्तु जो है शिंगु-ला।

लेकिन यह तो अकादमिक टंटा ठहरा।

मैदानी सच यह है कि अभी भी अपन को नी-नी करके चार हज़ार फ़ीट की ऊँचाई और तय करना बची है।[4] और यह माथा है कि भचके जा रहा। जो अब भी अपनी रफ़्तार न तोड़ी तो जान फँस जावेगी साँसत में। कहीं ऐसा तो नहीं कि

अपर्णा भी परेशानी में हो और छुपा रही हो अपना हाल। आदतन। पड़ताल करना चाहिए, मैंने सोचा।

हम-दोई की एक आदत है। पैदल-यात्रा दौरान छेंटी बनाकर चलने की। ख़ासी छेंटी बनाकर। ग़रज़ यह कि जो देखें अपना देखें। दिखाया-बुझाया नहीं। 'मैनेज्ड-अवलोकन' से दृष्टि-स्वातंत्र्य स्खलित होता है। उत्तेजना मिलती है न उल्लास। फिर एकाकीपन में लपके मंज़र ही तो सफ़र की असल कमाई ठहरे। अपनी चेतना, मानस तथा दृष्टि बल से अर्जित रकम! यह मत समझ लीजिए कि दूसरों के तजुरबों की हमारे क़रीब कोई बखत ही नहीं। और हम उन पर चर्चा तक नहीं करते। शाम को जब अड्डा जमता है तब, या चलाई के बीच सुस्ताते हुए साझा किये जाते हैं अनुभव।

किन्तु मैं तो छेंटी बनाकर चलने की बात कर रहा था। होता यूँ है कि पदयात्रा में रनी सबसे आगे चलता है। फिर अपर्णा। तब मैं। अन्त में सोनी। फ़िलहाल भी अपर्णा मुझसे आगे चल रही। इतनी आगे कि जान पड़ रहा जैसे कोई तीन-फुटी गुड़िया डोल रही हो टापुओं के बीच।

चाल को गति दे उसके समीप पहुँचा।

हाँफते हुए पूछा—"मैडम जी की तबीयत कैसी है?"

"क्यों, मेरे को क्या होगा?," वह तुनककर बोली।

"नहीं वैसे ही पूछा। मेरा सिर भोत दुख रहा है इस करके।"

"अरे! पहले कहते तो आज का दिन आराम..."

"उस मनहूस जगो एक दिन और बिताने का जो सपना भी देखूँ तो आँखें नोच डालूँ अपनी।"

"हुँ...तो अब क्या मन है तुमारा?"

"मन है सुमुडो में एक नहीं दो रात काटने का...क्यों रनी...अरे...ओ...रनी भाई...सुमुडो से कितने दिन लगेंगे शिंगु-ला पहुँचने में?," मैंने बात रनी की ओर उछाली, जो पलटकर हमारी ओर आ रहा था।

"पता नहीं...सर जी...टीनू बोल रहा था कि बहुत नहीं...बस दो पड़ाव का रास्ता है। पहला रामजक और दूसरा शिंगु-बेस कैम्प।"

"बाप्प रे! प्राण लोगे क्या! हमें कोई खच्चर समझा है...दो दिन में तेरह से सीधे सत्रह हज़ार...बाप्प रे...टीनू कहाँ है अभी?"

"सुमुडो पहुँच चुका होगा, सर जी।"

"ओह! चलो कोई नहीं...कहीं रुककर चाय पीते हैं..."

"सर जी थरमस तो पासंग के पास है..."

"और पासंग किधर है?"

"टीनू के साथ।"

"धत् तेरे की...हो गया बेड़ा ग़र्क़...साला लिखनेवाले ने सफ़ेद स्याही से लिक्खी है अपन की क़िस्मत...बस फुल-स्टॉप चेंपा है काले रंग से..."

मगर ख़ैर। अब जाँस्कर-सुमुडो पहुँचने की बेतार्बा है। सोच रहा, वहाँ पहुँच समझाना होगा सोनी को। टीनू को। कि जो दो रातें सुमुडो में नहीं बिताईं, तो मेरी शामत आई कि आई।

ख़ुदा मालूम कब पहुँचेंगे सुमुडो...एक बज रहे हैं...जाने कितनी पदाई और बची है...

पक्षी-तीर्थ सुमुडो

यह जाँस्कर-सुमुडो है। ऊँचाई 12851 फ़ीट।

इधर तो बर्सी-बगार बिलकुल ही निर्बन्ध है। उसके पहाड़ हाशियों पर सरक चुके। वह बदल गई है निस्तीर्ण मैदान में। मैदान जिसके दाहिने हाशिये से सटा एक ठिंगना-पथरीला टीला है। हम उसी टीले के पैताने पर बैठे हैं।

मैदान हरा-भरा है। पहले शायद पूरी चौड़ ही घासिया रही हो। किन्तु अभी उस बाजू, जहाँ बर्सी बह रही, घास नहीं है। सूखा है। उधर सड़क बनानेवाले क़ाबिज़ हैं। वहाँ आपाधापी है। लारियाँ फिर रहीं। धूल उड़ रही। उपत्यका उधड़ रही। मुदा अपन को उधर के उधड़े मैदान से क्या मतलब? जबकि हमारी तरफ़ वाला मैदान, हमारा सुमुडो, मस्ताने के ढेरम-ढेर मौक़े सँजोये है।

सुमुडो मानी, जैसा कि कह चुका, वह जगह जहाँ जलधाराओं का जाल हो। जोकि हमारे वाले सुमुडो में भरपूर हैं। इस करके वह पनियाला है। चलो तो पिचकारी छूटती है घासिया-गलीचे में से। कहीं-कहीं तो पैर टखनों तक धँस रहे। अच्छा है कि यहाँ कादा नहीं। जो है भी तो बस कहीं-कहीं। हर कहीं होता तो अपर्णा किचकिच करती। शामियाना नहीं लगाने देती यहाँ। गोबर व कादा उसे नागवार। और इस बात की किसे ख़बर नहीं!

बहरहाल, हमारी गुम्बद-रावटी हमारे वाले सुमुडो में डटी है। घाटी की दाईं कगार को रेखांकित करते लमतड़ंग-पहाड़ से सटी है। अड्डा-घर, मानी हमारा किचन-टेंट, हमसे बहुत दूर है। उस सन्धि-रेख पर जो घासिया और सूखे-सुमुडो को बाँटे है। दोनों शामियानों के दरमियान एक नाला है। जो तब सूखा था जब टेंट गाड़े गए थे। अब बह रहा एकदम धड़ाके से। रसौड़े में आते-जाते इसे फाँदना होगा—बहुत ध्यान से।

तीन बज चुके।

सोनी से चर्चा हो चुकी। तय हो चुका सुमुडो में एक अतिरिक्त रात बिताना। और यह भी कि अब-से टन्नू सबके पीछे कैम्प छोड़ेगा। आगे सफ़र उसी तर्ज़ पर तय होगा जैसा कि पिछले अभियानों में हुआ करता। यानी पूर्वनिर्धारित पड़ावों को धता बता अपने मनानुसार चलना। थमना।

और शिर-शूल? वह तो अब भी है, पर कम है। गो दर्द-निवारक दवा का

असर हो। वैसे अपना मन तो नेठू निठल्ला बैठने, गुनगुने में टेंट सुलंट मारने का था। मगर नश्तर चल गया मन की मुराद पर। सोनी का नश्तर। जिसका इस्तेमाल वह हर्मेश करता है तिपहरी में सोना चाहने पर। आँख चुरा गर ऊँघे भी तो निर्दयी गुहार-गुहार उठा देता है। कभी जोत देता है ताश में, कभी टहलक़दमी में। वैसे उसका व्यवहार अनुचित भी नहीं। कि दिन की नींद से अनुकूलन बाधित होता है। हाई-एल्टी का ख़तरा बढ़ता है। सार यह कि शरीर ऊँचाई हेतु सधने के पहले दिन में सोना महँगा सौदा ठहरा। और वणिक-पुत्र महँगे सौदे नहीं करते। सो अपन मशगूल हैं चहलक़दमी में।

अभी हम-दोई अपनी गुम्बद-रावटी के समीप पहुँचे ही हैं।

"अहा! कितनी सुन्दर ख़ुशबू है," हम-दोई के मुख से एक साथ निकला, यहाँ पहुँचते ही। परन्तु यह बू किसकी है! दलदल की? लेकिन दलदल की बू ऐसी तो नहीं होती जैसी कि यहाँ है। फिर यह गन्ध, मन मलंग करती यह लोबानी-गन्ध, किधर से आ रही?

घास उठाता हूँ। सूँघता हूँ। हथेली पर मल फिर बू लेता हूँ। बात नहीं बनती तो बैठ जाता हूँ घासिया-गलीचे पर। दोज़ानू। नाक सटाता हूँ उधर गुँथे गुलों से। (मैं लाख चाहे भी फूल तोड़ नहीं पाता, सरग़ोशी करने लगते हैं हफ़ीज़ मेरठी साब—'फूल को हाथ लगाने की ज़रूरत क्या है')। इतना सब किये भी बिहिश्ती-गन्ध का पता नहीं मिलता। अपितु कादा सन जाता है पतलून पर। अपर्णा गुर्राती है। सह लेता हूँ। वहीं बैठे-बैठे गर्दन ऊँची करता हूँ। नाक गड़ा सूँघता हूँ हवा के गुज़रते झोंकों को। कुकुर मानिन्द। यूरेका! यहाँऽऽ है! इधरर्रऽऽ है—चीख़ता हूँ। क्या मिल गया तुमको इस बर्फ़ीली हवा में, अपर्णा पूछती है। गन्ध, इस गन्ध का पता। बोलता हूँ। फिर सोचता हूँ कि हवाएँ तो नामाबर ठहरीं। नामा बाँटू। जो पानेवाले को जाने हैं, भेजनेवाले को नहीं। सुगन्धितनामा पाने भर से भेजवाल की ख़बर नहीं मिल रही। किसने भेजवाया यह महमहीनामा हम बे-घर लोगन तक?

मेरा सवाल गूँजता है वादी में।

वादी चौंकती है। चौंकते हैं यहाँ-वहाँ लुके पाखी भी। पीली काया वाला पंछी, तांबई-कंठ पाखी, तांबई-पेट पंछी और सफ़ेद-धारीदार डैनों वाला वह विहग भी—जिससे दारचा में भेंट हुई थी अपन की।[1] ये सभी अपनी-अपनी बोली में कुछ बोल रहे। कोई बोल रहा हमारी ओर आते हुए। तो कोई हम-दोई से परे जाते हुए। इस बार खग ओन की भाषा नहीं देह-बोली बुझाती है। समझ आ रहा कि वे निर्भीक हैं। कुछ बेकल भी। गोया वादी में गूँजते मेरे सवाल के बायस। हो न हो उनको लोबानी-गन्धस्रोत का ठिकाना विदित है। उनको नहीं होगा तो और किसको होगा। पाखी सब जानते हैं, सबको पहचानते हैं।

ख़ैर!

छिप्प-गुट का घोंसला जो लदाख (2011) में देखने मिला

इनमें एक परिन्दा ख़ास है। पेटू है। अत्यधिक चंचल भी। न एक जगह ठहर रहा, ना बोल रहा एक बोली। अभी घास में छुपा है, तो अभी चट्टान पे चोंच रगड़ रहा और अभी झपट रहा हवाओं पे। कभी च्...च्...च् बोले तो कभी चर्रर... चर्रररचू...। कभी पंचम सुर लगावे तो कभी एकदम खरज में ढुक जावे। बन्दे का गला तैयार है। अपना रियाज़ दिखा रहा है। सिर्फ़ गले का ही क्यों वह अपनी बारीक-बिनाई का कमाल भी तो दिखा रहा।

जिधर से इनसानी-दीठ मायूस लौट आवे, उन सुनसान गोशों से वह मुख में लुकमा दबाये निकल रहा। यहाँ तक कि पाक-साफ़ हवा पर चोंच मार वह लपक ले रहा कीड़े। यह तो जादू ठहरा। गोया जन्तर-मन्तर जानता है यह पेटू-परिन्दा। इसकी जमानत है उसका बाना। तांत्रिकों का सा बाना। सर पे शृंगयुक्त काला टोपा। आँखों को घेरते हुए गालों पर पुता काजल। और ग्रीवा पर लपेटा स्याह-रंग रूमाल। पेट के गिर्द सफ़ेद जामा, पीठ पर कत्थई दुशाला। इस सींगिया पाखी को इधर छिप्प-गुट बुलाते हैं।[2] जो अपना नीड़ ज़मीन पर बनाता है। इस हेतु मादा-छिप्प अपने पंजे व चोंच से भुँई में गड्डा खोदती है। फिर तृणों को गूँथ उसे सजाती है।

इधर, हमारे खित्ते में, छिप्प-गुट का कोई घोंसला ढूँढ़े नज़र नहीं आ रहा। आना भी नहीं चाहिए। कि यह ज़मीन तो गीली है। जबकि नीड़ हेतु उसे होना नाटी-घास वाली सूखी भुँइ। देखा जावे तो ऐसी जगह को बरतना ख़तरे से ख़ाली नहीं। कि

घोंसला दुश्मनों की निगाह में आ सकता है। मगर सींगिया-पाखी ने दुनिया देखी है। उसके पास इससे बचने की समय-सिद्ध तरक़ीब है। जिसके तहत वह घोंसले के भीतर व आसपास पत्थर सजा देता है। कुछ इस तरह कि घोंसला अपने गिर्द के माहौल से एकमएक हो जावे।

हमने देखे हैं ज़मीन पर बने ऐसे कई घोंसले। दो बरस पहले। लदाख में। सोकर-झील मुहिम के दौरान। जिसमें सूखे तिनकों से तैयार एक कटोरी, गँठीली-किनारों वाली कटोरी, धरती में पैठाई गई थी। इन कटोरियों तक पुगने के लिए पत्थर-छिलपटों का एक सुन्दर मार्ग भी सुलभ था। कुछ नीड़ रीते तो कुछ में अंडे भी दीखे। दो या तीन कत्थई-छींट वाले चम्पई-रंग अंडे। सच कहूँ तो उन्हें 'घोंसला' पुकारना ठीक नहीं लग रहा। छियालीस सहस्त्र वर्ष लम्बी कर्म-साधना के प्रसाद को ऐसा ओछा नाम क्यूँकर दिया जावे? जबकि वो मिटिया-कैनवस पे उकेरी अद्‌भुत कृतियाँ थीं। थे अदिति के पल्लू पर अकिंचन पंछी के सशक्त हस्ताक्षर।

मनुष्य होना पुण्य-फल। बस वह ही मेधावान। विवेकशील। सौन्दर्य-बोध तो बस उस-ही में। ऐसी बातें सुनता आया हूँ बचपन से। धार्मिक-ग्रन्थों से ही नहीं अपितु विज्ञान के यहाँ से भी। विज्ञान जो बाँटता है जीवों को 'हायर-लोअर एनिमल किंगडम' में। बुलाता है स्वयं को होमो-सेपियन यानी बुद्धिमान-मनुष्य। दीगर जीवों को कमअक़्ल।

मगर यह सब गर्वोक्तियाँ हैं। पीढ़ी-दर-पीढ़ी रूढ़ हुआ भरम।

बात परिन्दों की करें तो बया के घोंसले किसने नहीं देखे। इसके दो घोंसले एक से नहीं होते। नर पाखी बनाता है नीड़। मादा सबसे सुन्दर-सुघड़ नीड़ का चयन करती है, उसके रचियता संग रमण करती है। इसी तर्ज़ में बैठते हैं अपने सींगिया-पाखी के ज़मीनी घोंसले। हमने जितने देखे, जुदा तबीयत देखे। हर नीड़ की बुनावट अलग। हर घोंसले की छटा इतर। ऐसी कि देखो तो थमकर देखना पड़े। दबाना पड़े दाँतों तले उँगलियाँ। फिर पंछी ही क्यों गिंडोला भी तो पचास तरह के तिनकों में अपने काम का तृण चुनता है। और यह बात डारविन साहब के शोधों से सिद्ध है।

सच कहूँ। इस कमबख़्तमारी फिरन्दरी ने एक ही झटके में खोल मारा इज़ारबन्द मिरा। खड़ा कर दिया मुझे आईने के सामने—निर्वस्त्र। और अब अपन-का हाल यह कि ख़ुद को हर जीव से अकिंचन जानता हूँ। चकनाचूर हो चुका दम्भ मनुष्य-योनि में जनमने का। जानता हूँ अब कि हर प्राणी अपनी दुनिया का दिग्गज है। और मानता हूँ मनुष्येतर जीवों को कई मायनों में आदमी से ख़ूबतर भी!

मगर ख़ैर। पगले मन की बेमतलब की बातों को छोड़ चलिए हम-दोई के संग अड्डा-घर की ओर। पंछियों के बीच समय यूँ बीता मानो व्यतीत ही नहीं हुआ हो। जबकि उनको सोचते-निहारते दो घंटे से ऊपर हो चुके। साढ़े पाँच बज रहे किन्तु सन्ध्या की दूर-दूर तक कोई धमक ही नहीं। धूप अब भी जस की तस है।

वह हद, वह नाला, फाँदते ही जैसे परिन्दों की दुनिया ही बदल चुकी। हदें दुनिया बाँटती है, सुना था। आज देख भी लिया। यानी अड्डा-घर तरफ़ कबूतर हैं, पीले-चंचु वाले पाखी हैं।[3] मगर गुम्बद-रावटी खित्ते वाला एक भी पंछी नहीं।

हालाँकि विषयान्तर होगा किन्तु वह जो पीले-चंचु वाला पक्षी है उसके बारे में कुछ कहना है मुझे। कि विकास-विकल मानव को सुनना ही चाहिए पाखियों की कहानियाँ। तो मैं बताऊँ आपको कि वह पाखी—स्वर्णतुंड काकोल या कॅव—महान् उड़ाका है। महाभारत के भीष्मपर्व में एक सुवर्णी-काक की कथा आती है। जो इस पाखी के गरुड़ों से भी ऊँचा उड़ पाने की क्षमता की गवाही है।[4] यह जानना दिलचस्प होगा कि स्वर्णतुंड काकोल कुछ नहीं तो चालीस हज़ार बरस पुराना निवासी है इस धरती का। तब से अब तलक यह स्थायी जोड़ा बना रहा है—क्रौंच की तरह। और तब से अब तलक ऊच्च-हिमालयीन (या समतुल्य जगहों) पर सहज उपलब्ध गुहाएँ इसकी आश्रय प्रदाता रही हैं। हमारे पूर्वज—निएंडरथल—गुहाओं में घुस इनका शिकार किया करते थे, ऐसा शोधकर्ता कहते हैं।

निएंडरथल तो नहीं रहा। किन्तु उसके गुणसूत्र आज भी ज़िन्दा हैं। मुझमें। हम सभी में। और ज़िन्दा है कॅव-मांस की वह ललक भी। सोनी की मानें तो पीली-चोंच वाले इस कौवे का गोश्त अब भी लोगों को प्रिय है। विशेषकर कोरियन पर्वतारोहियों को। साथ लाया मांस निःशेष होने पर वे इसका शिकार करते हैं। यह जानकारी मगर ज़रूरी बात नहीं।

ज़रूरी जानकारी है जाँस्कर-सुमुडो का मेरे समक्ष पक्षी-तीर्थ बन उद्घाटित होना। इन पंछियों को निहारते-विचारते अन्तस में उपनिषद् घटित होना। यहाँ आकर ज्ञान हुआ कि सहस्त्रों-सहस्त्र बरसों से जस की तस जीवन-शैली के बाद भी पाखी क्षुब्ध नहीं। उनकी आँखों में अतृप्त-वासना की कोई झलक नहीं। जाना कि क़ुदरत के क़ायदे उनपे आईने की तरह साफ़ हैं। इसीलिए वे भीतर से मालामाल हैं। ख़ुद ही में ख़ुश रहते हैं। ख़ुदकुशी नहीं करते। समझा कि अतीत में जीना और अतीत को सहेजते वर्तमान में जीना, दीगर चीज़ें हैं। पहली से जीवन रुद्ध होता है, दूजी से समृद्ध!

बहरहाल, मैं क्या कह रहा था?

जी...याद आया बात चल रही रसोई-शामियाने सम्त जाने की। रसौड़े में हमारा स्वागत किया लहसुन की तीखी गन्ध ने। कहाँ उधर की वह रूहानी-बू, कहाँ परे धकेलती यह गन्ध। धक्का लगा।

"क्यों रे रनी, क्यों बुलाया हमें इधर..."

"पासंग भाई ने बोला था...सर जी।"

"आपका हेडेक कैसा है, सर," पासंग ने लहसुन छीलते हुए पूछा। मेरी तबीयत दरियाफ़्त करते हुए भी उसके दीदों में का सन्नाटा बदस्तूर है।

"कम है अब...क्यों?"

"पत्तागोभी-लहसुन का सूप बन रहा है...पीकर राउंड लगाओ...आराम मिलेगा।"

पहाड़ों में लहसुन का बड़ा महत्त्व है। ख़ासकर ऊँचाइयों पर विचरनेवालों के यहाँ। ट्री-लाइन लाँघने के बाद तो इसका भरपूर प्रयोग करते हैं वे। सर्द हवाएँ चलें तो लहसुन का तड़का लगी दाल। सिर दुखे तो लहसुन-अदरक का सूप। वैसे इलाज या बचाव वास्ते रनी का भरोसा जंगली लहसुन पर अधिक है। गो कि वह उत्तराखंड के वनों में हर कहीं बरामद होता है। पर इधर अरण्य कहाँ जो वनीय-लहसुन का अनूठा स्वाद मिल सके। इस मुहिम में तो गुज़र मैदानी लहसुन से ही होगा।

"सूप तैयार होने में तो समय लगेगा, क्यों न इस बीच गरमागरम चाय हो जावे," अपर्णा ने फ़रमाइश की।

अभी चाय का अदहन रखा ही था कि शामियाने का परदा इत्ता-सा छीदा कर एक मुंडी भीतर धँसी। मैं चौंका। लगा कि टेंट की भीत पर मानव-मुंड टाँग दिया किसी ने। जैसे बैठकख़ाने में टाँगा जाता है बारहसिंगे का सिर।

"गुड मॉर्निंग सर जी," मुंडी बोली। और अगले ही पल उसके संग नत्थी देह भी टेंट में घुस आई। छरहरी काया, खिंचा-खिंचा लम्बोतरा चेहरा, नुकीली नाक और काले घुँघराले बालों से मालामाल जीन्स-टीशर्ट पहना बीस-बाईस बरस का एक युवक हमारे बीच खड़ा था। नार्थ-फ़ेस की जाकिट और लोवा के जूते देख हम समझे ट्रेकर है कोई। चाशनी लेने आया है कि इधर, इस कैम्प में, कौन है!

"इधर कितने दिन का प्लान है," किनारे धरे बेड-रोल पे बैठते हुए उसकी नज़र अपर्णा पर पड़ी, "गुड मॉर्निंग मैडम...यू फ्राम व्हेअर मैडम..."

सोनी को शंका हुई। बोला, "ये हमारे गेस्ट हैं, तुम कहाँ के हो भाई जी।"

वह हँसा। अंग्रेज़ी की टाँगाटोली करना छोड़ अपनी औक़ात में लौटा, बोला, "छिप्पा के हैं जी। यह कैम्प साइट मेरी है...जी...और पलामो वाली भी।"

"ओऽऽकेऽऽ, चलो बाहर बात करते हैं...," सोनी आमद का सबब बूझ उसे हाथ थाम बाहर ले गया।

अब ले गया तो ले गया। हमारी बला से! किन्तु इस कुरेद का क्या किया जावे? वह नज़रअन्दाज़ किये से नज़रअन्दाज़ थोड़े ही हुआ करे है। दबाये से इज़ाफ़ा ही होता है कमबख़्त में।

कैसी कुरेद?

अरे! बिसरा गए सोनी का खींचा वह अक्स? वह कैम्पिंग का शुल्क लेनेवाली बात, न देने पर झगड़नेवाली बात? पलामो में जब कोई कैम्प-ठोकाई वसूलने नहीं आया तो बेमानी लगा था सोनी का कहा। मगर आज सोनी साहूकार संग है। अकेले। जाने अंजाम क्या हो? कुरेद है। डबका है। उधर अदहन खदबदा रहा इधर मग़ज़। दम साधे राह तक रहे हम-दोई सोनी के फिरने की।

अभी चाय के दो घूँट ही हलक़ से उतरे होंगे कि सोनी छिप्पा वाले को चाय

पीकर जाने का आग्रह करते हुए रसौड़े में पुनः प्रविष्ट हुआ। युवक को मैंने अपने क़रीब बैठने का इशारा किया। गपशप होने लगी।

"छिक्का से हो दोस्त," बिस्कुट की तश्तरी उसकी ओर बढ़ाते हुए मैंने पूछा।

"जी...जी," उसने तीन बिस्कुट उठाए। क्रीम वाले। बन्दा मलाई पे नज़र रखता है, मैंने दिल ही में सोचा। किन्तु प्रकट में बोला—

"कहते हैं पहले कभी यहाँ की चींटियाँ सोना खोदा करती थीं। कुछ मालूम है उनके बारे में?"

"नहीं...जी..."

"ओह! अच्छा यहाँ बाँध बनने...रेरिक डूबने की बात है...क्या वह सच..."

"किसने सुना आपसे?"

"रेरिक में एक बन्दा मिला था, तेनज़िन, उससे।"

"अच्छा...तेनज़िन...वो तो मेरा भाई है...जी...काका का लड़का...नहीं बाँध नहीं चाहिए...हमसे पूछा था क्या कोई...नहीं...बनने नहीं देंगे बाँध..."

"और यह सड़क...यह भी तो तुमसे पूछे बिना बन रही...यह ठीक है..."

"सड़क तो बोलते हैं जी...सेना के लिए बन रही है..."

"तो?"

"तोऽऽ...हम क्या कर सकते हैं जी...वैसे सड़क बनना बुरा भी नहीं..."[5]

"क्या पढ़े हो..."

"जादा नहीं...बारावीं तक पढ़ा हूँ...मन नहीं लगा तो कालिज छोड़ दिया... जी," चाय में डुबकोये लूगे बिस्कुट को साधते हुए उसने उत्तर दिया।

"अब काम क्या कर रहे..."

"थोड़ी खेती है और कैम्प साइटें हैं...ग्रुप आते हैं तो..."

"तो किराया वसूलते हो, इससे काम चल जाता है तुमारा?"

"ग्रुप की डिमांड भी पूरी करते हैं...जी...कमा लेते हैं...जी।"

"डिमांड...यहाँ डिमांड...कैसी डिमांड..."

"सर...जी...कैसी भी डिमांड...गए अक्टोबर में इसी जगह बैंगलोर के लड़के रुके थे...उनको इन्जॉय करना था। तब यहाँ जनरेटर लाया, लाइटें लगाईं, ट्वेंटी फाइव थाउजेंड वाट का साउंड लगाया...तीन-चार दिन ख़ूब मज़े किये सबने...और..."

"अरे वाह! इवेंट मैनेजर हो तुम तो...और क्या-क्या अरेंज कर देते हो तुम ग्रुप के लिए?"

"जो चाहिए सब," कहकर वह मेरे कान की ओर नमा। फुसफुसाया, "आपकी तरह बर्ड देखने तो कम ही लोग आते हैं...सर...वैसे आप तो कल भी यहाँ हैं... कोई अच्छी चीज़ लाऊँ आपके लिए?" बात ख़त्म करते हुए वह उठा। चला। पलटा। मेरी ओर एक तिरछी मुस्कान फेंकी। आँख मारी। फिर बाहर निकल गया।

उसके यूँ उठकर चले जाने से शामियाने में सन्नाटा खिंच गया। जो टूटा मेरे सोनी से मुख़ातिब होने पर, "इस लड़के का रंग-ढंग-मिज़ाज देखा सोनी? अब कहो क्या कहना है तुम्हें सामने बन रही सड़क के बारे में? इस घाटी के विकास के बारे में?"

"हुँ...हुँ।"

"पासंग तुमारा क्या ख़याल है।"

"ठीक ही है...सर जी...जादा लोग आएँगे तो इनकम बढ़ेगी...ठीक ही है..."

"माँगो वो 'चीज़' लाने का बोलकर गया है वह लड़का, सुना नहीं तुमने? और जहाँ अभी हम बैठे हैं कल वहाँ होटल बनेगी तब...तब...तो क्या कुछ नहीं मिलने-होने लगेगा यहाँ, फिर? बेशक़ आमदनी बढ़ेगी यहाँ के लोगों की वह पैसा परन्तु ख़ुद ही को नीलाम कर खड़ा किया पैसा होगा..."

"यही तो," टीनू चर्चा में जुड़ते हुए बोला, "सड़क नहीं बनना चाहिए। इससे तो हमारा धन्धा ही ख़तम हो जाएगा।"

"सर जी, धन्धा तो हमारा मारा जाएगा," रनी बीच में धँसते हुए बोला, "इसका क्या है? होटल के गेस्टों को पहाड़ों पर घुमाएगा घोड़े पे बैठाकर।"

"रनी! पहाड़ तो और भी हैं दुनिया में। कोई हिमाला से ख़ूबसूरत भी होंगे। फिर भी लोग यहाँ क्यों आते हैं? क्योंकि यहाँ के पहाड़ वैसे ही हैं जैसे थे। क्योंकि यहाँ आज भी वह संस्कृति जीवित है जो उनके उधर से कब-की गुज़र चुकी। अगर यहाँ का सभी कुछ दुनिया भर जैसा हो जावे तो कोई क्यों आवे यहाँ? फिर क्या काम मिलेगा तुम सबको, सिवा दलाली के?"

इतनी देर सबको चुप से सुनता रहा सोनी चेता। बोला, "हिमालय इतना बड़ा है, एकदम से तो चेंज नहीं होगा सब। यहाँ नहीं तो वहाँ टीनू, रनी या मुझे काम मिलता ही रहेगा। पर इधर डेवलपमेंट तो होना ही चाहिए। इतनी ज़मीन वेस्ट पड़ी है यहाँ। रिसोर्ट बनेंगे तो बरकत होगी।"

सोनी की बात सुन धक्का लगा। धरती के किसी भी खित्ते को 'वेस्ट' बुलाने से मुझे सख़्त आपत्ति है। मेरे बस में हो तो मैं 'वेस्ट लैंड' जुमले को विलोपित कर दूँ हर सफ़हे से। काहे कि इस महाक्रूर जुमले से निकली ध्वनि 'बेस्ट फ्रॉम वेस्ट' से जुड़ती है जिसके तहत खुले मैदानों, बर्फ़ीले पहाड़ों और सूखे रेगिस्तानों को नव-धज देना पवित्र-कर्म बताया जाता है। और सुख-मरीचिका में भटकती दुनिया इसे सहज स्वीकार लेती है।

ज़ाहिर सी बात है कि सोनी का सुमुडो को वेस्ट लैंड करार देना मुझे खलता। और ख़ूब खला भी। नतीजन एक लम्बी बहस चल पड़ी। दुहराव से बचने हेतु जिसको शब्दशः कहना ठीक नहीं। अलबत्ता क़ुदरत के हक़ में उस चर्चा का सार-संक्षेप आपके सामने रखना मेरा फ़र्ज़ ठहरा।

बात वैसे आम है तथापि प्रसंगवश कहना होगा—यह 'वेस्ट लैंड' जो है वह उपनिवेशवादी देशों का प्रचारित जुमला है। हमने इसे पाया ब्रितानी-राज में। वह भूमि जहाँ खेती-बाड़ी न होती हो, यानी जो लगान न देती हो, उसे तब वेस्ट लैंड कहा गया। मक़सद था बिना खसम की तमाम भूमि को राजकीय भूमि कह हथियाना।[6]

देश आज़ाद हुआ। शासन बदला। किन्तु शासक का मानस नहीं बदला। बल्कि, कम-से-कम प्रकृति के प्रति तो, हो गया क्रूरतर। चुनाँचे, आज 'निखट्टू-भूमि' की गिनती में शुमार हैं—सुमुडो सरीखे मैदान, तमाम चरनोई भूमि, नदी-समुद्र तट व उससे सटी रेतीली भूमि, दलदल, पथरीले निर्जन-इलाक़े, रेगिस्तान, उथली-गहरी घाटियाँ और हिमालयीन बर्फ़ीले क्षेत्र। यानी सजीव-गाया के अन्दरूनी अंग।

हम देख आए हैं गाया के वातावरण को सतत जीवनोपयोगी बनाए रखना। हम जानते हैं धरती-सतह का तापमान बरसों-बरस से जस-का-तस रहना, CO_2 का घटना एवं हवा में मिथेन की मौजूदगी। परन्तु गाया यह सम्भव किस तरह करती है? इसके सवाल का जवाब हमें बुला रहा है 'वैस्ट लैंड' में।

सर्वज्ञात है धरती-सतह के रंग का कहीं सब्ज़, कहीं सादा तो कहीं भूरा-काला-लाल-नीला किंवा पीला होना। यथा अरण्य-आच्छादित धरा हरी है और समन्दर नीला। इस रंगभेद के कारण उपजता है 'एल्बिडो-इफेक्ट'।[7] जिसे सरल तरीक़े से बोलें तो—रंगीन सतहें प्रकाश-किरण की ऊर्जा सोखती हैं, रंगहीन नहीं।

ज्ञातव्य है कि धरती सतह अपने पर पड़नेवाली सूर्य ऊर्जा का कुछ न कुछ अंश पुनः अन्तरिक्ष की ओर ठेल देती है। परन्तु, रंगभेद के चलते, धरती के सभी गोशों की परावर्तन-क्षमता एक-सी नहीं होती। गहराती रंगत के संग यह क्षमता क्षीण होती चलती है। यथा रेगिस्तान, घासिया मैदानों के यहाँ से क्रमशः चालीस और बीस टका किरणें परावर्तित होती हैं। वन व समन्दर से, मात्र छह प्रतिशत। इनके बरअक्स ताज़ा सफ़ेद बर्फ़ की परावर्तन क्षमता सबसे अधिक है। वह अपने ऊपर पड़नेवाली अस्सी-नब्बे फ़ीसद किरणों को धरा से परे, सुदूर अन्तरिक्ष में, धकेल देती है। सदा के लिए।

अब दूसरा तथ्य। पृथ्वी-अवशोषित ऊर्जा का विकीर्णन (radiation) होता है ऊष्मा (infa-red wave) के रूप में। जिसके सबब होती है स्थानीय (और वैश्विक) वार्मिंग। मौजूदा समय में धरती सूर्य से प्राप्त ऊर्जा का इकहत्तर फ़ीसद सोखती है और सिर्फ़ उनतीस प्रतिशत ही वापस लौटा पाती है। जो उनतीस प्रतिशत ऊर्जा वापस न लौटे तो धरती-सतह का तापमान 10^0-20^0 से. ग्रेड के दरमियान न ठहर सके।

यानी यह कि अगर रेगिस्तानों में पेड़ उगा दिये जावें, धरा-सतह से बर्फ़ खुरच दी जावे, परती भूमि में घर बना दिये जावें या घासिया मैदान हो जावें जलमग्न—तो संघातिक भू-तापीकरण हुआ कि हुआ।

फिर सुमुड्ड जैसे मैदान बस तापमान नियंत्रण ही नहीं करते, CO_2 पर लगाम भी तो कसते हैं। कैसे? यह बूझने हेतु थोड़ा पीछे जाना होना। बल्कि बहुत पीछे उन समयों तक पहुँचना होगा जब हवाओं में CO_2 की मात्रा आज से एक हज़ार गुना अधिक थी। सवाल उठता है कि इतनी बहुत सी CO_2 गई किधर? जवाब है गाया के पेट में! जी सही सुना आप ने 'गाया के पेट' में। नंगी धरती की माटी में—चाहे वह दुनिया में कहीं की भी हो—हवा के बनिस्बत दस से चालीस गुणा अधिक CO_2 मिलती है।[8] मिट्टी में बसे सूक्ष्म-जीव वातावरण से यह गैस सोख ज़मीन में पैठाते रहते हैं। यही नहीं अकिंचन घास भी इसी काम में मशगूल रहती है। अनवरत।

धरा में गहरे पैठी CO_2 चट्टानों के सम्पर्क में अम्ल (silicic acid) बनाती है। चट्टानें गलती हैं। बनता है कैल्शियम कार्बोनेट। यह कार्बोनेट व ऐसिड बरसाती पानी में घुल, झरनों-नदियों से होते हुए, पहुँचता है समन्दर में। नदी व सागर में के सूक्ष्म-जीव उपर्युक्त को बदल देते हैं कैल्शियम-बायकार्बोनेट तथा कैल्शियम-सिलिकेट में। अभिधेय है कि इन लवणों से ही जलचरों को उनकी कठोर ज़िल्द मिलती है। इन्हीं से बनती है रेत। रेत, जो नदी-सागर तल पर टिक जाती है, सदा-सदा के लिए।

मालूम हो कि तब आरम्भ हुआ यह CO_2 चक्र आज भी चल रहा। और चलता रहेगा तब तक जब तक उपलब्ध हैं जीवन-हितैषी मैदान। मौजूद हैं चट्टानें धरती के भीतर। हस्तगत हैं निर्बाधा बहती नदियाँ! झर रहे हैं झरने। लहरा रहे हैं विटप। उपलब्ध है नंगी धरा तथा उसमें रहनेवाले सूक्ष्म-जीव!

उपर्युक्त बातें नई नहीं। वैज्ञानिक इन्हें चालीस-पचास बरसों से जान रहे। जिनमें सरकारों को सलाह देनेवाले वैज्ञानिक भी शुमार होंगे। इस पर भी नित नई भूमि को 'वेस्ट लैंड' घोषित करना आज क्यूँकर जारी है—यह मेरी समझ के बाहर की चीज़ ठहरी।

गुम्बद-रावटी में बैठ यात्रा-डायरी लिखते हुए गौतम का कहा याद आ रहा। कि असीम सुख की माँग अप्रत्यक्षतः दुख को गुहारना है। इस तरह तो सुख की आस में भौतिक विकास की सीमाहीन प्रत्याशा भी विनाश को न्योतना हुआ!

डग तीसरा

जाँस्कर की दहलीज़ पर

जुलाई में बसन्त

जुलाई 5, 2013 की सुब्ह है। पौने नौ बज चुके।

बर्सी नदी बाँट रही है सुमुडु से जाँस्कर को। काठ के पटियों से बना झूला-पुल उन्हें जोड़ रहा। अपर्णा ठिठकी है पुल पर। झूल रही लाहुल-जाँस्कर के बीच। मैं सुमुडो में खड़ा ठिठकी अपर्णा को देख रहा। किन्तु उसका ध्यान मुझ पर नहीं। बिनाई उसकी बर्सी से जुड़ी है। उस बर्सी से जो आज प्रशान्त नहीं। हुंकार रही। पछाड़े खा रही। डरा रही।

वैसे तो हमें साढ़े सात बजे ही पुल पार कर लेना था। किन्तु पुल तक पहुँच लौटना पड़ा। वजह थी मेरे चश्मे का, सन-ग्लासेस का, ग़ुम हो जाना। बात यह है कि हमारा यहाँ पहुँचना और सूरज का घाटी में झाँकना एक साथ हुआ। अभी झूले पे पग धरा ही था कि आँखें चुँधियाईं। काला चश्मा नदारद होने का इल्म हुआ। उलटे पैर लौटे कैम्प में। चप्पा-चप्पा छाना। धूपिया ऐनक पर नहीं मिला। इसके बग़ैर आदमी कैसे निबटेगा हिमाच्छादित जगहों से?[1] डर लगा। फिर-फिर देखा। सबने देखा। किन्तु अन्धे के हाथ बटेर लगना तो कहावतों की बात ठहरी। असल जीवन में तो हाथ आता है बंगाल का प्रसिद्ध—घोड़ार डिम...!

जो होगा सो होगा, निबटेंगे जैसे-तैसे। ऐसा मन में धार पुन: पुल की ओर बढ़े। अभी झूले से कुछ परे थे कि किसी ने पुकारा। पलटा तो तेनझिन का ककेरा भाई हमारी ओर आता दिखा। चौंका। हिसाब का टंटा तो हो नहीं सकता, काहे कि सोनी वहीं है जिधर से वह आ रहा। फिर भूत की तरह क्यों भाग रहा वह हमारे पीछे? हंटर-हैट लगाए। काला चश्मा गाँठे। चश्मा...वह भी हूबहू मेरे सरीखा। बल्कि मेरा ही।

हिम्मत तो देखो बन्दे की...साला चोट्टा! उठाईगीर कहीं का! जितनी देर उसे लगी मुझ तक पहुँचने में उतनी देर मन ही मन गालियाँ काढ़ता रहा उसे।

"देखिए कहीं आपका तो नहीं?," चश्मा मेरी ओर बढ़ाते हुए बोला।

"हाँ...हाँ...थैंक्स...बहुत पारेशान था इसके लिए...कहाँ मिला तुम्हें...कैम्प के पास?"

"नहीं, कैम्प से दूर...रास्ते में पड़ा मिला जी..."

"पर कहाँ?"

बर्सी बगार से चुमिनाको-घाटी में प्रवेश। टटका नक़्शे में आज यह घाटी लाहुल का हिस्सा है किन्तु परम्परानुसार यह जाँस्कर वालों की घाटी थी। आज भी है।

"शायद परसों, जब आप सुमुडो आ रहे थे तब रास्ते में छूटा होगा...सुबह-सुबह मुझे दीखा तो भागा देने...अच्छा हुआ आप यहीं मिल गए...नहीं तो..."

"नहीं तो?"

"नहीं तो दूर तक भागना पड़ता..."

ख़ैर मनाता जो बात यहीं आई-गई हो जाती। मगर नहीं हुई। और पानी जो उतरना बचा था अजय बाबू का! हुआ यह कि मैंने उसकी ओर सौ रुपये बढ़ाए। बतौर इनाम। वह हँसा। आज खुलकर हँसा। बोला, "यह पहाऽऽड़ है जी। दो साल बाद भी आते तो चश्मा मिल जाता आपको। बिना एक पैसा दिये!"

अब वह चला जा रहा है मुझसे दूर।

सूरज खासा निकल आया है। मुझसे विलगी मेरी परछाईं मुझे घूर रही। अपर्णा ठिठकी है, मैं भी। वह झूल रही है, मैं भी। हुंकारती बर्सी लाँघने वास्ते उसे एक अदद पुल हासिल। किन्तु मेरे भीतर—आदमी व आदमीयत के दरमियान—गरल का जो गधेरा बह रहा, वह किस तरह पार हो! काहे कि इनके बीच का सेतु—प्रेम व भरोसे से निर्मित पुल—तो जाने कब और कौन तोड़ गया!

सुमुडो से उत्तर की ओर बढ़ रहे हैं। इधर रुख़ करते ही घाटी बदल चुकी, मंज़र भी। नवी घाटी पिछली वाली से सँकरी है। बर्सी-बगार को अँजुरी मानें तो यह बस अनन्नास की एक फाँक जित्ती। वैसे सफ़री को यहाँ भी एक पगडंडी सुलभ है। मगर उधर जैसी चौड़ी नहीं, प्रेमगली-सी सँकरी। एक बेर में एक पग धरे जित्ती। फिर इसके स्वभाव में भी उधर की लीक सी हड़बड़ी नहीं है। यह है नितान्त पहाड़ी। चल रही लहराते हिचकोले खाते। ख़रामा-ख़रामा।

इस घाटी के दोनों पल्ले स्थान-स्थान पर ग्लेशियर-सेतुओं से जुड़े हैं। कोई चाहे तो इन पर चल पहुँच जावे दूसरी तरफ़। बड़ी आसानी से। इन सेतुओं के तले से गुज़र रही है शिंगु-ला बमक से उद्गमित जलधारा। एक गाड। नदी हो या कि गाड, दोनों आज़ाद तबीयत ठहरे। नहीं भाता उन्हें बँधना, किसी के थल्ले आना। तोड़ना चाहते हैं हर रोक। हरेक बन्धन। यह गाड भी ग्लेशियर-पुल से लड़-भिड़ रहा है। शोर मचा रहा है। उसकी चेंचामेंची ने सारी उपत्यका सर पे उठा रखी है। परिणामतः पाखियों का गान सुन पड़ रहा न चट्टानों का सरकना। मुआमला क़तई ऐसा कि एक दूजे से कुछ कहना हो तो चीख़ो। वरना चुप रहो। आँख मिला मुस्काओ।

अब हम तेरह हज़ार चार सौ फ़ीट पर पहुँच चुके।

घाटी इधर की भी सँकरी ही है। इतनी सँकरी कि पवन सीटी मारता गुज़र रहा है। घाटी में हमारे सिवा घाम है और शीत भी। मगर उनके बीच दंगल चल रहा। सूर्य-ताप पस्त है, शीत ने पछाड़ दिया है उसे। असर यह कि हमारे हाथ सुन्न पड़ रहे। दस्ताने काम नहीं कर रहे। मफ़लर-कनटोपा किसी काम के नहीं रहे। नाक की नुक्की का एहसास हो ख़तम हो चुका।

हवा को भाँय-भाँय बहने से रोको रे कोई!

पहाड़ों पर हर कहीं ग्लेशियर पिघलने बाद छूटी रपटें हैं। नख-दंश हैं। इन रपटों के बीच से गुज़रती लीक को बरतने में दिक़्क़त हो रही। बजरीनुमा रेत पैरों तले टिकती ही नहीं। फिस्स-दनी फिसलने लगती है—गाड की ओर। जो कहीं दस-बीस तो कहीं सौ फीट नीचे बह रहा। पैरों में अच्छे बूट न हों तो चले, हाथों में मज़बूत काठी भी न हो तो भी कुछ दिक़्क़त नहीं, किन्तु चित्त में उतापा हुआ तो ये रपटें कहर ढा सकती हैं। भला हुआ जो हमने जाँस्कर-सुमुडो में अतिरिक्त समय बिताया। अनुकूलन हेतु पहाड़ों पर चढ़े-उतरे। जिस करके आज चित्त प्रसन्न है। तन अक्लान्त। और निरन्तर ऊपर को उठ रही लीक पर हम-दोई बढ़ रहे हैं। मन्थर। उच्च हिमालयीन पर्वतमाला के अन्तिम दर्रे, शिंगु-जोत की तरफ़। इस जोत के पार है सुवरण-खुदैया चिउँटों के लिए मशहूर—जाँस्कर।

वैसे जँस्करी लोग इस सँकरी घाटी को जाँस्कर ही-का हिस्सा मानते हैं। और ऐसा मानना भूल भी नहीं। कह चुका कि एक समय जाँस्कर-राजा के ही अधीन थी यह घाटी और समूचा लाहुल। काल बीता। जाँस्कर का रकबा घटा। घटता ही गया। किन्तु इस सँकरी घाटी का हक़ नहीं छोड़ा जँस्करियों ने। कारण—इसका दाभ-दूब बहुल होना। यहाँ का चराई शुल्क जाँस्कर राजा को मिलना। अब-की तो ख़बर नहीं परन्तु (बक़ौल फ्रांसीसी यायावर मिशेल) आज से चार दशक पहले तक शिंगु-ला से उधर ही के लोग यहाँ अपने जानवर चराते। चराई-शुल्क वसूलते।

शिंगु-ला पर अभी दूर है।

टीनू का इसरार है आज ठेठ रामजक पहुँचने का। जो, बक़ौल उसके, इस उपत्यका की एकमेव घासिया-चौड़ है। किन्तु मैं किसी निमित्त विशेष से बँधकर चलना नहीं चाहता। गो कि कार्य-कारण के मकड़जाल से आदमी जो हिमाला में भी आज़ाद न हो सके तो फिर कहीं नहीं हो सके। लिहाज़ा ठान ली है मन चाहे ढंग से चलने की। जी कहे वहीं थमने की। फिर शिंगु-ला पार करने में चार दिन लगें तो लगा करें। गाँव वालों के नियम टूटें तो टूटा करें। मेरी बला से!

लेकिन...परन्तु...अभी से रुकने की क्यों सोचना? यह कारज किया जावेगा दो बजे बाद। यानी अढ़ाई क्लॉक बाद। इस घड़ी तो इसी घड़ी को जिया जावे।

और इस घड़ी ध्यान फिर-फिर जा रहा जाँस्कर को 'ठिठके समय' का देस बुलाए जाने पर। अकाय, सतत-सलिल काल का ठिठकना कैसे सम्भव है—सम्पट नहीं पड़ रहा। अक़्ल किन्तु दौड़ रही। कि जिसे अब तलक ख़ुदमुख़्तार जानता रहा वह वक़्त भी क्या इच्छा-मंशा की सरपरस्ती में ही गुज़र करता है? किसे ख़बर, शायद करता भी हो। करती हो समय को भी अपना सौष्ठव दिखाने की इच्छा। होते हों लम्हे भी बेकली के मारे। बेक़रारी हो उन्हें अपने खीसे में बँधे क़िस्से बयाँ करने की!

और कथोपकथन वास्ते तो थमना ज़रूरी ठहरा। फिर जो रुका वह मूर्त हुआ। मूर्तित होना यानी दृश्यमान होना। यानी पहचान होना भी। कैसा होता है थिर-समय दीखने में? उसको पहचानें कैसे...एक मिनट...कहीं यहाँ जीवाश्म की बात तो नहीं हो रही? हाँ शायद यही। कि वक़्त से बिछुड़े लम्हों के सिवा जीवाश्म और हैं ही क्या! फिर तो जाँस्कर एक ठहरा-ठिठका जीवाश्म-देस हुआ। यह ख़याल आते ही चैतन्य हो गया हूँ। बढ़ रहा हूँ घास के नीचे, भाटों ने पीछे ताकते-झाँकते। सावधानी पूर्वक।

सावधानी तो यहाँ इतर कारणों से भी अपेक्षित है। कि इधर के पत्थर ढीले हैं। लिहाज़ा, जिस पहाड़ से हम सटकर चल रहे उसके शीर्ष पर भी निगाह रखना आवश्यक। भरोसा नहीं कौन भाटा कब किधर को चल पड़े। आन पड़े हमारे ही सर। फिर तेनज़िन के अनुसार यहाँ भरल, लोमड़ी, भालू, स्नो-लेपर्ड, स्नो-फॉक्स,

सियार जैसे जीव-जनावर भी तो हैं। हिमचर तो ख़ैर इस मौसम में मिलने नहीं, दूसरे तो मगर दीख ही सकते हैं। ऊपर से फूलों, कीट-पतंगों, परिन्दों को भी तो ध्यान में रखना है। सो चलाई चल रही है ताकते-झाँकते...

हम परबत शाने से अब नीचे उतर रहे हैं।

बगार की तलछटी में, जलधार के समीप, एक समतल चौड़ दीख रही। वहाँ घास है। अनगिनत पीले-केसरिया फूल हैं।[2] समीर संग दोलते फूल। मैदानों से विदा पा चुका बसन्त यहाँ आ टिका है। नाच रहा है, नचा रहा है तमाम वादी को। आदमी का मन भी हो गया है बसन्ती। बहुत सुख मिल रहा मन को! सोच रहा कि क्या यह ही रामजक है? किसे मालूम! किससे पूछें? टीनू और उसके खच्चर तो कहीं दीख नहीं रहे। वैसे भी यह रामजक हो न हो किसे फ़र्क़ पड़ता है! आज की रात गुज़ारी जावेगी यहीं। हाँ यहीं, रश्क-ए-जन्नत ज़मीं के इस टुकड़े के पहलू में। चट्टानों के ग़िर्द रक़्स करते पानी को देखते। हवाओं में तिरता मीठा संगीत सुनते।

रनी...उस पर मेरी सौ उम्रें क़ुर्बान कि शायद वह भी यही सोच रहा। तभी तो सरपट वह पहुँच गया है नीचे। ऐन चौड़ में। ढूँढ़ रहा है कैम्प लायक़ एक गोशा। सोच की महिमा न्यारी। एक ही सोच एक ही समय में एकाधिक जनों को सूझती है। सोचों के किये से टुकड़ा-टुकड़ा दुनिया सोच ही से जुड़ सकती है।

जुड़ेगी भी! ख़ैर।

हम-दोई अब बैठे हैं पीले फूलों के बीच। जमकर भूख लग रही। खाना पासंग कने है। उसकी इन्तज़ारी है। वह दीख रहा है। किन्तु बहुत दूर से भी बहोत दूर। या भूख के बायस इत्ती सी छेंटी भी इत्तीऽऽ दूर जान पड़ रही! बच्चा-मन बिलबिला रहा। तड़प रहा—'भले मानस ओन! जल्दी चलो, बच्चे को भूखा मारोगे क्या?'

बिलआख़िर वह आया। पीछे-पीछे सोनी भी। पासंग के पिट्ठू से चाय का थरमस निकला। निकले लंच-पैक। हर पुड़िया में आलू की फरकी सब्ज़ी और दो पराँठे, एक चाकलेट। घास पर बैठ जीमना और आसमाँ की चादर तान सो रहना, यही तो असल रस है पैर-पैदल फिरने का। सोच रहा हूँ, ट्रेक में जीवन तो सादा हो ही जाता है, जो विचार भी उच्च हो जावें तो बात बन जावे। परन्तु बात बनती कहाँ है? मैदानों में लौटते के साथ वही आडम्बर-सना जीवन, फिर वही कुंठा-कलुष भरा चिन्तन! उफ़! यह हिमाला क्यों नहीं ठहरा रहता मेरे भीतर? हमेंश क्यों नहीं बहती रहती निर्मल-बतास अन्तस में!

ध्यान भंग हुआ अपर्णा के बोले से। चाय के गिलास से नाक रगड़ते हुए वह सोनी से मुखातिब थी, "अहा! कैसी सुन्दर जगो है यह, सोनी। क्या यही रामजक है?"

"आइडिया नहीं मैम, टीनू ही बता सकता है।"

"यहीं कैम्प करें तो कैसा रहे?"

"कोसिस करते हैं मैऽऽम, टीनू को मनाने की," सब जानते हैं सोनी का 'श' को 'स' बोलना।

हाय! कि हाय! हाय! टीनू नहीं माना। और इतनी दिलक़श जगह बरबाद हो गई। हुआ यह कि हमारी मंशा सुनते ही वह व्यग्र हो उठा। और क़रीब ही एक ख़ास तरतीब से जमे पत्थर-ढूह की ओर इशारा किया। बताया कि वह जन्नती-ज़मीं किसी बकरवाल की है। नक़्शेबाज़ी से हथियाई नहीं वरन् चरनोई चुका बाक़ायदा किराये पर ली गई भूमि। अपने हक़ की ज़मीन पर वे पत्थरों के ढूह जमाते हैं। हर बकरवाल के ढूह की ढब जुदा होती है। और बकरवाल ही बूझते हैं, बूझ सकते हैं, इन टीलों की कूट-भाषा। लुब्बेलुबाब यह कि छह खच्चरों संग यहाँ रुके तो टीनू की जान पड़ी साँसत में। जाने कैसे जान जाते हैं बकरवाल अमानत में ख़यानत करनेवाले को। टीनू को सालहा-साल यही रहगुज़र वापरना है। बकरवाल आज नी तो कल उसे पकड़ ही लेंगे। टीनू रुआँसा है...वह टंटा नहीं चाहता।

हम भी नहीं।

कैसी विडम्बना है यह कि देश आज़ाद हुआ किन्तु जगहें नहीं। अवाम नहीं। क़दम-क़दम बन्दिशें ही बन्दिशें। सोचने पर। बोलने पर। रुकने-चलने पर। बीहड़ों में भी मनचाही जगह पे ठहरने की आज़ादी आदमी को नहीं। उसे खदेड़नेवाले हरसूँ खड़े हैं। जंगल में जंगलात वाले हैं, नदी-तट पर बाँध वाले और यहाँ इस नितान्त निर्जन जगह बकरी-वाले! विकल्पहीन आदमी करे भी तो क्या, सिवा मन मारने के।

बहरहाल, सोनी को तन्हाई में ले गया। समझाया कि वह आगे चले। टीनू के साथ। और रामजक के पहले जो भी मुफ़ीद जगह दिखे, वहाँ जमा दे अपने पैर। एकदम अंगद की तरह। सोनी ने हामी भरी। वह उठा। जलधारा से चुल्लू भर पानी उठाया। मुँह पर छींटा। और चल पड़ा रामजक सम्त। पड़ाव की तलाश में।

हम-दोई बैठे हैं बसन्ती फूलों को सहलाते...जलधार को निहारते...शीतल-पवन खींचते हुए अपने सीने में...

हिमाला का नुमाइशख़ाना

सूरज तप रहा। चढ़ाई तीखी है। साँस फूल रही। क़दम हैं डगमग। दम बेदम है। व्यर्थ जा रहा सीने का फुगना-पिचकना। लस्टम-पस्टम चल रहे हैं हम पड़ाव तलाशते। मगर पड़ाव की क्या ही कहूँ जब दूर-दूर तक बिल्लात भर समतल ज़मीं ही नहीं। जिधर देखो सिर्फ़ चट्टानें हैं। और है कभी शेष न होनेवाली वह पगडंडी जिसे हम सुमुडो-सेतु बाद से वापर रहे।

भरोसा डिग रहा है। हौंस छीज रहा।

किन्तु ज़रा ठहरिये...उधर पगडंडी पर कोई है...खच्चर है या शायद कि घोड़ा... हाँ...घोड़ा ही तो है...खच्चरों का नेता...टीनू का सफ़ेद घोड़ा। मतलब कि पड़ाव क़रीब ही कहीं है। अश्व भरोसा दे रहा। अश्व भरोसा देता ही रहा है। मनुष्य ने युग-लंघन किये हैं अश्व के भरोसे। हमें तो फिर यह तुच्छ चढ़ाई भर लाँघना है। इस चढ़ाई पार गोया मैदान हो। डेरा हो!

अपर्णा थम गई है। थक गई है। मैं पीछे से गुहारता हूँ—"अपर्णा डग धीरे भरो। साँस संयत रखो। देखो...घोड़ा दीख रहा है। अपना घोड़ा दीख रहा है। रुको नहीं...चलो...चलती रहो..."

अपर्णा चल पड़ी है। वह उस परबत से सट चल रही जिसके शीर्ष और स्कन्ध पर महाकाय चट्टानें हैं। कुछ चट्टानों पर स्याह-रंग काई जमी है। यह काई मेरी चिह्नी है। देशी वियाग्रा है। शिलाजीत है। यद्यपि यहाँ कोई झरना नहीं (हमने शिलाजीत को बहुधा झरनों की आड़ में ही छुपा देखा है) फिर भी यह बहुमूल्य औषध इधर बहुतायत में है। चट्टानों के पसीजने से पैदा होता है शिलाजीत। यह पहाड़ी मान्यता है।

क्या शिलाएँ भी पसीजती हैं? पसीज सकती हैं?

समीप की एक शिला को छूता हूँ। कठोर है। कान सटा सुनता हूँ। शिलाखंड भीतर घाटी धड़क रही है। कल-कल साँय-साँय सुन पड़ रही है अन्दर। कड़ियल और शुष्कतम वस्तुओं में भी तरल कुछ छुपा-बचा रहता है। घोषित निर्जीवों में जीवन-पोषक सत्त्व होता है। शिलाजीत इसकी मुनादी है। और शिलाओं का कलकल गान इसका प्रमाण! ख़ैर।

हम घोड़े की ओर बढ़ रहे हैं। परबत रोक रहा है हमें।

परबतों की तबीयत ठहरी बादशाहों की-सी। नज़र नीची रखो तो चढ़ाई आसान कर देते हैं। चुनाँचे मेरी निगाह अब गड़ी है अपने जूतों पर। जूता-ब-जूता चढ़ाई कट रही है। कट गई है। ऊपर पहुँच देख रहा हूँ कि वहाँ भी समतल नहीं, पथरीली ऊबड़-खाबड़ भुँइ ही है। और उधर कैम्प भी नहीं। अलबत्ता चट्टान पर बैठ आसमाँ ताकता सोनी है वहाँ। लेकिन उसका पिट्ठू कहीं बरामद नहीं हो रहा।

सोनी को बिन पिट्ठू देख माथा ठनका। ख़तरे की घंटी घनघनाने लगी कानों में...टनटनटनाऽऽ...टन्नटन्नऽऽ...सोनी क्यों बैठा है...उसका इन्तज़ारी में बैठना मानी आगे कुछ तो गड़बड़ है...कठिन वलय है...टूटी डगर...या कोई नदी-नाला... कुछ तो गड़बड़ है...

"क्या हुआ सोनी? यहाँ क्यों बैठे हो? कैम्प कितनी दूर है?," अपर्णा दूर ही से चीख़ी।

"मैम...सर...फटाफट आओ...जल्दी...यहाँ..."

दिल ज़ोर से धड़का। क्या होगा उधर? कुछ अनहोनी तो नहीं घट गई। झटपट डग भरे। सोनी के पास पहुँच देखा तो क्या देखा कि वहाँ नाला है। मटमैला पानी समेट भाँय-भाँय बहता गधेरा।

सोनी की पतलून सूखी देख मन में सहज प्रश्न उठा, "तुम इस नाले के इधर क्यों...कैसे आए...?"

"वो लोग उधर टेंट लगा रहे थे, मैंने सोचा आपको बता दूँ कि कैम्प पास ही है...आराम-आराम से चलें...लेकिन...?"

"लेकिन?"

"लेकिन अभी मैं इधर पहुँचा ही था कि ऊपर तेज़ गड़गड़ाहट हुई, पत्थर गिरने लगे और फिर यह नाला..."

"ओह! अचानक पहाड़ धसक गया...बैठे हो...कोई चोट-शोट तो नहीं लगी?," अपर्णा चिन्तित हो उठी।

"अरे नहीं मैम, यहाँ बैठा इसलिए कि आपको नाला पार करा दूँ...इसमें पानी बढ़ता ही जा रहा है...रनी जल्दी आ रेऽऽ...मैम का रुगसैक लेऽऽले...जूते उतारो मैम..."

"सोनी बहाव बहुत तेज़ है...गिरे-फिसले तो? मैडम को घोड़े पर बैठाकर पार करा देते हैं...," पल-पल विकराल होते नाले को देख मैंने सुझाया।

"अरे नहीं सर...उससे नहीं बनेगा...वो ख़ुद डरा हुआ है...बार-बार नाले पास जाकर लौट रहा है..."

"तब तो उसे पानी जमे तक यहीं थमना होगा...सियार-लोमड़ी ने दबोच लिया तो..."

"नहीं...सर... टीनू आएगा लेने...उसे देख यह ख़ुद नाला टाप लेगा..."

ठीक ही है। बाज़ मौक़ों पर सहारे की ज़रूरत महसूस होती है घबड़ाए मन को। ऐसे में 'कोई देख रहा है' यह अनुभूति सम्बल देती है। फिर देखनेवाला भलेई अगोचर चीज़ ही हो। कल्पना ही हो। 'ईश्वर' भी शायद सहारा ढूँढ़ते भयभीत मन की सृजना है। है ही। धड़का तो हमन को भी है। नाला टरका रहा है, डरपा रहा है। सहारे की दरकार है। हमें किन्तु किसी काल्पनिक शै की आवश्यकता नहीं। हिमाला ठहरा हमन का निगहबान।

नज़र उठा उसे देखा। बल मिला। गधेरे के क़रीब पहुँच एक-दूजे का हाथ थामा। यूँ तैयार हुआ एक जुगाड़। एक 'सफ़ीना'। जिसमें सबके अगाड़ी था रनी। नाख़ुदा रनी। फिर अपर्णा उसके पीछे अपने राम। अन्त में सोनी। और उस पन्द्रह-बीस फ़ीट चौड़े नाले में उतर गए। हमें देख घोड़े को भी हौंस मिला। वह भी चल पड़ा रुद्र-जलधार की ओर।

मगर विरोधी पहलवान के बल का बोध बाहर से नहीं अखाड़े में उतरने के बाद ही होता है। हमें भी हुआ। हमें आगे बढ़ते देख गधेरे ने हुंकार भरी। लपका सफ़ीने की तरफ़। मतलब कि ख़म-ठोंकते के साथ कुश्तमकुश्ता शुरू। बिलकुल जरासन्धी कुश्ती। उसकी फ़िराक़ अपन को पलटने-मोड़ने-रगड़ने की। हमन की कोशिश फेंके दाँव काटते आगे बढ़ने की। लुढ़कते पत्थरों की दरमियानी फाँकों में पंजे जमाते चार-छह डग धरे भी। कि तभी नासपीटे नाले ने अपना सबसे दुर्दान्त दाँव चलाया। चेतना-हरण दाँव। यानी उसने कुदकी मारी और अपनी बर्फ़ीली भुजाओं में जकड़ ली जंघाएँ हमारी। आदमी सँभले उसके पहले ही लगा जैसे अधो-धड़ गुम हुआ जा रहा। ज्यूँ कट गई हो काया एक ही झटके में, बीच जंघा से। क़द हो गया तीन फ़ुट ओछा। अब लगे यूँ कि हम खड़े नहीं, धरे हों जल पर। असर यह कि तूफ़ाँ में फँसी नौका नानिन्द डोलते-सन्तुलन बनाते अभी मझधार तक पहुँचे ही थे कि 'सफ़ीना' टूट गया। नाख़ुदा धड़ाम। अपर्णा भी।

हमको जूझते-रपटते देख घोड़ा चमका। बिदका। पलटा और चल दिया नाले से परे। नी मालूम वो किस ख़ानदान के घोड़े थे जिनकी दुम थाम मामा मिशेल ने जलधाराएँ पार कीं और उसी दुम के आसरे टोरेंस लाहुली-घाटी की पथरीली दीवारों से पार पा सका!

आगे ख़बर यह है कि गधेरा पार हो चुका। अपर्णा सगबग है। ठंड से कड़कड़ा रही है। लँगड़ा रही है। उसका बायाँ टखना जो मुचक चुका। चुनाँचे रूदादे सफ़र को थोड़ी मोहलत दी जावे। कि अपर्णा ख़ातिर कहानी-कहिया यहीं रुकेगा। मालिश करनी होगी उसके पैर की। मूव-शूव भी छिड़कना होगा। क्रेप-बैंडेज़ की भी शायद ज़रूरत पड़े। फिर भी जो बात न बनी तो काँधे के सहारे वह जावेगी पड़ाव तलक। जो नी-मालूम कितनी दूर है यहाँ से!

साहिबा/साहब लोगो! बन्दे का रामजक से भेजा सलाम कुबूल फ़रमाएँ! दीख रहा है आपका मुस्कुराना। सोच रहे कि इतनी चिल्ल-पों से मिला क्या? नाक कटा आख़िर रामजक ही तो आना पड़ा। देखिए जनाब! यहाँ दो पहलू हैं। पहला यह कि निर्जन बीहड़ों में डेढ़-शाणा बनना ठीक नहीं। यहाँ रहबर का कहा मान लेने से हेठी नहीं होती। दूसरा यह कि जहाँ हमने आज डेरा डाला है वह रामजकी इलाक़ा तो है लेकिन रामजक नहीं। असल रामजक के लिए तो आधा-एक घंटा और खपाना पड़ेगा।

मगर ख़ैर, इस खेरची बहस को यहीं छोड़ करते हैं वह जो करने निकले हैं। यानी सफ़रगोई।

हम-दोई इधर पहुँचे कोई एक-डेढ़ घंटे पहले। डेरे में पुगते न पुगते पासंग की गुहार सुन पड़ी—"चाय तैयार है सर।"

"अयँ! अभी तो डेरे में पूरी तरह ढुके भी नहीं...और...चाय...वाह! ऐश करा दी तुमने तो...घर में तो कभी ऐसा हुआ नहीं कि मैं कॉलेज से लौटूँ और चाय रेडी मिले...थैंक्यू पासंग भाई...," कहते हुए मैंने अपर्णा को देखा। वस्तुतः उसे छेड़ा। जैसा कि अपेक्षित था—वह छिड़ गई। तुनककर बोली—

"ज़िन्दगी कोई हृषीकेष मुखर्जी निर्देशित फिलम नहीं अजय बाबू कि नायिका चाय की पियाली लिये नायक की राह तकते दरवज्जे पर खड़ी रहे।"

"अरे! तुम तो ठिठोली को दिल पर ले बैठीं..."

"तुम पुरुषों की यही दिक़्क़त है, कहते दिल की हो बताते हो ठिठोली..." कहने को तो वह मुझे घूरती थी। मगर नैनों में भरी थी शरारत, मुख पर थी शोख़-मुस्कान। उसका इस तरह मुस्काना जुलुम है। कि यह शोख़ी भड़काती है। आदमी कुछ कर नहीं सकता अलावा मन मसोस मुँह फेर लेने के।

"क्या हुआ? मुँह क्यों फेर लिया?," दुष्टा ने चुटकी ली।

"जियादा शाणी तो बनो मत...कहे देता हूँ..."

"ह...ह...ह...," हँसते हुए उसने चाय सुड़की और मुख़ातिब हुई पासंग से, "क्या भाई पासंग, तीन दिन हो गए और न पैनकेक खिलाया न आलू का पराँठा... क्या इस बेर पूरा ट्रेक मेगी-खिचड़ी में ही निमटा दोगे?"

"मेम आपने भी अब तक इन्दौरी नमकीन नहीं खिलाया, पोहे नहीं बनाए...," उत्तर मगर सोनी ने दिया।

"तो क्या इस बेर 'तुम मुझे पोहे दो मैं तुमको पैनकेक' दूँगा चल रहा है," उसने हवा में मुट्ठी यूँ तानी मानो नारा लगाती हो।

"अरे...नहीं...मेम...सामान उसने लिया था किराने से...पर इस बार बहुत डर रहा है..."

"डर! डरना क्यों?"

"बूढ़ा केदार ट्रेक उसे अभी भी याद है...ऊपर से रनी ने भी बहुत चमका रखा है उसे...आपके और सर के नाम से..."

बता दूँ कि बूढ़ा केदार वाला हमारा पहला-पहला ट्रेक था। यह 2001 की बात है। बेशऊर थे तब हम। फ़ाइव स्टार टाइप के खाने की अपेक्षा किया करते जंगल में। इस करके रोज़-दिन पासंग से झिक-झिक हुआ करती। वैसे झिक-झिक बेज़ा भी नहीं थी। कि सोनी ने बहुत बढ़-चढ़ कर पासंग की पाक कला का नक़्शा खींचा था। जैसे, वह अभियान-दलों की पहली पसन्द है। कि पीक-क्लाइम्ब करने हेतु एक-एक मास बेस-कैम्प में बैठने को मजबूर लोगों को पासंग के अनूठे स्वाद ही काबू में रखते हैं...आदि...इत्यादि।

"क्यों रे रनी क्या उतापा मचाए हो इस बार...," मैंने रनी को गुहारा किन्तु बात उस तक नहीं पहुँचो। एक तो वह थोड़ी छेंटी पर था। फिर डूब के देख रहा था शिंगु-ला की ओर से आती डगर को। सो पुनः गुहारा उसे, इस मर्तबा फेफड़ों का समूचा ज़ोर लगा, "मुँह फेरे उधर क्यों खड़े हो रऽऽनी...अरे! इधर आओऽऽ... सुनोऽऽ तो सई...सोनी क्या बोल रहा है तुमारे लिऽऽए..."

"सऽऽर जी...सर्र जी...आप...इधर आओ...देखो...," वह चहका।

क्यों उत्तेजित है रनी? कहीं उधर कोई जीव-जनावर तो नहीं? ग़ालिबन भालू या सियार दीख जाते हैं ऐसी जगहों पर। भालू के ख़याल ने छह घंटे बेगारी काट चुके लस्त-पस्त पैरों में जान डाल दी। मैं तपाक से उठा। अपर्णा भी हड़बड़ाकर खड़ी हुई। मगर गड़बड़ाकर फ़ौरन ही बैठ गई फिर। शायद टखने का दर्द चमका हो...

अपर्णा को वहीं छोड़ मैं आगे बढ़ा। निगाह उधर जमाई जिधर को रनी तकता था। दूर पहाड़ पर कुछ हिलता-सा जान पड़ा। चढ़ाई पर से ढुलकते हुए तीन बिन्दु।

क्या भालू का कुनबा है?

जल उठी लौ आस की—हिया में। झपटकर दूरबीन उठाई। और देखा तो क्या देखा कि तीन घोड़े सरपट उतर रहे हैं खड़ी चढ़ाई। एक के पीछे एक। दो पर सवारी। एक पर नहीं। तीनों आ रहे हैं इधर तेज़ रफ़्तार।

हिया धक्क। ये कौन उतर रहे हैं आसमान से? क्या चरनोई वसूलनेवाले?

अब आगे वाला घुड़सवार बिनाई की ज़द में है। इकहरा बदन। पस्ता क़द। खिंचा-खिंचा चेहरा। साँवला रंग। सर पर गोल टोपा। ऊपर चुस्त जामा, नीचे ढीला पाजामा। सीने पर झूलता पुष्प-गुच्छ। बग़ल में लटका कोई हथियार। शायद खुखरी। पैरों में बूट। एक मरगिल्ली सूखी टहनी से घोड़े को साधती, सँकरी-लीक पर धड़धड़ करती इस ओर आती वह मूरत जानी-जानी सी लगी।

कहाँ देखा है इसे?

ऊँ...अं...हाँ...पहचान गया...सामने से आ रहे घुड़सवार की छब-ओ'-ढब प्राच्य-फिरन्दरों की-सी है। बेसाख़्ता महसूस हो रहा यूँ कि हम जैसे सवार हों

टाइम-मशीन पर। आ पहुँचे हों गुजश्ता-वक़्तों में। ईसा-पूर्व के किसी काल में। तब में जब यूरेशियन-स्टेपी के कबीलाई घोड़ों पर सवार हो आया करते थे इधर। जाँस्कर में। लूटमार करने।

तो क्या लुटरे आ रहे हमारी ओर?

"ये कौन लोग हैं," धड़कते हिया के साथ टीनू से पूछा किया।

"जंगली जसकरी हैं, पास खुलने के बाद आते हैं इधर...इस घाटी का जायज़ा लेने...चरनोई वसूलने...या कभी लाहुल जाते हैं...सौदा लेने...जुलैऽऽ!," अब तक लीडर-घुड़सवार हमारे सामने था। उसी का अभिवादन किया—जुलै कह टीनू ने।

मैंने भी।

"जुलै," वह फुसफुसाया। एक पल को थमा। मुझपे, हमारे डेरेपे उड़ती सी नज़र डाली और बढ़ने लगा आगे। मन किया कि वह रुके। चाय पीवे। कुछ बात-शात हो। जानकारियाँ आवें-जावें। मैंने निमंत्रित भी किया। इसरार भी किया। ताहम वह चल दिया आगे। शायद हिन्दी नहीं समझ सका।

समझता भी किस-कर, कि जाँस्कर में तो हिन्दी प्रचलन में नहीं। 'जँस्करी' बोलते-समझते हैं यहाँ के लोग। जो कुछ-कुछ तिब्बती से मिलती तो है पर हूबहू तिब्बती भी नहीं। संवाद की आसानी की ग़रज़ से ही तो तिब्बती जानने का दावा करनेवाले पासंग को साथ लाया गया है। परन्तु बन्दे का मन-मिज़ाज ठहरा घोंघे का-सा सुस्त। और यह आपके नज़दीक़ कोई नई ख़बर भी नहीं। सो ख़मियाज़ा यह कि उसके रसोई-रावटी के निकलने तक तीनों घोड़े गुज़र गए हमारे सामने से।

मगर ख़ैर, इस वाक़िये बाद फिर घुसे अड्डाघर में। चाय ख़त्म की। फिर अपर्णा के टखने की कैफ़ियत ली। पाया मामूली सोजिश तो है परन्तु हड्डियाँ चकाचक हैं। चैन मिला। तभी ख़याल हुआ कि वह तो चोटिल है। उसका 'घर' आज अपन को ही जमाना चाहिए। सो रनी संग मिल गुम्बद-रावटी लगाई। उसमें सारा सामान उसी तरतीब से लगाया जैसे कि वह लगाती है। (सत्यतः वह निर्देश देती रही, मैं पालन करता रहा)। इन सबसे निमट जब अपर्णा बैठ गई किताब बाँचने तब अपने-राम निकल पड़े पड़ाव-स्थली का ज़ायक़ा लूटने।[1]

उस स्थान को देख जो पहला विचार मन में कौंधा वह यह कि यह तो असाधारण जगह है। जगह जिसमें उधर एक औघड़ दरिया है। इधर पत्थर-डिंगल-शिलाएँ। शिलाओं के बीच यहाँ-वहाँ चन्द सब्ज़ ख़ित्ते भी हैं। जैसे हलुवे पर पड़ी पिस्ते की कतरन। तीन तरफ़ से विराट शिलाखंडों से घिरे इस हाते को कोई चाहे तो शैल-वाटिका कह ले। मगर अपन तो इसे हिमाला का नुमाइशख़ाना बुलावेंगे। बल्कि वह है ही हिमाला का नुमाइशख़ाना। जिसके हर गोशे में है एक न एक कमयाब तस्वीर।[2] जिसकी दीवारों पर पैवस्त हैं म्यूरल। इन्हें पर म्यूरल बुलाना भी

सही नहीं। कि ये तो क़िस्सा-गो रुक़्क़े हैं। जो कह रहे हैं हिमाला की कहानी। गर्भ में आने से उसके जनमने तक की कहानी।

वह कहानी जिसका श्रीगणेश हुआ आज से अनक़रीब साढ़े छह करोड़ बरस पहले। तब जब अपनी कोख में हिमालय का डिंब लिये वसुन्धरा का एक टुकड़ा 'वेस्टर्न इंडियन महासागर' में बह निकला। ऋतु-दान पाने की अपेक्षा से। योग्य साथी की तलाश में। एक करोड़ बरस की मुसलसल तलाश मुकम्मल हुई एसियन-प्लेट के दीदार से। और आज से साढ़े पाँच करोड़ साल पूर्व प्रेमातुर इंडियन-प्लेट एवं एसियन-प्लेट एकमएक हो गए। स्वदेश दीपक की तरह कहूँ तो दो प्रेमियों के बीच, पच्छिम से पूरब तक फैलता, 'गोल्डन ब्रिज' बना। उनका मिलन-वेग इतना प्रबल था कि दरमियानी समन्दर (थेसिस सागर) पिचका और यूँ पिचका कि गिलोया आम भी शरमा-शरमा जावे। अदिति पर अपनी मस्ती में मस्त रही। रही मिलन-मगन। हल्लु-हल्लु मज़ा बढ़ता रहा, रफ़्ता-रफ़्ता अदिति तनती रही। उठती रही आकाश की ओर। जहाँ गोल्डन ब्रिज बना ठीक वहीं पर से नमूदार हुआ शिशु-हिमाला। धात्री कोख चीर।

आप कहेंगे क्यों दिमाग़ का दही किये दे रहे हो मियाँ? इन बातों का हिमालयीन-नुमाइशख़ाने से क्या वास्ता?

उसी पर आ रहा हूँ, तनिक धीर तो धरें महाराज!

हिमालय बहुतों का अनुज है। यह जुमला इतना मशहूर है कि दोहराने की दरकार नहीं। पर कितना अनुज तथा किस-किस का अनुज—यह जानना दिलचस्प रहेगा। तो साब, हिमाल के वजूद में आने के पहले अजीव-महाकल्प बीत चुका था। जीव-महाकल्प के भी शुरुआती दो हिस्से, पुरा व मध्य-जीवक कल्प भी व्यतीत हो गए थे।[3] पूर्ववर्ती दोनों महा-हिमयुग भी हिमालय ने नहीं देखे। डायनासोर ओन से भी उसका पाला नहीं पड़ा। फिर जब गिरिराज-अवतरण हुआ तब क्या धरा ख़ाली-खच्च थी—जीव-विहीन थी?

न जी न! शैलराज का टूटकर स्वागत किया गया। यद्यपि इस अनुष्ठान में मानव ओ' पुरामानव शामिल नहीं थे। अलबत्ता मछली, कीट, पाखी और फूल थे। अर्थात् वे जो हिमालय से क्रमशः 37, 31, 10 और 2.5 करोड़ वर्ष पूर्व ही से धरती-संग रच-बस चुके थे। ऐसे में जब धात्री-कोख से गिरिराज बाहर आया तो अपने संग पूर्ववर्ती माटी (व चट्टानें) तथा अपने अग्रजों के सन्देसे भी लेता आया। यानी वे रुक़्क़े जिनका ज़िक्र मैं करके बस हटा ही हूँ।

इस नुमाइशख़ाने में, जिसे मैं अभी देख-परख रहा, शैलराज ने उपर्युक्त घटनाएँ-परिघटनाओं की छवियाँ बड़ी सूझ-बूझ से सजाई हैं। एबस्ट्रेक्ट छवियाँ। और उन्हें कुछ इस तरह से तरतीब दी है कि आकृतियों के कार्य-कारण सम्बन्ध भी साफ़ होते चलें।

मतलब?

मतलब यह कि इस प्रदर्शनी में नव-जीवक कल्प का सामान ही नहीं, मध्य एवं पुरा-जीवक कल्प का बेशक़ीमती माल भी मौजूद है। मिसाल के लिए कहीं चूनेवाली, कहीं परतदार तो कहीं मिलन-वेग से मुड़ी-तुड़ी चट्टानें हैं। फिर कहीं हिमालय की पूर्ववर्ती धरती का हिस्सा रहीं बहुरंगी चट्टानें भी हैं। और इन सबों का यहाँ मिलना अनहोनी भी नहीं। कि यह क्षेत्र उस 'गोल्डन ब्रिज' का हिस्सा है, जहाँ इंडिया-एशिया प्लेट का मिलन हुआ था। यानी ठीक वही स्थान जिसे चीर शिशु-हिमालय ने, साढ़े तीन करोड़ बरस पहले, उगते सूरज को अपना प्रथम अर्घ्य अर्पण किया था।

बोलिए, क्या सोचते हैं इस इलाक़े के बारे में?

मगर ख़ैर, गुद्दी पकड़ किसी से कुछ उगलवाना ठीक नहीं। सो कहता हूँ अपने मन का हाल। मैं सोच रहा कि यह इलाक़ा तो देश की भू-विरासत है। नहीं... नहीं...यह तो समूचे विश्व की साझा सम्पत्ति ठहरी। बिला-शक़ है ही। गो ऐसी जगहें और हैं ही कितनी जहाँ गुज़श्ता-वक़्त देख पाने की इतनी आसानियाँ हों। बरसों की खुदाई-ढुँढ़ाई ग़ालिबन हमें देती चन्द हज़ार बरसों की ही ख़बर। मगर इधर तो ठिठकी खड़ी हैं अनगिनत घड़ियाँ। आँखों में आँख डाल सवाल करते लाखों-करोड़ों बरस। और अभी कहानी शुरू ही हुई है। नक़ाब का कोना भर ही उठा है अभी। दौरान-ए-सफ़र जब इस सरज़मीं का रुख़ एकमुश्त रूबरू होगा तो जाने कैसा क़हर बरपाएगा! जी घबड़ा रहा।

फिर जी घबड़ाने का एक कारक और भी है—सड़क। आइन्दा जब सड़क इधर आवेगी तब इस विरासत का क्या बनेगा? होगा क्या परखच्चे उड़ेंगे इस विश्व-विरासत के! रौंदी जावेगी यह मोटरों के पहियों तले। बियर-दाब से दुखते मैदे ख़ाली किये जावेंगे शिशु-हिमालय की सूरत पर।

उफ़ कि उफ़! उफ़!! यह होकर रहेगा। कि आदमी के रुकने-बदलने की कोई सूरत नहीं नज़र आती मुझे। कि आज उसमें इत्तु सी भी रवादारी कहाँ बची?[4] कि विज्ञान की सेवा-टहल कर पा चुका वह तकनीक का वरदान। और तारीख़ गवाह है कि वरदान-लैस लोगों ने क़ुदरत पर—मनुज पर—सदा क़हर ही तोड़ा है। तारकासुर बन, रावण बन, महिसासुर बन। ईश्वरीय वरदान का तो फिर भी तोड़ था। अधुना-तारकासुर का हंता किसके किये अवतरित होगा?

इल्म है मुझे कि उपर्युक्त बयान हिमालय-प्रेमी का भावुक बयान भी माना जा सकता है। और कोई नहीं तो मेरे महबूब-रक़ीब, यानी दुनिया जिनके काबू में है वो विकास-पुरोधा, तो कहेंगे ही कहेंगे कि आख़िर चट्टानें ही तो हैं ये। क़तई बेसबब इन चट्टानों को क्यों रोना? इनकी चिन्ता तो हातिम की कबर पर लात मारना ठहरा। अतिशय उदारता ठहरी। फिर धरती पर उदारता क्यूँकर? कि आख़िर वह एक ग्रह

ही तो है। एक मियादी चीज़। पल-प्रतिपल बढ़ रही जो मृत्यु ओर। चुनाँचे, फ़िकर गर करना ही है तो उसकी क्यों अपनी क्यूँ न करें? क्यूँ न ऐश करें? जिसे हमने हमारी मेधा व श्रम से सँवारा है उस भूमि को क्यों न भोगें हम—जी भर-के!

ये सवाल पर नये नहीं। अकसर सामना होता है इनसे क़ुदरत के पहलू से बोलते हर शख़्स का। मेरा भी। अतएव अपने-राम ने इधर जो बूझा वह सुन लिया जावे। कि अभी अपन वायुमंडल के पर्यन्त क्षेत्र में हैं। 14166 फ़ीट बमुताबिक़ अनक़रीब 4318 मीटर पर हैं। जहाँ यह दुर्लंघ्य-भूमि, यह दरिया, यह हिमाला और तमाम चट्टानें हाज़िर हैं गवाही के लिए। रोज़ दिन खड़े किये जा रहे सवालों को हल करने का मौक़ा जाने फिर कभी मिले, न मिले। यह दुर्लभ अवसर जाया करना उचित नहीं।

तो मेरे हमराही लोगो! अपन गाया पर लम्बी चर्चा कर चुके। जान चुके उसकी ताप तथा वायुमंडलीय CO_2 नियंत्रण-प्रविधि। किन्तु सही तापमान व CO_2 सन्तुलन मात्र से तो जीवन चलता नहीं। दीगर सामान भी तो लगते हैं जीवन को धरती पर बने रहने वास्ते।

मानव देह को ही देख लें। वह मुख्यतः गढ़ी है ऑक्सीजन (65%), कार्बन (18.5%) हाइड्रोजन (9.5%) एवं नाइट्रोजन (3.3%) से। सौ फ़ीसद में जो बच रहा वह पूरा होता है चुनिन्दा धातुओं के चलते। अब जो सारा हाइड्रोजन पानी में बदल जावे या तमाम कार्बन खप जावे CO_2 चक्र में तब तो जीवन-चक्र टूटा ही जानिए। इससे बचने वास्ते गाया के पास एकाधिक उपाय हैं। उपाय, जैसा कि कह चुका, जो कार्य करते हैं धरा के दुरुस्त-दुर्गम कोनों में। रेगिस्तानों में, ऊँचे पहाड़ों पर, सागर-तल में, नदी-जल में।

मगर ख़ैर, हमारी फ़िकर में तो चट्टानें हैं। सो उन्हीं पर आता हूँ। ये जो धरती-कोख में छुपी शिलाएँ हैं वो हैं गाया का खलियान। आइन्दा काम आनेवाली वस्तुओं का कोठार-घर अभी जहाँ हम हैं उस तरह के इलाक़ों में ये चट्टानें सतह से ऊपर आ जाती हैं। दीगर तरक़ीबों से। भूडोल, भू-क्षरण या ज्वालामुखी-प्रस्फुटन से। खुले में आते ही गाया इन पर जुट जाती है—पोशीदा चीज़ों को काट-छाँट पुनः जीवनोपयोगी बनाने में। कैसे?

इस 'कैसे' को समझने के लिए आइए इन चट्टानों को ज़रा क़रीब से देखें।

'भाटे हैं, भाटों को क्या देखना?'

'निपट पत्थर कह टालिए मत इन्हें...क़सम है आपको...जरा तो ग़ौर करें... देखें...क्या दीख रहा?'

'गन्दगी! और क्या...लिज़लिज़ा-सा कुछ जमा है इन पर।'

'बेहतर...अब देखें...जो जमा है वह क्या सब जगह एक ही सा है?'

'नहीं! कहीं भूरा है, नारंगी तो कहीं काला-ठुस्स...'

'इन पर हाथ फिराएँ...महसूसें इन्हें...'

'दुर्र...इन्हें देखकर ही घिन छूट रही, छूने का तो सवाल ही नहीं उठता।'

'इस्सऽऽ'

एक बात कहूँ आपसे, बिलकुल खरी बात। यह लिज़लिज़ी शै जो न हो तो न मैं होऊँ ना आप ही हों! यह 'घृणास्पद' चीज़ है लैकन (lichen) यानी काई—भुकड़ी (फफूँद) और बैक्टेरिया (cynobecterium) का एक सहजीवी-जमावड़ा। और यह जमावड़ा जमता है शैल-चरित्रानुसार। यानी कि जुदा तासीर चट्टानों के लैकन होते हैं दीगर रंग-ढंग के। मगर, गाया की नज़र में, लैकन का महत्त्व है मुफ़्तुल्ला आदम से कहीं ऊपर!

ऐसा बयान क्यूँकर करना पड़ा—यह बूझने वास्ते अपन को क़ुदरत के कारोबार में लैकन के अवदानों को देखना होगा। सबके अव्वल उनके सबसे महत्त्वपूर्ण अवदान का बयान। वह यह कि काई व बैक्टेरिया (cynobecterium) प्रकाश-संश्लेषण (photosynthesis) समर्थ आदिजीव हैं। प्राण-वायु सृजन करने में सक्षम जीव। CO_2 प्राचुर्य जगत को ऑक्सीजन मूलक बनाने में इनका महती योगदान है। जो ये न हों तो धरा पर रीढ़धारी प्राणी आविर्भूत ही न हों। मतलब कि मानव भी न हो।

अब बात करते हैं लैकन के अन्यान्य अवदानों की। जीव-जनावर तथा मानवीय गतिविधियों (कल-कारख़ाने, मोटर-गाड़ियाँ, अजैविक-खेती आदि) के चलते उत्सर्जित ज़हरीले पदार्थ (कीटनाशक, कार्बन-कण, धूल-कण, सल्फ़र, SO_2 इत्यादि) हवा संग बहते हुए पहुँचते हैं दूरस्थ इलाक़ों में।[5] ठहर जाते हैं शैल-सतहों पर। सतह पर ठहरे इन गरल-सम तत्त्वों का अवशोषण करता है लैकन। यही नहीं फफूँदयुक्त यह संरचना हवा में बहते कणों को, CO_2, SO_2 को भी, लपकने की क्षमता रखती है। परन्तु यह लपकना या सोखना निपट क़ैद करना नहीं। कि कुछ दिनों की सज़ा काटी और फिर छोड़ दिया खुले में—जस-का-तस। न! पुख़्ता इलाज करता है लैकन इन सबों का।

जैसे कार्बन। वह तो इसका भोजन ही ठहरा। ऊर्जा का स्रोत। कार्बन या ऐसे दूसरे तत्त्व पचाने के दौरान लैकन से निःसृत होता है अम्ल। बोले तो ऐसिड। जिससे चट्टान गलने लगती है। जैविक-क्षरण होता है उसका। क्षरण जिससे गाया द्वारा शिला में सहेजे पदार्थ (अत्यावश्यक धातुएँ, विरल लवण, अनमोल खनिज-तत्त्व) छूटते हैं।[6] नदी में घुलते हैं। ज़मीन में मिलते हैं। माटी उर्जित होती है। पानी पुष्ट होता है। हवाएँ स्वच्छ होती हैं। जीवनानुकूल वातावरण की निर्मिति होती है।

मुख़्तसर कहूँ तो लैकन खनिजकर्मी जैसे तो है ही। जादूगर भी है यह। जिस शिला पर इसने आसन जमाया वह शिला पारस पत्थर में बदली। पारस जिसे छू हवाएँ हो जाती हैं बेदाग-सुनहली, धरा हो जावे सोना उपजाने में सक्षम। और जल बन जाता है शेरनी का दूध—जैसी कि जाँस्कर में मान्यता है।

मगर ख़ैर। मालूम हो कि यह तमाम काम—जैविक-क्षरण, वायु-शोधन, धरती कोख में अत्यावश्यक तत्त्वों का पुनर्भरण—चलता है आहिस्ता-आहिस्ता। बिलकुल उतनी ही रफ़्तार से जितने की दरकार होती है जीवनचक्र चलाने के लिए। रफ़्तार कमी तो नौका थमी, बढ़ी तो डूबी नाव गाया की!

ऐसे इलाक़ों में पड़ी चट्टानों को छेड़ने का, चोंधने-पीसने का, डामर-तले दबा देने का हश्र क्या होगा, यह सोचनेवाला मसला है। कहनेवाली बात नहीं।

अब रहा सवाल धरती के एक मियादी ग्रह होने का तो इसमें कौन नई बात है? तय है क़यामत का दिन हर चीज़ का यहाँ। धरती का भी। परन्तु पृथ्वी का अन्त—उसका वह कल—आदमी के कल से बहुत से भी बहुत दूर ठहरा। उस पृथ्वी-कल तक पहुँचने से पूर्व मनुज की (यदि यह प्राणी बच रहा तो) असंख्य पीढ़ियाँ मर-खप जावेंगी। फिर जो क़ुदरत के हक़ में खड़े हैं उन्हें भी धरती के लाफ़ानी होने का मुग़ालता नहीं। वे, देखा जावे तो, आती पीढ़ियों की चिन्ता में दुबले हो रहे। चिन्ता कि जो विरासत हमारे अख़्तियार में है, जो सृष्टि-प्रदत्त फिक्स्ड-डिपॉजिट है हमारे पास, उसे हम आज ही में फूँक न डालें। कि यह तो बेईमानी हुई। अमानत में ख़यानत करनेवाली बात ठहरी।

अब इससे अधिक और क्या कहा जावे? सिवा इसके कि यह जो मेधा है—अच्छी है। ज़रूरी है। मगर इस पर आदमी की ही बपौती जानना महा भूल है। कि प्रत्येक जीव, अकिंचनतर जीव भी, अपनी सीमितता में मेधावान है। अपने ढंग से विवेकशील भी। किन्तु मेधा का स्वभाव है अर्जन—ज्ञानार्जन। और जो मेधा, विवेक का हाथ छोड़, स्वअर्जित ज्ञान ही के पीछे दौड़ने लगे तो बने संकट का कारण। आज जिन परेशानियों को प्रकृति भुगत रही वह आदमी की मेधा का ही कमाल है। विवेक से रीती मेधा का! उस दुर्बुद्धि का जिसके यहाँ आदम से इतर हर शै है बेमानी। है मेटने अथवा भोगने क़ाबिल।

सिर्फ़ एहसास है...

कल की रात ने निचोड़ डाला।

एक तो भीषण जाड़ा तिस पर यह मुआ पेट। कमबख़्त पसर गया अचानक से। पसरा भी इस क़दर कि क़तई बेकाबू। न मालूम यह किसका क़माल था—पानी का याकि खाने का? वैसे खाया तो सादा ही था—आलू-काँदे के साथ राँधी खिचड़ी। अब मासूम जान खिचड़ी ने तो क्या ही खचड़ापना किया होगा!

फिर? क्या पानी? हाँ शायद कि वह-ही।

दरिया का पानी पीया था कल। मजबूरन। कि कैम्प-साइट के समीप जल का कोई और स्रोत—यथा देवधारा या सोता—नहीं था। नतीजन क्लोरीन की चन्द बूँदें डाल पीना पड़ा दरिया का गँदला पानी। किन्तु क्या चार बुंदकियों से जंगी-जल सध सकता है? बन सकता है लाड़-प्यार से इतराये शहरी पेट लायक़? ख़ैर, कारण जो हो, पर बीती रात गुज़री आँखों ही आँखों में। चलता रहा बार-बार रावटी से बाहर निकलना। बैठना ठिठरी ओस-बुंदकियों के बीच। वापरना अध-जमा पानी। असर यह कि अपनी 'डिक्की' अब तलक सुन्न है!

मगर ख़ैर। अब मुआमला काबू में है। अपर्णा का टखना भी अब ठीक है। सो हम-दोई चाय-चुई पी, बैग-शैग गाँठ, तैयार बैठे हैं। रनी का इन्तज़ार है। वह आवे तो शुरू हो नया सफ़र। किन्तु रनी न जाने कहाँ ग़ायब है आज? कहीं उसका भी पेट तो नहीं चल पड़ा? फ़िक्र हो रही। तपास करनी होगी।

अड्डाघर में झाँकता हूँ।

अन्दर सोनी है। पासंग है। लेकिन रनी नहीं। मालूम हुआ टीनू की तलाश में निकला है। और टीनू किधर चल दिया सुबह-सवेरे? उत्तर मिला, गया है खच्चरों को ढूँढ़ने। मगर खच्चर किधर चले गए, वह भी एक-दो नहीं सब के सब? जबकि घोड़ा यहीं बँधा खड़ा है। नेता यहीं और अनुयायी गुम! यह तो धोका है नेता के साथ। टीनू के संग। मगर चूक भी तो टीनू की ही थी। क्यों बाँधा लीडर को खूँटे से? क्यूँकर भूला वह कि अन्ध-भक्ति आज़ाद तबीयत जानवरों की दुनिया की वस्तु नहीं! कि खूँटा-बन्ध लीडर के अनुगमन का संकट जानवर जान ही जाते हैं—समय से।

जो हो अभी तो चिन्ता व्याप रही। जो खच्चर न मिले तो? ग़र एकाध जानवर शिकार हो गया हो तो... तब तो यह अभियान डूबा कि डूबा। अपनी चिन्ता उन दोनों के सामने रखी। आशा के विपरीत उत्तर पासंग की ओर से आया। कहने लगा टेंशन मत लो सर जी, खच्चर दूर नहीं गए होंगे। चर रहे होंगे इसी पहाड़ के पीछे कहीं। सालों को ताज़ा घास की सूँघ आ जाती है।

बात जँची। सोचा, जो होगा जब होगा तब निपटेंगे। टीनू-रनी की बाट जोहते अपना टेम क्यों खोटी करना। अपन तो सोनी को ले आगे बढ़ें। वही किया गया।

पौने सात बज रहे।

हिमालय का नुमाइशख़ाना बस छोड़ा ही छोड़ा है। चल पड़े हैं शिंगु-जोत की ओर। किन्तु उसका दीदार अपन को आज नहीं, कल होगा। आज रात बीतेगी उसके पहले कहीं। हो सका तो रामजक के उस पार, चुमिनाको-घासिया मैदान में। सो हड़बड़ी नहीं करना है। अपन चलेंगे जाँस्कर-दहलीज़ की बनावट-सजावट देखते-परखते।

मौसम खुला है। भला लग रहा है। कच्ची धूप है। जँच रही है। हल्का कोहरा है। फ़ब रहा है। बर्फ़ीला समीरण है। काट रहा है। भूमि पथरीली है मगरचे बाँझ नहीं। घास है वहाँ। बरफ़ गलने के बाद नमूदार हुई ताज़ा घास। क़द एक सा, रंग एक सा, एक ही तरतीब चट्टानों के नीचे ढुकने-निकलने की। यह कैसी घास? घास में ऐसी तमीज़ कब से होने लगी?

यह घास बनावटी है! अप्राकृतिक है!

बगार के ऊपर छत है—नभ है। गहरा नीला नभ। जहाँ झक्क सफ़ेद बदलियाँ हैं। इतने भिन्न आकारों की, इतनी उभरी और इतनी 'शार्प' बदलियाँ कि लग रहा जैसे नभ में खाँचे काट इन्हें बिठलाया गया हो। नाख़ून फँसा उखाड़ लो, ऐसी बदलियाँ तो आज दिन तक कहीं नहीं मिलीं। हाय! कि हाय! हाय!! यह छत भी असल नहीं। ऐसा नीला-चट नभ, ऐसी झक्क-सफ़ेद बदलियाँ कहीं असल होती हैं भला?

जाँस्कर 'डिजिटली मॉडिफाइड' दृश्य परोस रहा हमें!

बहरहाल, इस महल्ले में हर कुछ नकली नहीं, कुछ खाँटी भी है इधर। जैसे कि यहाँ के पहाड़-पहाड़ियाँ। चहुँओर घूम पहाड़ों का नज़ारा करता हूँ। पीछे, जाँस्कर-सुमुडो की दिशा में, घूमते ही दीठ ठिठक गई है। यह कैसा नज़ारा है? दूर, दूर से भी बहोत दूर, एक मैदान है। बोले तो इस घाटी के पार। ग़ालिबन सुमुडो वाला मैदान है वह। तश्तरीनुमा। क़तई समतल। मैदान के बीचोबीच एक परबत है। मस्तक से स्कंध तक सफ़ेद। हिमाच्छादित। पूजा की तश्तरी में ज्यूँ धरी

हो कर्पूर-ढेली। अद्भुत दृश्य है यह तो। कल मगर यह किधर था? था तो क्यूँकर नहीं दिखा? क्या यह नज़ारा भी आभासी है? याकि सूझ कुंद हो रही मेरी? या फिर प्राण-वायु का टोंटा पड़ रहा? याकि बुरी हवा के असर में हूँ मैं?

बुरी हवा?

जी, बुरी हवा! कहते हैं लाहुल मानिन्द जाँस्कर भी कभी आसेबज़दा था। प्रेत-डाकिनियों का घर था। इस सिलसिले की एक कथा—प्रेत झिमुङ्ग् रिङ्ग्पो की कहानी—आप सुन ही चुके हैं। ख़ैर, समयान्तर से गुरु पद्मसम्भव के पग इधर पड़े। उनने काबू किया इधर की अमानुषीय शक्तियों को। बनाया इस ज़मीन को आदमजात के क़ाबिल।[1] लेकिन लोक-मान्यतानुसार दारचा-अंचल का शासक आज भी झिमुङ्ग् रिङ्ग्पो ही है। ठेठ सुमुडो तलक ठाट चलता है उसका। परम्परा में प्रचलित है प्रेत-डाकिनियों का ऊँचे परबतों पर बसा होना। जहाँ बैठ वे शिंगु-ला पर नज़र रखते हैं। परेशान करते हैं इधर आनेवालों को। बाज़ लोग मर भी जाते हैं शिंगु-जोत पर, उनके किये से। यह गल्प पर पुरानी है। गोया उड़ गई होगी इक्कीसवीं सदी की हवा में? या फिर न भी उड़ी हो? कुरेद है। पड़ताल करनी होगी।

और यह पड़ताल ज़रूरी है। ख़ासकर जाँस्कर के लिहाज़ से। कि जवाब-तलब कर रहे हैं दो सवाल। पहला—इधर के प्रेत लोग लोक-कल्पित वस्तु हैं या कि कुछ और? दूसरा—हिमाचल प्रदेश के मंडी शहर में जन्मे पद्मसम्भव (717-762ई.) तो ऐतिहासिक महानुभाव ठहरे। और प्रागैतिहासिक काल से ही जाँस्कर में मानवीय हस्तक्षेप के प्रमाण अब हमें उपलब्ध हैं। तो गुरु पद्मसम्भव ने ऐसा क्या किया कि उनका इतना गुणगान है? क्या झिमुङ्ग् रिङ्ग्पो गल्प वाले लामा पद्मसम्भव महाशय ही हैं? लेकिन इन जिज्ञासाओं को थोड़ा और ठहरना होगा। कि इनके हल शायद शिंगु-ला पार ही मिलें। चुनाँचे इस तफ़तीश को मुल्तवी रख बढ़ा जावे शिंगु-जोत की तरफ़।

जैसे-जैसे आगे बढ़ रहे कोहसार की तासीर बदल रही।

इधर की लीक मनमौज़ी है। चले तो ऐसे चले कि पहुँचे ऐन खाई-कगार पर, वग़रना धड़धड़ाते उतर जावे ठेठ तराई तलक। कभी चलने का जी न हो-तो नी ही चले। यानी कि अड़ जावे मनभायी शिला के पास जा। 'स्वत्व-रक्षा' गल्प के खुद्दार घोड़े मानिन्द। प्रेमचन्द बाबू का हिमालय से वास्ता कम ही पड़ा, अन्यथा एक क़िस्सा इस पगडंडी पर तो बनता ही बनता। ख़ैर।

मौसम अब भी खुला है। चटक धूप है। तापमान है 26.2^0 से.। परन्तु हवा की खुनक वही की वही। वरन् बढ़ गई-सी प्रतीत हो रही। सामने रामजक है। नुमाइशख़ाने के बाद पूरे दो क्लॉक चलने बाद मिला है यह ठिकाना। गर सुमुडो से सीधे यहाँ आते तो पैर चीं बोल जाते। ऊपर से इसे देख मायूसी होती सो अलग। यूँकि

कल वाले ठिकाने के मुक़ाबिल रामजक कहीं नहीं ठहरता। है ही क्या इसके पास अलावा एक सपाट चौड़ के। थोड़ी हरियाली के। अलबत्ता लोग इसे मन-लुभावन जगह कहते हैं। कहा करें। अपन नहीं मानते। पॉकिट से रोज़नामचा निकाला। दर्ज किया—'रामजक एक बेरंग-रू मैदान। ऊँचाई 14324 फ़ीट'।

ग्यारह बज गए। चलाई जारी है।

लगी-लगी दो अनुभूतियों से एक साथ गुज़र रहा हूँ। अनुभूति सदियों से चलने की। अनुभव सदियों में चलने का। यानी मौजूदा से गुजश्ता तरफ़ जाने का। उस देश ओर बढ़ने का जहाँ से आए थे वो तीन घुड़सवार। देस जो हालिया सदी से सदियों पीछे लुका है। शिंगु-ला पार है। हम उस ओर बढ़ रहे हैं वक़्त को चीरते हुए।

अभी हम-दोई एक ही शिला पर बैठे हैं।

दस क़दम दूर बहते दरिया को देख रहे हैं। चाय पीते हुए। पराँठा कुतरते हुए। हमारे सामने, ऐन दरिया किनारे, दो फूल हैं। सुतवाँ-पंखुरियों वाले दो नीले फूल। उनकी पंखुरियों के बीचोबीच सुनहला केसर-दल है। जैसे कोई मुकुट हो। किस सौन्दर्य-प्रतियोगिता के विजेता हैं ये पुष्प? विजेता हों न हों पर ये पुष्प अन्यान्य फूलों सरीखे नहीं। असाधारण हैं।

असाधारण इस अर्थ में कि ये प्रेम में हैं। प्रेमी-युगल हैं। सामीप्य को व्याकुल, गलबहियाँ डालने को बेक़रार। और जैसा कि होता है इनका प्रेम भी इधर के समाज को खटक रहा। पवन उन्हें सता रहा। इस पल उन्हें क़रीब धकेले। उस पल कर दे उन्हें परे। फिर यह दरिया भी तो उच्छृंखल ही ठहरा। प्रेमी-युगल के क़रीब आ दहाड़ रहा। उछल रहा। फेंक रहा शीतल जल उन पर। फूल किन्तु परेशाँ नहीं। परबती फूल हैं। इत्मीनान सीखा है उनने परबतों से। इस करके वे मज़े ले रहे हैं पवन के। शीतल जल के।

डेज़ी घराने के इन फूलों का-सा इत्मीनान जो मुझमें होता तो बैठा रहता यहीं—अपर्णा से सट। इन फूलों के रहे तलक। लेते हुए ऊब उनके प्रेम की। जैसे ले रहा हिमाला। पिघल रहा प्रेम-ताप से। यह जो दरिया है तरल हिमाला है। बह निकला है घाटी में। चूमने इन पुष्पों को। उसे उच्छृंखल कहना मेरी भूल रही। एमिली डिकिन्सन की कविता याद आ रही—

The Himmaleh was known to stoop
Unto the Daisy low—

Transported with Compassion
That such a Doll should grow
Where Tent by Tent—Her Universe
Hung out its Flags of Snow—

फूलों से विदा लिये दो घंटे हो चुके।

बार-बार रुख़ बदलती, कभी आसमाँ तक उठती, कभी दरिया तक उतरती डंडी ने हलकान कर रखा है। ऐसे में अपर्णा का मूड उखड़ जाता है। लगती है वह चिड़चिड़ाने-बड़बड़ाने। जैसे कि अभी बड़बड़ा रही—यह भी कोई आने की जगो है...न कोई डगर...न होटल...वही पहाड़...वही पत्थर...खुलकर साँस लेना भी दूभर...उफ़!...प्रभु! अन्त मत दिखा प्रभु...तुम मेरे लिए क्यों घिसट रहे...जाओ आगे...मनाओ मौज़...अपर्णा का क्या है...बनेगा तब तक चलेगी...नी तो पड़ी रहेगी यहीं कहीं...

सोनी उसकी इस आदत से वाक़िफ़ है। रनी भी। रनी, जो अभी कुछ देर पहले ही आया। भुनभुनाती अपर्णा देखा। और चुपके से आगे बढ़ गया, टीनू और उसके खच्चरों के साथ। हमारे संग चलते सोनी ने भी मौक़ा ताड़ा और रनो...ऐ!रनी... पुकारता निकल लिया उनके पीछे। अब बच रहे अपने-राम। आगे जा नहीं सकते। शाना-ब-शाना चलने का ताब नहीं। सो पाँच-दस पग की छेंटी बरत अनुगमन कर रहे अपर्णा का। निपट निःशब्द। कि ऐसी क़ैफ़ियत में गिरफ़्त अपर्णा से न बोलना ही बेहतर। बोले कि उतरी छोत!

आगे जाकर दो-एक नाले आए। टापे गए—चुपचाप। एक प्रपात आया। देखा गया—नज़र चुराकर। फिर चाक्षुस हुआ एक माने। बौद्ध-देस में जीवन का संकेत। बीहड़ में मनुष्य के हस्तक्षेप की मुनादी।

यह मुनादी पर किसी बस्ती की नहीं, पड़ाव-स्थली की है। चुमिनाको की है। अल्टोमीटर देखता हूँ—14777 फ़ीट। कह चुका यह इस बगार की आख़िरी पड़ाव-स्थली है। अलबत्ता ढलुआँ है, पर कोई गल्ल नहीं जी। कि साक्षात है यहाँ हिमालय नवरूप में। यह रूप फिर कभी दीखने का नहीं। चुनाँचे मुझ आशिक़ का अब एक ही फ़र्ज़—महबूबा की इबादत। देखते रहना उसे सोना-खाना छोड़। देखते ही रहना।

अभी मैं अनूठे पर्वत-शृंग को निरख रहा हूँ। उसे देख ऊँट—दो कूबड़ वाले ऊँट—की पीठ का भास हो रहा। ऊँट की कूबड़ों के बीच एक काला बादल यूँ तैनात है जैसे बैठा हो ऊँटवान। मुआमला फुलटुस 'पिक्चर-परफ़ेक्ट' है। टकटकी बँध गई है। ऊँटवान कभी आगे झुक रहा, कभी अग़ल-बग़ल। गोया हाँकता हो ऊँट को। ऊँट आस्ते-आस्ते बढ़ रहा है चुमिनाको-घासिया मैदान तरफ़। आ चुका

चुमिनाको का होटल वाला

है बिलकुल मेरे क़रीब। दो कुबड़िया हिमालय के पदाघात महसूस हो रहे। अरे... अरे...रुको! अरे! क्या मर ही डालोगे अपने चाहनेवाले को!

ऊँट रुक जाता है। ऊँटवान भी उतर गया है पीठ से। टकटकी बिखर जाती है। सुन पड़ती है रनी की गुहार—

"सर जी...मैडम जी बुला रही है..."

"कहाँ है तुमारी मैडम।"

"उधर।"

रनी की बताई दिश में देखता हूँ। उधर एक टपरिया है। बिन गारा-सीमेंट वाली पत्थर की भीत, पोलीथिन-छाजन वाली टपरिया। टपरिया के पास पहुँच चुका हूँ। दीख रहा छाजन पर लिखा—'वेलकम टु जाँस्कर वैली/टी-स्टॉल/एवरी थिंग अवेलेबल हिअर।'

भीतर झाँकता हूँ। त्रिपाल की मदद से टपरी को दो कक्षों में बाँटा गया है। जो कक्ष मेरे बाएँ हाथ पर है, छोटा है। वहाँ सोनी और अपर्णा बैठे हैं। वहीं फटे-पुराने टेंट और कम्बलों की ढेरी है। शायद बिन तैयारी पहुँचनेवाले सफ़रियों के लिए। जो हो, टपरी का दूसरा हिस्सा बड़ा है। वहाँ पानी से भरे पीपे हैं। स्टोव है। इनके बीच एक मरद बैठा है। स्टोव में पिन फँसाने की चेष्टा करता जँस्करी-मरद। वैसे तो वह तीस के पेटे में है किन्तु भ्रम दे रहा चालीस पार होने का। खिंचा मुँह, छोटी आँखें। ठोढ़ी पर विरल-सी दाढ़ी, ऐसी ही मूँछ। स्कर्टनुमा लम्बा कोट और ढीला पाजामा, दोनों काले। एकदम चीकट। हाथ-मुँह पर भी ढेर-ढेर मैल!

तो क्या सच ही जँस्करी लोग गन्दे होते हैं, नहाते हैं बस कुछ विशेष अवसरों पर ही? इस मनक की देह-गन्ध परे धकेल रही। किन्तु बिदककर जाऊँगा किधर? अगर जँस्करी ऐसे हैं, तो हैं। उन्हें उनकी गन्धयुक्त देह के संग ही स्वीकारना चाहिए। कि धरती के छोर पर बसे लोगों से शहरी संस्कारों का आग्रह ठहरा दुराग्रह। यह विचारते-सोचते पहुँच जाता हूँ उसके पास।

"जुलै! चाय मिलेगी दोस्त।"

"जुलै! मिलेगा...बेट्ठो...," उसकी हिन्दी की समझ छिछली है। बस उसके काम की पूर्ति।

"तीन-चार बढ़िया चाय बनाओ भाई, चीनी कम...बल्कि फीकी ही बनाओ... चीनी सेपरेट देना," अपर्णा ने निवेदन किया।

स्टोव पर अदहन चढ़ गया है। अपर्णा सोनी से बतिया रही है मैं देख रहा हूँ होटल में का सामान। सच ही इधर तो 'एवरीथिंग' उपलब्ध है। 'गॉडफ़ॉदर' बियर है, 'ओल्ड-मंक' रम है, शीतल पेय है। मैगी, अंडा, बिस्कुट, सिगरेट तो ऐसी हर जगह होते ही हैं। यहाँ भी हैं।

"छंग है क्या दोस्त।"[2]

"ना।"

"कोई गल्ल नहीं, चाय से ही काम चला लेंगे," फिर बात को दूसरी दिशा में घुमाने की ग़रज़ से आगे जोड़ा, "इस नदी का नाम क्या है दोस्त?"

"चुमिनाको-चु।"[3]

"और इस घाटी का?"

"घाऽऽटी?," वह बूझ नहीं पाता। इशारे से समझाता हूँ।

"चुमिनाको," कह वह जुट गया है, चाय खौलाने में।

मेरी आँखें, न चाहते हुए भी, फिर टटोलने लगी है टपरी को। देखता हूँ जहाँ-तहाँ भिनभिनाती मक्खियों को। मक्खियाँ ठीक वैसी हैं जैसी आम काटे पर घर में घुस आती थीं। आजकल मगर ग़ायब हैं। कम-से-कम इन्दौर से। मुझे घिन मच रही। ढाबेवाला पर इनसे निस्पृह है। गले का स्कार्फ खोल मैं मक्खियाँ उड़ा रहा हूँ।

सोच भी उड़े जा रही दिशा बदल-बदल...

मैं तो यहाँ एक दिन न बैठ पाऊँ। मुझको तो चौबीस क्लॉक काम होना। बहुधा पैसा कमाने के लिए, कभी समय काटने वास्ते। और इस बन्दे के पास न काम है, न धन। हाथ में है सिर्फ़ समय। लेकिन ऐसा समय किस काम का जो पैसा न कमाए! यह तो वक़्त की बरबादी ठहरी। पूछना चाहता हूँ उसकी आमदनी। इस बीहड़ में एकाकी जीवन जीने की दिक़्क़तें।

परन्तु हिचक रहा हूँ।

वह अपने काम में कितना डूबा है। कितना सुख, कितनी तृप्ति, कैसी सन्तुष्टी है उसके मैले-कुचैले मुख पर। सन्तुष्ट आदमी से बात करने में हिचक होती है। कि बातें चुभ सकती हैं, तोष तोड़ सकती हैं। ज़माने से चाहे कुछ भी कहता फिरूँ परन्तु क्या मेरा अन्तस सन्तुष्ट है? नहीं। राई-रत्ती भर भी नहीं। इस जँस्करी का तृप्त मुख तो दुर्लभ वस्तु है। विश्व-धरोहर है। इसे हर क़ीमत बचा लेना है मुझे। अपने लिए। ज़माने के लिए! सनद के लिए!!

फिर भी बात तो करना है इस मनक से। भाषा की अड़चन दूर करने के लिए पासंग को गुहारा गया। उसके आने के बाद गुफ़्तगू का दौर ऐसा चला कि चलता ही चला गया। मेरे सवाल, उसके जवाब और पासंग का तर्जुमा इस सबों का सार यह रहा—

"इस सुनसान जगह पर अकेले रहते हो डर नहीं लगता।"

"किसका डर?"

"जंगली जानवरों का, दुष्ट आत्माओं का, डाकिनों का।"

वह सकपकाया। होटल में टँगी दलाई लामा की तस्वीर की ओर देखा। किन्तु बोला कुछ नहीं।

"चुमिनाको घाटी तो बहुत ही सुन्दर है। ऐसी ख़ूबसूरत जगह में डायन-दैत्य किधर से आ गए?"

सवाल सुन वह हो गया सोच में गर्क़। उसके चेहरे की रंगत बदलने लगी। लगा जैसे मशक़्क़त कर रहा हो भीतर धँसी कोई चीज़ ऊपर खींचने में। चुप्पा टूटा उस कहानी से, जो उसने अपने बड़े-बूढ़ों से सुनी थी—

> बहुत पहले की बात है। तब की जब जाँस्कर में जंगल होते थे। लोग जंगल से अपने काम-पूर्ता लाते। खाते। और चैन से रहते। उस दिन एक निर्धन लड़का लकड़ियाँ चुगते हुए जंगल में बहुत दूर निकल गया। वहाँ उसे जमीन में बड़ा-सा सूराख दिखा। लड़के ने सूराख में झाँका। भीतर का दृश्य देख लड़का चौंका। काहे कि उसे नीचे को जाती चकमक सीढ़ियाँ दिखीं। कौतुकवश लड़का सीढ़ियाँ उतरने लगा। और पहुँच गया दूसरे ही लोक में। वह लोक क्या था बिलकुल जन्नत ही था। आलीशान महल, फुहारेदार बगीचे। किन्तु सब था सूना-सट्ट। सब ओर सन्नाटा। उस सन्नाटे को तोड़ रहा था किसी के सुबकने का स्वर।
>
> कौतुक से वशीभूत बालक रोदन स्वर का पीछा करने लगा। पहुँचा एक महल में। वहाँ एक परी थी। पलंग पर पड़ी थी। रो रही थी। उसकी आँख से ढुलके अश्रु तत्काल मोतियों में बदल रहे थे।

बालक ने उससे उसका दुख पूछा तो मालूम पड़ा कि वह शापित परी है। महल से निकल नहीं सकती। लाख चाहे भी बाहरी दुनिया देख-जान नहीं सकती।

लड़का पसीज गया। बैठ गया परी के पास। कहने लगा बाहरी दुनिया का आँखों देखा हाल—इतनी तन्मयता से कि परी के सामने भू-लोक साक्षात हो उठा। परी को मज़ा आ गया। उसने अपनी आँखों से ढुलका एक मोती लड़के को इनाम में दे दिया।

मोती जब कहीं नहीं बिका तो लड़का जा पहुँचा जाँस्कर-राजा के दरबार में। उसकी कथा सुन राजा को आया लालच। ललक उठा वह सारे मोती एकमुश्त पाने को। सो उसने लड़के को धमकाया। और उसे फिर से परी के पास जाने को बाध्य किया।

लड़के की बात सुन परी ने उसे एक डिब्बा दिया। और कहा कि डिब्बा मोतियों से भरा है। वह इसे लेकर सीधे राजा के यहाँ जावे। और राजा के माँगने पर ही डिब्बा खोले। ऐसा ही किया गया। राजा ने डिब्बे में झाँका और गश खा गया...[4]

"गश खा गया? क्यों?," पासंग ने जिज्ञासा की।

"इसलिए कि उसे डिब्बे से हीरे-मोती नहीं डाकिनें निकलती दिखीं।"

"आगे क्या हुआ, दोस्त!"

"होना क्या था। डाकिनों ने राजा को मार डाला। और यहाँ के, जाँस्कर के, पहाड़ों पर बस गईं।"

"आपने देखी हैं दुष्ट आत्माएँ या डाकिनें?"

"नहीं...वो दिखतीं नहीं, उनका एहसास मगर होता है। अभी भी हो रहा..."

इतना कह वह चुप हो गया। एकटक देखने लगा दलाई लामा के चित्र को। बड़ा सा वक़्फ़ा यूँ गुज़ारने के बाद उसने आगे जोड़ा, "...लेकिन हमारे लामा लोग उन पर काबू रखते हैं, इसलिए वो डाकिनें, वो दुष्ट आत्माएँ, अब हमारी रक्षक हैं। जाँस्कर के भू-सम्पदा की रक्षक हैं। वे इधर आनेवाले लालचियों-लुटेरों को मारती-सताती हैं। जँस्करियों को नहीं!"

दिवास्वप्न

नया दिन। नये दिन की नई दुपहरी। ऊँचाई भी नई—पन्द्रह हज़ार फ़ीट।

शिंगु-दर्रे की ओर निकले हुए पाँच घंटे हो चुके। मुँहअँधेरे उठ, दूध-कार्न फ्लेक्स का हल्का कलेवा ले, साढ़े पाँच-पौने छह के बीच चुमिनाको पड़ाव छोड़ने बाद, एक गधेरा और एक पहाड़ी नदी पार कर वहाँ आ गए हैं जहाँ से थोड़ा आगे उच्च-हिमालयीन अंचल का अन्तिम छोर है। इस पर्वतमाला का अन्तिम दर्रा है—शिंगु-ला। इस दर्रे को पार करने के बाद हम प्रविष्ट होंगे मध्य-थेसियन-हिमालय परिक्षेत्र में। बहुप्रतिक्षित ठिठके समयों के देस में।

वैसे ठिठके समय के एक छोटे से टुकड़े से हमारी भेंट परसों हो चुकी। जब हमने देखी चट्टानों में उरेही शिशु-हिमालय की हँसमुख छवियाँ। परन्तु वह तो सेम्पल की चिन्दी भर थी। यह वादी तो पूरा थान है। पितामह-भूखंडों का असल संक्रमण क्षेत्र है। वह अंचल जो भू-शास्त्रियों के यहाँ 'जाँस्कर-यूनिट' कहलाता है। जाँस्कर-यूनिट मानी (दक्खिन में) शिंगु-ला से (उत्तर में) लामायुरु तक का इलाक़ा। मतलब वह गली-चौबारा जहाँ साठ करोड़ बरस तक की वयः वाली भूमियाँ काल-विविर से बाहर निकल खुला आसमाँ देखती हैं। खुली वायु का सेवन करती हैं।

साठ करोड़ बरस जूने इस महल्ले में ढुकते हुए भीतर एक अजीब क़शमक़श है। आनन्द-खूँटी से प्रलम्बित मन दर्प और डर के बीच डोल रहा। इतनी महत्त्व की जगह साक्षात देखने का दर्प। काम की चीज़ देखने से छूट जाने का डर। और यह दोलन एक दिनी नहीं, चलता रहेगा हालिया अभियान शेष होने के बाद भी। कि दैहिक यात्रा पूरी होने के बाद आरम्भ होनेवाली अन्तर्यात्रा तो चला ही करती है देर तक—अनवरत। लिहाज़ा शिद्दत से जुटा हूँ देखे को ज़ेहन में, कैमरे में, क़ैद करने में। इस करके चलाई और भी धीमी हो गई है। दम किन्तु तब भी फूल रहा। गति चाहे जित्ती मद्दी कर लो हाँफ से निजात नहीं मिल रही। विरल वायु का कमाल तो जैसे यह है ही, किन्तु हिमाला की बेमिसाल ख़ूबसूरती भी तो अपना काम कर रही। मिसाल के लिए सामने का मंज़र देखा जा सकता है।

उधर एक बमक तलैया है।[1] छिछली मगर एकदम चकाचक तलैया। वह क़ुदरत का आईना है। हिमालय का दर्पण है। चार सेहतमन्द परबत तलैया किनारे

खड़े हैं। काँधे से काँधा सटा देख रहे हैं अपनी सूरत उस दर्पण में। परबत-चौकड़ी की नज़र हमसे मिलती है। वे निमंत्रित करते हैं हमें। कि आओ हमारे पास। झाँक लो तुम भी ताल में। अँटा लो अपना क़द हमसे।

चुनौती क़बूल हुई।

उनके संग हम भी दृश्यमान हैं अब दर्पण में। हम चंचल, वे अविचल। हम थके-माँदे, वे चक-चमचम। अभी उनका क़द हमसे ओछा। अभी हम और वे दिख रहे—शाना-ब-शाना। और अभी हमारे क़दमों तले पहाड़ों की गर्दन! लाखों बरस जूने पहाड़ बरअक्स आज का मनक! कैसी अजीबोग़रीब तस्वीर है यह!

अगरचे इस तस्वीर को सच मान बैठूँ तो गुमान होने लगे हिमालय को रौंदने का। जबकि, असल में, हम रवादार हिमाला की मेहमानी में हैं। काँधे पर बैठा पहुँचा दिया है उसने हमें जीवनपोषक नभ-अर्णव के पार। यानी 15500 फ़ीट—बमुताबिक़ 4725 मी.—पर। और इधर का नज़ारा...उफ़! क़यामत है...इतना ख़ूबसूरत भी कोई क्यूँकर हो कि देखनेवाला रह जावे धक्क...भरने लगे दम उसका खड़े-खड़े ही... बौरा जावे बिनाई...घुटने साथ छोड़ने लगे।

मैं बरफ़ पर बैठ गया हूँ। फटी आँखों से देख रहा हूँ जमाल क़ुदरत का...

अग़ल-बग़ल पीछे-आगे पहाड़ ही पहाड़। सरतापा बरफ़ से ढँपे पहाड़। फिर यहाँ हरसूँ ग्लेशियर भी है। तन्दुरुस्त मज़बूत परतदार बमक। जिसके एक कोने में जच्चाघर है। वहाँ से चुमिनाको-चु उद्गमित होती दीख रही। यह नदी भी किन्तु कमाल है। पग ले लिये हैं उसने पैदा होते ही। किलकारियाँ भरते हुए वह दौड़ पड़ी है चुमिनाको-बगार में। उस बगार में जहाँ ताज़ा बर्फ़ का शफ़्फ़ाफ़ गलीचा डला है।[2] गलीचे पर छोटे-मझोले बमक-पुल सजे हैं। दुधमुँही-अर्णा पुलों के नीचे से निकल रही। अर्णा-परे जो घाटी-तल है, वहाँ नीलम-रंगी तलैयाओं का एक सिलसिला है।

मुकम्मल मंज़र कुछ यूँ है—ऊपर बदलियों से अँटा गगन, मध्य में बर्फ़ ढँपे ऐंठे-तने परबत, परबतों के पैताने बिछा शफ़्फ़ाफ़ गलीचा, गलीचे पर चस्पे बमक-पुल, पुलों के नीचे से बहती चुमिनाको, चुमिनाको के जरा परे नीलम-रंगी ताल, तालों में तिरते बरफ़ के टुकड़े। छोटे, बड़े, बहोत ही बड़े हिम-खंड। हिम-खंडों से टकराती झंझा की झाँझ। आबबाज़ आबशारों का संगीत...

चुमिनाको-चौड़ में शैलराज से भेंट भर हुई, मिलन मगर यहाँ हो रहा।

यह स्वप्न में सत्य की प्रतीति है किंवा सत्य में स्वप्न का भरम?

थोड़ा भरम मगर ज़रूरी भी है। हर भरम तोड़ने-खोलने का चलन उचित नहीं। कि भरम का झीना पर्दा नंगे-सच को रूमानियत देता है। यह मैं नहीं हिमाला कह रहा है मुझसे। मैं मान रहा हूँ। सम्मोहित हूँ। तिरते हिमखंडों पर नृत्यरत परियाँ देख रहा हूँ। राजहंसों को देख रहा हूँ बादलों को चोंच में दबाये उड़ते हुए!

सम्मोहन पर टूट रहा है।

उपत्यका की दाईं ओर खड़ा है कड़ा सत्य। पहाड़ का रूप धर। अब उससे जूझना है। हिम-विपन्न उस पहाड़ पे एक लीक है। उससे अजगर मानिन्द लिपटी, निरन्तर ऊपर को जाती लीक—ठेठ उस बिन्दु तलक जो धरा का अन्तिम छोर जान पड़ रहा। उधर से आगे बादलों का देस है। बादल—कुछ धौले और बहुत से काले बादल—नीले-आँगन में डोल रहे हैं। अपने सम्त आती अपर्णा को देख रहे हैं। बदलियों के देस को जाती उस लीक पे अपर्णा बहुत ऊपर चढ़ चुकी। सोनी, रनी, पासंग भी।

और टीनू? और उसके खच्चर?

वो तो कहीं नज़र नहीं आ रहे। पिछड़ गए हैं। टेम लगेगा उनको यहाँ पुगने में। काहे कि खच्चरों को चस्का लग चुका फ़रार होने का। मालिक सोया कि खच्चर खोया। कल भी यही हुआ। हमारे चुमिनाको छोड़ने के समय टीनू निकला हुआ था उनकी खोज में। अवाम में आज़ादी की तड़प हाकिम को भारी पड़ रही। सोचता हूँ क्या खच्चर कभी स्वतंत्र हो सकेंगे? क्या किसी दौर में—किसी भी तर्ज़ की शासन व्यवस्था में—अवाम अस्ल अर्थ में आज़ाद हो सका/सकता है?

फिर सोचता हूँ, खच्चरों में उम्मीद है। कसमसाहट है। जाग है। नेता में उनकी अन्धश्रद्धा टूट रही। प्रार्थना करता हूँ—जैसे ये चेते, सब चेतें। जैसे इनको मिली, सबको मिले सूझ खूँटों से बँधे नेताओं को पहचानने की। नकारने की। उनसे यह कहने की—'अपनी रहनुमाई पर अब गुरूर मत करना/आपसे बहोत आगे नक़्शे-पा हमारा है'।[3]

मगर ख़ैर। अभी तो मैं बादल-देस को जाती डगर से उलझ रहा। पेशानी भीज चुकी। सीना कोयला-इंजन माफ़िक चल रहा है—फुगफुस्स...फुगफुस्स...फुगफुस्स। हिया भी दौड़ रहा सरपट—धकधकाधक...धकाधकधक। बेचारे जुटे हैं मेरा जिस्म ऊपर ठेलने में। किन्तु आदमी उनकी चाही गति से चल नहीं पा रहा। रेंग रहा है। चढ़ाई दूर से जित्ती जान पड़ती थी उससे कहीं सख़्त है। अपर्णा कैसे इसे दनादन पार कर सकी? अपने राम तो 'मुझसे नहीं होगा' बोलने की कगार पर हैं। ताहम मेरे को चलना ही है। मंज़िल को—शिंगु को—सोचे बग़ैर चलना है। मन को समझाता हूँ। मन दुबकता है। टुकुर-टुकुर देखता है मुझे।

मैं देखता हूँ उस दिशा को जिधर क़दम ले जा रहे। वहाँ, नभ-वीथिका सन्धि स्थली पर, कोई है। छोटी टोली है, सार्थ है। दो घोड़े हैं, तीन मनक। घोड़ों पर जीन कसी है। अगल-बग़ल बोरे लटके हैं। आगे चलकर घोड़ों पर बैठें तो बैठें, फ़िलहाल तो तीनों मनक पैर-पैदल हैं। घूम काटते हुए नीचे को आ रहे हैं। तेज़ी से। सँकरी पगडंडी पे दो टोलियाँ आमने-सामने आ जावें तो एक पर रुकना लाजिमी। सोचता हूँ यहीं, इस घूम पर थन जाऊँ। क़रीब से गुज़रते वक़्त गुफ़्तगू का मौक़ा होगा। खड़ा हो गया हूँ। देख रहा हूँ उनको पास आते हुए।

टोली में दो जने लाल-नारंगी जामा पहिने हैं। अरे! यह तो लामा हैं। वो मारा!!

शिंगु-ला बस आया कि आया। हम लामाओं के देस में पहुँचे कि पहुँचे।

सार्थ में जो सबके आगे है, उसपे ग़ौर करता हूँ। जामा नारंगी सई किन्तु वह लामा नहीं। चूँकि वह किशोर है सो प्रशिक्षु यानी त्रापा होगा।[4] लामा बनने में तो ख़ासा समय खपाना होता है। बाज़दफ़ा अधेड़ हो जाता है त्रापा यह आसन पाते-पाते।

त्रापा को देख याद आया कि इससे भी छोटी उमर के लामा-वेशधारी बालक हम देख चुके। दो बरस पहले—लेह में। तब ही से लामा-परिपाटी को लेकर कई जिज्ञासाएँ हैं मन में। कि जिनकी आँख भी ठीक से नहीं खुली वो क्यूँकर घाल लेते हैं साधुओं वाला बाना? क्या हैं लामा बनने के आईन? नफ़ा-नुक़सान? तब लामा-महल्ले में ढुकने की बहुतेरी चेष्टा करी। बात मगर बनी नहीं। थेमिस, थिक्से के लामा-ओन बाहरी लोगों को लिफ़्ट ही नहीं देते। और फिर लेह का चरित्र भी बदल चुका। जीवन के खटराग में डूब चुके लेह को अवकाश कहाँ ठहरकर सुनने-कहने का। किन्तु इस बेर आस है। कि सुना है जाँस्कर आधुनिकता तथा पर्यटक-संक्रमण से मुक्त है। गो इस बार बात बन जावे। जो हो, मगर अभी तो सामने सार्थ है। उसी पर ध्यान है।

गुट की अगुवाई करता किशोर मुझे देख मुस्कुराता है। मुस्कान सुर्ख़ गालों पर गड़हे पाड़ रही। बालक सुदर्शन है। आँखों में प्रेम-भाव है। चमक है। आशा है।

"जुलै!"

"जुलै!" वह हँसते हुए आगे जाने को उद्यत है। उसे रोकता हूँ।

"कहाँ जा रहे हैं?"

"लेह।"

"लेह! इधर से लेह कैसे?"

"नहीं...मनाली।"

"कहाँ से आ रहे हैं?"

"करजक।"

करजक...यह तो जोत पार का पहला गाँव है। जहाँ, टीनू के अनुसार, आज हमें पहुँचना होगा। तो क्या दर्रा क़रीब ही है? दुबका मन फिर डोलता है। दबाता हूँ मन को। किन्तु वह काबू में नहीं आता। महीन स्वर में पूछता है—

"नोनो...शिंगु-ला और कितनी दूर है।"[5]

"थोड़ा है...उधर..."

वह निर्वसन-पहाड़ की चोटी ओर इशारा करते हुए आगे बढ़ जाता है। एक-एक कर तीनों निकल जाते हैं। सोना-खुदैया चींटों का ज़िक्र निकल नहीं पाता। कितने दिनों में पहुँचेंगे मनाली, रात कहाँ बिताएँगे, खाएँगे क्या—ये तमाम सवालात भी मुँह के मुँह में ही रह जाते हैं।

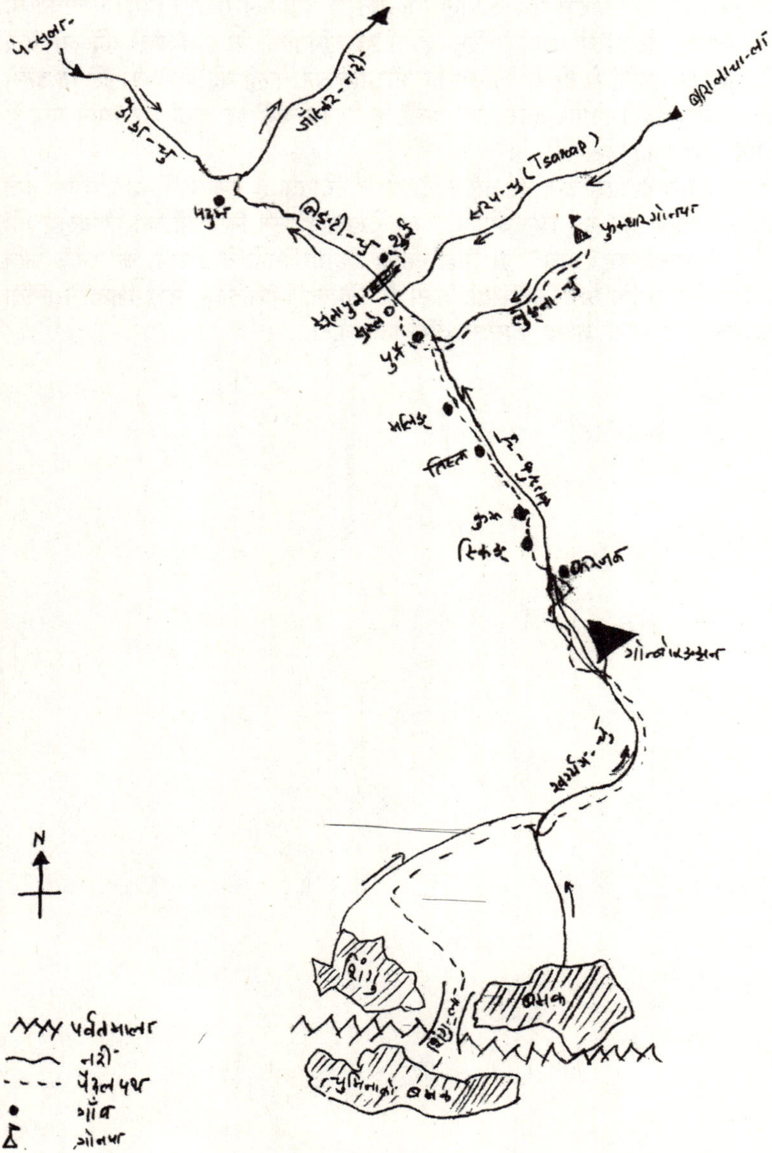

शिंगु-ला से पदुम

परन्तु इस छोटे क़ाफ़िले के मिले से यह हुआ कि चुमिनाको में उठे सवाल हल हो गए। समझा कि इस पथ न मालूम कितने ही काफ़िले गुज़रते होंगे। पर्यटकों के यदा-कदा, जँस्करियों के रोज़ दिन। हो न हो चुमिनाको के ढाबे वाले की आमदनी जँस्करी क़ाफ़िलों से ही होगी। उसकी और छिक्का वालों की कैम्प-साइटें भी इनसे ही आबाद रहती होंगी। और गोया इन्हीं के चलते यहाँ हर कहीं शामियाने गाड़ने, घोड़े चराने की छूट नहीं।

वहीं खड़े-खड़े उन्हें देर तलक देखता हूँ। देखता हूँ उन्हें शनैः-शनैः छोटा होते हुए। तब्दील होते हुए बिन्दुओं में। फिर देखता हूँ उन बिन्दुओं को हिमालय की वादी में घुलते हुए। अब उधर कुछ नहीं। न हमारे आने के चिह्न, ना उनके जाने निशान। ग़रज़ कि अब वहाँ सिर्फ़ घाटी है। निर्मल, निष्कलंक, नख-शिख नैसर्गिक आभूषणों से सजी अक्षत कौमार्य चुमिनाको घाटी...

निस्तब्ध

बदरिया-देस जाती डगर निःशेष हुई। शिंगु-ला किन्तु नहीं मिला।

डूँगर-शीर्ष पार मिली एक दूसरी, ख़ूब चौड़ी घाटी। झक्क-सफ़ेद टोपी पहिन डेंडलाते पहाड़ों से तीन ओर से घिरी घाटी।[1] लगा यह घाटी तो स्याह बादलों की छाजन वाला हिमाला का मंडप है। फ़र्श जिसकी उजली है। बेदाग़ है। बनी है इतर बिरादरियों के बरफ़-तागों से। कहीं टटका तागों से। कहीं जूनेवालों से। तो कहीं बहुत ही पुराने हिम-तन्तुओं से। बेहद जूनी बरफ़ वाले हिस्से, ख़ासे मज़बूत हैं। ग्लेशियर हैं। हम मगर टटका बरफ़ वाले खित्ते पर चल रहे। जो नाज़ुक है, नरम है। चुनाँचे पैर रपट रहे। धँस भी रहे।

पाक़ीज़ा फ़र्श के बीच से—और अगल-बग़ल से—जल धाराएँ बह रहीं। ये पर साधारण धाराएँ नहीं। प्रकृति-वीणा के तार हैं। इन्हें देख समीर अपने को रोक नहीं पा रहा। पहन लिया है उसने मिज़राब एक बार फिर। छेड़ दिये हैं उसने प्रकृति-वीणा के तार। भर दिया है दैवीय-संगीत से छाजन व फ़र्श के बीच पसरे अवकाश को। आदमी की तबीयत तर है। तन-मन लय हो रहा स्वर-लहरियों संग। अमृत निःसृत हो रहा हृदय में। दीदे नई नज़र पा रहे हैं।

सहन देखा जा रहा है नई नज़र से...

...फ़र्श की कगारों पर कत्थई चट्टानें हैं। चट्टानें औघड़ हैं। यत्र-तत्र इन औघड़ चट्टानों के टीले भी दीख रहे। उन पर भी बरफ़ के नरम फाहे पड़े हैं। जैसे झाँकियों में हिम दर्शाने के लिए रुई डाली जाती है, ठीक वही तरकीब अपनाई गई है इधर भी। चुनिन्दा टीलों पर से जलधाराएँ, नन्हे झरनों का रूप धर, फ़र्श पर उतर रही हैं। पंडाल की शोभा बढ़ा रही हैं। सुहा रही हैं। औघड़ता में भी फिर एक लय होती है। करीना होता है। कशिश होती है। लुत्फ़ होता है।

कहने की ज़रूरत नहीं कि इस पंडाल से सब्ज़ियत क़तई ग़ुम है। मगर खल नहीं रही। कि उसकी भरपाई कर रहे हैं बमक-ताल। जो इधर बहुतायत में हैं। चट्टानों के क़रीब। डेंडलाते परबतों के पैतानों पर। और आँगन के बीच, जहाँ-तहाँ से झाँकते।

इन तालों का सौन्दर्य ठहरकर बखानना चाह रहा। किन्तु जीभ फँफा रही। लफ़्ज़ फ़ालिज खाये बदन मानिन्द लूले पड़ रहे। तब भी इतना तो बताना ही

होगा कि इन तालों का डीलडौल एक-सा नहीं। कुछ ऐसे कि एक जंप में पार। तो कई इतने बड़े कि आगे-पीछे खड़े दो रहडुओं से भी बड़े।[2] किसी का बदन जलेबी सरीखा घुमावदार, तो कोई का अमीबा की तरह टेढ़ा-मेढ़ा। फिर ऐसा भी नहीं कि इनमें कुछ साम्य ही न हो। दो चीजें तो इन सबों में एक ही सी हैं। पहली—ये सभी उथले हैं। (कुछ गहरे भी होंगे। बल्कि होंगे ही होंगे। कि बमक-ताल बहुधा होते ही हैं गहरे। ताहम फ़ौरी नज़र उन्हें पकड़ नहीं पाती)। दूजी—चुमिनाको घाटी के फ़ीरोज़ी तालों से उलट इनका पानी है नीला। नीला-कच्च। हो न हो, बिहिश्ती हूरें इनमें नहाती होंगी। अपनी देह पर मली नभ-उबटन इन तालों में बैठ छुड़ाती होंगी।

सोनी, टीनू व उसके खच्चर कबके निकल चुके। रनी-अपर्णा भी अड़बंगी घाटी में जाने कहाँ गुम हैं। अब यहाँ सिर्फ़ मैं हूँ। ग्लेशियर-अँटी इस घाटी में नितान्त एकला मनुष्य। जो ठिठका खड़ा है। जड़वत् है। निस्तब्ध है। आँखें अधमुँदी हैं। सोच में डूबा है—

> 'पूर्व में कितने ही बमकों से पाला पड़ चुका...गंगोत्री, काला-नाग, धूमधार-कांडी, खतलिंग जैसे विशद बमकों को बहुत क़रीब से देखा है...उनके यहाँ भी ताल दीखे...मगर गाहे-बगाहे...जितने ताल यहाँ एक निगाह में हासिल हैं उतने तो दीगर बमकों पर दिनोंदिन पैर-पैदल चलने पर भी नहीं बरामद हुए...अलावा गंगोत्री-बमक के...जिसके किनारों पर (और सीने पर भी) थे बहुत सारे बमक-ताल...और सब जानते हैं कि यह बमक, गंगोत्री-बमक, तेज़ी से पिघल रहा...इस तरह तो बेशुमार बमक-तालों का होना ग्लेशियर गलने की मुनादी हुई... बदशगुन हुआ...'

जड़वत्-मनुष्य के दीदों में हरकत होती है। बमक-तालों को फिर से देखता है। गिनता है। दो...चार...आठ...बारह...घबराकर बैठ जाता है मोरेन पर। डूब जाता है फिर अपने में...

> '...हाँ! बदशगुन ही तो है...ये बमक-ओन कोई चार दिनों में बनी चीज़ नहीं...गाया की हज़ारों-लाखों बरसों में संचयित सम्पदा हैं ये तो...और गाया इन्हें सम्पदा की तरह ही बरतती है...बमक देखभाल के ही ख़र्च किये जाते हैं...पिघलाये जाते हैं...इस तरह छूटा पानी ही बमक-दरारों में ठहरता है...ताल बन प्रकट होता है...और दरिया बन चल पड़ता है अपने पुश्तैनी घर की ओर...सागर की ओर...फिर बमकों की एक ख़ुसूसियत और भी तो है...वह यह कि वे, किसी मनुष्य की तरह, अपने डीलडौल

के प्रति सदा-सचेत रहते हैं...बमक गला कि उसका डील बदला... आयतन बदला...द्रव्यमान बदला...और बदला उसका गुरुत्व-केन्द्र भी...जिसे व्यवस्थित करने की चेष्टा में बमक तेज़ी से फैलते-सिकुड़ते हैं...पड़ जाती हैं उनमें दरारें...पट जाता है वह ताल-शृंखला से...ऐसा ही कोई बमक-ताल जब फटता है तो घटित होता है केदारनाथ-कांड... उफ़! तो क्या चुमिनको बगार भी ख़तरे में है...'

मोरेन पर बैठे मनुष्य की देह में हरकत होती है। वह खड़ा होता है। चार गाम चलता है। फिर थम जाता है। एकदम से। वह भयज़दा है। उसकी आँखें फैल गई हैं। देख रहा है वह स्वयं को प्राच्य-फिरन्दरों की टोली से घिरा। टोली जो चेंचामेंची कर रही। जानना चाह रही अपने वनों का पता। माँग रही है अपने देवताओं के गढ़े पर्वत-नदियों का हिसाब। मनुष्य निर्वाक् है। सनाके में है। सोच रहा—क्या वह बुरी हवाओं के चंगुल में है? डाकिनों ने घेर लिया है उसे? उसकी पीठ में सनसनाहट हो रही। माथे से चू रहा है घाम। टप...टप्प...टप्प...

बेख़ुदी टूटती है।

नज़र आसमाँ सम्त उठती है—वहाँ गाम-गाम बादल हैं। घने बादल हैं। देखता है बगार को—कहीं बिल्लात-भर धूप भी नहीं। तब भी इतनी गरमी? वह उतार देता है अपना कनटोपा। खोल देता है फेदर-कोट की जिप। फिर कलाई पर बँधे एल्टोमीटर पर ग़ौर करता है। ऊँचाई—15900 फ़ीट। तापमान—22^0 से.। हाय कि हाय! हाय!! इस ऊँचाई पर ऐसा ताप! इतनी उमस! तब उसे ख़याल आता है 'एल्बिडो-इफ़ेक्ट'...वह फिर से डूब उतरने लगता है विचार-समन्दर में—

'प्रति ग्लेशियर जो दो-चार बमक-ताल हों तो गाया को कोई दिक़्क़त नहीं। गो इनसे निकले दरिया तो पुल हैं। पहाड़ और समन्दर को जोड़नेवाले पुल। बवास्ता इन पुलों के गाया अपना कारोबार चलाती है। उसे दिक़्क़त तब होती है जब कोई ग्लेशियर बमक-तालों से अँट जावे। इनके चलते पृथ्वी-सतह की रंगत बदलती है। उसके ब्रह्मास्त्र का—एल्बिडो-इफ़ेक्ट का—क्षरण होता है। परिणामतः वह गरमाने लगती है। परेशानी बस यहीं होती तो भी ठीक था। मगर ये नीलवर्णी सुन्दर बमक-ताल विषकन्याओं मानिन्द भितरघात भी तो करते हैं। इस तरह कि बमक-ताल में ठिठका पानी सोखता है सूर्य-ऊर्जा। जल-अवशोषित ऊर्जा इन्फ्रारेड किरणों में बदल बमकों से सटे वायुमंडल में पहुँचती है। 'लोकल वार्मिंग' का सबब बनती है। ग्लेशियर गलने की गति कई गुना बढ़ा देती है। दूसरी तरफ़ से ग्लेशियर व बमक-ताल से उत्सर्जित जल-वाष्प भी वायुमंडल में पहुँचती है। वादी 'ग्रीन-हाउस' में तब्दील हो

जाती है।[3] और बमक गलने की रफ़्तार हो जाती है तेज़तर से भी तेज़... हो न हो, शिंगु-ला बमक इसी 'लोकल-वार्मिंग' के ज़द में है...रुग्ण है...ऐसे में यहाँ सड़क बनाना...मतलब बमक को धूल व कार्बन के सुपुर्द करना...यानी रोगी को विष दे मार देना...और यह मर्सी-किलिंग नहीं...मर्सीलेस-किलिंग कहलाएगी...'[4]

वह मनुष्य मारेन पर लेटा पड़ा है। एकदम निस्तब्ध। उसका दम घुट रहा है। डाकिनियाँ—जाँस्कर की रक्षक आत्माएँ—उसकी छाती पर चढ़ी हुई हैं। लालची मनुष्यों के नुमाइन्दे का सीना चाक करने की ठान ली है उनने!

शिंगु-ला

नीरव नभ में रोर उठा।

प्राच्य-फिरन्दरों की हंगामाख़ेज़ रूहें चुप्प हुईं। लौट गईं वापस उसी ग़ैब में, जिधर से उतरी थीं। बेहिस मनुष्य भी चेता। बोला ख़ुद से कि उठो अजय बाबू! देखो आसमाँ का हाल। जान लो कि ऊँचाइयों पर बारिश नहीं होती। बरफ़ पड़ती है। जो ऐसा हुआ तो अकेले इनसान की शामत आई ही समझो। सो उठो और पहुँचो अपने साथियों के पास। फ़ौरन से भी पेश्तर।

और मैं निकल पड़ा हूँ अड़बंगी-बगार में। बरफ़ पर हासिल इकलौती लीक पर। अब चिन्ता है तो बस साथियों को पकड़ने की। अपर्णा के पास जल्दी से पहुँचने की। बेचारी का बुरा हाल हो चुका होगा मुझे सोच-सोच कर। परन्तु...जो उनको मेरी फ़िकर है तो कोई आया क्यों नहीं मुझे तलाशने? कैसे मान लिया उनने कि मैं महफ़ूज़ हूँ? गिर नहीं गया किसी दरार में? फिसल नहीं गया किसी ताल में? या फिर ऐसा तो नहीं कि वे कहीं से, किसी चट्टान की ओट से याकि किसी ऊँचे डूँगर पे बैठ—मुझे देखते हों?

लेकिन...एक मिनट...सामने तीन मनक दीख रहे हैं। कौन हैं वे? क्या अपने गुट वाले? वहीं ठहर, उन्हें क़रीब आते देखता हूँ।

न! ये अपने लोग नहीं। बीस के पेटे के छोरे हैं। लदाखी नहीं जान पड़ रहे। रंग उनका साँवला है, नाक नुकीली। चाल में पहाड़ियों वाली ढब नहीं। वह छब भी नहीं। न तन पर कोट है, ना सर पर टोप। बल्कि एक ने तो अपनी क़मीज़ कमर पर बाँधी है। और पैरों में...कैसे कहूँ आपसे...एक बन्दा तो चप्पल घाले है, वह भी हवाई चप्पल। इतनी बरफ़ में चप्पल...बाप रे!...उफ़!!

"नमस्ते! कहाँ से हैं आप लोग, लोकल तो नहीं लग रहे..." समीप आने पर मैंने अरज किया।

"सड़क का काम करने नीचे से आए हैं," कमर पर क़मीज़ लपेटे लड़के ने जवाब दिया।

"ओह! तो क्या उस पार भी," सामने की ओर इशारा करते हुए मैंने पूछा, "सड़क का काम शुरू हो चुका?"

"ऐकी कोनो खबर नाहीं बाबू," इस बार चप्पल वाले लड़के ने उत्तर दिया, "हमरा काम तो ओधर है जेधर से आप आ रहे।"

"अच्छा चुमिनाको वैली में...फिर इधर कैसे?"

"पहाड़ घूरने..."

"ऐसे...चप्पल में...? देखो तो तुमारे पैर कैसे सफ़ेद पड़ गए हैं..."

"हऊ...गोड़ झिनझिना रहे, पीरा भी रहे..."

"तब तो तुमारा यहाँ से फ़ौरन निकल जाना ही ठीक...पर बीच-बीच में रुक पैरों की मालिश करते चलना। ऐसे कि इनकी रंगत बनी रहे..."

उसने नाड़ हिलाकर हाँ कही परन्तु खड़ा रहा वहीं का वहीं।

"अच्छा एक बात तो बताओ...कितने दिन हो गए तुम लोगों को यहाँ आए..."

"एक माह।"

"क्या यहाँ की माटी में सोना होने की बात किसी से सुनी...सोना खोदनेवाले किसी जीव की बात..."

"नहीं...का भाकई ऐसा कछु है इहाँ।"

"पता नहीं...कहीं पढ़ा है मैंने...ख़ैर मेरे को निकलना होगा अब...साथियों को पकड़ना है...तुम पैरों की मालिश करते हुए आगे..."

"हऊ...बाबू तोहार लारे एक-गो लेडिज है का..."

"हो, कहाँ मिली तुमको।"

"इहाँ से तनिक छेंटी पे बैठल हैं..."

अपर्णा को बाट जोहते सुन सुख मिला। हिया में नेह की हिलोर उठी। दिल किया कि आनन-फ़ानन उस तक पहुँचूँ। क़रीब बैठूँ। हाथों में हाथ ले कहूँ—'थैंक्यू'।

लेकिन पहाड़ों की इस 'तनिक-छेंटी' का क्या भरोसा? कि इसने अक्सर पदाया है। छकाया है। जो हो सो हो पर अब उसे अधिक इन्तज़ार करवाना ठीक नहीं। चुनाँचे नज़ारों की चश्मपोशी करते हुए चल रहा हूँ—दनादन। किन्तु यूँ चलना मेरी भूल रही। एक तो सोलह हज़ार फ़ीट की विरल हवा। फिर कड़ियल चढ़ाई। ऊपर से यह फिसलती बरफ़। परिणाम यह कि सीना भर आया है। फेफड़े पिन्ना रहे।

मगर मैं थमने का नहीं। थम सकता नहीं। कि अपर्णा राह देखती है।

पण अजय बाबू! छाती का यह भारीपन, सीने की यह भड़भड़—ठीक नहीं। एक तो तिरपनवे में ढुक चुके...ऊपर से बी.पी. की दवा भी खा रहे...रहम करो ख़ुद पर...तनिक धीर धरो...थोड़ा रुको...या...चलो बिलकुल हल्लु-हल्लु...

चेतावनी का असर हुआ। गति घटाई गई। चलता रहा। लीक को साधे। अपर्णा को तलाशते। व्हेल-पखौटे मानिन्द बरफ़-सतह से बाहर झाँकते मोरेन-ढुओं पर ग़ौर करते...

ग़नीमत से आज का दिन प्रेमियों पर मेहरबान है। कि छोरों की बताई 'तनिक-

छेंटी' वाक़ई थोड़ी ही निकली। दस-पन्द्रह मिनट चला। एक मोड़ काटा। और पूरी हो गई मुराद मन की। यानी माशूका के दीदार हो गए। बैठी है वह एक मोरेन-ढूह पे। किन्तु वह एकाकी नहीं। रनी संग है। धत् तेरे की...पड़ गई हलुवे में मक्खी... चूक गया सारा रोमांस...पलट गया सफ़ीना-ए-इश्क़...

"तबीयत ठीक नहीं क्या?," उसने दूर ही से कैफ़ियत ली।

"गच्च हूँ...चकाचक हूँ...मेरे को क्या होना है..."

"तब इतनी देर उधर क्यों बैठे थे।"

"तुमको कैसे पता?"

"रनी झाँक आया था...आसमाँ को देखते बैठे हुए थे तुम।"

"ओह! तो नज़र रखी जा रही थी मेरे पे।"

"जो हो, मगर तुम बैठे क्यों थे?"

"उलझ गया था।"

ढूह उतरते हुए उसने सवाल किया, "किसमें?"

"सोच में।"

"किसकी?"

"हिमालय की..."

"घर बैठ हिमालय को सोचना तो समझा जा सकता है, उसकी गोद में बैठ उसी को सोचना समझ नहीं आया..."

"दूर बैठ सोचे से तो चीज़ सुहावनी जान पड़ती है। मगर उसके चेहरे की सिलवटें, उसका मोतियाबिन्द...तसव्वुर में नहीं...क़रीब बैठने पर ही दिखता है," घाटी की ओर इशारा करते हुए आगे जोड़ा, "और क़रीबी नक़्शा देख आप घबड़ाते हैं, अपने को कोसते हैं...कि हाय! इनके साथ और वक़्त क्यों नहीं बिताया...इनके पास क्यों नहीं आया...इनके वास्ते कुछ कर क्यों नहीं पाया...बस इसी सब से गुज़र रहा था उधर बैठे-बैठे।"

"तुम पागल हो।"

"वो तो मैं हूँ ही। कब से दो-दो इश्क़ पाल रहा—तुमारा और हिमाला का—पागल तो होना ही हुआ..."

अब हम तीनों—रनी और हम-दोई—एक साथ चल रहे। बमक से निकला पानी भी—दरेरे का रूप धर—हमारा संगी है। दरेरे का बदन दरमियानी है। यानी चौड़ाई चार गाम, गहराई चार बिल्लात। मिज़ाज भी दरमियानी ही जानिए। अधिकतर कल-कल, यदा-कदा भलल-भलल। इसके होने से किन्तु कोहसार का यह कोना आबाद है। किलकिलाहट-भरे आँगन का-सा सुख मिल रहा इस गधेरे की सोहबत

में। क्या ही अच्छा हो कि यह सुख मिलता ही रहे। देर तक। दूर तलक। मगर अफ़सोस! यह न हो सकेगा। कि पगवीथिका गधेरे की ओर घूम ठिठक गई है। उसकी हिम-कगार पदाक्रान्त है इस जगह। कदाचित् जलधारा-लंघन बिन्दु है यह। तृष्णा-शमन केन्द्र भी। घोड़ों-खच्चरों ने यहाँ प्यास बुझाई है अपनी। आख़ोर की तरह बरता गया है दरेरा इधर।

प्यासा तो मैं भी हूँ। बेहद प्यासा। क्यों न मैं भी कंठ तर कर लूँ अपना?

दो-जानू बैठ गधेरे में हाथ डुबकाता हूँ। जल शीतल है। बोले तो एकदम ठंडगार। चुल्लू-भर पानी चखता हूँ। मीठा है। अलग सी ख़ुशबू है इसमें। शरबत की सी। एक चुल्लू और भरता हूँ। पीता हूँ। दाँत झनझनाते हैं। जीभ हो जाती है ठीक वैसी जैसी हुआ करती थी बरफ़ का गोला खाने के बाद। अच्छा लगता है। धोबे भर-भर चम्पई-बरफ़ का महमही नीर पीता हूँ। जी धापे तलक। शरबत के रेले कोहनी तक पहुँच रहे हैं। अलबत्ता कोट भीज रहा है। पण मज़े भी तो मिल रहे। पचास बरस पीछे छूटा बचपन लौट आया है। इसे मामूली पानी मत समझ लें दोस्तो—हिमालयीन रूहअफ़ज़ा है यह तो!

किलकते-गधेरे को अपने हाल पर छोड़ घाटी दाहिने हाथ को घूम गई है। दिशा बदलते ही घाटी भी बदली है। अब वह अवाङ्‌मुखी नहीं है, ऊर्ध्वमुखी हो चुकी। इस पर पड़ी हिम-चादर भी जहाँ-तहाँ कटी-फटी है। ज्यूँ-ज्यूँ हम ऊपर चढ़ रहे मोरेन बढ़ रहा। बरफ़ नीचे छूटती जा रही।

बदलाव बस हिम-विस्तार में ही नहीं आया, हवाओं में भी है। वे अपनी वाली पर उतर आई हैं। हमारा ऊपर को जाना उन्हें नहीं जँच रहा। पुरज़ोर ठेल रही हैं हमें नीचे को। विलगा दिया है उसने हमें एक-दूजे से। रनी एक बार फिर हम-दोई से आगे है। और मैं उन-दोई से पीछे। मतलब काफ़ी नीचे। मेरी पीठ पर लटकी बोतल—ख़ाली बोतल—बार-बार पिट्ठू से टकरा रही। नगाड़े का-सा नाद उपज रहा। बंगाल की जादुई रस्सी मानिन्द शून्य में तनी पगडंडी पर मैं चढ़ रहा हूँ। नाद-लय साधते हुए...

पगडंडी ने फिर अपनी दिशा बदली।

वह बार-बार दिशा बदल तो रही मगर कहीं पहुँच नहीं रही। लगता है मेरा धीरज परखा जा रहा। हिमाला ऐसा ही किया करता है—हर अभियान में। इस परीक्षा के चलते जो विचलन होता है वह मगर ठीक नहीं। इससे ऊहापोह उपजता है। मौत के कुएँ में चक्कर काटती फटफटी की मानिन्द मन भी विवर्तन करने लगता

है एक छोटे से दायरे में। इस विचलन-बन्ध से, इस दायरे से, छूटे बिना मानीख़ेज़ सफ़र नामुमकिन।

सो समझाता हूँ मन को। स्वयं को। कि हिमाला कोई टूर ऑपरेटर तो है नहीं। जिस पर 'इस हाथ दे, उस हाथ ले' वाला समीकरण लागू हो। अगर छह घंटे चलने बाद भी तुझे शिंगु-ला नहीं दिख रहा तो इसका इल्ज़ाम न हिमाला के सर मढ़ा जा सकता है, न उसकी दी पगवीथिकाओं पर ही। यह तेरी समस्या है। समस्या जिसका समाधान रिरियाने...ऐ! प्रभु...रे! प्रभु गुहारने से नहीं होगा। खटने से होगा। सो खट और मंज़िल को बिसराकर खट...

नसीहत का असर हुआ। नज़र पलटी। हिमालय का नशा फिर चढ़ने लगा। बेजान बगार में फिर बहार आई। गुमसुम नज़ारे फिर बोल उठे। ख़त्म हुई पैरों की मुर्दनी। आदमी चलने लगा झूमते-झामते। जैसे चला करे है शराबी। अपनी मस्ती में मस्त। बेख़बर दुनिया से। बेपरवाह दुनियादारी से। इस आलम में एक खड़ी चढ़ाई और निमटाई। एक घूमर और घूमा। फिर साक्षात हुईं पताकाएँ। दो टीलों के बीच तनी फड़फड़ाती-गुहारती झंडियाँ!

वह ही शिंगु-ला है। इसमें कोई सन्देह नहीं।

लेकिन वह अब भी ख़ासा दूर है। और इधर से बहुत ऊपर भी। यहाँ से वहाँ पहुँचने हेतु एक पगवीथिका उपलब्ध है। वीथिका—जिसके अगल-बग़ल नाममात्र भी बरफ़ नहीं। हो भी कैसे? वह समूचा पहाड़—जिसके शीर्ष पर पताकाएँ शोभित हैं—मोरेन का ऊँचा, बेहद ऊँचा, हिमविहीन टीला ही तो है। मन प्रश्न कर रहा—इतने ऊँचे डूँगर पर बरफ़ क्यों नहीं? इस सवाल को अभी न सोचूँ तो ही बेहतर। क्योंकि रनी दर्रे तक पहुँच चुका। अपर्णा भी उससे बस चन्द क़दमों की छेंटी पर है। और मैं? मैं अभी खड़ा हूँ दर्रे के पैताने पर...सो सोचना नहीं...सिर्फ़ चलना...

दिन के एक बजकर दस मिनट होने में अभी दो सेकेंड बचे हैं और मैं खड़ा हूँ शिंगु-जोत पर। इधर से देख रहा हूँ सामने के थेसिस हिमालयीन क्षेत्र को। वहाँ उपलब्ध जाँस्कर घाटी को। जँस्करी-हिमाला के ज़ुदा-रू परबतों को। 'पेरेलल' जमावट जिनकी ख़ुसूसियत बताई जाती है। बताई तो और भी तमाम बातें गई हैं इन पहाड़ों के बाबत किन्तु उनका ज़िक्र बाद में कभी। फ़िलवक़्त अपन हैं शिंगु-ला पर, सो ख़बर दी जावे उस ही की।

ख़बर पहली। इस जोत के क़द को लेकर ख़ासी गफ़लत है। काग़ज़ों में यह आँकड़ा 16020 से 16530 फ़ीट के बीच डोल रहा। परन्तु अपन का अल्टोमीटर इसे 16220 फ़ीट का बता रहा। आगे ख़बर यह है कि यह जगह—शिंगुजोत—हिमाच्छादित नहीं। बल्कि जोत पर झीना हिमावरण भी नहीं। बमक तो बिलकुल ही

नहीं है। खुल्ली बात कहूँ तो यह दर्रा निर्वस्त्र है। बता दूँ कि नंगे-दर्रों का लदाख में ख़ूब प्रचलन है। हमने ख़ुद लाँघें हैं इस तर्ज के कई दर्रे 2011 के अभियान के सिलसिले में। किन्तु वह थेसिस हिमालय का खानगी क़ायदा ठहरा। क़ायदा जो शिंगु-ला पर लागू नहीं। कि वह थेसिस हिमालय महल्ले के बाहर की शै है। उच्च-हिमालय श्रेणी का वंशज है। पीछे जाके देखूँ तो इसे बारहों-मास बरफ़ में दबे रहनेवाला दर्रा कहा गया है। और यह हवा में एवईं उछाला गया जुमला होता तो दारचा और रेरिक के दोस्त हमारे लिए उस तरह चिन्तित न होते, जैसे कि वे हुए। यही नहीं चन्द दशकों पहले—वह भी अक्टूबर माह में—मामा मिशेल भी तो इसे बरफ़ में सरतापा डूबा देख गए हैं।

ख़बर दूसरी। जोत के जाँस्कर की तरफ़ वाले स्कन्ध के बाद—यानी नीचे—हिम है। उधर से दो जलधाराएँ निकल जाँस्कर घाटी की ओर जा रहीं। नीचे जब ये मिलेंगी तब ख़र्ग्यग-चु (Kargyag-chu) का जनम होगा। जो बारालाचा से निकलनेवाली ज़राप-चु (Tsarap-chu) से सोहबत कर लिंग्टी-चु को जनम देगी। कहते हैं इन दो नदियों के सहारे ही जँस्करियों ने रेतीली-पथरीली जाँस्कर घाटी में सहस्त्रों बरस गुज़ार दिये।

अब अन्तिम मगर अहम ख़बर। यहाँ पवन ने भीषण उत्पात मचा रखा है। भाँय-भाँय कर कान फोड़े दे रही। इसे सुन 'थोथा चना बाजे घणा' वाली मसल याद आ रही। थोथी इसलिए कि यह प्राणवायु विपन्न है, ऊपर से शीतल भी नहीं। इसकी प्राणवायु विपन्नता तो फिर भी समझ पड़ती है मगर इसकी शीत-हीनता कैसे स्वीकारूँ? काहे कि इस बिरादरी की जगहें तो हिमवात के लिए जानी जाती हैं। अपने उत्तराखंड को ही लें। उधर इतनी ऊँचाई पर—कपड़ों की पाँच-छह परत के भीतर भी—इनसान कँपता ही रहता है। आषाढ़-जेठ में यही हाल नेपाल-हिमालय में भी हमने देखा है। और इधर? इधर तो हल्की उमस है। तापमान है उन्नीस दशमलव छह डिग्री। जी!...सही सुना आपने 19.6^0 से.! अपन का हाल यह कि बदन पे डला विंडचिटर भी उतारने का दिल कर रहा।

यह तो अनपेक्षित है।

जी सरासर अनपेक्षित है—ऐसी जगह पर इतनी तपिश। क्या निःसर्ग-प्रणीत कोई उलटबाँसी है यह? क्या गाया हमसे कुछ कहना चाह रही? शायद कि हाँ! परन्तु क्या? यह उलटबाँसी अर्थानी होगी। कभी नहीं अभी। वरन् अभी से भी पहले। कि क़ुदरत रोज़-दिन सरगोशी नहीं किया करती।

धरती का जो 'वातावरण' है उस पर लम्बी गुफ़्तगू पहले हो चुकी। जिसके हवाले से हम जानते हैं कि धरती हवा (वात) की चादर (आवरण) ओढ़े विराट शून्य में झूलती वस्तु है। हवा की यह चादर (वातावरण) किन्तु बहुपर्तीय है। वस्तुतः चार-पर्तीय। इसकी पहली परत—धरा से सन्निकटतम पर्त—को भू-वैज्ञानिकों ने

ट्रोपोस्फियर नाम दिया है।[1] चूँकि हम और पृथ्वी का तमाम जीवन इसी ट्रोपोस्फियर में बसता है चुनाँचे आगे की चर्चा के केन्द्र में होगी यही परत।

ट्रोपोस्फियर। कुल-जमा बारह कि.मी. मुटाई वाली यह हवा भी यथार्थ में एक दुपर्तीय संरचना है। जिसकी चार कि.मी. मोटी वह परत—जो पृथ्वी-वातावरण की पहली परत है—ही जीवन-पोषक गैसों को धारण किये है। जिसे हम नभ-अर्णव पुकार चुके। लेकिन तब ट्रोपोस्फियर के गुणों को—उसकी कार्य-प्रणाली को—रेखांकित करना रह गया था। सो, आगे बढ़ने से पहले, उस पर संक्षिप्त चर्चा कर लें कि शिंगु-ला की उलटबाँसी बूझने में आसानी होगी।

ट्रोपोस्फियर के पास दो चमत्कारी औज़ार हैं। जिनमें प्रथम है—टेलिकायनेसिस। एक वस्तु—बिना किसी भौतिक जुड़ाव के—जब किसी दूसरी वस्तु को स्पन्दित करती है, तब घटित होता है टेलिकायनेसिस। इस सन्दर्भ में याद कीजिए बिना छुए चम्मच को मोड़ देनेवाले प्रदर्शन। कुछ इसी तर्ज़ का खेला ट्रोपोस्फियर भी खेलता है। मतलब कि धरा का एक छोटा सा टुकड़ा भी यदि अपनी तासीर बदले तो उसका असर पृथ्वी का कोई दूरस्थ खित्ता भी लेता है। वह भी लगभग फ़ौरन।

यही नहीं, डील के मान से गैंडे की पीठ पर बैठी मक्खी की सी औक़ात वाले आदमी की मामूली हरकतों के भी ग़ैर-मामूली व दूरगामी असर होते हैं। मसलन—इन पंक्तियों को लिखते समय जितनी CO_2 मेरी साँस, कम्प्यूटर और पंखे के चलने से पैदा हुई वातावरण पर उसका असर रहेगा बरसों-बरस तलक। फ़क़त इन्दौर पर ही नहीं, पूरे गोलार्द्ध पर—सतपुड़ा के वनों पर, हिमालय के शिखरों पर, अलास्का के रेनडियरों पर![2]

अब ट्रोपोस्फियर का दूसरा गुण। जो है समुद्र-तल से ऊपर को जाते हुए इसका शनैः-शनैः ठंडा होना। ऐसा क्यों होता है, यह एक लम्बी (और उबाऊ) अकादमिक बहस है। अपन को इस बहस में नहीं पड़ना। अपना काम तो इतना भर जानने से धक सकता है कि वातावरण में अत्यल्प मात्रा में उपस्थित 'ग्रीन-हाउस गैस'—यानी ओजोन, मिथेन, CO_2 और बहुतायत से मौजूद जलवाष्प—धरती-सतह को उष्म रखती है। और गाया के कमाल से ज्यूँ-ज्यूँ आप ट्रोपोस्फियर में ऊपर को चढ़ते हैं—सूर्य के समीप जाते हैं—त्यों-त्यों वातावरण की उष्णता कमती है—प्रति कि.मी. 6.5^0 से. के मान से। टिम फ्लेनेरी के यहाँ से हासिल यह सूत्र बड़े काम का है।[3]

अब ध्यान मोड़ा जावे शिंगु-ला द्वारा खड़े किये दो प्रश्नों की ओर। पहला—यहाँ का तापमान गर 19.6^0 से नहीं तो फिर कितना होना था? दूसरा—इस स्थान का गरम होना क्या गाया के शिथिल पड़ जाने का इशारा है?

ये सवालात हल होंगे तुलनात्मक अध्ययन से। और इसके लिए अपन को तलाशना होगा एक मानक सन्दर्भ। इस हेतु मुम्बई-हाई ठीक प्रतीत हो रहा। सो

हम मुम्बई-हाई का 30 जून, 2013 की दुपहर का तापमान (31° से.) व उसकी समुद्रतल से ऊँचाई (0.16 कि.मी.) को मानक स्वीकार कर बात आगे बढ़ाते हैं। और उपर्युक्त सूत्र में मुम्बई-हाई के पासंग धरते हैं अपने जाने-जाँचे पड़ावों को। इस तरह से देखने पर मनाली (समुद्रतल से ऊँचाई 2.04 कि.मी.), रामजक (4.3 कि.मी.) तथा शिंगु-ला (5 कि.मी.) का तापमान क्रमशः 30, 26.2 तथा 19.6° से. के बनिस्बत 19.3, 4.7 एवं—0.14° से. होना था। दूसरे शब्दों में समुद्रतल से पाँच कि.मी. ऊपर तक के वातावरण का तापमान अपेक्षित से बहुत अधिक है। अतः माना जा सकता है कि ट्रोपोस्फियर की सबसे महत्त्व वाली परत के सुनियोजन में गाया पिछड़ चुकी।

मगर यहाँ एक और सवाल खड़ा दिखता है। कि पाँच कि.मी. के इस आसमानी सफ़र में गाया-बल का ह्रास सामान्यतः (यूनिफार्मली) हुआ है किंवा खित्तेवार?

चलिए, जवाब के लिए दो सटे पड़ावों का तुलनात्मक अध्ययन किया जावे। क़द में दारचा मनाली के मुक़ाबले 1.26 कि.मी. ऊँचा है। लिहाज़ा दारचा का तापमान मनाली के बरअक्स 8.2° से. कम होना था, जबकि फ़र्क़ पड़ा सिर्फ़ 3° से. का ही। आगे चलें तो दारचा से रामजक एक कि.मी. ऊँचाई पर है। इस मान से रामजक को दारचा से 6.5° से. शीतल होना था। मगर हक़ीक़तन हमें फ़र्क़ मिला फ़क़त 0.8° से. का। फिर रामजक (26.2° से.) से शिंगु-ला लगभग पौन कि.मी. ऊँचा है। फ़ार्मूले के अनुसार दर्रे पर का तापमान 21.6° से. होना था। पर वह है 19.6° से.! अर्थात् अपने शिंगु-ला पर जितनी हो सकती थी उससे कम तपिश है।

इसके मानी क्या? क्या यह अच्छी ख़बर है?

इसके कई मानी हो सकते हैं। किन्तु एक जो उभरकर दीख रहा वह है मनाली से दारचा-सुमुडो के दरमियान—जिधर विकास हो रहा, सड़क बन रही, पहाड़ कट रहे वहाँ—गाया बेतरह पस्त हो चुकी। तथा रामजक-शिंगु-ला के अनछुए क्षेत्र में गाया न सिर्फ़ चैतन्य है, बल्कि पुरज़ोर कोशिश कर रही है परिस्थिति पर काबू पाने की।

सोच रहा हूँ शिंगु-ला के इस छोटे से खित्ते के महत्त्व को। कि धरा का यह अकिंचन टुकड़ा, टेलिकायनेसिस के ज़रिये, पृथ्वी के किसी दूरस्थ भुँइ को सँजोये रखने में गाया की सहायता भी तो कर रहा होगा। लेकिन इसकी ये कोशिशें क्यूँकर कामयाब होंगी? कि चन्द रोज़ बाद यह भी 'विकास' की ज़द में होगा। और फ़क़त यही क्यों विकास के दायरे में तो जाँस्कर का अमूमन हर बमक है। करगिल-जाँस्कर को जोड़नेवाली सड़क कई ग्लेशियरों को चीरते हुए गुज़रेगी। बारालाचा-ला बमक तो सड़क तले दब ही चुका। वह दिन दूर नहीं जब जाँस्कर को घेरे तमाम ग्लेशियर फ़ना हो जावेंगे।

फ़ना होने की बात निकली है तो उसे जाँस्कर तक ही महदूद क्यों रखें। पहुँचने दें उसे उत्तराखंड के बमकों तक, दुनिया भर के परबतों तक, रेगिस्तानों तक, परती

भूमि तक—यूँकि ये सब भी तो 'विकास' के शिकंजे में हैं। जब ये न रहेंगे तो गाया कैसे काम करेगी? जाँस्कर का क्या होगा? पृथ्वी का क्या होगा?

लेकिन यह सब विचारने की किसको पड़ी है।

सच तो यह है कि आदमी और पृथ्वी-सागर-पर्वत के गूढ़ रिश्तों को समझने में जो चूक आज हो रही वह पूर्वकाल में भी हो चुकी। बारम्बार हो चुकी। तभी तो हमारे पास पुरखों की छोड़ी कहानियाँ हैं। कहानियाँ जो रेखांकित करती हैं प्रकृति-व्यापार में अवांछित हस्तक्षेप से होनेवाले उलट-पुलट को। जैसे 'जंगली' घुमन्तुओं की गढ़ी यह गल्प—निनुर्ता देव और असाग दानव की कहानी। जो बन्दा आपको सुनाना चाह रहा शिंगु-जोत से उतरते हुए। सुवरण-खुदैया चींटों के देस तरफ़ चलते हुए—

> 'कुर देस (पाताललोक) में दानव असाग का राज था। असाग ही काबू में रखता था आदिम-समुद्र को। उस समुद्र को जिससे धरती व स्वर्ग जनमे।[4] जो देवताओं का भी जनक था। इन देवताओं पे ज़िम्मेवारी थी धरती और स्वर्ग का कारोबार चलाने की।
>
> देवताओं में एक था एनलिल सुत निनुर्ता।[5] निनुर्ता का एक अभिन्न साथी था—शरूर। यह शरूर हर्मेश देवता लोगों के कान भरा करता। उन्हें एक दूसरे से लड़ाना-भिड़ाता रहता। नारदमुनि के इस सुमेरियन संस्करण को न मालूम क्यों दानव असाग से उसे सख़्त नफ़रत थी। जिसके चलते कुर-देस के विरुद्ध उसने निनुर्ता-देव के कान भरना शुरू किया। असाग को धरती पर फैले रोगों का कारक बता उसने निनुर्ता को तैयार किया कुर-देस पर धावा बोलने हेतु। असाग-वध के लिए।
>
> कान का कच्चा निनुर्ता कहने में आ गया। उसने ठान ली कुरराज को मारने की। भिड़ गया वह महाबली असाग से। संग्राम में उसने, निनुर्ता ने, कई बार मुँह की खाई। घबड़ाए पंछी की तरह मैदान छोड़ भागा भी। परन्तु कनफुसका शरूर उसे फिर-फिर रणक्षेत्र में धकेलता रहा। आख़िर में असाग मारा गया। देवता, ख़ासकर निनुर्ता, आनन्द से नाच उठे।
>
> यह आनन्द किन्तु क्षणभंगुर निकला। कि असाग की मृत्यूपरान्त उसके भय से शान्त बैठा आदिम-समुद्र आज़ाद हो गया। निकल आया ऊपर। डूब गए धरा-नदी-खेत खारे पानी में। पृथ्वी दुर्भिक्ष के चपेटे में आ गई। मनुष्य द्वारा अर्पित वस्तुओं पर मौज़ करते देवता भूख से तड़प उठे। ऐसे में निनुर्ता चेता। उसने कुर के ऊपर पत्थरों का एक टीला बनाना आरम्भ किया। बहुत ऊँचा टीला। इतना विराट कि कुर से बाहर आ रहा समुद्र धरती पर न चढ़ सके।

यूँ आदिम-सागर के चंगुल से धरती को निज़ात मिली। इस विमुक्ति बाद पीछे छूटी अन्यान्य वस्तुओं को निनुर्ता ने एकत्र कर मनुष्य हित में जोत दिया। जैसे समुद्र के बचे जल से उसने नदी (टिगरिस) बनाई।

इतना ही नहीं। निनुर्ता ने अपने गढ़े टीले को भी मानव हित में सन्नद्ध किया। उसने उसे हुर्साग (पहाड़) बुलाया। फिर आशीर्वाद किया कि पहाड़ ही आगे से मनुष्य की सारी आवश्कताओं की पूर्ति करेगा। जल, जड़ी-बूटी, शहद, विभिन्न तरह के पेड़, सोना, चाँदी, भेड़-बकरी ही नहीं अन्य तमाम तरह के चौपाए भी धरा वासियों को उसी से ही प्राप्त होंगे...'

डग चौथा

जाँस्कर के भीतर

याक का दूध

विशद मैदान है...मैदान में बहुतेरे टीले हैं...रेतीले टीले...टीलों पर से अश्वारोहियों की टोली उतर रही है...उड़ाते हुए धूल के बवंडर वह लपके आ रही हमारी ओर... टपट्क...टप्टक...टपट्क...टप्टक...सर पर सिंगदार टोपे...बदन पर याक-खाल लपेटे...नुकीले नेजे हवा में उछालते...अश्वारोही हुंकार रहे...ललकार रहे...किन्तु किसे...क्या कि हमें? हाँ...हाँ...हमें ही...पल-प्रतिपल उनका रव बढ़ता जा रहा... क्षण-प्रतिक्षण घोड़े क़रीब आ रहे...टपट्क...टप्टक...टपट्क...लो जी लो! अब तो वे बिलकुल मेरे पास हैं...सरपे खड़े हैं...घोड़े हाँफ रहे हैं...उनके मुँह में फेन भरा है...टपक रहा है...एक बूँद मेरी पेशानी पर गिरती है...टप्प...दूजी मेरे होंठों पर टपकती है...टप्प...मैं हड़बड़ाकर उठ बैठता हूँ...

सपना! भोर का सपना!!

भोर के सपनों का सच होना सुना है। लगता है सच ही सुना है। कि गुम्बद-रावटी डोल रही। जानवरों की भागमभाग है। हेंचाहेंची-चेंचामेंची मची है। कोई पुकार रहा है हमें। बाहर निकलो...फ़ौरन बाहर आओ...। क्या माजरा है? कहीं भूडोल तो नहीं? सिरहाने धरा हेड-लैम्प तलाश जलाता हूँ। पाँच बजने में अभी वक़्त है। देखता हूँ कि अपर्णा भी उठ बैठी है। घबड़ाई है। बाहर क्या चल रहा देखने को बोलती है। मैं हिचकते हुए रावटी-रुख़ पे पड़ी चिलमन उठाता हूँ... झाँकता हूँ बाहर...

पौ अभी ठीक से नहीं फटी। घाटी से लिपटी स्याह चदरिया पे उजास के बस चन्द छींटे ही पड़े हैं अभी। अमावसी तिमिर अभी मलमली हुआ ही हुआ है। इस मलमली-चदरिया भीतर से झाईं मार रहा वादी का हर पेच-ओ'-ख़म। दीख रहा ख़ग्र्यंग-चु की अलसाती सहायक जलधार—अर्ध ख़ग्र्यंग-चु—का लचीला बदन और उसके पार डटे पठार का गठीला तन।

ग्यारह घंटे की चलाई के बाद कल जब थकास की अति हो गई तो पिट्ठू एक ओर पटक मैं पसर गया था यहीं। इसी भुँइ पर। अड़ गया कि इधर के इधर ही मुक़ाम किया जावे। रनी, बेचारा थका-हारा रनी, दौड़ा। सोनी को पकड़ने। जो हम से पन्द्रह-बीस मिनट आगे चल रहा था। सुना है सोनी बहुत ना-नुकर उपरान्त टीनू

को वापस बुलाने पर राज़ी हुआ। और बहुत सी मगजपच्ची के बाद, यहाँ—अर्ध ख़ग्यंग-चु घाटी की कगार पर डेरा किया गया। ख़ैर जो हुआ सो भला ही हुआ। कि इधर का ख़ुशगवार समा देख सभी का दिल जुड़ गया। कि नदी की कल-कल सुनते हुए शफ़क़ के बदलते रंग देखना तो रूह की ख़ुराक ठहरी!

फिर अर्ध-ख़ग्यंग-चु पार के सुगठित पठार पर कई याक भी तो थे। और सोनी-रनी-पासंग का उनसे यह प्रथम परिचय था। एक तरह से देखें तो हम-दोई का भी। यह नहीं कि 2011 के सोकर-झील अभियान में हम याक से ख़ाली रहे। न। वे तब भी दीखे, मगर गिनती के। निपट दो या तीन। किन्तु कल शाम नदी-पार, नी-नी करके पचास याक थे। चरते याक। जुगाली करते याक। रुंड-सुंड याक! और वह मंज़र दिल-खेंच मंज़र था।

लेकिन अभी?

अभी तो गठीले पठार पर का वह बुग्याल सूना है। कि बर्फ़ीली अर्ध-ख़ग्यंग-चु को टाप तमाम याक हमारी ओर आ चुके। आ तो चुके...किन्तु वे कल सरीखे शान्त नहीं। धमाल मचा रखा है उनने। डकार रहे। नथुने बजाते दौड़ रहे हैं एक-दूजे के पीछे। हमारे डेरे के गिर्द। हमारे टेंटों के बीच। तिरिभन्नाट। ख़ुदा न ख़्वास्ता ये शामियानों पर पिल पड़े तो? किसी को चबीद दिया तो?

सारे कैम्पवासी हाबले-बाबले डोल रहे। क्या आदमी, क्या जनावर सभी भयभीत हैं। घोड़ा हिनहिना रहा। खच्चर भाग रहे। टीनू चिल्ला रहा खच्चरों पर। सोनी गुहार रहा पासंग को। रनी हेला पाड़ रहा हमें—बाहर निकलो...फ़ौरन बाहर आओ...मैडम जी।

सुब्बो का सपना पिचकड़ा निकलवाएगा क्या?

मगर नहीं। यूँ कि लिखनेवाला जेम्सबांड और सफ़रगो की क़िस्मत एक ही रोशनाई से लिख गया। तमाम उलट-पुलट के बीच दोनों बच निकलते हैं—हमेंश। कहने को अपनी कहानी। हस्बेमामूल, हमन भी बच गए। दस-पन्द्रह मिनट में ही महाकाय जीवों का जी हमसे उकता गया। उतर गए वे घाटी में—आदमी की बिनाई से दूर।

ज्ञातव्य है इस महाकाय जीव का जँस्करियों के नज़दीक असीम देह-बल और अदम्य जिजीविषा का प्रतीक होना। और क्यों न हो, भाई मेरा शून्य से तीस पायदान नीचे के तापमान में भी खुलेआम फिरता है। ज़िन्दा रहता है। इतना ही नहीं, याक जँस्करी-जीवनचर्या का अत्यावश्यक अंग भी रह चुका। ज़्यादा समय नहीं बीता जब याक की खाल जँस्करियों का लिबास हुआ करती। इसका गोश्त व दूध तो आज भी जँस्करी ख़ुराक का हिस्सा है।

बात निकली है तो याद आ रहा है याक-दूध जुड़ा एक मज़ेदार वाक़िया। मज़ेदार इस तरह कि क़िस्से का आग़ाज हुआ साल 2011 की लेह यात्रा दौरान

और मुकम्मल हुआ पूरे दस बरस बाद—2021 की जाँस्क़र यात्रा में। सच बोलूँ तो क़िस्सा मेरी कमअक़्ली का सुबूत है...फिर भी...सुना देता हूँ—

> साल 2011। उत्तराखंड में याक-दूध का बड़ा गुणगान सुन चुके थे। जैसे कि यह दूध पौष्टिक होता है। यह भी कि लदाखी-चाय अपना अनिर्वचनीय स्वाद इस वस्तु से ही पाती है। बनी बात थी कि लेह में याक का दूध खोजा जाता। खाँटी लदाखी-चाय तलाशी जाती। तीन दिनों के लेह प्रवास में यही किया। कई ठीये तलाशे। बहुतों से पूछा किया।
>
> किन्तु नतीजा?
>
> कहीं सुनने को मिला कि याक-दुग्ध गाँवों में हासिल हो तो हो, लेह में तो मिलने से रहा। किसी ने आगाह किया कि उस दूध की गन्ध हम नहीं सह सकेंगे। मगर अजीब तो तब लगा जब याक-दुग्ध प्रश्न सुन एक लदाखन बेसाख़्ता हँस पड़ी। बोली कि याक को दुहना बड़ा मुश्किल काम है। और कोई जैसे-तैसे ऐसा कर भी गुज़रे तो इतना थोड़ा दूध उसके हाथ आवे कि एक कप चाय के लिए भी नाकाफ़ी। छोटे में कहूँ तो सोकर-मुहिम में हम लोग याक-दूध की चाय से महरूम रहे।
>
> मगर ख़ैर। एक लम्बा वक़्फ़ा गुज़रने के बाद फिर जाँस्कर-घाटी आने का योग बना तब एक गाँव में भटक रहे थे कि सामने से एक रेहड़ आती दीखी। चार-पाँच याक व इतनी ही गायों की रेहड़, जिसे एक बुज़ुर्ग हाँक रहा था रेहड़ देख याक का दूध मिलने-चखने की उम्मीद ताज़ा हो गई। जुट गया बुज़ुर्ग को पटाने में।
>
> जुलै-शुलै करने के बाद पूछा उससे कि वह कब दुहता है याक?
>
> कुछ न बोला वह। बस घूरा किया मुझे। सर से पैर तलक।
>
> लगा कि शायद मेरा कहा उस तक पहुँचा ही नहीं। सो लहजा बदल, मैंने सवाल दोहराया कि एक याक रोज़-दिन कितना दूध देता है?
>
> वह पिघला इस बेर। बोला मीठे स्वर में कि याक नहीं देते दूध!
>
> ऐं! जो ये दूध नहीं देते तो इतने सारे याक लेकर वह कहाँ और क्यूँ भटक रहा? इस प्रश्न से उसकी भृकुटी में बल से पड़ते दीखे। दीखी उसके दीदों में हिक़ारत की लपक। कंटाले से स्वर में उसने खुलासा किया कि उसकी रेहड़ में एक भी याक नहीं। गोरू हैं, ज़ोमू हैं।
>
> अयँ, अब ज़ोमू किस चिड़िया का नाम है—मेरा सवाल अभी हवा में ही झूल रहा था कि अगला 'मेरे याक' किन्तु 'अपने ज़ोमू' के पुट्ठे पर धौल जमाते हुए बोला, "याक जब गाय पर चढ़ता है तब यह पैदा होता है!"

मैं हँसा। गोया उसकी सपाटबयानी पर। या शायद 'याक बहुत कम दूध देता है', इस जुमले के असल मानी समझ आने पर। या फिर अपनी कमअक़्ली पे। कि बाज़दफ़ा अपनी अहमकाना अक़्ल पे पर्दा डालने वास्ते भी आदमी हँसता है।

जो हो, मेरे हँसे से गड़ेरिये के मन का बन्द खुला। फिर याक-गोरू-ज़ोमू का जो सिलसिला उसने मुझे समझाया, उसका सार यह कि लदाखी याक मतलब मैदानी साँड़। याक और गाय की सोहबत से दो तर्ज़ की सन्तान पैदा होती है। ज़ो (dzo) तथा ज़ोमू (dzomoo)। ज़ो होता है नपुंसक, ज़ोमू दुधारू। फ़ौरी देखे से ज़ोमू याक ही जान पड़ता है। किन्तु याक के मुक़ाबिल इसकी क़द-काठी होती है ओछी। और फिर वह याक की तरह काला-ठुस्स भी नहीं होता। उसके शरीर पर—मुख के क़रीब या खुर के पास—थोड़ी सी सफ़ेदी नज़र आती है। मुख़्तसर यह कि दूध ज़ोमू देता है, और मैं भोंदू उसे 'याक का दूध' बुलाता रहा।[1] कहने की दरकार नहीं कि 2013 की यात्रा भी 'याक का दूध' ही ढूँढ़ते कटी!

इधर से फिर लौटता हूँ 'भोर के स्वप्न' पर। इन पंक्तियों को लिखते बखत उस वारदात का वीडियो देखा तो जाना याक-फ़साद का कारण। पाया कि उस झुंड में अधिकतर ज़ोमू थे। बेशक़ याक भी थे वहाँ मगर बस चार-पाँच ही। और इन मस्ताये याकों की रुचि ज़ोमू में थी। उन-ही के पीछे वे दीवानागर दौड़ते थे। और हमन लोग फ़ोकट ही अपनी दुम दबाये रहे। नी मतलब यह तो मस्ताये हाथी को देख चुहिया का अपना पिछवाड़ा छुपानेवाली बात हो गई!

ख़ैर। अब इस याक-चर्चा को विराम देना पड़ेगा। इस जीव की पैठ जँस्करियों के यहाँ इतनी गहरी है कि उनके जीवन के हर पहलू में वही दिखता है। चुनाँचे जो उसको भाखने बैठो तो एक पुराण ही घटित हो जावे। फिर अब भरपूर सुबह हो चुकी। और अपन को भूख भी तो लग रही। रोज़मर्रा वाली नहीं, ख़ास किसम की भूख। इसलिए कि आज की सुबह भी ख़ास है। दर्रा पार करने के बाद की पहली सुबह है। कुछ बेहतरीन नाश्ता मिलना चाहिए आज तो। कि यही परम्परा रही है। यही वादा भी किया था पासंग ने। पर क्या पासंग अपना वादा निभाएगा?

डिवाइन-प्लान!

इतनी उठा-पटक के बीच भी पासंग अपना वादा न भूला। दर्रा पार करने के बाद हमारा पसन्दीदा नाश्ता परोसने का वादा। पैनकेक का वादा। पता नहीं अंडे बिना केक बना कैसे? पर जो भी बना, बना बहुत ही स्वाद।

पन्द्रह हज़ार दो सौ बावीस फ़ीट पर, 4.2° से. के तापमान में, नीले-धम नभ तले, महबूब हिमाला के पासंग बैठ, शहद में डूबा पैनकेक खाना यानी स्वर्ग के आनन्द जीते-जी पाना। फिर साथ में महबूबा हो और हाथ में हो गरमागरम चाय का पियाला तो...तोऽऽ...आप चाहें कि वक़्त का यह नायाब वक़्फ़ा लाफ़ानी हो जावे...ठहरा रहे बस यूँ ही...ऐसे ही...यह दीगर बात कि आदमी जैसा चाहे वैसा ही होता जावे तो चाहने का मज़ा ही ख़त्म हो जावे। फिर चाहना-पूर्ति से जो संतोष आता होता तो अकूत उपलब्धियों के बावजूद आदमी क्यों बौराया फिरता दिन-रात।

कहते हैं एक दफ़ा सुकरात के शिष्यों ने अपने गुरु को परखने सी ठानी। वे उसे शहर की उस दुकान में ले गए जहाँ एक से बढ़कर एक सुन्दर चीज़ें मिलती थीं। सुकरात ने वे नायाब नमूने देखे। हर एक को छुआ। महसूसा। उसकी आँखें चमक उठीं। साथ खड़े प्लूटो को चिन्ता हुई कि फ़क़ीरों का-सा जीवन जीनेवाला कहीं दुनियावी झमेलों में न फँस जावे। अभी प्लूटो यह सोच ही रहा था कि सुकरात ने कहा, 'उफ़! यह कैसा ज़ुलुम है प्लूटो!! कि दुनिया में इतनी शानदार चीज़ें हैं और मुझे उनमें से किसी को ज़रूरत नहीं, चाहत भी नहीं।'

वह पर सुकरात था।

अपन तो चाहतों के मरे ठहरे। अपनी चाहना 'ठिठके समयों के देस' में घूमने की। दरकार, सुवरण-खुदैया चिउँटों की हक़ीक़त जानने की। लिहाज़ा सुबह आठ बजे—हचककर नाश्ता करने के बाद—हम चल पड़े हैं अगले मुक़ाम तरफ़। जाँस्कर घाटी के पहले गाँव—करजक—की ओर। जिधर से अभी गुज़र रहे वह अवाङ्मुखी मैदान है। पथरीला मैदान है। इस करके चलाई आसान। सो, पलक झपकते ही दो सौ मीटर नीचे उतर आए हैं। पथरीली चौड़ के दूसरे छोर तलक।

अवाङ्मुखी चौड़ शेष हुई। अब समतल बुग्याल है। इधर घास है। शिलाएँ हैं। और फूल ही फूल हैं। बुग्याली फूल। नाने-नाने फूले। लाल, पीले, बैगनी सुहाने

फूल। अरे! कौन है उधर? कौन झाँक रहा शिला-ओट से? सूरत पहचानी सी है... क़रीब जाता हूँ...देखता हूँ...

"अपर्णा...मैऽऽडम जी...इसे देखा तुमने...कहाँ भागे जाती हो...अरेऽऽ वापस आओ...देखो तो इधर कौन छुपा है यहाँ...तुम्हारा अपना..."

वह पलटकर आती है। देखती है। चीख़ती है—"अर्रेऽऽ! ब्रह्मकमल...!"

वहाँ, शिला-ओट में, ब्रह्मकमल के दो पौधे हैं। जिन पर पाँच कमल हैं। एक अधखुला, बाक़ी बन्द। अपर्णा प्रेमविह्वल है। तीन बरस बाद अपने चहेते से भेंट हुई है उसकी। बैठ गई है वह ब्रह्मकमलों के सामने। दुलार-चुमकार रही उनको। दूध झर रहा है उसके नयनों से!

भावुक तो मैं भी हूँ। एक-एक कर मिल रहा हूँ अपने पहाड़ी रिश्तेदारों से। ब्रह्मकमल से कुशलक्षेम पूछता हूँ। उसकी फ़ोटो उठाता हूँ। पीले गुल का मुख ढाँप रहा तिनका हटाता हूँ। लाल वाले से अपनी कम घुटती है—सो दूर ही से मुस्काता हूँ। मगर सूँघता हूँ बैंगनी फूल का मस्तक। चुमलाता हूँ सफ़ेद पुष्प का मुख। पुष्प भी मुझे मिलनी देते हैं। मेरी अँजुरी सुवास से भर देते हैं।

अफ़वाह है जाँस्कर का गुल ओ' घास से महरूम होना!

साज़िश है यह जाँस्कर को बोझिल साबित करने की! दुखद है मामा मिशेल तेरा इस साज़िश में शुमार होना। भला हुआ कि मैं इधर आया। अभी तो जाँस्कर-बगार में बस चार क़दम ही चला हूँ। और भरम टूट गया इस भूमि के बाँझ होने का। मेरी जानी जाने कितनी बातें इस सफ़र में झूठी साबित होनेवाली हैं...

सवा नौ बज रहे।

शिंगु-जोत का ग्लेशियर लाँघ, अर्ध-ख़र्ग्यग-चु की बाँह गह, जिस याक-समृद्ध टप्पे तक पहुँचे उसकी सीमा यहीं तलक। आगे विशद अन्तराल है। उंडी खाई है। सँकरी घाटी है। जिसके अँगना में दो धाराओं का मिलन हो रहा। जनम हो रहा ख़र्ग्यग-चु का। हमें उंडी-खाई में उतर सद्यःजात ख़र्ग्यग-चु के समीप पहुँचना है। फिर उसी के संग जाँस्कर-वैली में बढ़ना है। लेकिन दरिया और हमारे दरमियान तीखी उतराई है। है तो हुआ करे। हमन को फिकर क्या! कि उतरने को एक लगी-लगाई लीक भी तो है। जिसके यहाँ न लुढ़कते मोड़ हैं, न घिन्नाटी पैदा करनेवाले घूम ही।

बहरहाल। लगी-लगाई लीक ने भलेई वलयों में न उलझाया हो किन्तु सद्यःजात-अर्णा के बाएँ किनारे पर पहुँच माथा घूम गया। इलहाम हुआ वैली के भीतर ले जानेवाली डगर का ख़र्ग्यग-चु के दाहिनी बाजू होने का। अब सूरत यह कि सामने खलबलाती नदी है और वांछित डगर इसे फाँदे सिवा मिल नहीं सकती। क्या किया जावे? पार कैसे करें यह दरिया? कि अपने साथ रस्सी भी तो नहीं इस बार। यानी

फँस गए गुलफ़ाम ओन आफ़त में। नहीं फँसते जो कोई चेता देता शिंगु-जोत पर ही कि बाईं की बनिस्बत दाईं जलधार किनारे उतरो। किन्तु यह तो टीनू को करना था। ख़ुदा-मालूम हमारे नाख़ुदा से ऐसी चूक क्यूँकर हुई!

अब सब सट्ट हैं। चुप हैं। सिवा सोनी के। अपनी तासीर से उलट वह खौल रहा—चाय के अदहन की तरह। निकल पड़ा है वह टीनू पे इस क़दर कि न पूछें तो ही बेहतर। आगे के हाल का मुख़्तसर यह कि अपर्णा के किये से मुआमला रफ़ा-दफ़ा हुआ। समझाया उसने—

"इतना भी लोड मत लो सोनी। वह ज़िन्दगी क्या जो नाक की सीध में चले, वह ट्रेक बेमज़ा जिसमें अड़चनें न आवें। अरे! पहले भी कई नदियाँ साथ पार की हैं अपन ने। यह भी हो जावेगी। पत्थरों के भरोसे लोग समन्दर तक टाप चुके, यह तो फिर नदी ही है...कुछ पत्थर यहाँ-वहाँ डाले कि हुआ बेड़ा पार...सो फिकिर नॉट...एंड एन्जॉय दी रिवर क्रासिंग..."

नदी में पत्थर फेंके। चट्टानों को मुफ़ीद तरतीब दी। पिट्ठू खच्चरों पर लादे। जूते हाथ में उठाए। थामे बाजू एक-दूसरे के। फिर बनाया गया सफ़ीना। जो इस मर्तबा भी टूटा। नतीजन एक बार फिर लड़नी पड़ी जरासन्धी कुश्ती, जलधाराओं से। गिरते-उठते, चलते-बहते, जैसे-तैसे हम लोग पहुँचे दरिया के सीधे हाथ पर।

आज आपसे यह घटना कहते हुए कहानी-कहिया स्तम्भित है। सोच रहा वह ख़ूँख़्वार दरिया पार हुआ तो हुआ क्यूँकर? क्या इसे डिवाइन-प्लान कहूँ? किन्तु यह तो मन, कमज़ोर मन, का उच्चारा जान पड़ रहा। ऋषि लोग कह भी गए—'सङ्कल्पः वाव मनसः भूयान्'। अर्थात 'संकल्प निःसन्देह मन से श्रेष्ठ है'।[1] सच कहूँ, जो अपर्णा और रनी संकल्प न करते—सबसे पहले नदी में पैर नहीं धरते—तो मैं ख़र्ग्यग-बगार की ख़लाई-मैक़दा से महरूम ही रहता। मैक़दा जहाँ मैं आपको ले चलने को आतुर हूँ।

ख़लाई-मैक़दा

ख़ग्र्यग-चु लंघन जैसे वैतरणी लंघन। तंग दुनिया से बड़ी दुनिया का सफ़र। विश्वास करें जब कहूँ कि यहाँ जो कुछ दृश्यमान है—असाधारण है। सृष्टि-सौन्दर्य का चरमोत्कर्ष है। धरती पे धरा स्वर्ग का त्रिआयामी मॉडल है। निःसर्ग की कला-वीथिका है।

वीथिका। जिसके मध्य से एक नदी गुज़ारी गई है। यह नदी फिर आम नदियों सी नहीं। कोकिल-कंठा है। गा रही है। वीथिका के ख़ालोपन को भर रही है अनहद-नाद से। नाद जो अन्तर्रंध्र से सुनता है। अन्तरात्मा में घुलता है।

वीथिका। जिसकी भीत पे नभ-छूते म्यूरल कसे हैं। दुनियावी बोली में जो परबत कहाते हैं। और इनमें से हरेक में कुछ ख़ास है। मसलन कुछ पहाड़ चिकने हैं। हिम-हीन होकर भी मुलायम जान पड़ रहे। नवनीत के ढूह हों जैसे। अँगुली धरो तो पक्क से भीतर। और क्यों न हों यहाँ के पहाड़ नवनीत-सम। कि यह ठहरा बौद्ध-देस। जहाँ देवताओं को मक्खन-निर्मित दीये अर्पित करने की परम्परा है। गाया भी इधर की परम्परा निभा रही।

मगर, जैसा कि कह चुका, यहाँ का हर पहाड़ लासानी है। मतलब उनके रूप अलग, रंग दीगर, ढंग इतर। कहीं उत्तुंग-उरोज यक्षणी है, तो कहीं पुष्ट जंघाओं वाली रमणी। एक के मस्तक पर अवलोकितेश्वर सरीखा मुकुट है तो दूजा शक्यमुनि की-सी केशसज्जा किये ध्यानलीन है। कोई सुमो पहलवान बूझा रहा। तो कोई शेष-नाग सी गुम्फित भुँइ पर शेषशायी की तरह लेटा है।

हाय! कि शेषशायी सदृश यह परबत रस भंग कर रहा। कि इसके चलते ख़याल आया समन्दर का। और अर्जित सूचनाओं का वो अंधड़ उठा कि तमाम कल्पनाओं पर धूल पड़ गई। दीठ के दायरे सिमट गए। नूतन बिनाई—अधुना दृष्टि—कह रही कि यहाँ के पहाड़ों की बुनावट देख भावुक होने का कोई कारण नहीं। कि ये पहाड़ ऐसे नहीं होते तो फिर कैसे होते? कि वे थेसियन सागर प्रणीत हैं। उनकी कुचुड़-मुचुड़ धज, उनकी सतह पर की सिलवटें और तो और उनके नुकीले मुकुटनुमा शीर्ष—सब उसी सागर के हस्ताक्षर हैं। आज वह सागर कहीं नहीं परन्तु उसके करोड़ों-करोड़ बरस जूने हस्ताक्षर यहाँ हर कहीं गोचर हैं।

हुर्र...हट...!

नहीं होना मुझे यह अधुना-दृष्टि। यह ज्ञान-विज्ञान। कि इनकी कीमियागिरी से मन-दिमाग़ बदल जाता है मशीन में। और मशीनें अपने तईं सर्वथा नूतन कुछ पैदा नहीं कर सकतीं। कर ही नहीं सकतीं। उगलती हैं वे तो तयशुदा माल ही। माल जिस पर चस्प होते हैं एक-रंगी लेबिल। रूखी घोषणाएँ। लोक के यहाँ लेकिन रूख़ेपन का गुज़ारा कहाँ। उसके यहाँ तो राख भी भस्मी बन बहुमूल्य हो जाती है। समन्दर संग धरती के नीरस रिश्तेदारी के ऊपर आए ज़िक्र को ही लें। लोक के छुए से वह भी तो बदल गया एक शीरीं-अफ़साने में—

> क़िस्सा पश्चिमी तिब्बत का है। ल्हासा (लासा) के राजा की मंशा से वहाँ बुद्ध को समर्पित एक विशाल और भव्य मन्दिर का निर्माण हो रहा था। इस कारज में जुटे जाने-माने वास्तुविद् मगर परेशान थे। कि मन्दिर पूरा होने को आता और भरभराकर गिर जाता। चिन्तित राजा ने बुलाया भविष्य-भाखनेवालों को। पूछा मन्दिर नहीं बन पाने का सबब। सलाह मिली पूर्व दिशा में किसी भेजने की। बताया, मन्दिर के बार-बार टूटने का रहस्य वहीं खुलेगा।
>
> चुनाँचे राजा ने सेना की एक टुकड़ी पूरब तरफ़ भेजी। इस टुकड़ी में काँचो नाम का एक युवक भी शामिल था। अब हुआ यह कि काँचो रास्ता भटक गया। अपने साथियों से बिछुड़ वह पहुँचा एक बियाबान में। जहाँ उसे एक झील दीखी। और दीखी उसी से सटी एक कुटिया। कुटिया में निवासरत था एक वयोवृद्ध साधु। साधु के सीने में छुपा था क़ुदरत का एक राज़। राज़ यह कि ल्हासा में जहाँ मन्दिर बनाया जा रहा उस भूमि-तले एक समन्दर क़ैद है। जो अपने सीने पर मन्दिर नहीं बनने दे रहा। यहाँ मगर एक पेच था। कि साधु यह रहस्य किसी पर उजागर नहीं कर सकता। ख़ास कर ल्हासा वालों पर तो नहीं ही।
>
> ख़ैर, उस कुटी में काँचो को शरण मिली। सुस्वादु भोजन मिला। उस रात जाने क्या हुआ कि साधु ने वह रहस्य काँचो के आगे उगल दिया। काँचो ने यह ख़बर जैसे ही ल्हासा के राजा को दी, समन्दर आज़ाद हो गया। और उल्लेखित झील के रस्ते निकल भागा। बियाबान में जल-प्रलय आ गया। ख़लाई-राज़ खोलने का ख़मियाज़ा साधु ने भुगता। वह समा गया सागर तल में अपनी कुटिया समेत...

कथासार यह कि प्रकृति के गूढ़ रहस्य, रहस्य ही रहें तो बेहतर। उनका अवांछित जनों पर खुलना कहरअंगेज़ होता है। दुर्भाग्यवश यह बात साधु समझते हैं न वैज्ञानिक। चुनाँचे बनते हैं एटमबम। नष्ट होता है नागासाकी। घटित होता है चर्नोबिल।

किन्तु विज्ञान संग राजनेताओं और व्यापारियों के गठबन्धन की चर्चा ठहरी नीरस चर्चा। अपनी रुचि इसमें क्यूँकर हो। लिहाज़ा लौटा जावे विश्वकर्मा-वीथिका में।

वीथिका। जो रंगों से सराबोर है। जहाँ हर रंग के इतने शेड्स हैं कि आदमी बाका फाड़ सोचने लगे,—'हाय रे दैया...क्या इतने रंग भी हैं दुनिया में, ऐसे रंग भी हैं दुनिया में!' लाल जैसे ईंटा-लाल, चटक-लाल, लोहित-लाल, सन्ध्या वाला लाल, सिन्दूरी-लाल, आलता-लाल, गुड़हली-लाल...। फिर नीला जैसे समन्दरीय-नीला, आकाशीय-नीला, नीलमी-नीला, सूर्यपाखीय-नीला, नीलकंठीय-नीला, मयूरपंखीय-नीला...। फिर पीला और उसके शेड्स। हरा व हरे के शेड्स...। फिर ऐसे कितने ही रंग और उनके अनुरंग जिनका नामकरण संस्कार होना बचा है अभी...

पहली नजर में लग रहा जैसे मस्ताये पोरा-पोरियों की टोली होरी खेलते हुए गुज़री हो इधर से। मगर नहीं। यहाँ दीख रहे रंग ऐवईं उड़ाए रंग नहीं। फिर यह किसका काम है? क्या किसी सिद्धहस्त कलाकार का? नहीं, यह भी नहीं। क्यूँकि जिस तरह यहाँ रंगों से खेला गया है, वह किसी सीखे-पढ़े कलाकार के बस का भी नहीं। यह तो कोमल हृदय बच्चे की-सी निर्बन्ध कल्पना से मालामाल रचनाकार का काम लग रहा। प्रमाण है एक ही पहाड़ पर कई रंगों का आलेपन। मुख चम्पई धौला, ग्रीवा नीलमी, स्कंध ईंटा-लाल, सीना पल्लवी-हरा, कमर कत्थई, जंघाएँ बैगनी तथा टखनों से लिपटे सुनहले पाषाण-घुँघरू। छोटे में कहूँ तो साक्षात है यहाँ नैखिल्य-चेतना। उसकी कल्पनाएँ। सृजनाएँ।

अब आप ही बताएँ—ऐसी ख़ूबसूरत जगह को आदमी फ़िरदौस न कहे तो और क्या कहे! वैसे भी अपने राम एकले नहीं जाँस्कर-बगार को जन्नत बुलानेवाले। मामा मिशेल भी इसे स्वर्ग कह गए। और उनसे भी पहले—बहुत से भी बहोत पहले—सुमेरियन ओन का स्वर्ग भी तो यहीं कहीं था...

...बन्धु-ओन! आपकी आँखों में अविश्वास के बादल मँडराते दीख रहे। क्या सुमेरियन-स्वर्ग वाली यह बात आपके गले नहीं उतर रही? टेंशन नॉट जी। इस मसले को बाद के लिए छोड़ बढ़ते हैं आगे। ढुकते हैं वीथिका के दूसरे गलियारे में।

गलियारा वैसे तो मौजूदा वीथिका-बगार का ही विस्तार है—उसका अगला हिस्सा है। किन्तु इधर का समाँ फ़र्क़ है। नशीला है। दूसरी तरह से कहूँ तो यह ख़ग्र्यग-मधुशाला है। ख़लाई-मैख़ाना है। सो कुछ देर के लिए स्वर्ग वाली बात भूल, हाथ बढ़ाइए और थाम लीजिए पैमाना। कि चलेंगे हम दरिया किनारे 'सागर' थाम! करेंगे करजक गाँव तक का सफ़र माहौल-ओ'-मंज़र का लुत्फ़ लेते हुए...

पियाला-ए-ख़मोशी।

वैसे तो ख़ग्र्यग-मधुशाला में महफ़िल सजी है। जहाँ समीरण डोल रहा तम्बूरे मानिन्द बजता हुया। अर्णा गुनगुना रही तम्बूरे से सुर मिला। पत्थर लुढ़क रहे

मृदंग-नाद करते हुए। इस पर भी महफ़िल का मूल स्वर है शान्तता। ख़ामोशी। कि यहाँ कुछ भी बेताला नहीं। कर्ण-कटु कोई स्वर नहीं। अलावा मेरे श्वसन-स्वर के। कमबख़्त साँसों की आवाज़ जैसे महफ़िल में बार-बार बजता मोबाइल। रे प्राण! रे मेरी श्वास! या तो तू एकलय हो जा नैखिल्य-सुर से अन्यथा बन्द कर यह शोर अपना। कि तेरी आवाजाही से गोष्ठी की शान्तता भंग हो रही।

बता दूँ कि इस घाटी की शान्तता को लक्ष्य करनेवाला मैं कोई पहला आदमी नहीं। पुरखे भी इसका बखान कर गए। किसी ने कहा कि जाँस्कर के कुकुर बस देखते हैं, भूँकते ही नहीं। कोई बोल गया कि टीले के पीछे झाँके बग़ैर आप उधर बैठे क़ाफ़िले की ख़बर नहीं पा सकते। इस कुकुर वाले मसले की असलियत तो किसी गाँव में ढुकने पर ही मालूम होगी। मगर शान्त-क़ाफ़िलों वाली बात सच होने की गवाही मुझसे ले लें—

> ख़ग्र्यग-चु लाँघने के बाद एक छोटा सा टीला मिला। उसे अपनी दाहिनी ओर रखते हुए हम नदी किनारे आगे बढ़े। कुछ दूर चलने के बाद, हस्बेमामूल, पीछे पलटकर देखा और क़दम ठिठक गए। इसलिए कि टीले की दूसरी ओर एक होटल, बोले तो टीन-टप्पर का ठिया, दीखा। और दीखे घरेलू सामान से लदे पाँच-सात घोड़े। घोड़ों के समीप खेलते तीन-चार बच्चे। पलटकर उस होटल में गए। अन्दर देखा तो बरामद हुए दर्जन भर जँस्करी लोग। मयनोशी करते मर्द। बतियाती जनानियाँ। दोस्तो! जो सिंहावलोकन न किया होता और जो होटल भीतर न झाँका होता तो, रब दी सौं, हमें कानों-कान ख़बर न होती उस होटल की। होटल में सुस्ताते क़ाफ़िले की!

पियाला-ए-अतर।

वैसे ख़ुशबूदार खित्ते तो हमें दारचा व जाँस्कर-सुमुडो में भी मिल चुके। वे मगर गन्ध की परचूनी दुकानें थीं। उनके मुक़ाबिल ख़ग्र्यग-बगार ठहरा ख़ुशबुओं का गोदाम। यहाँ गाम-गाम बस महक। हर गाम एक नई महक। जब हवा का कोई झोंका इधर से गुज़रे तो ख़ुशबुओं का सैलाब गुज़रे। सच बोलूँ तो मैं किसी गन्ध को पहचान नहीं पा रहा। अलावा गुलाब के। और यह शहरी गुलाब की मरगिल्ली गन्ध नहीं, जंगली फूलों से खींचा पहली धार का माल है। साक़ी! सुन रे साक़ी!! यह रिन्द तो अपने होश खो चुका। अब और एक घूँट भी न पी सकूँगा। न कर इसरार तू इस गुलाबी का। कमबख़्तमारी दिल की नसों को छेड़ रही।

पियाला-ए-धूप।

दुपहर हो चुकी। आफ़ताब के मंसूबे आज ठीक नहीं। तप रहा हमें फूँकने का इरादा बना। मेरे महबूब को—हिमाला को—पर यह मंजूर नहीं। बदलियों से

अँटी एक छाजन तान दी है उसने ख़र्ग्यंग घाटी पर। ये बदलियाँ किन्तु प्राणवान हैं। युयुत्सु हैं। डटी हुई हैं दिनकर समक्ष। रोक रहीं किरण-प्रहार अपने सीने पर। असर यह कि घाटी-तल पर बदलियों की टुकड़ा-टुकड़ा छाँह है। यह छाँव—चंचल छाँव—हमारे बड़े काम की है। कि जहाँ यह है वहीं ठंडक है। अन्यथा तो सब दूर बला की धूप है। सार यह कि हम यहाँ बादलों की सरपरस्ती में हैं। उनके सायों का दामन थामे चल रहे हैं।

मेरे क़दम लेकिन डगमगा रहे। कौन जाने यह पहली-धार वाली गुलाबी का असर है या पाँच क्लॉक की अनवरत चलाई का। कारण जो हो सो हो, पण आज अपन को हर हाल पहुँचना है करजक। कि लगन जग चुकी संसार में सबसे ऊँचाई पर बसी मानव-बस्ती के पहले गाँव को देखने की। किन्तु वह है किधर? टीनू की मानें तो शिंगु-जोत से उसे तीन क्लॉक दूर होना था। और अपना वाक़िया यूँ है कि दर्रे बाद एक रात काट चुके। ऊपर से आज की चलाई अलग। किन्तु करजक की कोई भनक ही नहीं।

मगर यह उतापा क्यों? करजक कहीं भागा तो नहीं जा रहा। वैसे भी अपन हुए एक मधुप। एक रिन्द। और मधुप जिया करते हैं रस के लिए। रिन्द खटा करता है मय के सबब। और मय की तो इधर इन्तिहा है। कि यहाँ चल रहा है मय का भंडारा। जो आवे सो पावे। जितना चाहे उतना पावे। यही इस ख़लाई-मैख़ाने की ख़ुसूसियत ठहरी। तो भूलकर ख़याल पड़ाव-वड़ाव का उठाएँ एक जाम—जाँस्कर के नाम। यानी पियाला-ए-अब्र।

पियाला-ए-अब्र? भई! रहम करो रहम। पियाले से पानी पीया तो ख़ानदानी-रिन्द का किरदार ही ख़राब हो जावेगा।

अरे नहीं साहब, इधर के पानी में भी अलग तरह का नशा है। कि यहाँ मुन्सीपाल्टी के पानी की बात नहीं चल रही। और न ही मेरा इशारा ख़र्ग्यंग-चु के पानी की ओर है। यहाँ चर्चा में हैं झरने। पहाड़ों के ज़िस्म से फूटते, पहाड़ियों के बदन पर फिसलते इन झरनों का पानी आबे-ज़मज़म से कम नहीं। पानी का ज़िक्र निकला है तो इजाज़त दें कि यहाँ कुछ पल ठहरूँ और तफ़सीलवार बात करूँ इस शै पर।

जाँस्कर मगर जल-प्राचुर्य क्षेत्र नहीं।

कहने को तो इस बगार के लोगों को झरने हासिल हैं। उपलब्ध हैं गधेरे भी। किन्तु सिर्फ़ ग्रीष्मकाल में चलनेवाले। एक नदी भी है यहाँ। मगर गरमियों में बहनेवाली। शीतकाल में इधर का आलम बदल जाता है। कड़ाकेदार जाड़े के प्रकोप से नदियों के ज़िस्म अकड़ जाते हैं। वे हो जाती हैं ठोस। तब जँस्करी ओन जमी नदी पर चलते हैं। उसे सड़क की तरह वापर जुड़े रहते हैं करगिल से, लेह से।

फिर तो पानी के टोटे के चलते शीतऋतु में लोग यहाँ से पलायन कर जाते होंगे? उत्तराखंड वालों की तरह ये लोग भी उतर जाते होंगे नीचे? चले जाते होंगे

गर्म इलाक़ों में? न। ऐसा कुछ नहीं होता। लेह (2011) की यात्रा से जो जानकारियाँ मुझे हासिल हैं उनकी बिना पे कह सकता हूँ कि यहाँ का बशर हर मौसम में यहीं बना रहता है।

बिन पानी के...कैसे?

बात यह है कि चाक्षुसतः ठिठुरे गधेरे व नदी में भी अन्तःसलिल जल होता है। फिर यहाँ देवधाराएँ भी तो हैं। आप पूछें उसके पहले ही बता दूँ कि पहाड़ के ज़िस्म में सूराख कर निकलनेवाली ये धाराएँ कभी नहीं जमतीं। इसीलिए इन्हें 'देवधारा' बुलाया गया है। लेकिन ये बातें तो लदाख में सुनी बातें हैं। वे जाँस्कर पे लागू हों या न भी हों। सो जाड़े में जँस्करियों की गुज़र कैसे होती है, यह उन-ही से सुनें तो ठीक। फ़िलहाल तो गरमियों के मौसम हैं। चुनाँचे ध्यान जोड़ा जावे फ़िलहाल से।

जिधर से हम गुज़र रहे उधर घाटी चौड़ी है। पहाड़ों पर चढ़ती-उतरती पगडंडियों से अँटा महल्ला यहाँ ख़त्म हो चुका। हम अब हैं मैदानी तर्ज़ के कूचे में। बावजूद इस सुभीता के हाल हमारा ऐसा है कि बिलकुल ही मुहाल है। कि इस कूचे की लीकें भलेई अड़बंगी न दीखती हों मगर हैं तबीयत से शैतान। हमें छका रही हैं। कभी दलदली भुँइ में ढुक। तो कभी किसी ठाठें मारते गधेरे कने ठिठक। अब हम परेशान। कादे में रपटने का धड़का। गधेरों में जूते भींजने का। यानी दलदल पार करो, फिर जूते साफ़ करो। जूते उतारो तब गधेरा पार करो। यही काम चल रहा है विगत एक घंटे से। नतीजा यह कि मंथर चलाई और भी धीमी पड़ चुकी।

किन्तु इस तरह चलने का अपना मज़ा है, अपना नशा भी। कि हर गधेरे संग कुछ वक़्त बीत रहा।

और अकिंचन जीवों से पहचान हो रही। जैसे एक जगह हमें इल्ली दीखी। हमारी आमद से घबरा घास में छुपने को बेकरार इल्ली। क़रीब से देख उसके केटरपिलर होने का इल्म हुआ। तितली बनने को बेकल इल्ली अब से पहले हमें जहाँ मिली पौधों पर मिली। पत्तों को बेतहाशा कुतरते मिली। परन्तु इधर पेड़ तो दूर की बात, टखने के ऊपर निकलती घास भी नहीं। उपलब्ध सुभीते में बिना रिरियाये रवायत निबाहने का—जीवित रहने का—उसका माद्दा देख अभिभूत हूँ।

ख़ैर!

अभी कोई घंटा-एक और चले होंगे कि आँखे चुँधिया गईं। मुख से बरबस विशेषण झरने लगे। अप्रत्याशित...नाऽऽनाऽ...अद्भुत...नहीं भई...अद्वितीय...न यह भी नहीं...अनिर्वचनीय। बल्कि इस परिवार का कोई और भी विशेषण आपको विदित हो तो उसे भी इस सूची में जोड़ लें कि जो दृश्य यहाँ साक्षात है उसके साथ मेरा जाना कोई विशेषण न्याय नहीं कर पा रहा।

ऐसा मैं क्या देख रहा इधर?

देख रहा हूँ कि 14090 फ़ीट तक उतरते-उतराते घाटी बहुत-ही फैल चुकी। विशद मैदान का रूप धर लिया है उसने। मैदान जिसमें ख़ग्र्यग-चु बह रही। परन्तु वह भी बदली-बदली है। नदियों वाला जामा छोड़ वह कई धाराओं में बँटी है इधर। हर जानिब बहती धाराएँ मालूम हो रहीं जैसे ख़ग्र्यग की सुघड़ उँगलियाँ हों। और उनके क़रीब की सब्ज़ियत हो जैसे पोरों पर लगी-लिपटी ताज़ी हिना। नख-शिख शृंगारित ख़ग्र्यग-नदी को देख पिया मिलन को निकली अभिसारिका की प्रतीति हो रही। नदी लेकिन इस मैदान की आत्मा नहीं। इस मंज़र की धड़कन तो वह सजीला परबत है जो घाटी की कगार को परिभाषित करनेवाली पर्वतीय-साँकल से छिटक आ गया है चौड़ में। यह परबत ही तो पिया है अपनी ख़ग्र्यग-चु का। खड़ा है निस्तीर्ण मैदान में। अपलक अपनी प्रियतमा को निहारता!

जाने क्यों मुझे लग रहा कि ख़ग्र्यग-पिया जँस्करी पहाड़ों के ख़ानदान से है ही नहीं। कि जाँस्कर तो करवट में लेटे पहाड़ों का क़स्बा ठहरा। बुच्ची नाक, नाटे क़द वाले पहाड़ों के बीच सॉफ्टी के औंधे कोन की-सी ढब वाला यह परबत यूँ जान पड़ रहा जैसे चीन के बाज़ार में खड़ा ऊँचा-पूरा पठान। हृष्ट-पुष्ट, पथरीला पठान। जिसकी बग़ल में से एक हिमाच्छन्न शिखर ऐसे देख रहा जैसे टुकुरता हो गड़रिये की काँख में दबा मेमना। हो न हो दृश्य-एकरसता भंग करने वास्ते इस परबत को यहाँ जान-बूझकर खोंसा गया है। जैसे जूड़े में खोंसे जाते हैं फूल। जैसे ठोढ़ी पर बनाए जाते हैं गोदने।

ख़ग्र्यग-पिया के नाम को लेकर बड़ा ऊहापोह है। और किसी को हो न हो मेरे को तो है। कि कोई इसे गोन्बोरङ्गोन (gonbo-rangon) बुलाता है, तो कोई गोन्बोरङ्झन् (gonbo-rangjhon)। फिर इधर के लोग इसे गुनबुरंजन (gunbu-ranjan) तथा गोम्बोरङ्झन् (gombo-ragjhon) भी कह रहे। नाम जो हो मगर यह है बड़े महत्त्व का पहाड़। लाहुली, जँस्करी और लदाख़ी इसे जाग्रत देवता मानते हैं। रात में इसकी पूजा करते हैं। इसकी परिक्रमा लगाते हैं।

रेरिक के तेनज़िन से सुना पलामोदेवी-प्रसंग आप शायद भूले न हों। वह प्रसंग चूँकि इस परबत से जुड़ता है, अतः उसे दुहरा लेते हैं—

'एक बार तीन देवता लाहुल से गुज़रे। विश्वकर्मा, काली माँ (पलामो) और गोन्बो (महाकाल)। अब ये तीनों किधर को और किस सबब निकले थे इसकी तो मालूमात किसी को नहीं। जो ख़बर है वह यह कि पहाड़ी रास्तों ने उन्हें थका-थका दिया। चुनाँचे विश्वकर्मा जिस्पा में ही टिक गए। गोन्बो संग काली माँ आगे तो बढ़ी मगर रेरिक व जाँस्कर सुमुडो के बीच वह भी शिला बन बिराज गईं। वह स्थान आज भी पलामो नाम से प्रसिद्ध है। गोन्बो की यात्रा जारी रही। शिंगु-ला लंघन पश्चात वे कुछ दूर और चले। फिर रुके। पहाड़ का रूप धरा। और बस गए जाँस्कर बगार में। सदा के लिए।'

मालूम हो कि ख़ग्र्यग-चु का पिया ही लाहुलियों का महाकाल है। लेकिन जँस्करी ओन इसे शिव नहीं मानते। उनके लिए तो यह उनका अपना देवता है। रक्षक है उनका। खड़ा है इधर बहुकाल से। मालूम समयों के भी पहले से।

यहाँ किन्तु एक पंगा है। यह कि हमें पलामो देवी की कथा सुनानेवाले लाहुली तथा इस कथा को नकारनेवाले जँस्करी, दोनों ही बौद्ध हैं। फिर उनकी मान्यताओं में यह फ़र्क़ क्यों? इस बात की पड़ताल करेंगे—किन्तु यथा समय। अभी तो बस इतना भर कह दूँ कि मेरे मत में, यह मतान्तर जूना नहीं। इधर का ही है। जो लाहुल के बहुकाल तक हिन्दुओं के संसर्ग की देन है या फिर हिन्दू मान्यताओं के पेलीकरण का परिणाम। कि पलामो कथा में प्रकारान्तर से पांडव सह द्रौपदी की स्वर्ग यात्रा-प्रसंग की अनुगूँज सुन पड़ रही। तो क्या मान लें कि पांडव परिवार की तरह ये तीन देवता भी स्वर्ग को जा रहे थे? जो ऐसा है तब तो स्वर्ग की डगर जाँस्कर से होकर गुज़रती होगी। नी मतलब, यह मुझ मन्दमति का क़यास है। कहीं लिक्खी बात नहीं।

बहरहाल, समीचीन मान्यताओं में एक साम्य भी है। वह यह कि शिंगु-ला के दोनों बाजू वाले, इस कोननुमा-पहाड़ को मुक़ामी परबत नहीं जानते।[1] लाहुलियों के लिए यह आप्रवासी है।[2] जँस्करियों के लिए अवतरित। इस तरह देखें तो इस पर—अपने ख़ग्र्यग-पिया पर—गोन्बोरङझन् नाम ही सटीक बैठता है। यूँ कि तिब्बती में 'गो' मानी 'मस्तक', 'बो' यानी 'पेट' तथा 'रङझन्' का अर्थ है 'जिसे बनाया नहीं गया हो'। मतलब अपने से प्रकट हुआ पेट तथा मस्तक।

ख़ैर, ख़ग्र्यग-पिया हिन्दू है या बौद्ध इस पचड़े में अपन क्यूँकर पड़ें? अपने लिए तो इतना समझ लेना बहुत कि परम्परा से गोन्बोरङझन् एक पवित्र परबत है। जाग्रत देवता है। और जिधर पहुँचने को देवता पदयात्रा करें अथवा जिस भुँइ पर जीवन्त देवता निवास करता हो, उसे स्वर्ग बुलाने में कुछ ग़लत नहीं।

क्या आप मेरे इस तर्क से सहमत हैं? मानेंगे जाँस्कर को स्वर्ग?

नहीं!

कोई गल्ल नहीं बादशाहो, मेरे खीसे में और भी रुक्के हैं जो साबित कर देंगे कि पुरखे जिसे स्वर्ग बता गए वह आसमानी चीज़ न होकर धरा का ही एक खित्ता था। और उस खित्ते में अपना जाँस्कर भी शुमार था।

लेकिन वह चर्चा अभी नहीं।

अभी तो यात्रा-योजना में बदलाव की ख़बर देना है आपको। बताना है कि आज हम करजक नहीं जा रहे। मुझसे पूछें तो रंगा ख़ुश है। कि ख़लाई-मैक़दा की साक़ी संग इक पूरी रात गुज़ारने को मिलेगी।

कल कैसा मंज़र मिलेगा, कौन जाने! यह भी कि इधर के बाद की कोहसार तो आदमी के क़ब्ज़े में है। रब मालूम, क़ुदरत को किस तरह बरता होगा उसने? घोला होगा ज़हर कितना फ़िज़ाओं में?

वैसे योजना बदलाव की असल वजह अपर्णा है। वह यहाँ पहुँची। गोन्बोरङझन् देखा। और पसर गई एक शिला पर। बोली, "अपर्णा यहाँ से आगे नहीं जाएगी।"

"मतलब? थकान लगी है क्या? घोड़े-शोड़े का जुगाड़ करने के लिए कहूँ सोनी को?"

"उँह! अपर्णा कभी नहीं थकती," बेहद ख़ुश होने पर उसका यही लहजा होता है बतियाने का।

"तो क्या इस पहाड़ की परिक्रमा करने का विचार बन रहा?"

"गोन्बोरङझन् की परिकम्मा भलेई न की जावे, उसे तकते हुए एक रात बिताना तो बनता है।"

"सरासर बनता है जी!" कहते हुए मैं भी पसर गया, वहीं। अपर्णा के क़रीब।

दिलमुन

जुलाई 9, 2013। 13576 फ़ीट। अपराह्न तीन बजे। स्किङ् (sking) गाँव। घर कुल पैंतीस।

पिछले दिनों जिन जँस्करियों से हमारा सम्पर्क हुआ उनमें से चुमिनाको के होटल वाले एवं शिंगु-जोत के पास मिले लामाओं के बारे में तो आप जान ही चुके। लेकिन इनके अतिरिक्त और भी लोगों से भेंट हुई है हमारी। जिनके बारे में कुछ न कहना मेरी चूक रही। क्यूँ न वह चूक अब सुधार ली जावे।

याक-प्रकरण के बाद से, यानी कल सुबह आठ से अभी के बीच, जिनसे हमारा मेलजोल हुआ उनमें दो तरह के लोग शुमार हैं। करजक गाँव के रहवासी। और कारवाँ-वासी।

कारवाँ-वासी? आज के दौर में?

जी जनाब! सही सुना आपने। अब तलक नी-नी करके ऐसे बीस दल तो मिले ही होंगे हमें। बिस्तर, कनस्तर, बरतन, स्टोव व घासलेट इत्यादि से लैस बीस कारवाँ। हर कारवाँ में घोड़े—किसी में तीन, किसी में छै तो कुछ में दर्जन भर। इनसानों की बात करूँ तो वहाँ हर उमर के लोग मौजूद। पीठ पर सामान ढोते पैर-पैदल मर्द-औरत। अश्वों पर सवार बालक-बालिकाएँ। बता दूँ, वे फिरन्दरों के क़ाफ़िले नहीं थे।

'जो वे फिरन्दरों के क़ाफ़िले नहीं थे तो फिर किसके थे?'

'मुकामी लोगों के, जँस्करियों के।'

'और आज के जँस्करियों को देख तुमारे ज़ेहन में क़िस्से वाले क़ाफ़िलों का अक्स ताज़ा होता था?

'उँऽ...अँऽऽ...तक़रीबन।'

तक़रीबन यूँ कि क़ाफ़िलों के पास भेड़-बकरी-कुकुर नहीं थे। फिर दलवासियों का पहरवास भी कहानियों वाला न था। मतलब लम्बे चोग़े, चमड़े के अनगढ़ बूट, याक-खाल के टोपे, तीर ओ' तूणीर सब एकसिरे से नदारद थे। इनकी जगह दीखे पैंट-शर्ट, सलवार-क़मीज़, स्पोर्ट-शूज़, फ्लीस-केप। और हथियार तो दूर की बात, किसी घुड़सवार के हाथ में चाबुक तक बरामद नहीं हुआ। पहले के समयों

जाँस्कर—जिधर से वक़्त गुज़रता है ठुमक-ठुमक

में सामान जानवरों की खाल में बाँध ढोया जाता था। यह काम अब कपड़ों की पोटलियाँ करती दीखीं। और दीखे रिफ़ाइंड-ऑइल के ख़ाली डब्बे। टीन वाले नहीं, प्लास्टिक के। यह सब किन्तु ऊपरी बातें हैं, असल मुद्दा है माहौल का। जो था ठेठ क़बीलाई।

हाँ, क़बीलाइयों की तरह सफ़ाई के मुआमले में जँस्करियों का हाथ भी तंग दीखा। पण भई, इसका अन्देशा तो अपन को चुमिनाको में ही हो चुका। अब सफ़ाई की कमी की वजह सामने है—पानी की किल्लत और ठंडा मौसम। ऐसे में बार-बार कपड़े धोना और रोज़-दिन नहाना सम्भव कहाँ हो पाता है। हमें ही देख लें। वही कपड़े पहने हुए हैं जो दारचा से पहनकर निकले थे। और मनाली बाद, रब दी सौं, हाथ-मुँ-पुँ के सिवा किसी और अंग से पानी नहीं छुआ। यह कल ही की बात है, गोन्बोरङझन्-आँगन में बहती एक नन्ही-जलधारा को देख दिल किया कि नहा लूँ। मगर स्नान हो सका? नहीं। कि पैर डुबकोते ही शान्त जान पड़ती पनार की कलई खुल गई। ठंडे पानी ने धावा बोला किसी ख़ूख़्वार घड़ियाल की तरह। और अपने राम हाय!हाय! करते बाहर कूद गए।

'ख़ूख़्वार' से ध्यान आ रहा मिशिनरी-प्रचारित क़िस्सों में जँस्करियों को जालिम दर्शाना। जबकि सच इससे बिलकुल उलट है। जिस चीज़ ने हमें जँस्करियों का दीवाना बना दिया वह है उनकी मुलायम फ़ितरत। उनकी मिलनसारिता। कि अब तलक हमारे समीप से इतने बहुत से कारवाँ निकले मगर कोई हमसे लापरवाह नहीं गुज़रा। हर दल हमारे पास थमा। जुलै कह अभिवादन किया। कैफ़ियत ली। फिर आगे बढ़ा।

सार्थ में शामिल जँस्करी बच्चों की तो क्या कहूँ? बस समझ लीजिए जैसे महकते गुलाब। जब वे मुस्काएँ तो फ़क़त लब ही न मुस्काएँ, उनका तन-बदन ठठाकर हँसे। यही नहीं, एक नज़र में वो इतने गहरे रिश्ते पैदा कर लें कि बिछुड़ने में दिल कटे।

दलवासी महिलाओं व बुज़ुर्गों का बर्ताव भी इन बच्चों जैसा ही माना जावे। यह दीगर बात कि उनसे जुड़ने में दिक़्क़त पेश आई। कारण—भाषा की अड़चन। जँस्करी हमें नहीं आती, हिन्दी वे नहीं जानते। बता दूँ कि जँस्करी और तिब्बती इतर भाषाएँ हैं। इस करके तिब्बती जाननेवाला पासंग भी इधर मायूस ही है। वैसे, सच में तो, स्पीति-लदाख में बोली जानेवाली भाषा भोटी है।[1] तिब्बती नहीं। विदेशियों का प्रभाव किंवा तिब्बत के प्रति गुरुभाव, कारण कुछ भी हो, लदाखी मनक अपनी बोली को तिब्बती बताने लगा है। चुनाँचे कट रहा है रफ़्ता-रफ़्ता अपनी मादरे-ज़ुबाँ से। बहरहाल, बावजूद भाषा की अड़चनों के बुज़ुर्गों और जनानियों से गुफ़्तगू हुई। और ख़ूब हुई। हर बार किसी नवयुवा-जँस्करी के ज़रिये। कि टूटी-फूटी हिन्दी-अंग्रेजी जाननेवाले वो ही हैं जाँस्कर में।

ओत्तेरे की! क़ाफ़िलों में उलझ मैं जाँस्कर-लोक के दो महत्त्वपूर्ण रहवासियों की बात कहना तो भूले जा रहा। वे हैं यहाँ के कुकुर और पंछी। कुकुरों से हमारा पाला करजक गाँव में पड़ा।[2] वे जोड़े में थे। देखने में उत्तराखंड के गड़रियों संग रहनेवाले श्वानों जैसे। काले। झबरीले। लड़ाके। ठिंगने। आगन्तुक का हौस पस्त करनेवाले। उनने हमें देखा और खड़े हो गए। हमने उन्हें देखा और ठिठक गए। उनने ज़मीन पर पंजे रगड़े। हमने हाथ की काठी को मज़बूती से पकड़ा। कि जो उनने उतापा किया तो देंगे दो मिला के। लेकिन वे भूँके न गुर्राये। न दुम हिलाई। ना हमें सूँघने का प्रयास किया। बस देखते रहे हमें अपने समीप से निकलते हुए। श्वानों में ऐसी सन्ताई? यह तो जाँस्कर ही में सम्भव है!

अब इधर के पंछियों का हाल भी सुन लें।

पाखी तो अपन को कई मिले। सबों का हाल तो क्या ही कहूँ, बस उन दो के बारे में कहता हूँ जिनकी सूरत आँखों में वैसे ही बसी है जैसे बसे मीरा के नयनों में श्याम। इनमें पहला है—लामा-चिपा। सोनी इसे लामा-चिड़िया बुलाता है।[3] जो दीखती भी लामाओं जैसी ही है। बर्ताव भी उसका लामाओं सरीखा ही। उन-ही की तरह ऊँचाई पर बैठती है। वहीं से बोलती है। और लामाओं की तरह मीठा बोलती है। और उनकी ही तरह आपको पथभ्रष्ट नहीं होने देती। मतलब यह कि चलाई के बखत वह आपके आगे-आगे उड़ेगी। ऊँचे टीलों, डूँगर के माथों पर से गुहार, राह दिखावेगी। अब देखिए न, याक-प्रकरण स्थली से एक लामा-चिड़िया हमारे संग है। वही हमें पहुँचा गई है स्किङ् गाँव तलक।

स्किङ् गाँव, जहाँ बैठ मैं देख रहा हूँ क़ाबिले-ज़िक्र दूसरे पाखी को। यह चिड़ा गौरैया से तनिक बड़ा है। चितकबरा है। किन्तु गौरैया नहीं। जो भी हो, वह

है बड़े मज़े का। बन्दा बड़ी देर से एक चिरैया के पीछे फुदक रहा था। आसमाँ की ओर चोंच उठा ठुमक रहा था। जुफ्ती की ग़रज़ से उसे रिझाने की चेष्टा कर रहा था।[4] आख़िरकार चिरैया सेट हो गई। चिड़े को दस मिनट की मेहनत के बदले मिला—चार पल का समागम। इतने में ही चिड़ा तृप्त हुआ। अब वह लहालोट है। उत्सवलीन है। विगत कई मिनटों से डैने पसार, दुम मटका नाच रहा है। उसका विजय नृत्य देख चिरैया लजा रही है। सर नवा पानी पी रही है सामने की देवधारा से। अब चिड़ा भी उसके समीप पहुँच चुका। दोनों एक संग पानी के डबरे में उतर गए हैं। नहा रहे हैं...प्रेमकेलि पश्चात् सह-नहान...हाय कि हाय! हाय!! यह सुख कितने मनकों को मयस्सर है? पंछी-युगल से मुझे सात्त्विक-ईर्ष्या हो रही!

इलहाम हुआ कि 'आनन्द' ही इस घाटी का स्थायी भाव है। ऐसी घाटी के बाशिन्दे मूरक्राफ्ट, कनिंघम, फ्रेन्की जैसे स्वनामधन्य लोगों को क्यूँकर असभ्य, मलिन, ख़ूख़्वार और दुश्चरित्र लगे? जबकि इनके मुक़ाबिल ख़ुद को रख देखने की मैं सोच भी नहीं सकता। कि अपने पे एहसास-ए-कमतरी तारी होने का डबका है।

कोई कह सकता है कि मेरे अनुभव तो आज के जाँस्कर के अनुभव ठहरे। इनसे उस काल का अनुभूत ग़लत सिद्ध नहीं होता। आगे जोड़ सकता है—'तुम्हारा हेरोडोटस भी तो 'सुवरण-खुदैया चिउँटों' के देश के बाशिन्दे को ख़ूख़्वार ही बोल गया। ग़र जाँस्कर ही उन चिउँटों का देस है तब तो सन्देह नहीं कि हेरोडोटस काल में वह असभ्यों की बस्ती ही रही होगी।'

जो ऐसा कहा गया तो मैं चुप थोड़े ही रहूँगा। अगले से पूछूँगा असभ्य होने की पहचान और परिभाषा। नी मतलब कि कोई आगे बढ़कर अपने असभ्य होने की मुनादी तो नहीं करता। उसे यह तमगा प्राप्त होता किसी दूसरे से। यानी किसी अन्य समाज, देश अथवा प्रभावशाली आदमी से। जो ये लोग किसी खान-पान-पहरवास-धर्म-रंग-वर्ण किंवा विश्वास-विशेष को सभ्यता का द्योतक घोषित कर दें तो इतर व्यवहारों को असभ्यों की पहचान बनते देर नहीं लगती। अतः यहाँ सवाल जँस्करियों के असभ्य होने न होने का नहीं। सवाल यह है कि उन्हें ऐसा क्यों कहा हेरोडोटस ने।

यह सवाल सुलझाने हेतु याद की जावे 'मार्तु की शादी' वाली सुमेरियन गल्प। जहाँ मार्तु—जो हर माप से नगरवासियों से ख़ूबतर था—का किरदार ख़राब किया जाता है राजपरिवार द्वारा। सबब यह कि अवाम मार्तु, जो एक फिरन्दर जाति का भी नाम था, विरोधी हो जावे। उनसे लड़े। और राजपरिवार फिरन्दरों से उनके जानवर, उनका धन—ताँबा, सोना और लाजवर्द—छीन ले।[5]

प्रसंगवश मुझे एक बात और जोड़ने दें। वह यह कि उपर्युक्त कहानी के प्राच्य-फिरन्दर तथा सुमेरियन-नागरिकों के सिन्धु घाटी से, जाँस्कर से, प्रगाढ़ सम्बन्ध रहे। जँस्करियों को लाँछित किये जाने का कारण ठीक से बूझने वास्ते हमें इन सम्बन्धों

को संज्ञान में लेना होगा। और इसके लिए सुननी होगी उस देश की कहानी जो सुमेरियन-लोकगीतों में बसता है। वह देश है—दिलमुन।

दिलमुन। इसे सुमेरियनों ने स्वर्ग-देस कहा। ऐसा देश जो रोग, जरावस्था और मृत्यु-भय से मुक्त है। देश जहाँ के निवासी हत्याएँ नहीं करते। जीव हत्या भी नहीं। देश जो सर्व-वैभव युक्त है। देश जो सुमेर की पूर्व-दिशा में होकर उतु—सुमेरियन सूर्यदेवता—के अधीन है। वहीं से सूरज उगता है। देश जहाँ उतु के हस्तक्षेप से ही जल आया, हरियाली आई। लज़ीज़ फलों के दरख़्त पनपे।

क्या उस दिलमुन को आज के नक़्शे पर तलाशा जा सकता है?

जी! क्यों नहीं! इसके लिए सबसे पहले तो सुमेरियनों के जाने भूगोल को देखा जावे। तथा समझा जावे उनकी ऐषणाओं को। भूगोल की बात करें तो सुमेरवासी चीन, उत्तरी एशिया तथा यूरोपियन देशों से सर्वथा अनभिज्ञ थे। उनके लिए सुमेर-राज्य पृथ्वी का दक्षिणी छोर था और सिन्धु घाटी पूर्वी। और ऐषणाओं को देखें तो वह थी बेशक़ीमती वस्तुओं का अधिकाधिक संचयन। बेशक़ीमती वस्तुएँ अर्थात् सोना, चाँदी, ताँबा, और लाजवर्त। इन वस्तुओं से 'असमान तक' भरे जहाज़ों का मेलुहा से सुमेर पहुँचने का ज़िक्र सुमेरियन कवित्त में बहुतायत से है। इन्हीं कविताओं में दर्ज है वैभव-सम्पन्न दिलमुन का मेलुहा के अंतर्गत होना।

अब मेलुहा तो सिन्धु घाटी का ही दूसरा नाम ठहरा।[6] यानी दिलमुन भी इसी घाटी में कहीं होगा। पर कहाँ? ज़ाहिर है वहाँ जहाँ सोना और लाजवर्त प्रचुरता से उपलब्ध हों। वहाँ जहाँ सिन्धु नदी बहती हो। और उस जगह पर जो सुमेर (आधुनिक इराक़) के पूरब में हो। इस तरह से देखें तो दिलमुन अफ़गानिस्तान (बैक्ट्रिया/Pactyice) की पूर्वी सीमा और कश्मीर (Caspatyrus) के बीच पसरी भूमि हुई। मालूम हो कि हेरोडोटस के सुवरण खुदैया-चिउँटों के देश की हदें भी हूबहू यही हैं। और इन हदों में ही अपना जाँस्कर रहता है।

ओ तेरे की! यहाँ पीछे छूटे सवाल ने हमें फिर पकड़ लिया। वह यह कि ई.पू. तीन हज़ार में जो भूमि स्वर्ग बुलाई गई वह हेरोडोटस काल में असभ्यों का देश कैसे हो गई?

मेरा कयास है कि जिस स्वर्ण-रत्न सम्पन्न जगह को नागरिक-सुमेरियनों ने 'दिलमुन' नाम के पीछे छुपा रखा था, कालान्तर से वहाँ फिरन्दर-चरवाहे आ बसे। वो चरवाहे जिनको आगे हां से जंगली और लड़ाका होने का 'ख़िताब' हासिल था। कालक्षेप से यह ख़िताब सभी जँस्करियों पर लागू हो गया।

कहा जा सकता है कि हज़ारों बरस पहले यहाँ कौन आया-गया, यह किसने देखा। कहानी-क़िस्सों पर टिके बयानात तो चुटकी बजाते तर्क़ हो जाते हैं। कोई और प्रमाण हो तो कहो।

सौभाग्य से भूतकाल का एक वर्तमान भी होता है। और उस 'वर्तमान' को

लत है काल-चीवर फाड़ अद्यकाल में झाँकने की। ढूँढ़ने पर विगतकालों के ऐसे अनेक नमूने जुटाए जा सकते हैं, जिनके सरोकार प्राच्य-फिरन्दरों की आवाजाही से हैं। मध्य एशिया तथा उससे सटे प्रदेश—जिनमें सुमेर को भी शुमार जानें—से निकल जाँस्कर (तथा लदाख) में आने और यहीं बस जाने से हैं।[7] उनमें से एक के संग तो अपन आखी रात गुज़ार आए हैं तथा दूसरे को उलाँघ अपन जाँस्कर में प्रविष्ट हुए थे। मेरा इशारा गोन्बोरङ्झन् ओ' शिंगु-जोत सम्त है।

गोन्बोरङ्झन्। दुहराने की दरकार नहीं कि जाँस्कर बौद्ध देस है। वह भी ठेठ सम्राट अशोक और कनिष्क के समयों से। फिर यहाँ गोन्बोरङ्झन् को देवता की मान्यता कैसे मिली? यह प्रश्न इसलिए उठा कि खाँटी बौद्ध धर्म में पहाड़ पूजन की कोई जगह नहीं। यह तो सुमेर के मार्तु आदि फिरन्दरों के यहाँ की परिपाटी ठहरी।

बहरहाल, फिरन्दरों की आमद के पूर्व जाँस्कर मानव-रहित देश था, ऐसा भी नहीं। आदमी की उपस्थिति तो इधर पुरा-पाषाण युग से ही है। जो जाँस्कर तथा डोमखर (आर्यन-वैली का एक टोला) में पाए गए शैलचित्रों से प्रमाणित है। घुमन्तुओं की अपेक्षाकृत नई व पाषाणयुगीन आदिम परम्पराओं के घालमेल से यहाँ एक नये धर्म का उदय हुआ—बॉन।[8] समयान्तर से बॉन धर्मावलम्बियों ने बौद्धधर्म अंगीकार तो किया परन्तु जूनी रवायतें न छोड़ीं। पहाड़-पूजन उन अनेकों रवायतों में से एक है।

अब गवाही ली जावे शिंगु-जोत की। इस नाम को आजकल काठ ढोने से जोड़ा जा रहा, जैसा कि अपन रेरिक वाले तेनझिंग से सुन चुके। परन्तु यह आज का सत्य है। जूने मानचित्रों को देखें तो इस जोत का नाम वहाँ शिङकु-दर्रा नज़र आता है। यह 'शिङकु' 'शिङ्कुन' का हमनवा जान पड़ता है। तिब्बती शिङ्कुन के मानी हैं—हींग। यह नाम तभी सम्भव है जब अफ़गान से आनेवाली हींग यह दर्रा पार कर मैदानों तक पुगती हो। इस तरह तो अपना शिंगु-ला मसाला मार्ग का हिस्सा हुआ और पठानों के जाँस्कर में आमद की जामिन भी।

नहीं...भई...नहीं...अब बस भी करो...तुमने तो सुबूत के नाम पर फिर से कयासों की पोटली पकड़ा दी। इनसे कुछ सम्भावना तो बनती है, मगर सिद्ध कुछ नहीं होता। कोई चश्मदीद हो तुमारे कने तो बात बने। है क्या कोई ऐसा तेरे पास?

है न, है क्यों नहीं। आपको क़िस्सों पर भरोसा नहीं तो गुणसूत्रों की सुन लें। कि इनसे मजबूत गवाह तो आज के दौर में कोई नहीं। दोस्तो, जाँस्कर को जीवित जीवाश्म भी कहते हैं शोधकर्ता। इसलिए कि वह पृथ्वी के उन चुनिन्दा इलाक़ों से एक में है जहाँ आज भी पुरामानव के वंशज रह रहे। गुणसूत्रों की मानें तो इधर की कुछ-एक मानव जातियाँ, जैसे कि गुज्जर, तो अब तक उन्हीं इलाक़ों पर क़ाबिज़ हैं जहाँ उनके पुरखे अब से पचास सहस्त्र वर्ष पूर्व रहते थे।

अगर लदाखियों की बात करें तो वैज्ञानिक उनके गुणसूत्र को समावेशी बता रहे। कह रहे उन्हें तमाम दुनिया से दीगर ओ' लासानी। लासानी इस अर्थ में कि ये

गुणसूत्र पश्चिम से पूर्व की ओर बहे। यानी वे नियर ईस्ट, सेंट्रल तथा वेस्ट एशिया से निकल लदाख तरफ़ आए।[9] इस अवसर पर बता दूँ कि लदाखी और मैदानी भारतीयों के पैतृक क्रोमोसोम (Y-chromosome) एक से नहीं। नाप-तौल करने पर शोधकर्ताओं ने पाया कि लदाखी डी.एन.ए. में सर्वाधिक मध्य एशिया का अवदान है—यानी बत्तीस प्रतिशत। इसके बाद है पश्चिमी (22 प्रतिशत) तथा पूर्वी (19 प्रतिशत) एशिया का अवदान।

अच्छा...बस करो अब...सफ़रगोई में ये अकादमिक बातें...उफ़!...

ओह! ऐसा है तो लीजिए जनाब डाल लिया ताला मुँह पर...अब मैं चुप रहूँगा...नहीं कहूँगा कि पूर्वकाल में जिन बीहड़वासियों को असभ्य-जंगली कहा गया, उन-ही को अब पिछड़ा-अविकसित कहा जा रहा। नहीं कहूँगा कि लोगों को अपनी ही निगाह में नीचा दीखा, उनकी प्राकृतिक-सम्पदा हरण का दस्तूर मार्तु-विवाह प्रकरण के सहस्रों बरस बाद आज भी जस-का-तस है। यह कहना तो पाप ठहरा कि पूर्वकाल में जो राजशाही ने किया वही काम आज लोकशाही व तनखैया वैज्ञानिक एकजुट होकर रहे। और मेरी ज़ुबान गुद्दी से खींच लें जो मैं कह बैठूँ कि आज की लोकशाही भड़ुवागिरी कर रही। बिठला दिया है उसने गाया को चकलाघर में। जहाँ जाँस्कर-भुंइ, जिसकी नथ भी नहीं उतरी, की नीलामी होनेवाली है। भरपूर दलाली कमानेवाली है लोकशाही उसे व्यापारियों के हवाले कर।

होना है सो हुआ करे, आप-हम तो शहराती हैं। घूमने आए हैं। पराये चूल्हे में अपने हाड़के क्यों झोंकें। लिहाज़ा अपन रहेंगे चुप। इन अड़बंगी बातों को छोड़ निकलेंगे आगे। ढुकेंगे जाँस्कर में गहरे। ढूँढ़ करेंगे सुवरण-खुदैया चिउँटों की। पूछेंगे हर मिलनेवाले से।

तरस कीड़ी दरस की

'क्या आपने सोना खोदनेवाले चींटों के बारे में सुना है?'

यह सवाल पूछा गया हर मिलनेवाले से। और हर कहीं सुनने को मिला एक हर्फ़ी जवाब—'नहीं'। यूँ बात बनती न दीखी तो दूसरी तरह से पुछाई की गई—'क्या जाँस्कर की ज़मीन में सोना है?' या 'क्या यहाँ नद्दी में सोना बहता है?' नतीजा—वही का वही। कुछ ने हँसकर ढीली कर दी। कुछ बोले—'ऐसा भी कहीं होता है भला?'

अब हुआ यह कि आदमी का चित्त हो गया दो फाड़। डिगने लगा भरोसा उसका महाभारत, हेरोडोटस और मामा मिशेल के कहे से। सोचा कि महाभारत में पुरा-समाज की झलक भलेई हो किन्तु वह कोई इतिहास-ग्रन्थ तो है नहीं। फिर अपने हेरोडोटस भिया की स्थिति भी तो डाँवाँडोल ही ठहरी। सिसुरो (Cicero) ने उसे 'फ़ादर ऑफ़ हिस्ट्री' कहा, तो प्लूटार्क भिया को 'फ़ादर ऑफ़ लाइज़' बुला गया।

इधर अपने मामा पर भी तो ग़लतबयानी का इल्ज़ाम है। कश्मीर-पर्यटन विभाग के मो. अशरफ का आरोप है कि मिशेल ने करगिल के समीप की आर्यन-घाटी में घुसे बिना ही वहाँ छह मास गुज़ारने का दावा किया और एक पूरा यात्रा-वृत्तान्त ही लिख मारा। इस किताब का मसौदा, दरअसल, उसने करगिल डाक बँगले में बैठ उपर्युक्त घाटी के कुछ बाशिन्दों से बात कर जुटाया। मो. अशरफ ने झूठ का पर्दाफ़ाश करते हुए लेख लिखे। नतीजन मिशेल के भारत में घुसने पर भी प्रतिबन्ध लगा।

फिर क्या करूँ? पिपीलिका—स्वर्ण और सोना—खोदू चिउँटे को निरी कल्पना जान भूल जाऊँ? झटपट यात्रा पूरी करूँ। पहुँचूँ घर और लेटूँ आराम से?

शंकित मन ने बुरी तरह उलझा दिया। आदमी एक शिला पर बैठ विचार रहा पूर्व पठित। ज्ञात इतिहास के यहाँ इस भूमि के स्वर्ण-बहुल होने के साक्ष्य एक-एक कर सामने आ रहे उसके—

— ई.पू. 522-486 के पर्शियन शासक दारा-प्रथम (Darius-1) द्वारा सिन्धु नदी व कश्मीर के बीच के अपने क्षत्रप (strape) से प्रतिवर्ष तीन सौ साठ टेलेन्ट सोना बतौर मालगुज़ारी पाना।[1]

करजक गाँव की एक महिला

— ई.पू. 325-26 में सिकन्दर के साथी नियार्खस का यह बयान कि उसने सोना खोदनेवाली चींटों की 'खाल' देखी है। और चन्द्रगुप्त मौर्य के यहाँ ग्रीक राज्य के राजदूत मेगस्थनीज द्वारा हिमालय में इन चींटों की उपस्थिति की पुष्टि करते हुए उनका नाता दार्दी लोगों से बताना। दार्द (Dard) या दार्दिक जो करगिल समीप के बटालिक हाते में आज भी मौजूद हैं।

— ईसा बाद सोलहवीं सदी में एक लदाखी राजा संग्गेनङ्ग्याल (Seng ge rnam rgyal) का दूसरे राजा (sTag tshang ras chen) को बतौर तोहफ़ा पौने तीन किलो सोना देना। कि इतनी बड़ी मात्रा में कोई वस्तु तब-ही माँगी/दी जा सकती है जब वह सहज उपलब्ध हो।

— सोलहवीं सदी के ही जलालुद्दीन अकबर की आइन-ए-अकबरी के अनुसार इधर के लोग रोमदार जानवरों की खाल पहले नदी में डुबकोते। फिर उसे धूप में सुखाते। इस तरह सुखाई खाल को झाड़ उससे चिपका स्वर्ण-चूर्ण एकत्र करते।[2]

— कनिंघम (1854) और फ्रेन्की (1907) द्वारा लदाख क्षेत्र की सिन्धु नदी के किनारों पर सोना खोदाई के निशानात नोंद किया जाना।

परन्तु इन साक्ष्यों से तो बात और उलझ गई। कि इनके चलते कई अनु-प्रश्न पैदा हो गए। जैसे लगभग अढ़ाई हज़ार बरस के अटूट सिलसिले के बाद भी आज, 2013 में, सोने को लेकर जाँस्कर चुप क्यों है? और यह भी कि सोने जैसी क़ीमती

वस्तु किसी समाज की चेतना से किस तरह गुम हो सकती है?

मगर...एक...मिनट...

मैं मामा मिशेल पेस्सेल को कैसे भूल गया? जाँस्कर के सुवरण-खुदैया चींटों का देश होने की पुरजोर सिफ़ारिश तो मामा ने ही की। जाँस्कर नदी की रेत से, साल 1977-78 में, उसने स्वयं सोना भी एकत्र किया।

मतलब यही कि जो मामा ने गप न हाँकी हो तो, जाँस्कर-भुँइ में सोना होना चाहिए। और होना चाहिए इसकी कहानी किसी न किसी के पास़। हासिल यह कि एक अजीब सी कैफ़ियत तारी हो गई मेरे पे। न अपना ध्यान, न अपर्णा का। जिधर देखता उधर सोना दीखता। बेख़ुदी के आलम में मुब्तिला मैं आगे बढ़ रहा था कि कुछ ऐसा घटा जिसने...ख़ैर छोड़िए इस ऐसे-कैसे को, और सीधे-सीधे सुन लीजिए वह जो गुज़रा।

वाक़िया आज सुब्बो का है। ख़ग्र्यक-पिया के हाते में रात व्यतीत कर हम-दोई बढ़ रहे थे करजक की ओर। एक-डेढ़ घंटा चलने के बाद नमूदार हुआ अनगढ़ पत्थरों से बना एक औघड़ परकोटा—ऊपर पहाड़ से नीचे तलक खींची करजक गाँव की हद्द। परकोटे से तनिक हटकर बह रही थी नदी, ख़ग्र्यग-चु। परकोटे के भीतर नदी से बिछली धाराएँ थीं, पहाड़ से उतरे परनाले थे। और थे खेत।

जिन खेतों में बुआई बची थी उन्हें तैयार किया जा रहा था। बुहारा जा रहा था खर-पतवार की बुहारी से। जिनमें बीज पड़ चुके थे वे खेत हरे थे। किन्हीं खेतों में निदाई भी चल रही थी। बैठकर नहीं वरन् खड़े-खड़े। इस हेतु लकड़ी की एक जुगत प्रयुक्त थी। जिसे तैयार किया गया था डंडे (जो बाँस का नहीं था) के छोर पर काठ का एक पंजा बाँध। और कहीं काष्ठ-निर्मित ऐसे ही एक जुगान से जलधाराओं को खेत भीतर मोड़ा जा रहा था। भचड़-भचड़ करके नहीं। शान्ति से। हौले से। मानो किसान को डबका हो कठोर-जुगान से पनार के चोटिल होने का।

वाक़िया ऐसी ही एक पनार से जुड़ा है। उस पनार को छोटे-मोटे पत्थरों से निर्मित एक परनाली से गुज़ारा गया था। परनाली की मुँडेर व तली पर बिछाया गया था एक टाट। कुछ इस तरह कि नाली के खरड़ में बदल जाने का भास होता। जलधारा जिधर से खरड़ में ढुक रही वहाँ तैनात थीं दो जनानियाँ। जुटी थीं कुछ धोने-रगड़ने में। तीसरा मनक, एक अधेढ़, पानी में हाथ बुड़ाए बैठा था खरड़ के दूसरे छोर पर। सामने से बह आई जल को टटोल रहा था। कुछ बटोर रहा था।

मैं चौंका कि यह क्या माजरा है? पनार में सोना तलाशा जा रहा है क्या वहाँ? लपका खरड़ तरफ़।

"जुलै!," परनाले में इकट्ठा बालू को देख मैंने आगे जोड़ा, "रेत में क्या ढूँढ़ रहे?"

"पाणी में साप करता है...," अधेड़ ने जवाब दिया।

“वही तो पूछ रहा, रेत को क्यों साफ़ करना।”

तभी अपर्णा मुझे कोहनी मारते हुए फुसफुसाई, “मति मारी गई है क्या तुमारी, तुमको जौ और रेत में फ़र्क़ नहीं दीख रहा।”

अयँ...जौ...धत्...तो यहाँ सोना ढुँढ़ाई नहीं, जौ धुलाई चल रही...मगर जौ को यूँ खँगालने, रगड़ने की दरकार क्या?

मैं उनके क़रीब जा बैठा। परनाले के बग़ल में धरे ‘रेत-ढूहों’ को ग़ौर से देखा। थोड़ी सी ‘रेत’ उठाई। हथेली पर धर परखा। सावन के अन्धे को हथेली के माल में दीखे कुछ चमकीले कण।

“तो क्या यहाँ रेत में सोना नहीं तलाशा जा रहा?,” हथेली बूढ़े के आगे करते हुए मैंने कहा।

“सोणा...रेत में...हँ...हँ...हँ।”

“इसमें हँसने की बात क्या? हमने तो पढ़ा-सुना है इधर की नदियों में सोना होना...”

“हँ...हँ...हँ...,” वह फिर हँसा। इस बार ज़ोर से।

“ख़ैर रहने दें...यह बताएँ इधर कोई जानवर है जो बिल में रहता है...ज़मीन खोद रेत बाहर फेंकता है...”

“शेया...”

“ज़रा फिर से बोलें...”

“ख़ैया...”

इधर लोगों के उच्चारण पकड़ने में मुश्किल होती है। हर शब्द एक साथ बहुत सी ध्वनियों में प्रकट होता जान पड़ता है। बहरहाल, अधेड़ मनक के कहे से किसी जमीन-खोदू जँस्करी जीव की इत्तिला तो मिली। पर वह है क्या बला? उसे किस विध पहचानें? फिर रेरिकवाले तेनझिन ने भी पिट्...पिट् बोलनेवाले किसी प्राणी का ज़िक्र किया था। उसका फ़िया और इसका ख़ैया क्या एक ही है?

इन जिज्ञासाओं के संग हम-दोई बैठे हैं स्किङ् गाँव में। गाँव जहाँ बैठ आपको हाल कहा था स्नान करते पाखी-जोड़े का। वैसे यहाँ एक जोड़ा और भी है—एक घर और एक टपरी का जोड़ा। जबसे यहाँ क़दम पड़े नज़र बार-बार उन पर जा रही।

घर—एक कमरे वाला घर है। जिस पर लगी पाटी पर लिखा है—Himalayan Health Center। मगर उसकी खिड़की से मुसलसल झाँक रहीं ‘किंगफिशर’ की बोतलें। और टपरी—टीन की टपरी है। ‘स्वास्थ्य-केन्द्र’ से सटी है। उसपे झूल रही ‘होटल’ की पाटी।

इन दोनों पर ही तब से मगर ताले पड़े हैं। हमें टुँगा रहे हैं। न...न आप कोई ग़लत मतलब मत निकालें...यह टूँग बीयर की नहीं, चाय की है। ललक है कि ताले खुलें, कोई लोकल आदमी आवे और तुष्ट हो चाय पिपासा। शान्त हों जिज्ञासाएँ।

जर्मन-लोगों का बनाया तथा लोबसेङ को किराये पर दिया गया तथाकथित दवाख़ाना

तक़रीबन दो घंटे के इन्तज़ार बाद अब, सायं पाँच बजे, मन की मुराद पूरी हुई। ताले खोले गए पचीस-तीस बरस के, मंगोलियन नाक-नक़्श वाले एक युवक द्वारा। हो सकता है उसकी वय: मेरी कूती से दो-पाँच बरस कम हो। कि तेज़ सूरज और तीक्ष्ण-शीत के असर से इधर के लोगों का रंग-रूप छोटी उमर में ही ढल जाता है। त्वचा उनकी हो जाती है रूख़ी, सिलवटों भरी। गो इसीलिए यूरोपियन घुमक्कड़ इन्हें, ख़ासकर यहाँ की औरतों को, लावण्यहीन बुला गए हैं। परन्तु चमड़ी देख आदमी की दमड़ी-दमड़ी करने की रवायत मुझे नहीं सुहाती। कि बारदाना देख उसके भीतर के सामान की ख़बर कब मिलती है? अकसर चीकटे बोरे के भीतर से उम्दा गुड़ बरामद होता है। और यह बात जँस्करियों पर सरासर सही उतरती है।

जैसे मंगोलियन तर्ज़ (जाँस्कर के सभी लोग मॉन होकर इसी तर्ज़ के होते हैं) के इस जँस्करी युवक—लोबसेङ् (Lobsang)—को ही लें।[3] जो ग्रेजुएट होकर यहीं की एक शाला में शिक्षक है। और होटल जिसका पार्ट-टाइम धन्धा है। छंग के सुरूर में डूबा लोबसेङ् पहली नज़र में सुमड़ा व दब्बू जान पड़ता है। पर जब बोलता है तो मानो शहद टपकता है उसकी ज़ुबाँ से। कोई चाहे जैसा सवाल करे, वह व्यग्र नहीं होता। देता रहता है उत्तर, शान्ति से। इतने अद्दर से कि लगे जैसे मीलों दूर बैठा कोई बोलता हो। मीलों की यह दूरी—रूह की गहराई—उसकी अधखुली आँखों और मुरझाई त्वचा से नहीं आँकी जा सकती।

ख़ैर, जो हो, बातों का सिलसिला शुरू करने के लिए कुछ तो बहाना चाहिए था। चुनाँचे तसु भर भूख न होते हुए भी उससे 'मेगी' बनाने की गुज़ारिश की। मेगी खाई। फिर शुरू हुए चाय के दौर। और चल पड़ा गुफ़्तगू का सिलसिला। यूँ कि बातें तो बहुतेरी हुईं, मगर फ़िलहाल अपने को सीमित रखूँगा बस उन तक जिनका वास्ता सोने और चींटों से है। टूटी हिन्दी में दिये जवाब तरतीबवार पेश हैं। सुनिए।

"लोबसेङ् भाई जाँस्कर में सोना मिलने के बारे में बहुत सुना है, और सोना खोदनेवाले किसी जीव की बात भी यहाँ से जोड़कर कही जाती है, इस बाबत कुछ कहें।"

"देखिए सोना मिलता था कि नहीं, कौन जाने, किन्तु इधर कोई चमकीली धातु तो ज़रूर मिलती होगी। वगरना इसे झाङ्ग्स्कर क्यूँकर बुलाया जाता था? अब 'झाँङ्' का मतलब होता है ताँबा। इस तरह झाङ्ग्स्कर (Zangs-dkar) के मानी हुए सफ़ेद ताँबा। वैसे इसके नाम के साथ जो 'कर' है वह दरअसल 'खर' (mkhar=गढ़) है। इस तरह इस घाटी का नाम होगा—झाङ्ग्स्खर, मतलब ताँबे का गढ़।"

"लोबसेङ् भाई, मैंने कहीं पढ़ा है, शायद फ्रेन्की के यहाँ, कि लदाखी सोना हल्के पीले रंग का होता था, इतना हल्का कि लोग उसे सोना कहने से हिचकते। बहुत सम्भव है मरियल रंग के जँस्करी सोने को ही 'सफ़ेद ताँबा' कहा गया हो, आपका क्या कहना पड़ता है?"

"अब यह तो मुझे मालूम नहीं..."

"और सोना खोदनेवाला जीव...उसके बारे में कोई बात या कहानी...जो अपने बड़े-बूढ़ों से सुनी हों।"

"ऐसा कुछ सुनने में तो नहीं आया..."

लोबसेङ् के यहाँ बात आगे तो बढ़ी, किन्तु मेरी कुरेद कम नहीं हुई। कनक प्रेमी वह जीव किधर छुपा है? किधर गुम हैं नदी से सोना शोधनेवाले? क्या रीते हाथ ही लौटना होगा मुझे जाँस्कर से? उधर सूरज डूब रहा, इधर मिरा दिल। कान सनसना रहे। अन्तस में झंझा है। सोच के बगूले उड़ रहे मन:आकाश में।

सोच रहा हूँ हेरोडोटस-गल्प। ध्यान आता है सोना समेटनेवालों का कहीं दूर से आना। वह भी ऊँटनी पर सवार हो। ऊँटनी? क्या इस भूमि पर ऊँट की सवारी मुमकिन है? कभी रही होगी? शायद कि नहीं। अधिक समय नहीं हुआ जब जँस्करियों का आवागमन और लादना-ढोना जँस्करी-गदहे (जो कुकुर से भी ठिंगने होते हैं) और ज़ोमू पर ही निर्भर था। और अश्व? वह तो यहाँ बहुत पीछे आया, पदम व करगिल के बीच आवाजाही सुगम होने के बाद। शायद दो-अढ़ाई सौ बरस पूर्व।

फिर सोच मेगस्थनीज और कनिंघम की ओर घूमती है। कौन थे उनके सोना समेटनेवाले लोग? दार्द...हाँ दार्द...ईरान से इधर आनेवाले फिरन्दर। किन्तु जाँस्कर ठहरा यूरेसियन-स्टेपी के चरवाहों का ठिकाना। मॉन लोगों की बस्ती। दार्दिक यहाँ न आज हैं, न कभी रहे। वे तो द्रास में हैं। बटालिक पार की सिन्धु घाटी के उस हिस्से में जिसे इन दिनों 'आर्यन वैली' बुलाया जा रहा। 'आर्यन वैली' के लोगों का सिकन्दर की सेना से छिटके सिपाही होना सुना है। उनकी रगों में निखालिस आर्य ख़ून बहना भी सुना है। बटालिक के दार्दिक बौद्ध हैं तो द्रास वाले मुसलमान। क्या द्रास वाले ही सोना-खोदू वो मुसलमान हैं जिनकी बात कनिंघम कर गया? शायद कि इन दोनों जगहों पर ही कहीं सुवरण-खुदैया प्राणी के पगलिये मँडे मिलें?

यानी अभीष्ट गल्प हेतु हमें 'आर्यन वैली' में जाना चाहिए। जाना ही चाहिए। वरन् जाना होगा ही। गो कि करगिल के पास ही तो है वह आर्यन घाटी। द्रास भी तो नज़दीक ही है। किन्तु इस यात्रा में क्या उधर जाना सम्भव हो सकेगा?

सोनी से पूछता हूँ।

वह नकारता है। कहता है द्रास के लोग तो खूँख़्वार हैं। और आर्यन-वैली जाना भी आसान नहीं। कि वह देश की सीमा से सटी घाटी है। उसमें प्रवेश हेतु विशेष अनुमति लेनी पड़ती है। फिर वहाँ के गाँवों में जाना भी निषिद्ध है। अब सोनी के बखाने में तथ्य कितना है, कितना मनगढ़न्त—किसे ख़बर!

जो हो, अन्तिम निर्णय अपन नहीं कर सकते। समय करेगा। करगिल का सरकारी महकमा करेगा। और करगिल...वह तो अभी दूर है। जब उधर पहुँचेंगे तब सोचेंगे आगे की। फ़िलहाल तो जाँस्कर-बगार है हाथ में। उस-ही को ठीक से बरता जावे। डूबा जावे उसी में—आकंठ!

सोच-बगूले धीरे-धीरे दूर जा रहे। निशा शनैः-शनैः पास आ रही।

घाटी आगे ही शान्त थी। अब और भी शान्त हो गई है। पवन की सरसर बन्द है। लामा पाखी नहीं बोल रहा बड़ी देर से। ध्वनि के नाम पर यहाँ कुछ है तो सिर्फ़ अपर्णा की महीन खुर्र...खुर्र। और है देवधारा की मधुर कल-कल। ठंड बढ़ गई है। बोतल में भरा पानी ठर रहा। पलकें रफ़्ता-रफ़्ता वज़नी हो रहीं।

स्वप्न-देस में पहुँच गया हूँ...चमकीला देश है...घाटियाँ ही घाटियाँ हैं...घाटियों में हलचल है...घुड़सवार हैं...चमड़े की बोरियाँ तोके भाग रहे...बोरियों से सोना बिखर रहा...घोड़ों की कूबड़ निकल आई है...उनकी ग्रीवा लम्बी होती जा रही...वे ऊँट में बदल रहे हैं...पंखधारी जीव ज़ुबान लपलपाते उनका पीछा कर रहे...मैं उनके पीछे दौड़ रहा हूँ...रुको! रुको तो सई!...मुझे तुनारी कहानी जानना है...चित्र लेना है तुमारे...

जैसे पानी में पानी

ईऽऽऊईईऽऽऊ...ईउऽऽईईऽऽऊऽऽ...

कोई गुहार रहा। चाशनी चढ़ा यह स्वर पहचाना है। लामा-पाखी का है। हेला पाड़ रहा है मुझे। स्लीपिंग बैग छोड़ने का लेकिन दिल नहीं कर रहा। मगरचे छोड़ना होगा। कि जब तलक वह मुझे चौड़ में नहीं देखेगा—जख नहीं लेगा। बोलता रहेगा, बिना रुके।

गुम्बद-रावटी से मूँड़ी निकाल देखता हूँ। सब ओर बुंदकियाँ पड़ी हैं। जैसे सारा चौगान ढँपा हो क्रोशिया से बुनी झीनी धौली-चदरिया से। क्या देवधारा भी जम चुकी? कान लगा सुनता हूँ। कल-कल कल से कम है, मगर है। और उसका डबरा? गर्दन खींच डबरे की तरफ़ देखता हूँ।

डबरा नहीं देख पाता अलबत्ता उसके समीप की चट्टान दीख रही। उसपे कल वाले प्रेमी-परिन्दे बैठे हैं। दोनों चुप हैं। परेशान हैं। किसने उठा दिया उन्हें, इतनी सुबह। ऐसे जाड़े में। चिरैया अँगड़ाई ले रही। चिड़ा डैनों में चोंच फँसा फिर से सोने की चेष्टा कर रहा। बात मगर बन नहीं रही।

ईऽऽऊईईऽऽऊ...लामा चिड़िया बोले जा रही। कैमरा थामे रावटी से बाहर निकलता हूँ। टटोलता हूँ आसपास के टीलों के शीर्ष। जिसकी तलब है वह कहीं नहीं है। मगर दूर पर्वत-भाल पर ठिठकी सहर दीख रही।

सहर भी परेशान है कि किसने दिग किया उसे बेवक़्त। पशोपेश में है बेचारी। सोच रही कि उतरूँ कोहसार में या लदी रहूँ पहाड़ पर कुछ देर और। जो उतरी तो पीछे सूर्य किरणें भी उतरेंगी सहन में। तृण-आगोश में चैन से पड़ीं हिम-बुंदकियाँ फ़ना हो जावेंगी अपने समय से पहले। सहर को ताप चढ़ रहा। तलाश है उसे भी चिबल्ले पाखी की।

कुल जमा बात यह कि तमाम घाटी ढूँढ़ रही है अनिद्रा रोग से पीड़ित उस पाखी को। वह किन्तु अदृश्य है। उसकी चहक ही विद्यमान है सहन में।

दुष्ट! पाजी! कब तलक छुपेगा तू मेरे से। तू मेरे को जानता नहीं क्या? मैं मनुष्य हूँ, मनुष्य! वह भी मासूम पहाड़ी नहीं, तर्रार मैदानी मनुष्य! मेरे से कौन बच सका, जो तू बच जावेगा। आज नी तो कल जपत कर ही लूँगा तेरे को। अपने कैमरे में।

ख़ैर, यह जब्ती जब होगी तब होगी। फ़िलहाल तो मेरी आँखें भारी हैं। नींद अधूरी है। पूरी होना चाह रही। सहन का फेरा लगा फिर रावटी में घुस जाता हूँ। सोने की कोशिश करता हूँ, किन्तु सो नहीं पाता। कारण है हाजत। निमटना है। इस कैम्प-साइट में निजी संडास रावटी लगाना मना है। वैसे चौगान के कोने में एक संडास है। उसी तरफ़ चल देता हूँ।

अरे! यह कैसा संडास?

इसके कने चौखट तो है परन्तु कोई आड़-द्वार नहीं। यहाँ कोई कमोड भी नहीं। फ़र्श में एक चौरस छेद है। छेद के अगल-बग़ल कोई क़दमचा नहीं। और नीचे, छेद के नीचे—कोई डब्बा, न गटर। वहाँ तो माटी की एक ढेरी है—भुसभुसी ढेरी। अन्नमल सीधे उस ढेरी पर गिरेगा। बाद वालों को दीखेगा। छी...छीछी...। फिर हाथ-पानी का भी तो यहाँ कोई इन्तज़ाम नहीं। हालाँकि पाख़ाने के कोने में महीन माटी धरी है। क्या यही सफ़ाई का साधन है? लेकिन इसको वापरना तो 'आइटम' पर रेगमाल घिसने जैसा होगा! इस ख़याल मात्र से सिहरन हो रही। यह शौचालय कैसे बरता जावे, बूझ नहीं पा रहा। हाजत पर पानी फिर जाता है। चुनाँचे, यूँ ही निकल आता हूँ बाहर। कूढ़ते हुए—साला बिस्मिल्लाह ही बिगड़ गया। आज दिन पेट पर हाथ फेरते बीतेगा!

कैम्प के दूसरे छोर पर, रसोई-शामियाने के बाहर बैठा सोनी मुझे देख मुस्काता है, "क्या हुआ सर? परेशान दीख रहे?"

झेंप जाता हूँ। फिर ताप चढ़ने लगता है कि निहायत बेशरम मनक है यह। तब से ताड़ रहा कि कब मैं निकलूँ और कब वह चिकोटी ले। जी कर रहा उसे डपटने का। ख़ुद को बमुश्किल रोकता हूँ।

"कैसा अजीब टायलेट है यार...अपर्णा को नहीं जमने का...हो सके तो अपना वाला टेंट लगवा..."

सोनी के संग बैठे लोबसेङ् को देखता हूँ। बातबीच ही में छूट जाती है। मैं भी उनके पास चल देता हूँ।

"लोबसेङ् भाऊ यह क्या है? हमारा टेंट लगाने नहीं देते और आपके टायलेट में दरवज्जा ही नहीं...आदमी कैसे वापरे उसे?"

मेरे शिकायती स्वर का असर हुआ। उसकी भौंहें ऊपर को उठीं, पेशानी पर सिलवटें उभरीं, अधमुँदी आँखें पहली बार पूरी खुलीं। मानो आश्चर्यित हो ऐसा बचकाना सवाल सुन। किन्तु जब वह बोला तो अचम्भा हुआ उसकी वाणी की मिठास जस की तस देख।

"इसमें छुपने-छुपानेवाली बात ही क्या है..."

इस उत्तर से मैं धक्! यह कैसी रवायत है? क्या यहाँ हर काम खुलेआम किया जाता है! हेरोडोटस का जुमला ज़ेहन में कौंधा—'इंडिया की एक प्रजाति वाले खुले

जँस्करी संडास

में सम्भोग करते हैं ' क्या सच ही इधर ऐसा दस्तूर होगा? आँखों के सामने एक भदेस छबि उभरी...छी...यह क्या सोच रहा हूँ...सिर झटका...ध्यान मोड़ा लोबसेङ् की ओर—

"और...पानी...पानी...वह तो होना ही चाहिए न पाखाने में।"

"ड्राय-टायलेट है," इत्मीनान भरे स्वर में जवाब हासिल हुआ।

"ओह!...यह भी ठीक है...मगर नाली...वह तो होना चाहिए, थोड़े ही दिनों में गन्दगी से गन्धाने नहीं लगेगी तुमारी कैम्प-साइट...," मैं 'आप' से 'तुम' पर उतर आया।

"गन्दगी...ज़्सिे आप गन्दगी बोल रहे वह तो बड़े काम की चीज़ है, सर!," उसके चेहरे पर की पाकीज़गी बरकरार थी।

"हग्गा और काम की चीज़...! क्या बात करते हो दोस्त...," मैं हकबकाया।

"सच में, सर! जो मिट्टी टायलेट भीतर रखी है वह पाखाना करने के बाद उसे ढाँपने के लिए है। हम सब यही करते हैं। यूँ कि इस पथरीले नाले में मिट्टी है ही कितनी। जो है उसे हम वेस्ट नहीं कर सकते..."

"मिट्टी वेस्ट नहीं...मतलबऽऽ..."

"सर, संडास में धीरे-धीरे मिट्टी और जिसे आप गन्दगी कह रहे उसका, एक मिश्रण तैयार हो जाता है। गरमी शुरू होने के पहले, इस मिश्रण में गोबर मिला हम खेतों पर पड़ी बर्फ़ पे फैला देते हैं। इससे बरफ़ धीरे-धीरे पिघलती है, पानी धरती में

उतरता है और खेत पर खाद-मिश्रित मिट्टी की सतह बन जाती है। जो ऐसा न करें तो हम यहाँ खेती ही नहीं कर सकते...इसी के चलते तो हमारे खेत को हर बरस नई मिट्टी मिलती है...हमें क्राप-रोटेशन करने की ज़रूरत ही नहीं पड़ती...और सर गन्दगी...सफ़ाई...यह तो नज़रिये का फ़र्क़ ठहरा। हम जँस्करियों के नज़दीक कुछ भी गन्दा नहीं...कोई चीज़ भी कचड़ा नहीं।"[1]

इतना कह वह दो पल को थमा। इस बीच अपर्णा भी संगीति में जुड़ चुकी थी। लोबसेङ् उससे मुख़ातिब हुआ, "मेम आपने इतने कारवाँ देखे, दो गाँवों से भी निकलकर आए, कहीं कोई कचड़ा देखा आपने?"

"नहीं, बिलकुल नहीं...इतनी आवाजाही के बाद भी क़हीं एक काग़ज़ नहीं, चाकलेट के रैपर नहीं, कोई टीन-डब्बा नहीं...यह चमत्कार कैसे सम्भव करते हैं आप लोग?"

"आप तो जानती ही हैं, जाँस्कर में किस क़दर ठंड गिरती है। साल में आठ महीने हमको अपने घर गर्म रखने होते हैं। लकड़ी-बिजली यहाँ है नहीं। इसलिए हम मोटी दीवारों वाले घर बनाते हैं। इस वास्ते धूप में सुखाई पोली ईंटों को बरतते हैं। दीवारों पर, अन्दर-बाहर मिट्टी थेपते हैं। यह सब समझने वास्ते आपको किसी घर में जाना होगा, मेरे बताने से बात नहीं बनने की।"

"वह तो हम देखेंगे ही, मगर वह कचड़े वाली बात तो आपने बताई ही नहीं..."

"अरे! सॉरी...सॉरी...मेम...ऐसा है न कि डब्बे-डब्बी हम फेंकते नहीं, घर-खेत में काम में लेते हैं। इसके सिवा जो भी है—काग़ज़, कूड़ा, याक-ज़ोमू-बाट या घोड़े की लीद—सब घरों को गरम रखने के काम में आता है...एक बात और बताऊँ आपको...यहाँ खुले में कचरा फेंकने पर जुरमाना पड़ता है।[2] इसके लिए एक कमेटी है। उसके लोग घोड़ों पर बैठ सारी घाटी में घूमते हैं। जिस गाँव में कचड़ा दिखा या किसी को कचरा फेंकते देखा तो जुरमाना वसूलते हैं..."

चलती बात अकस्मात् थम गई। कारण—एक किशोरवयः बालक की आमद। वह कल शाम घोड़े से गिर पड़ा। हाथ में चोट लगी। दवा-पट्टी वास्ते आया है।

"लो लोबसेङ् भाऊ," मैं बोला, "सुबह-सुबह आपके लिए काम आ गया। आप हेल्थ-सेंटर खोलो वहीं आता हूँ मैं..."

"सर नहीं! यह मेरे नहीं आप लोगों के पास आया है। हेल्थ-सेंटर तो ख़ाली है।"

इस बीच अपर्णा बच्चे का हाथ जाँचती है। सोजिश है और कलाई तिरछी। फ्रैक्चर हुआ लगता है—कुलीज़ फ्रैक्चर।

"क्या करूँ?," अपर्णा का सवाल मुझसे।

"क्रेप बैंडेज़ बाँध रिस्ट इम्मोबिलाइज़ करनी होगी।"

"पर अपने पास तो एक ही क्रेप है, वही बाँध दूँ?"

"बेशक़, इसमें सोचने-पूछने की गुंजाइश ही कहाँ?"

लड़का बड़ा जीवट वाला निकला। पट्टी बँधवाते हुए मुँह पर एक शिकन तक नहीं आने दी उसने। लेकिन यह तो कुछ भी नहीं, बड़ी बात तो उसका खड़े-खड़े पट्टी बँधवाना ठहरी। मगर इसमें भी कुछ ख़ास नहीं। ख़ास बात थी सर नवा, सीधी हथेली तले दूजी हथेली धर—जैसे प्रसाद ग्रहण किया जाता है ठीक वैसे ही—उसका दर्द निवारक गोलियों को स्वीकारना। और अब इन सबसे बड़ी बात, जिसका इलहाम हमें आगे होनेवाला है, वह आपसे अभी ही कहे देता हूँ। बात ऐसी है कि स्वीकारने की यह तमीज़ जँस्करी तहज़ीब का हिस्सा है। चार बरस का बच्चा हो, बीस वर्षीय नवयुवा अथवा अस्सी साल का लामा, जब भी आप से कोई वस्तु लेता है, प्रसाद ही-की तरह लेता है।

माना जाता है कि आदमी जैसा खाता है वैसा हो जाता है। इस मान्यता का मैं पहले भी हामी नहीं था परन्तु आज तो यह जैसे ध्वस्त होती दीख रही। कारण कि जाँस्कर में मांसाहार सिवा गति नहीं। लोग भेड़-याक का मीट खाते हैं। जाड़े के दिनों के लिए इनका गोश्त सुखाकर रखते हैं।

फिर यहाँ छंग भी तो है। कारवाँ के लोगों से चर्चा दौरान जो बड़े खुलासे हुए उनमें से एक छंग से जुड़ा है। खुलासा यह कि जँस्करी औरतें अपने मरद-बच्चों को उठते संग छंग का लोटा पकड़ा देती हैं। कि उट्ठो, कुल्ली करो और लगो काम पर! इतना सब होकर भी यहाँ के लोगों में करुणा है। विनम्रता है।

विनम्रता—जिसे आज-दिन तक मैं व्यक्तिनिष्ठ गुण ही जानता रहा वह किन्तु इधर सारे समाज में व्यापी है। ऐसे समाज का—विनयशील समाज का—प्रकृति पर क्या असर होता है, अगरचे यह देखना हो तो कोई जाँस्कर को देखे। देखे कि यहाँ के जीव आदमी से डरते नहीं, उन पर भरोसा करते हैं। मनुष्य को अपने जितने क़रीब वे यहाँ आने देते हैं, उतना और कहीं मुमकिन नहीं। मेरे जाने तो नहीं ही।

ख़ैर।

घायल लड़के के लौटने के बाद बातचीत का छूटा सिरा पुनः पकड़ा।

"लोबसेङ् भाई, हेल्थ-सेंटर की इतनी बड़ी पाटी लगी होकर भी यहाँ कोई सुभीता नहीं, ऐसा कैसे? जिस डॉक्टर की यहाँ तैनाती है, वह क्या कभी इधर आता ही नहीं?"

"आप ग़लत समझ रहे। यह कोई सरकारी डिस्पेंसरी नहीं है। बल्कि यह डिस्पेंसरी ही नहीं। यह तो जर्मन लोगों का बनाया कमरा है। वे साल में एक बार यहाँ आते हैं, इसी में ठहरते हैं। बाक़ी समयों में वापरने के लिए इसे मैंने किराये पर ले रखा है। यहाँ होटल चलाता हूँ, रोज़-दिन काम आनेवाला सामान बेचता हूँ।"

"यह तो सरासर ग़ैरक़ानूनी काम है। ऐसे कैसे कोई विदेशी यहाँ घर बना किराये पर उठा सकता है?"

जर्मन लोगों का ज़िक्र निकला है तो दो शब्द उनके लिए भी कहता चलूँ। कि

आगे फिर मौक़ा मिले, न मिले। जैसा कि कहा जा चुका, इस इलाक़े बाबत आज जो भी हमें जो मालूम है, वह यूरोपियन मिशनरियों के अथक परिश्रम का फल ठहरा। यह दीगर बात कि ईसाई धर्म फैला, गोंडाद्वीप मानिन्द लदाखी व जँस्करियों का दोहन करने की उनकी मंशा यहाँ फलीभूत न हो सकी। इस सिलसिले के तीन नामों का पुनर्उल्लेख यहाँ ज़रूरी है—एन. मूरक्राफ़्ट की अवैध सन्तान विलियम मूरक्राफ़्ट (1767-1825), ब्रितानी सेना से जुड़ा अलेक्जेंडर कनिंघम (1814-93), तथा मोरवियन-चर्च द्वारा मिशनरी कार्य हेतु इंडिया भेजा गया जर्मन मानुष—ऑगस्त हरमन फ्रेन्की (1870-1930)।

इन महानुभावों के शोधों से जगज़ाहिर हुई बटालिकी दार्दिकों की मिसोडोनिया से नालबद्धता तथा दार्दिकों का सिकन्दर की सेना का सिपाही होना। दूसरे अर्थों में उनका खाँटी 'आर्य' होना। कहते हैं कि यह जानकारी जब हिटलर को हस्तगत हुई तब उसने कुछ लड़कियों को भेजा था दार्दिक घाटी यानी आर्यन घाटी में। 'आर्य पुरुषों' से सम्बन्ध बना निखालिस आर्य सन्तान पैदा करने सबब। आर्य-लहू को मौज़ूँ बनाए रखने की हिटलरी-मंशा आगे चलकर 'राष्ट्रीय ज़िम्मेदारी' में ही तब्दील हो गई। जिसके चलते जर्मन-कन्याओं का लदाख आ आर्यन घाटी के पुरुषों संग सहवास करना अब भी चालू है।

इसके पहले कि आप कहें कि जमानत माँगे मैं अपने तईं तीन गवाह पेश किये देता हूँ। मेरे पहले गवाह हैं मेजर अहलुवालिया, दूजे काका कृष्णनाथ तीजे एम. अशरफ़।[3] ये तीनों उपर्युक्त परिपाटी आज भी जारी होने की बात करते हैं। लेकिन यह मसला पेचीदा ठहरा। चुनाँचे तफ़तीश अपने तईं करनी होगी। आर्यन घाटी में जाना होगा। क्या यह इस अभियान में सम्भव हो सकेगा?

इस्सऽऽ!

दो शब्द कहने चला था, बक गया तीन सौ शब्द। यह तो नेताओं वाला करम हो गया, नहीं क्या? ख़ैर, जो हुआ सो हुआ, अब भूलिए इसे और चलिए मेरे संग पुनः 2013 के जाँस्कर में। फेक-हेल्थ सेंटर के खुलासे से जाँस्कर में उपलब्ध चिकित्सकीय सुभीता जाँचने की राह खुली। आगे की चर्चा इसी पर केन्द्रित रही।

लोबसङ् बता रहा कि जँस्करियों को लम्बी वयः का वरदान प्राप्त है। सत्तर से अधिक की उमर पाना यहाँ अनहोनी नहीं, आम बात है। अव्वल तो लोग बीमार ही नहीं पड़ते ख़ुदा न ख़्वास्ता ग़र कोई बात हुई भी तो इलाज़ घर के बड़े-बूढ़े ही करते हैं। सदियों से जानी जड़ी-बूटियों से। पारम्परिक-ज्ञान से।

लेकिन जचगी की अधुना सुविधाएँ? आपदा-दुर्घटना के शिकार लोगों का मुकम्मल इलाज़?

बताया उसने कि यहाँ के सभी लोग—स्त्री हो या मरद—जचगी विधा-निष्णान्त हैं। जापा घर ही में निमट जाता। हड्डी-शड्डी बैठाना भी लोगों को ख़ूब याद था,

सो कोई ख़ास दिक़्क़त नहीं होती। वैसे, अपवाद स्वरूप, कुछ मुआमले बिगड़ भी जाते। किन्तु अब ऐसे अपवाद भी विरल हो चुके। कि जो मुआमला बिगड़ता दीखे तो कसो घोड़े पर जीन। पहुँचो पडुम। अथवा नज़दीकी पंचायत भवन में, घुमाओ सौर्य-ऊर्जा चलित सेटेलाइट-फ़ोन। और सेना का हेलिकॉप्टर-एम्बुलेंस हाज़िर!

दोस्तो! घुमक्कड़ी का नियम है कि लोगों से मिलो, टूटकर बात करो किन्तु किसी जगह से इतना भी मत जुड़ो कि आलस भर जावे तन-मन में। जैसा कि हम-दोई के साथ हो रहा है। अपर्णा सुस्त है। जी मेरा भी फट रहा। मचल रहा स्किङ् में ही बस जाने को। कह रहा कि जब परदेसी यहाँ घर बना सकता है तो देसी मनक क्यों नहीं?

अपने जी को समझाता हूँ कि स्किङ् तो अपना हो चुका। अब वह कभी नहीं छूटने का। कि गाँव छोड़े बाद भी आदमी कब उससे निवृत्त हो सका है। काहे कि गाँव ठहरी एक निराली वस्तु। लौकता रहता है वह नख़लिस्तान की तरह, मरुथल-मन में। सदा-ही। सो अजय बाबू! निःशंक रहो। रखो भरोसा कि तुम इसे छोड़ रहे परन्तु स्किङ् तुम्हें कभी न छोड़ेगा!

चिउँटे का पर्दाफ़ाश

जुलाई 11, 2013। 13455 फ़ीट। तापमान 6.5^0 से.। गाँव तिस्ता। घर तेवीस। सुबह सात बजे।

कल का दिन बड़ा मज़बूत दिन था। मुलाक़ातियों से आबाद। और एक भी मुलाक़ाती दूसरे से कमतर नहीं। और यही मेरी मुश्किल भी है। अगरचे कल का हाल तफ़सीलवार कहूँ तो एक छोटी-मोटी किताब ही बन जावे। सुतरां जीभ पर काबू रखना होगा मुझे। कहना होगा वही जो जज़्ब हुआ। मात्र वह-ही जो जँस्करी-समाज की समझ बनाए। जी...यह विचार चोखा है, इसी को साधते हुए सुनाना प्रारम्भ करता हूँ मैं कल का दिन।

कल सुबह सवा नौ बजे, पासंग ने तरकारी-पराँठे का नाश्ता परोसा। चौंका कि ताज़ी तरकारी किधर से मिली उसे। पूछा किया। मालूम हुआ वह लोबसङ् के खेत की देन है। खेत का सुन तसव्वुर हुआ जँस्करी खाद का और आने लगी उबकाई। कैसे खाऊँ मानव-मल पोषित यह साग? हाथ जड़ हो गए। कौर टूटता न था। किन्तु न खाऊँ तो भूख...इस निगोड़ी भूख से छुटकारा कैसे हो?

समस्या विकट थी।

मन बोला कि अजय बाबू, विचारो मत, पा लो जो सामने है। कि क्षुधातुर को जो सुलभ सो भक्ष्य। यह शास्त्रोक्त सत्य है। याद करो विश्वामित्र का कहा। फिर यह मरे कुकुर का सड़ा-गला मांस भी नहीं, टटका तरकारी है। ख़ैर, अन्ततः क्षुधा जीती। जी कड़ा किया। एक निवाला उठाया। खाया। भाईसाब, वह स्वाद मिला कि मुख से निकसा—वाह! कि वाह! वाह!! फिर तो खाद-वाद की बात बिसरा डूब गया षड्रस में। सूत डाले दो पराँठे। भकर-भकर।

खा-पी के, सेट हो-के, शुरू हुआ आगे का सफ़र।

स्किङ् के बाद घाटी कुछ दूर तलक फैली-चौड़ी ही थी। वहाँ ऊँचे पहाड़ थे। उन पर मगर बरफ़ नहीं थी। हो भी नहीं सकती, कि संसार में सबसे ऊँचाई पर अवस्थित हिम-रेखा जाँस्कर में ही है। मुसलसल जमा बरफ़ अठारह हज़ार फ़ीट बाद ही हासिल होती है इधर। प्रथम दृष्ट्या रुक्ष जान पड़ते वे पहाड़ किन्तु उतने भी नीरस नहीं थे। कि उनसे फूट रहे थे चश्मे। यह दूसरी बात कि इन चश्मों

के चलते हमन की चलाई बदल गई मिलिटरी परेड में। यानी जूते खोलो, चश्मा लाँघो, किनारे हिलते-बोलते फूलों से बतियाओ, उनके फ़ोटो हेड़ो, जूते पहिनो, आगे बढ़ो।

गुल-ओ-आबशार से इतर जो एक चीज़ ताउम्र ज़ेहन से जुदा नहीं होने की वो है इस खित्ते के घर। करजक, फिर स्किङ्, आगे चलकर तेङ्ज़े (Tang zey), कुरु और अब तिस्ता गाँव के घरों को मन ही में सटाकर देख रहा हूँ। लगा रहा जैसे वे सब एक ही साँचे में ढाले गए हों। वही धौले, बिन बारहदरी वाले दुमंज़िला मकान। वही काठ के खिड़की-दरवज्जे। उनकी छतें भी हूबहू यानी बिलकुल सपाट। छत से ऊपर को निकलती चिमनियाँ भी वही, और उतनी ही ऊँची। छतों पर झूलती-सूखती याक की खालें भी वही। भीत और घर अगाड़ी थेपे वही बड़े-बड़े उपले। घरों के आसपास वैसे ही फूल और खेत। और खेतों को सींचते चश्मे भी एक से। और सबसे बड़ा मसला यह कि सरेमंज़र जो भी है वह पसेमंज़र से इस क़दर हिला-मिला कि ख़ुर्दबीन से भी पता न लगे कि कहाँ तक पहाड़ है और किधर से गाँव शुरू हो रहा।

गाँव में हर आदमी के दरूनी हालात एक से नहीं होते। नहीं ही होते। तब भी घर, घर की धज, घर से बाहर झाँकते कपड़े-लत्तों में राई-रत्ती फ़र्क़ नहीं। जैसी समरसता का कवियों-दार्शनिकों सपना देखते रहे, जिसे पाने हेतु लोगों ने संघर्ष किये—कर रहे—वैसी भव्य-समता यहाँ किसके किये सम्भव हुई? जबकि कहा जाता है कि यह इलाक़ा—जाँस्कर—हर 'वाद' से अछुआ रहा। राज-हस्तक्षेपों के रीता रहा।

इस मौक़े पर याद दिलाऊँ आपको सिन्धु घाटी के लोगों को रामायण में 'अराष्ट्रक' (राजा तथा संविधान विहीन) बुलाना। वैसे ऐसा भी नहीं कि जाँस्कर में शासक नहीं हुए। हुए होंगे। मगर ज्ञात इतिहास में हज़ारों बरस ख़ुदमुख़्तार रहे जँस्करियों को पहला ग्याल-पो (राजा) मिला 930 ई. में। वस्तुतः तब यहाँ दो राजधानियाँ थीं—एक पडुम में, दूजी झाँगला में। जहाँ फ़िलवक़्त हम हैं, वह कभी झाँगला ग्याल-पो शासित देश था। जो ऐसा ही रहा 930 ई. से अगले नौ सौ बरसों तलक। बल्कि, मामा मिशेल की मानें तो, 1977 ई. में भी यहाँ बाहरी शासन का विशेष हस्तक्षेप नहीं था। दूसरी तरह से कहूँ तो आज़ाद भारत में भी लोग झाँगला ग्याल-पो को ही राजा जानते। उस-ही की मानते।

महाभारत के अनुसार राज्य के सुख-विपदा का कारक वहाँ का राजा ही हुआ करता है।[1] उसकी जनता का चरित्र भी उस-ही के किये से तय होता है। इस सन्दर्भ से झाँगला के शासकों की एक विशेषता जानने लायक़ है। यह कि झाँगला का कोई ग्याल-पो कभी अन्यान्य राजाओं सरीखा निष्ठुर रहा, न ऐश्वर्य पुरोधा ही। इसे ऐसे समझा जा सकता है कि 1977-78 में झाँगला पहुँचे मिशेल को तत्कालीन ग्याल-पो

का 'महल' तलाशने में ख़ासी परेशानी पेश आई। कारण कि उसका 'महल' दीगर घरों जैसा ही दीखता था—कम-से-कम बाहर से तो भी।

बहरहाल, प्रजा ख़ुशहाल रहे, उनके खेत महफ़ूज़ रहें—खंड-खंड न हों, तथा ज़मीन को लेकर प्रजा में वैमनस्य न फैले—यह सुनिश्चित करने हेतु पुराने समय के ग्याल-पो ने ज़मीन बरतने के कुछ नियम बनाए। जैसे हर किसान के खेत का रकबा समान होना चाहिए। दूसरा ज़मीन की ख़रीद-फ़रोख़्त पर बन्दिश। तीसरा, ज़मीन के बँटवारे पर बन्दिश।

इस तीसरे नियम के तहत पिता की मृत्यु बाद सारी ज़मीन बड़े लड़के को दी जाती। लड़का न होने पर सबसे बड़ी लड़की का ज़मीन पर हक़ होता। बता दूँ कि ज़मीन बँटवारे की यह तरतीब कमोबेश यहाँ आज भी बदस्तूर है। और यही जाँस्कर में गोनपाओं के वर्चस्व तथा यहाँ (कभी) व्याप्त बहुपति-प्रथा की वजह भी है। इन दोनों मुद्दों पर बात होगी। बस समुचित अवसर मिलने की देर है। मगर उसके पहले एक बात और। वह यह कि झाँगला ग्याल-पो के किये से ही मेरा-आपका प्रिय स्वर्ण-खुदैया चिउँटा गुमशुदा है। कैसे?

सुनिए!

कहते हैं कि किसी जँस्करी राजा ने ही इधर के लोगों को स्वर्ण-खोदाई से विमुख किया था। ग़रज़ यह कि प्रजा अपना मूल धन्धा—खेती व पशुपालन—न छोड़ दे। धरा को खोद-खोद उसका सत्यानाश ही न कर दे। इसके लिए उसने समकालीन लामाओं की सहायता ली। जनता में चरितार्थ करवाया धरती भीतर देवताओं का वास होना। कहलवाया कि देवताओं की सम्पत्ति लूटना पाप है। नतीजन—अब से एक हज़ार बरस पूर्व जाँस्कर में स्वर्ण-खोदाई बन्द हो गई। और गल्क़ हो गई स्वर्ण-खुदैया चिउँटे की गल्प। शनैः-शनैः।

यह गल्प किन्तु स्वर्ण-लोलुप यूरोपियनों के यहाँ साँस लेती रही। आते रहे वो लोग इधर ख़ज़ाने की तलाश में। लगाते रहे कयास कि आख़िर हेरोडोटस-कथा का सोना था कहाँ? कैसा था उसका चींटा? यहाँ, जाँस्कर में, तो सोना खोदने-तलाशनेवाली बात समाज की सामूहिक स्मृति से विलुप्त हो चुकी, यह हम अपने तईं देख ही चुके। आर्यन घाटी में सोना है या नहीं यह तो भविष्य में अपन जाँचेंगे किन्तु हेरोडोटस के चींटे की मुझे एक भनक मिली है। नीमा के मार्फ़त।

नीमा और उसकी घरवाली से हमारी मुलाक़ात हुई तेङज़े में। नीमा फ़ौजी है। और उसकी घरवाली शिक्षिका। दोनों इसी नाले के रहवासी। दोनों को हिन्दी का अच्छा ज्ञान होने से विस्तारपूर्वक चर्चा हो सकी। उनसे पूछा गया धरा में बिल बना रहनेवाले, और बिल-मुख पर रेत जमा करनेवाले जँस्करी जीव के बाबत। जवाब मिला—

"शेया।"

धूप सेंकते ऊदबिलाव-मुखी एक प्राणी का चित्र, जो पिछले दिनों इसी नाले में उठाया गया था, उसे दिखाते हुए मैंने सवाल किया, "नेमा भाई, कहीं यही आपका शेया तो नहीं?"

"हाँ...हाँ...यही है जी।"

"लेकिन यह तो मरमट है? क्या इससे सम्बन्धित कोई कथा सुनी है आपने, सोना खोदने से जुड़ी कथा?"

"नहीं! शेया को लेकर हमारे यहाँ ऐसी कोई कहानी नहीं है जी। मगर अंग्रेज़ों के लिखे में मैंने भी यह कहानी पढ़ी है कहीं," उत्तर श्रीमती नेमा की ओर से आया।

नेमा-युगल के कहे से थोड़ी आस बँधी। अब मरमट-चरित्र-गाथा चलचित्र की तरह मन:पटल पर चल पड़ी। पटल पर नमूदार हेरोडोटस-गल्प वाला जीव, मरमट से क़तई बेमेल नज़र आया। हेरोडोटस का चींटा तीक्ष्ण-दन्ती, आदमी का पीछा करनेवाला, ऊँट तक को मारने-खाने में सक्षम। जबकि जँस्करी शेया ठहरा महाभीरु। आदमी की धमक मात्र से बिल में घुस जानेवाला जीव। भाई मेरा, सारी सर्दी बिल ही में सोता है, वहीं निस्बत करता है, वहीं बच्चे जनता है। अलबत्ता हेरोडोटस-चींटे की तर्ज़ में यह सर्वभक्षी है। समूहवासी भी। किन्तु शिकारी नहीं। किसी पर आक्रमण तो छोड़िए आत्मरक्षा हेतु भी वह अपने दाँतों का प्रयोग नहीं करता। शत्रु को नष्ट-भ्रष्ट करने हेतु वह दूजा तरीक़ा अपनाता है—अपनी गुदा-ग्रन्थियों से भीषण दुर्गन्ध छोड़ना।

सार यह कि कथा में वर्णित जीव को लेकर उलझन बनी हुई है। जबकि लदाखियों के अपने लिखे इतिहास (लदाख क्रानिकल) में सोने की खदानों की चर्चा है। वहाँ, लदाख के प्रथम शासक द्वारा अपने राज्य को तीन पुत्रों में बाँटने का ज़िक्र है। इन तीन हिस्सों का सीमांकन स्वर्ण-खदानों का सन्दर्भ ले किया गया। फिर कनिंघम-फ्रेन्की आदि के शोधों से भी आर्यन घाटी में सोना खोदा जाना सिद्ध है। इसलिए चिउँटा-कथा को फिर से देख लेना ठीक होगा। जिसमें इस जीव को 'मुरमेक्स' कहा गया है। मुरमेक्स के एकाधिक मानी हैं। उनमें से एक है मरमट।[2] अलावा ख़ूँख़्वार होने के मरमट में वह सब है, जो हेरोडोटस के जीव में है। जैसे इसका चींटों मानिन्द ज़मीन में रहना, इसके बिल के मुख पर रेत का ढूह होना। और इसकी खाल वैसी होना जैसी नियार्ख़स बता गया। फिर मामा मिशेल की शोध से भी शेया, यानी मरमट के स्वर्ण-खुदैया होने की सम्भावना को बल मिलता है।

यहाँ सवाल उठता है कि शेया को आख़िर ख़ूँख़्वार क्यों कहा गया? मेरा कयास है कि यह हेरोडोटस को कथा सुनानेवाले लड़ाका स्वर्ण-खुदैया जनजाति के बन्दों का किया-धरा है। लोगों को डराने-धमकाने वास्ते। बहरहाल, यह गल्प शायद तत्कालीन 'इंडिया' के व्यापारियों के हस्ते ही हेरोडोटस तक पहुँची। हम देख आए हैं दारा तृतीय के काल (ई.पू. चौथी सदी) में लदाख संग सिन्धु-पार

के देशों का गहरा व्यापारिक रिश्ता। इस रिश्ते के चलते ही रोमन लेखक प्लीनी (ई.पू. पहली सदी) को लिखना पड़ा—'हमारी औरतों के कपड़े, मोती और जवाहरात की दुर्दम्य-तृष्णा हमें बहुत भारी पड़ रही। इनके लिए हमारे राष्ट्र से प्रतिवर्ष कम-से-कम दस करोड़ सेस्टर्स (sesterces) इंडिया और सेरिस (चीन) चले जाते हैं।'[3] ज़रा सोचिए, जब दाँव पर इतना बहुत-सा धन लगा हो तो कौन व्यापारी देना चाहेगा अपने ख़ज़ाने की ख़बर ख़रीदार को!

एक जिज्ञासा अब भी अतृप्त है। कि सोना खोदने की प्रथा जाँस्कर से तो विलुप्त हुई लेकिन आर्यन घाटी से क्यों नहीं? इस जिज्ञासा का समाधान आँखों से मोती ढुलकानेवाली परी की कथा में छुपा है। याद कीजिए जाँस्कर राजा का धरती-भीतर लुके जवाहरात पाने का लालच। और हूर के पहुँचाए डिब्बे में से डाकिनों का निकलना। राजा का मरना। यह कथा इतिहास के एक सहस्र बरस जूने उस पन्ने से जुड़ती है जिसमें झाँगला-शासक के अनुरोध पर लामाओं द्वारा ज़मीन के नीचे बुरी आत्माओं का निवास होना चरितार्थ किये जाने की बात है।

बात जो पैठी मगर सिर्फ़ बौद्ध लोगों के दिलो-दिमाग़ में। अत: बौद्ध बहुल लदाख व जाँस्कर में तो रेत से सोना निकालना थमा मगर आर्यन घाटी में नहीं। क्योंकि वहाँ के बाशिन्दे, जैसा कि कहा जा चुका, बुद्ध में नहीं माननेवाले दार्द लोग थे। लामा-संस्कृति से अनछुए ये दार्द ही सिन्धु-बगार से सोना खोदते रहे। आगे चलकर दार्दों ने जब इस्लाम अपनाया तब भी सोना-खोदाई हस्बेमामूल चलती रही। अकबर और मूरक्राफ्ट के समयों तक। उन स्वर्ण-खदानों के चिह्न बीसवीं सदी के अन्त तक मौजूद थे। चिह्न जो कालान्तर से बनी सड़कों तले दब गए।

बहरहाल, अब तिस्ता में बैठ मैं सोच रहा हूँ कि बहुत खटवा दिया इस चिउँटे ने। इतना कि आदमी बेज़ार हो चुका। अब इससे विदा ले बढ़ा जावे आगे। उधर, जिधर एक अन्य मुलाक़ाती खड़ा है। बेकल है अपनी बात कहने को। और वह कोई मामूली शै नहीं। धड़कन है ख़र्ग्यग घाटी की। तो चलिए चलते हैं उन धड़कनों के जानिब।

घुड़सवार-नार

हाय! कैसा नायाब मंज़र था वह।

सिन्धु-सौवीर हलक़े की उस कोहसार पे आलमे बेख़ुदी तारी थी। क्यों न होती बेख़ुदी कि उसके अख़्तियार में नशे का हर सामान था—एक दरिया, चार हसीनाएँ और बेशुमार ख़ूबसूरत गुल। वह दरिया अलबत्ता ख़र्ग्यग-चु ही था मगरचे इधर वह मटमैला नहीं, हरा था—एकदम हरा कच्च। मानो पानी नहीं, भाँग की धोवन बहती हो उसमें। भाँग जिसका असर हर शै पे था। फूल साहिल पे खड़े झूम रहे थे। कोहसार से गुज़रती सबा भी थी हरी गोली के नशे में चूर। बहकी-बहकी। कभी तेज़, कभी इतनी मद्‌दी कि महसूस ही न हो। और ऐसे माहौल में वो जनानियाँ, जैसे रबड़ी का दोना। नशा दुगुना हो रहा था उनकी शीरीं मौजूदगी से।

हसीनाएँ किन्तु पैदल नहीं थी। सवार थीं घोड़ों पर। तीन घोड़ों पर चार जनानियाँ। वो हसीनाएँ कोहसार से गुज़रती रहीं—ख़रामा-ख़रामा। मैं उन्हें निहारता रहा—मुलुर-मुलुर। सर पर टोपी, मुँह पर मफ़लर, बदन पर कोट-पाज़ामा, पैरों में बूट, हाथों में लगाम! जान पड़ीं वो किसी संगतराश का कमाल।

मतलब, क्या वे कमसिन थीं?

न!

चन्द्रांगना थीं?

नहीं, भई नहीं!

उनमें एक की तो षष्टिपूर्ति भी हो चुकी होगी। बाक़ी बची रही होंगी अधेड़। परन्तु, उनको देखने बाद जाना कि कवि की गाईं षोडशी-विरुदावलियाँ बेमानी हैं। इलहाम हुआ कि उम्र बढ़ने से नारी नीरस नहीं हो जाती। बरकत ही होती है उसमें—माहताब की तरह।

पकी-अधपकी वयः वाली उन स्त्रियों को तो मैं रस-गागर ही कहूँ। बोले तो रसों का कॉकटेल! दो टूक कहूँ तो कहूँ उनको एक दूसरे ही किसम के लोच ओ' लावण्य से लक़दक़। सलज्ज व आनन्द से ओतप्रोत उन नारियों का हमारी ओर देखना, हँसना, रुकना, फिर विशेष अदा से गर्दन झटक आगे निकल जाना—हाय कि हाय! हाय!! मैं किस तरह भूल सकूँगा।

सब भूल जाऊँ किन्तु भुलाए नहीं भूलेगा उनका दीपित मुखमंडल। उनकी

कुरु गाँव का वह मनक जिसे हमने नवाङ् बुलाया

आँखों की चौंध। चौंध जिसने सोचने को मजबूर किया। कि ऐसा क्या अनूठा है इनके पास? घोड़े पर गन्दे पीपे बँधे हैं। कपड़े एकदम चीकट। देहयष्टि ऐसी कि क्या बताऊँ कैसी। बस इतना समझ लीजिए कि ख़ानदानी चारण भी यहाँ निर्बल सिद्ध हो। न बोल सके एक शब्द भी उनकी शान में। ग़रज़ कि नारी को जिन-जिन चीज़ों पर इतराते दर्शाया जाता है—हमारी फ़िल्मों में, कालिदास के कवित्त में—उनमें से एक भी तो नहीं इन जनानियों के पास।

ऊपर से जँस्करी-जनानियों पर भरपल्ले तोहमतें भी तो तोड़ी गईं। पुराने समयों को देखें तो याद आता है कर्ण। जो सिन्धु-सौवीर देशों की औरतों को मर्दख़ोर बुला गया। ताज़ा समयों को देखें तो कोई इन्हें उजड्ड बता गया, कोई दुर्गन्धा। बहुपति-प्रथा में सहभागिता के चलते चन्द लोग इन्हें दुश्चरित्र भी कह गए। फिर तांत्रिक-साधना हेतु अपनी देह लामाओं के सुपुर्द करने का लांछन भी इन पर लगा।[1] सोचा, इतना सब होने के बाद भी इनकी आँखों में चमक कैसे? इनके पास यह लास, यह गर्व-परिपूर्ण देह-बोली कैसे?

कैसे बचाए हैं ये स्वयं को, अपने स्वाभिमान को?

कौन सँभाले है इन्हें?

क्या समाज?

हाँ समाज ही। कि स्त्री उस-ही समाज की स्वाभिमानी होगी जो उसे गर्वित देख मायूस न हो। जो हर मोर्चे पर उसे पुरुष समान अवसर मुहैया करवाए। जो उसे मर्द से बेहतर नहीं तो कमतर भी नहीं समझे।

सोचा, क्यों न कसा जावे जँस्करी-समाज को कसौटी पर? ख़रा है या सिर्फ़

सुनहला मुलम्मा भर चढ़ा है इस पर—जाँचा जावे।

जाँच की गई।

बात की गई नवाङ् से।[2] पचीस भेड़ों का मालिक नवाङ् चालीस के पेटे में होकर बाल-बच्चे वाला है। उससे पहली मुलाक़ात हुई थी ख़ग्र्यक-पिया के हाते से निकलने के बाद। तब वह अपनी पीठ पर डनलप के दो गद्दे लादे गुज़रा था हमारे सामने से। हाथ हिलाते हुए।

और कल, कुरु गाँव में, वही नवाङ् पैरों से कम्बल कुचींदते हुए बरामद हुआ। उसने हमें देखा। पहचाना। जुले-शुले हुई और चल पड़ा बातों का दौर। पता पड़ा वह बेटु (भेड़) की ऊन से बुना कम्बल धो रहा था। जिसे उसके घर की 'लड़कियों' ने तैयार किया था। बातचीत जैसे-जैसे गहराई बेतकल्लुफ़ी बढ़ती गई। एक मोड़ वह भी आया जब अपर्णा उससे पूछ बैठी—

"नवाङ् भाई, देख रही हूँ कि आपके पैर गल रहे हैं...कब से कुचींद रहे हैं इस कम्बल को?"

"दो-तीन घंटे हुए होंगे, इतना समय अभी और लगेगा..."

"बड़ी मेहनत है इसमें तो...औरतों को क्यों नहीं सौंप देते यह काम...हमारे यहाँ तो हाथ-पाँव गलानेवाले काम उन्हीं से करवाए जाते हैं...," उलाहना भरी निगाह मुझपे डालते हुए अपर्णा बोली।

"यह तो ठीक नहीं है जी...जो मरद अच्छे से कर सकता है मरद करे, जो लड़की कर सके वह लड़की करे...हमारे यहाँ तो यही होता है जी...हमेशा से ही..."

"मतलब आपके यहाँ लड़के-लड़कियों में कोई भेद नहीं?"

वार्तालाप आगे बढ़ा तो मालूम हुआ कि जाँस्कर में लड़कियाँ ख़ूब पढ़ रही हैं, बल्कि लड़कों से ज़्यादा ही पढ़ रही हैं। वे पढ़ने वास्ते घर से दूर जा रही हैं। चंडीगढ़, शिमला, लेह, जम्मू और भी कहाँ-कहीं। कोई इंजीनियरिंग पढ़ रहा, कोई डागतरी, कोई नर्सिंग तो कोई कुछ और। ग़रज़ कि अनपढ़ बच्चा जाँस्कर में तलाशे नहीं मिलेगा। यही कि यही बात हम लोबसेङ् से भी सुन आए हैं, श्रीमती नीमा से भी।

परन्तु इन तीनों से जो सुना उसका वास्ता तो दौर-ए-मौजूद से ठहरा। क्या उनका कहा नशीली कोहसार में देखी अधेड़ औरतों पर भी लागू होगा? नवाङ्-लोबसेङ् का दावा है कि अधेड़ों में कमपढ़ अवश्य होंगे परन्तु अनपढ़ शायद ही कोई। शर्त फ़क़त इतनी कि हिन्दी-अंग्रेज़ी से ना-वाबस्तगी ज़हालत मत मानी जावे। अपनी मातृभाषा का ज्ञान भी तो आख़िर ज्ञान ही ठहरा। इस तर्क से भला कौन असहमत हो सकता है? कम-से-कम हम-दोई तो नहीं।

मगर लड़के-लड़कियों में भेद न किये जानेवाला मसला आधुनिक वस्तु है या पीछे से चली आ रही परम्परा?

यह सवाल हल हुआ जीवन का तीसरा दशक काट रहे दो जोड़ों से बात कर।

एक—ताशी और उसकी भार्या, दो—नीमा और उसकी घरवाली। दोनों से घुमा-फिरा कर एक ही ख़ानदान का सवाल किया गया कि क्या मैदानों की तरह यहाँ भी औरतें मर्द के अधीन होती हैं, जुलुम तोड़े जाते हैं उन पर? उन्हें एक तरह से घर-बन्द रखा जाता है?

प्रश्नों को सुन ताशी की लुगाई ने पहले तो मेरे को घूरा, फिर ठठाकर हँस पड़ी। बेलौस जवाब आया कि इधर पर औरत-मर्द बराबर होते हैं। बल्कि हमारी ही ज़्यादा चलती है...हम न हों तो आदमी लोगों का काम ही न चले। जाँस्कर ही न चले।

अब सुन लें नीमा की घरवाली का जवाब। आपको याद दिला दूँ कि नीमा फ़ौजी है। तथा उसकी सहधर्मिणी एक शिक्षिका। उपर्युक्त जिज्ञासाएँ सुन शिक्षिका पहले चौंकी। फिर सोच में पड़ गई। उसके मुख पर अभी एक भाव आए, अभी दूसरा। मानो दोहरा रही हो अपना जीवन मन ही मन। या कि सोचती हो ये कैसे बेतुके सवाल हैं। प्रकट में बोली कि यह बात, औरतों को दबाने की रवायत, जाँस्कर में कभी नहीं रही। ऐसा न हमने देखा, न बाप-दादाओं से ही कभी सुना।

फिर नवाङ् के समक्ष भी यही प्रश्न उठाया गया परन्तु तीसरी तरह से—क्या यहाँ भी लड़कियाँ पसन्द नहीं की जातीं, उन्हें सताया जाता है/था? मैदानों की तरह क्या उन्हें यहाँ मार दिया जाता है/था? नवाङ् के मुख पर किंचित् भी विचलन नहीं उभरी इन तीखे प्रश्नों से। गर्व मिश्रित वाणी में वह बोला—

"ऐसा तो कभी देखा-सुना नहीं...जी...यहाँ तो जी हर घर में लड़की है, कोई-कोई घर में तो चार-पाँच लड़की है जीऽऽ...कुरु के अठारह घरों में एक सौ पैंतालीस बच्चे हैं जी...लड़कियाँ मारने की बात किसने कही आपसे...," दो पल ठहरकर उसने दोहराया, "हमारे यहाँ लड़की-लड़के सब बराबर हैं जी..."

मगर विवाह...उसका क्या? कि औरत की अस्मिता का असल संघर्ष तो शादी नामक इस संस्था के भीतर ही चला करता है। लिहाज़ा, शादी के पहले और उसके बाद लड़कियों का क्या बनता है, यह जाने बग़ैर औरतों के गर्व-युक्त मुख का कारण नहीं चिना जा सकता। चुनाँचे शादी बाबत गहरी पड़ताल की गई।

कुरु गाँव वाले नवाङ् के अनुसार शादी अमूमन परिवार वाले ही तय करते हैं। वह बोला—"हिन्दुओं जैसा हमारे यहाँ नहीं होता...कि आज मँगनी और चार दिन बाद शादी...हमारे यहाँ मँगनी के लिए रम के साथ छंग लेकर जाना होता है लड़की वालों के घर...फिर पहले साल में तीन बार छंग मँगाते हैं लड़की वाले...हर बार बीस-पचीस लीटर...बाद में थोड़ी-थोड़ी...तीन साल बाद उनके रिश्तेदार यानी लड़की के माँ-बाप की तरफ़ के जितने रिश्तेदार हैं सबको छंग भेजकर बुलाते हैं...जी...वो रिश्तेदार लोग बैठकर फ़ैसला करते हैं...जी...फिर बाद में शादी..."

साथियो, क्या आपको इस परिपाटी में कन्या का पलड़ा भारी होना दीखा? अपन को साफ़ नज़र आ रहा। इसलिए कि यदि कन्या को लड़का न सुहावे तो वह

पहली बार भेजवाई छंग को नकार सकती है। और यह मौक़ा—अपनी नापसन्दगी ज़ाहिर करने का मौक़ा—उसे पहले बरस में तीन मर्तबा हासिल है।

शादी की बात करते हुए नवाङ् ने 'छंग' शब्द इतनी बार दोहराया है कि मेरे पे नशा तारी होने लगा है। जिसको सुनने भर से आदमी मस्त होने लगे ऐसा दूसरा दिव्य-पेय कोई है ही नहीं। यदि आप मज़मून बदलने की मोहलत दें तो इस पेय पर ठहर के चर्चा कर लूँ? कर ही लेता हूँ।

जौ से छंग खींचना मामूली काम नहीं, कला है। कला जो जाँस्कर में जनानियों में स्वयंभू प्रस्फुटित होती है। लिहाज़ा यहाँ घर-घर में छंग बनती है। मगर हर घर का माल होता है दीगर। महक में। ज़ायक़े में। वाजेह हो कि छंग बनाने हेतु नियत होती है घर की बाहरी भीत से सटी एक जगह। जहाँ छंग खींचने का काम मुसलसल चला करता है। तैयार सानान को बड़े जतन से अवेरा जाता है। अवेरना यूँ ज़रूरी कि इस दिव्य-पेय बिना कोई जँस्करी-अनुष्ठान पूरा नहीं होता। हो ही नहीं सकता। कि ख़ुशी-ग़मी, पूजा-पाठ या हो मेहमाननवाज़ी—छंग बिना सब अधूरे। सब बेनूर। और तो और सम्पा—जो यहाँ का मुख्य पकवान है—को भी जँस्करी ओन छंग ही में माख-घोल ग्रहण करते हैं।[3]

छंग की एक ख़ुसूसियत और भी है। वह यह कि इससे 'हैंग-ओवर' नहीं होता। इसका जो नशा होता है वह बहुत ही हल्का। यानी इसके असर से आदमी होश नहीं खोता। तभी तो छंग यहाँ हर उमर के लिए स्वीकृत पेय है। लड़कियों-औरतों के लिए भी। और देखिए कि इतनी पीने के बाद भी यहाँ आपको कोई ऊँची आवाज़ में बोलता नहीं मिलेगा। इतने दिनों के प्रवास में हमें तो नहीं मिला। और ना ही हमने यहाँ छेड़-छाड़, बलात्कार, चौर्यकर्म जैसी चीज़ों की धमक ही सुनी।

इसी के संग अब हम पहुँच गए हैं छंग-पुराण के अन्तिम सर्ग पर। जहाँ लिखा है—'नवाङ् जिस चीज़ से कम्बल धो रहा था वह साबुन नहीं, छंग है। छंग खींचने के बाद बचा जौ-रस है। जाँस्कर में कुछ भी गन्दा नहीं होता। निकृष्ट नहीं होता। छंग का बचा कादा भी नहीं।'

चलिए जनाब, छूटी बात फिर पकड़ी जावे।

विवाह-चर्चा के अन्तर्गत जो अगला प्रश्न विचारा गया वह था—क्या विवाह हेतु वधू की वयः वर से न्यून होना आवश्यक होता है?

जितनों से पूछा सबों ने कहा कि नहीं, यह क़तई ज़रूरी नहीं। शादी में तो बच्चों की लायकी ही देखी जाती है, उमर का अन्तर नहीं। बहुधा दोनों में पाँच-आठ बरस का तपात होता है। बाज़दफ़ा यह फ़र्क़ बारह बरस का भी हो जाता है। ऐसे में कन्या का लड़के से उम्रदराज होना अनहोनी नहीं। बल्कि आम बात है। विशेषतः इन दिनों, जब वे पचीस-तीस बरस की उमर के पहले आए विवाह प्रस्ताव लौटाने लगी हैं।

यहाँ पर एक कुरेद और उठी कि क्या इधर भी लड़की पर ही अपने पिता का घर छोड़ने का दाब है?

उत्तर मिला—'नहीं, किसी पक्ष पर कोई दबाव नहीं होता जाँस्कर में। कौन अपना घर छोड़ेगा यह परम्परा से तय होता है। यदि वधू को भाई न हो तो वर को घर-जँवाई बनना होता है। वैसे परिस्थिति विशेष में वर, अपने तईं, ससुराल में रहने का निर्णय भी लेता है।'

ये परिस्थियाँ कौन सी हैं, इस पर थोड़ा बाद में आता हूँ। फ़िलहाल तो मन है एक दूसरा ही प्रश्न विचारने का। बहुपति-विवाह प्रथा को विचारने का है। बहुपति-प्रथा यानी एक परिवार के दो या अधिक भाइयों का वरण कर स्त्री का साझा-भार्या बनना। इस तरह की शादियों का जाँस्कर में प्रचलन मैंने सुना है।[4] बहुपति-प्रथा अब भी है या उड़ गई वक़्त की आँधी में—जानने की ललक थी हम-दोई को। अतएव जब जहाँ और जिससे सम्भव हुआ पूछा किया गया—

"क्या जाँस्कर के इस नाले में बहुपति-प्रथा आज भी विद्यमान है?"

यह सवाल सुनते ही लोग कन्नी काटते दीखे। बड़े प्रयत्नों से जो उत्तर मिले, गोलमोल ही मिले। ताशी युगल तो चुप्पा ही मार गया। लोबसेङ् तथा नीमा ने दो छोटे वाक्यों में उत्तर दिया—यह प्रथा थोड़ी-ही बची है। अब कुछ परिवार ही रह गए हैं इधर, इस तरह के।

कुरुवासी नवाङ् भी सवाल सुन अकबकाया। कम्बल कुचींदने की उसकी रफ़्तार तेज़ हो गई। गर्दन झुक गई। वह कुछ देर चुप रहा। फिर धीरे-धीरे, सोच-समझ के और हकलाते हुए उसने बोलना शुरू किया, "प्...प्...पहले होता था ऐसा...अँऽऽ...दस-पन्द्रह साल प्...प्...पहले...अब नहीं होता...ज्जी...पहले तो यहाँ सब गाँव ही था...लोगों के पास काम नहीं था...इसलिए बैठ जाते थे सब अँऽऽ...अँअअ...एक ही औरत के पास...अब बात और है...लोग बाहर जा रहे... दुनिया देख रहे...विदेशी लोग यहाँ आ रहे...समझा रहे...यह ठीक नहीं...इसलिए इस नाले में अब एक भी परिवार ऐसा नहीं है..."

"एकाध परिवार तो होगा...उससे मिलवा दो...ना?"

"नहीं, अब एक भी नहीं...इस नाले में," उसका आत्मविश्वास लौट आया था।

नवाङ् के कहे से क्या आप सहमत हैं? मैं तो नहीं था। मेरे को तो उसका कथन अर्ध-सत्य जान पड़ा। दो कारणों से। पहला, संकोच और बहुत तोल-मोल के बाद दिया गया उत्तर। दूसरा, उसका दावा—ख़र्ग्यग घाटी में 'एक भी बहुपति-परिवार नहीं होने' का दावा—कट रहा था लोबसेङ् तथा नीमा के उत्तर से। ज़ाहिर सी बात है, जो बहुपति-परिवार दस बरस पहले बने, वो उड़ तो नहीं गए हवा में। कहीं तो होंगे वे इसी बगार में। मैं ऐसे परिवारों को नज़दीक से देखना चाह रहा। समझना चाह रहा ऐसे गठबन्धन के नफ़ा-नुक़सान। परन्तु न नवाङ् खुला न कोई और ही।

और कोई खुले भी तो क्यूँकर कि इस परिपाटी के चलते जँस्करी-ओन हज़ारों बरसों से उलाहने झेल रहे। यहाँ याद करें महासमर। युद्ध क्षेत्र में हुआ शल्य-कर्ण संवाद। कर्ण का सिन्धु-बगार की जनानियों को मर्दख़ोर कह लांछित करना। ऐसे में अचरज क्या कि जँस्करी लोग बहुपति-विवाह चर्चा से असहज हो रहे। गड़े जा रहे वे शर्म से। जबकि अपन को तो इसमें शर्मिन्दगी वाली कोई बात नहीं लगती। लोगों को लगती हो तो लगा करे।

काहे कि यह तो शादी का मामला ठहरा—नितान्त निजी मामला। सामाजिक मसला। माना कि विवाहोपरान्त नारी-देह पर अपना एकाधिकार जाननेवाले पुरुष-समाज को यह परम्परा बेढब लगती है। इस परिपाटी का दुर्लभ होना भी स्वीकार्य। किन्तु मैं इसे पाशविक-वृत्ति मानने को तैयार नहीं। जघन्य तो बिलकुल ही नहीं। ऐसा नहीं कि 'सभ्य-समाज' में समादृत एकभार्या-व्रत, जनजातियों के यहाँ नहीं रहा। रहा, मगर बहुतायत में नहीं। कि जनजातियों की अपनी ज़रूरात हैं, अपनी दिक़्क़तें।[5]

जाँस्कर के सन्दर्भ से बहुपति परिपाटी को देखें तो कोई ज़ोर-ज़बरदस्ती की गुंजाइश नहीं दीखती। कि कन्या चाहे तो छंग लौटा दे। नकर जावे साझा-भार्या बनने से। और लड़का? उसका क्या, वह जब चाहे तब—ज़मीन पर अपना हक़ छोड़—अलग घर बसा ले। अथवा बन जावे घर-जँवाई। फिर यह रवायत घर-घर की बात भी नहीं रही। जिनके लड़के नहीं, या जिनको एक ही लड़का हो, वे परिवार तो हर्मेश बहुपति-प्रथा मुक्त रहे। अच्छा, इस विवाह प्रथा के क्षय का एक दूसरा कारण और भी है। पहले रिश्ते एक ही बगार में, एक ही धर्म बरतनेवालों के बीच हुआ करते। परन्तु अब हिन्दुओं से भी रिश्ते हो रहे। नेपालियों से भी। जाँस्कर से इतर बगार वालों में भी।

और मुसलमानों से?

"नहीं, हम मुसलमान की लड़की नहीं लाते जी। इस पूरे नाले में कोई मुसलमान नहीं। पडुम में हैं, वह भी बहुत थोड़े," नवाङ् ने तपाक से उत्तर दिया।

"किन्तु इसका कारण क्या?"

"अँ...अँ...हम मु-स-ल-मा-न लड़की नहीं लाते...जी," शब्द चबाते हुए वह बोला।

अन्यथा सरल जँस्करो मुसलमानों के ज़िक्र भर से बेचैन होने लगता है। इस घृणा का कारण क्या? सरलीकरण करनेवाले शायद सोचें कि मुसलमानों ने जुलुम किये होंगे इन पर, तोड़े होंगे इनके मठ-मन्दिर। किन्तु यह तर्क लदाख-जाँस्कर पर सही नहीं उतरता। यदि ऐसा होता तो हिन्दुओं (सिखों) से भी इनकी अदावत होती। इसलिए कि जैसे जुलुम और जितने मन्दिर (गोनपा) यहाँ जोरावर सिंग ने तोड़े, उसका कोई सानी ही नहीं। फिर बुद्ध में नहीं माननेवाले लदाखी ग्याल-पो भी तो कहर बरपाते थे गोनपाओं पर।

ख़ैर। मुसलमानों मुलअल्लिक एक जुमला जो हमको इस बगार में, और आगे चलकर रङ्डुम एवं करगिल में भी, सुनने को मिला वह यह है, "हमें उनसे कोई परेशानी नहीं। उनको हमसे है। वो हमारा छुआ पानी भी नहीं पीते...जी।" विडम्बना देखिए कि हमें लदाखी शिया-मुसलमानों और कश्मीरी सुन्नी-मुस्लिमों में भी परस्पर मनमुटाव देखने को मिला। कश्मीरी बोलते हैं—'करगिल के लोग हमें नीचा देखते हैं। रोटी-बेटी तो दूर पानी तक का नाता नहीं रखते हमारे साथ।'

जो हो, किन्तु बौद्ध तथा मुसलमान दोनों ही हमसे प्रेमपूर्वक मिले। अपने घरों में ठहराया। ख़ातिरदारी करी। खिलाया-पिलाया। घुमाया-फिराया। अच्छा लगा परन्तु इत्मीनान नहीं हुआ। कि मन में खटक थी। साल रही थी बौद्ध (बहुसंख्यक) व मुस्लिम में एक-दूजे के प्रति जुगुप्सा। यह तो लावा है। समाज पर लामाओं की पकड़—जो निरन्तर क्षीण पड़ रही—टूटी कि लावा फूटा।

च्...च्...बात चल रही थी बहुपति-प्रथा की और मैं बहक गया। चल पड़ा आतिशीं रहगुज़र पर। आज का दौर ठहरा आसेबज़दा। चिनगारियाँ फूटने लगतीं हैं हिन्दू-मुस्लिम सम्बन्धों की चर्चा निकलते ही। ऐसे में इसकी बात न ही हो तो अच्छा। और जो हो तो हो मुख़्तसर से भी मुख़्तसर। चुनाँचे लौटता हूँ पीछे छूट गई गुफ़्तगू जानिब।

जाँस्कर में, लोग कहते हैं, बहुपति-प्रथा परिस्थितिजन्य प्रथा है। उर्वर धरा की खींच इसकी जनक कही जाती है। खेत कम, पेट अधिक। ऐसे में थोड़ी-बहुत जो भूमि है, वह भी अगरचे भाइयों में बँटती चली गई तो कैसे चलेगा। इससे बचने के लिए भाइयों में एका बना रहना आवश्यक। शादी विलगा देती है भाइयों को। इसीलिए साझा बीवी की परम्परा चल पड़ी।[6] बड़े लड़के से ब्याही, सभी भ्राताओं की भार्या। इसका एक लाभ और भी है—जनसंख्या नियंत्रण। जाँस्कर की कम आबादी का—इधर की ख़ुशहाली का—कारक नृ-विज्ञानी इसी परम्परा को मानते हैं।

झाँगला-ग्यालपो के ज़मीन सम्बन्धी क़ायदे याद हैं न आपको। जान पड़ता है कि तब किसी कारणवश ज़मीन को न तोड़ने की परम्परा विरल होने लगी होगी। शायद सोना खोदने से होनेवाली आमदनी के चलते। किन्तु ये आईन तो 930 ई. के बाद बने। बहुपति-विवाह तो उसके पहले भी यहाँ मौजूद रहा होगा। रहा ही होगा। कि इस रवायत की नाल बेहद लम्बी है, ठेठ ई.पू. पन्द्रहवीं सदी में पहुँच जो शक एवं हूण लोगों से जुड़ती है। यानी घुमन्तू-पशुपाल जातियों से। इन दोनों के यहाँ बहुपति विवाह प्रचलित था।

कालान्तर से ये पशुपाल ही हिमालय की घाटियों में आ बसे। और जिधर ये बसे तिधर बहुपति-प्रथा आज दिन तक ज़िन्दा है। उत्तराखंड में खसिया (खस, शकों का धड़ा), तथा जाँस्कर में मॉन (मंगोल, हूणों का धड़ा) एवं दर्दिक लोग—इस परम्परा को निभा रहे। फिर यही परम्परा हिमाचल, तिब्बत, भूटान और नेपाल के

पहाड़ों में भी है। कारण वही—शक व हूण घुमन्तू पशुचारक।

ऐसे गठबन्धन से जुड़ी जनानी के तेवर तो पस्त होते होंगे? वह तो शर्म से दबी होती होगी? यही सोचते होंगे आप। किन्तु मैदानी हक़ीक़त क़तई उलट है। दरअसल साझा-भार्या बिन्दास बात करती है। अच्छे से घुलती-मिलती है। यह अनुभव बन्दे ने तब कमाया जब उसे किन्नौर, उत्तराखंड एवं स्पीति घाटी में बहुपति-प्रथा निभानेवालों को क़रीब से देखने का अवसर मिला। उनके घरों में रहने को मिला।

साँगला घाटी (किन्नौर) का ज़िक्र है। वहाँ मैंने देखा कि अगर साझा-भार्या का कोई पति इधर-उधर मुँह मारे तो साझा-पत्नी के अहं को चोट पहुँचती है। शिकायत करती हैं वे अपनी सहेलियों से इसकी। बाज़दफ़ा लड़ने भी पहुँच जाती हैं वे अपनी 'सौत' के घर। साझा-भार्या की एक सहेली को तो मैंने कुढ़ते भी देखा। बोली कि "इनके तो मज़े ही मज़े हैं, कमानेवाले छह हाथ, मनानेवाले तीन मुख, और सन्तुष्ट करनेवाले...ही...ही...ही...," और यह बोलते बखत उस सहेली की वाणी में तंज नहीं, रश्क था। यहाँ रेखांकित कर दूँ कि यह सहेली और सम्पर्क में आईं साझा-भार्याएँ न बूढ़ी थीं। न ही अनपढ़।

एक बात और। जाँस्कर के मुक़ाबिल आर्यन-वैली एवं किन्नौरी साझा-भार्या को अधिक यौनिक आज़ादी हासिल रही। उसे अपने 'पतियों' के घर में किसी दूसरे पुरुष को भी रखने की छूट मिलती। शादी करके या बिना शादी के। यही नहीं इस दूसरे पुरुष को वह, समाज के संज्ञान में ला, जब जी करे छोड़ भी सकती थी।

सार यह कि साझा-भार्या को हमने समाज में समादृत पाया। उसमें एक अलग ही ठसक और दमक होने का चश्मदीद हैं हम-दोई। ठीक वैसी ठसक-दमक जैसी उन घुड़सवार औरतों में दीखी यहाँ। हूबहू वैसा आत्मविश्वास जैसा महाभारत की द्रौपदी में दीख पड़ता है।

मगर ख़ैर, यह सब तो मूढ़मति का बुद्धि-विलास ठहरा। इसे भूल, चलिए मान लिया नवाङ् का कहा कि ख़ग्र्यग-बगार की युवा पीढ़ी में बहुपति-परिपाटी पालक कोई नहीं। एक पल को यह भी स्वीकार लिया कि जाँस्कर में कभी भी बहुपति-प्रथा नहीं रही। मगर इधर की जनानियों का जंगली-दुश्चरित्र होना कैसे मान सकूँ? कैसी अनदेखी करूँ जँस्करी-समाज द्वारा स्त्री को सार्थक जाननेवाली बात? कि औरत को निरर्थक सिद्ध करने में जुटे समाज की स्त्री क्यूँकर दबंग और स्वाभिमानी हो सके है?

मगर मेरे कहे पर कोई आँख मूँद भरोसा क्यों करे, सो सुनाता हूँ आपको तीन क़िस्से। इन्हें सुनने के बाद भी जो कोई जँस्करी-जनानी के दब्बू/प्रताड़ित न होने को स्वीकार न करे तोऽऽ...वा!

तीन क़िस्से

पहला क़िस्सा।

हम करजक छोड़ बढ़ रहे हैं स्किङ् की ओर। पगवीथिका के दोई बाजू खेत हैं। दिनकर व बदलियों की मिलीभगत से वीथिका पर धौली-काली धारियाँ मढ़ी हैं। पगवीथिका जान पड़ रही चित्र-गर्दभ, बोले तो जेब्रा, सरीखी।

चित्र-गर्दभनुमा डंडी पा अपर्णा चहक रही। चलते-फिरते खेला ढूँढ़ना उसका शगल जो ठहरा। खेला जैसे गोल पत्थरों को ठोकर मारते चलना। लेकिन आज उसे एक दूसरा ही खेल मिल गया है। धौली-धारी को फाँदने, काली वाली को साधने का खेला। मानो खेलती हो पव्वा। धारियाँ अलबत्ता चौड़ी हैं। एक कुदकी में तो लाँघने से रही। इस पर भी वह प्रयास कर रही। पिट्ठू के चलते बार-बार सन्तुलन खो रही। डगमगा रही। मगर बेहद ख़ुश। कि उसके आगे डोल रहा है उसका लड़कपन। वह अपना लड़कपन पकड़ना चाह रही।

विमुग्ध हैं वादियाँ उसके भोलेपन पर!

और अपना क्या, वही ढाक के तीन पात! कर रहा हूँ वही स्वप्नचारी। दोलते हुए ख़ुदी ओ' बेख़ुदी के बीच। निहारते स्वप्निल ग्राम्य-जीवन को। पहाड़-बगार-फूल-कीड़े-खेत और खेतों में काम कर रहे लोगों को। जिसमें अनूठा स्वाद है। महक है मीठी-मीठी। मन-भ्रमर मधुपान कर रहा।

और...यहाँ...अकस्मात् ही...टकटकी बँध गई है...एक दृश्य से। यह कैसा मंज़र है, कि क़तई दिलनशीं मंज़र। क्या रोरिक-सिरजित कोई कैनवस टँगा है उधर?

कैनवस पर उकेरा भू-परिदृश्य कुछ यूँ है। नेपथ्य में बहुरंगी परबत शृंखला। परबतों के समक्ष दीगर रंग-धज की चट्टानें। चट्टानों के गिर्द हरियाली। महीन जलधाराएँ। बहुतेरे फूल। लहलहाता खेत। इसी खेत में तीन मनक भी हैं। कैनवास की बाईं तरफ़—लामा-टाइप टोप पहिन घास का तिनका चूसता एक नन्हा बालक। बालक से कुछ छेंटी पर उकड़ूँ बैठी उसकी माँ। और इनसे हटकर, पटल के दाएँ छोर पर, कमर से आगे झुक निंदाई करती एक बुढ़िया। यानी तीन से लेकर अस्सी बरस का सफ़र क़ैद है—एक फ्रेम में। यह चित्र साधारण नहों। नैखिल्य का राजदरबार उकेरा है चितेरे ने इधर।

"जुलै!," हमें देख बुढ़िया ने वहीं से पुकारा, फिर हमन की ओर चल पड़ी।

"जुलै!," अपर्णा ने जवाब दिया और खेत में बढ़ गई।

कैमरा दुनाली की तरह आँख से सटा अपन भी चल दिये अपर्णा के नक़्शे-क़दम।

बुढ़िया और अपर्णा बातचीत में मशगूल हैं। मैं बाका फाड़े देख रहा कि यह क्या चल रहा है! चल क्या रहा है यह! कि न अगले को हिन्दी बूझ रही, न अपर्णा को उसकी जँस्करी। तब भी दोनों इस तरह घुट-घुट कर बतिया रहे कि बहुत ही डूबकर बतिया रहे।

दोस्तो! 'खग की भाषा खग ही जाने' जिसने भी कहा, ग़लत कहा—पुनः प्रमाणित हुआ। सिद्ध हुआ कि भावों का अपना व्याकरण है। अपनी भाषा है। अपनी बोली है। जहाँ संवाद शब्दों का मुहताज नहीं। भाव-भाषा जो फूटती है समूची देह से। एवं सम्प्रेषित हो जाती है कंठ से स्वर फूटने से पहले ही। अभी उसी बोली का एक नमूना देख रहा हूँ।

अपर्णा की जिज्ञासा। बुढ़िया का समाधान—घास चूसता बच्चा उसका पोता है, और वह औरत बच्चे की माँ...घर? घर गाँव में है...थोड़ा दूर है...।

फिर बुढ़िया पूछती है। अपर्णा बताती है—घूमने आए हैं...एक लड़का है... नहीं...साथ नहीं है...खाना...अभी भूख नहीं...जल्दी है अभी घर नहीं चल सकते... नहीं छंग नहीं पीना अभी...वो...हाँ! मेरा घरवाला है...।

अब बुढ़िया मुझसे मुख़ातिब है। कुछ बोल रही...तेज़ी से...शब्द एक भी पल्ले नहीं पड़ रहा...किन्तु उसके अधमूँदे नयन चौपट खुल गए हैं...चेहरे की झुर्रियाँ हैं कम्पायमान...उसे विचलन है...डपट रही है वह मुझे...कह रही कि यह कैसी बेशर्मी है...औरत की पीठ पर सामान है और तुमारी ख़ाली...मैं उसे समझाने की कोशिश करता हूँ...कि मेरे गर्दन-काँधे पर कैमरे ही कैमरे टँगे, पिट्ठू किस तरह उठाऽऽ...वह मेरी बात काट देती है...अपर्णा का पिट्ठू मुझे लेने का इशारा करती है...उसका कहा मानता हूँ...अब उसे इत्मीनान है...आँखों से वात्सल्य छलक रहा है...वह हँसती है...जुलै! कह विदा देती है...मैं चल पड़ता हूँ...पर अधूरा हूँ...मेरा कुछ छूट गया है उस खेत में...अपने भीतर बैठ मैं सुबक रहा हूँ...गुनगुना रहा हूँ... मेरी दुनिया है माँ तेरे आँचल में...

दूसरा क़िस्सा।

तिस्ता में हैं। यहाँ कोई बनी-बनाई कैम्प-साइट नहीं। बस्ती के सामने एक खुली जगह है। जहाँ देवधारा है। उसी देवधारा से थोड़ा हटकर ही डेरा डाला था कल—शाम सात बजे।

रात भर विश्राम बाद सूरज निकल रहा है।

इधर के सूरज की आदतें हमारी तरफ़ वाले से इतर हैं। निकलता जल्दी है, डूबता देर से। सुबह से ही तपने लगता है फिर तपता ही रहता है—देर तलक। मुझे अपनेवाले सूरज पर तरस आ रहा। बापड़े कने है ही नहीं कुछ देखने वास्ते—अलावा उस तक पहुँचने को बेक़रार बहुमंज़िला इमारतों के, सड़क पर चिल्ल-पों मचाती कारों के। फिर उसकी बिनाई के आगे झाईं भी तो है—धुएँ की, स्मॉग की। जैसे मोतियाबिन्द पड़ गया हो बेचारे की आँखों में। इधर वाला सूरज मगर क़िस्मत का धनी है। साफ़ है उसकी नज़र। दीवानावार देखने को उसके पास कितना बहुत सारा सामान है। सुन्दर हिमाला है। जाँस्कर बगार है। घुड़सवार नार हैं और...ख़ैर।

देवधारा पर हलचल है।

लोग आने लगे हैं। पानी भरने। कुल्ली करने। ये कौन जँस्करी हैं जो सुबह-पेली अपनी जनमपत्री पर जूता मार रहे! छंग छोड़ खाँटी-पानी से कुल्ली कर रहे! ख़ैर उनकी वो जानें अपने राम तो मस्त हैं। पहला-पहला अवसर है किसी पनघट के इतने नज़दीक़ ठहरने का। रावटी-ओट से पनघट पर आने-जानेवालों को तकने का। एक निमाड़ी कहावत है—टाटी आड़े नार मारनो—क्या वह इसी दिन के लिए लिखी गई थी!

आठ बजने को है।

पनघट अब ख़ाली है, मन-घट में मगर शोर है। कि आ चुकी चला-चली की बेला। कुछ ही देर में तिस्ता छोड़ना होगा। किन्तु रुख़सती के पहले एक ज़रूरी काम निमटाना है। तेवीस घरों के इस गाँव का एक फेरा लगाना है। कम-से-कम एक घर को तो भीतर से देखना है, यहाँ का भी। अपने मन की बात पासंग से कहता हूँ। अचरज है उसका बिन ना-नुकर तैयार हो जाना।

गाँव में हैं।

यहाँ वही भव्य-समता है जिसका ज़िक्र पहले किया जा चुका। मकान सभी दुमंज़िला हैं। नीचे जानवरों के रहने का ठिकाना, ऊपर मनुष्यों का। किन्तु जानवर कहीं नज़र नहीं आ रहे। न गलियों में, न खटाल में। अलबत्ता घरों के सामने या छतों पर याक की, भेड़ की, खालें सूखती दीख रहीं। कहीं-कहीं उसका गोश्त भी। खुले में सूखता गोश्त देख सोच रहा—'क्या इस बगार में मांसभक्षी पक्षी नहीं होते? इतने दिनों में—दारचा से इधर तलक—मालूम नहीं कितनी बिरादरियों के परिन्दे बरामद हुए परन्तु गिद्ध एक न दिखा। न चील या बाज़ ही। यह कैसी पहेली?' फिर सिर झटक के समझाता हूँ ख़ुद, 'अजय बाबू भटको मत, जो इस दिशा में चल पड़े तो छूट जावेगा हाथ में लिया काम। गोश्त को अपने हाल पे छोड़ नज़ारा करो गाँव की गलियों का।'

गलियाँ सँकरी हैं। उनमें बच्चे हैं। इक्का-दुक्का। तन्दुरुस्त हैं। भरे गालों वाले। पीछा कर रहे हैं हमारा। चाहते हैं फ़ोटो खिंचवाना। किन्तु कैमरा अपनी

ओर घूमता देख शरमाते हैं। छुप जाते हैं कोनों में। ज़रा सी मूँड़ी निकाल झाँकते हैं। खिलखिलाते हैं। फिर बाहर आ जाते हैं। मैं कैमरा उनकी तरफ़ करने का नाटक करता हूँ। वो फिर दौड़ पड़ते हैं कोनों की ओर। लुका-लुकी का खेला चल रहा। मज़ा आ रहा।

एक घर के सामने खड़े हैं। उसकी बाहरी भीत से सटा एक छोटा कक्ष है। जहाँ से धुआँ निकल रहा है। शायद रसोई बन रही? होगा यहाँ कोई तो होगा। उसी में घुस जाते हैं। किन्तु वहाँ कोई नहीं। एक चूल्हा है। उस पर दो देगचियाँ धरी हैं—नीचे ताँबे की, ऊपर पीतल वाली। चूल्हा जल रहा। धुआँ कर रहा है। पासंग चीन्हता है कि वहाँ छंग खींची जा रही।

आँख मलते हुए छंग-कक्ष से बाहर आते ही ठिठक जाता हूँ। तिस्ता के किसी घर को भीतर से देखने की सम्भावना एक स्त्री का रूप धर देख रही है हमें। पैंतीस-चालीस बरस की स्त्री। हिन्दी जानने-बोलनेवाली औरत। भट्ठी से सटा मकान उसी का है। यह दूसरी बात कि मेरा उससे पुराना रिश्ता निकल आया। पूरेऽऽ तीऽऽस मिनट का पुराना नाता! कि मैंने देखा था उसे पनघट पर। इसी नाते हँसता हूँ उसे देख। अभिवादन करता हूँ। उसका घर देखने का निवेदन करता हूँ।

उसकी हामी है।

देहरी लाँघते ही एक गलियारा है। वहाँ पहले माले को जाती पैड़ी है। जो सँकरी है। घुप अँधेरे में डूबी है। सीढ़ी जहाँ जा रही वहाँ एक और गलियारा है। नीचे वाले से चौड़ा है। किन्तु यहाँ भी अन्धकार है। हवा कुंद है। कि इधर हवा की आवाजाही का कोई साधन ही नहीं। हो भी क्यूँकर कि यह प्रचंड ठंडा इलाक़ा ठहरा। कई-कई फ़ीट मोटी बरफ़ जमा होती है यहाँ आठ महीने। ऐसे में घरों की मिट्टी थुपी और ख़ूब मोटी दीवारों में कोई वातायनी क्यूँकर बने?

मैं कैमरे की रोशनी में गलियारों को, सीढ़ी को, परख रहा हूँ। देखता हूँ वहाँ, गलियारे में, कुछ शुभंकर टँगे हुए। महीन कपड़े पर स्याही से उरेहे शुभंकर। घरवाली उन्हें 'प्रोटेक्टर' बताती है। बुरी आत्माओं को घर में घुसने से रोकनेवाले देवता। देवताओं के सामने से निकलते हुए मुझे संकोच हो रहा। धड़का है, कहीं रोक न दे। अपने भीतरी मुहल्ले से मैं अच्छे से परिचित जो हूँ। सँभलकर आगे बढ़ता हूँ। कनखियों से प्रोटेक्टरों को देखते हुए। वे भी मुझे देखते हैं। पर रोकते नहीं। चैन की साँस लेता हूँ। आगे बढ़ जाता हूँ। नूतन आत्मविश्वास से भरा चल रहा हूँ औरत के पीछे।

दाएँ-बाएँ घूमते गलियारे में कई दरवाज़े खुल रहे। उनके पीछे जो कक्ष हैं उनसे परिचित होना चाह रहा। नहीं हो पा रहा। कि औरत अवसर ही नहीं दे रही। वह हमें बैठक में ले जाती है। बैठक, जो उसकी रसोई भी है। भोजनशाला भी। यहाँ भरपूर उजास है। बड़ी-बड़ी बारियाँ हैं। काँच से छन धूप भीतर तो घुस आई

श्रीमती सेन्डुप

मगर पवन बाहर ही ठिठक गया। वह भी अन्दर आने को बेक़रार है। शीशे से मुँह सटा देख रहा भीतर। उसका श्वसन सुन पड़ रहा है। सर...सर...साँय...साँय... सर...सर।

पवन-स्वर के चलते जो प्रश्न मन में उठ रहा वह पूछता हूँ, "बड़ा सुन्दर मगर खुला-खुला किचन है आपका, जाड़ा यहाँ कैसे कटता होगा?"

दो पल लगे उसे मेरा कहा सवाल बूझने में। जब समझी तो हँसकर बोली, "बरप में इधर नेहीं रहता, निच्चे जाता है।"

इस 'निच्चे जाने' का अर्थ मुझपे खुलेगा मगर कुछ दिनों बाद। पहले रङ्डुम फिर सुरु घाटी के पानीखर में। जहाँ हम ठहरेंगे कुछ दिन। देखेंगे कि वहाँ के घरों में सोने-बैठने खाने-पकाने की जैसी व्यवस्था दूसरे माले पर रहती है हूबहू वैसी ही नीचे भी होती है। ज़मीन के भीतर—तलघर में। परिवार शीतकाल धरती के भीतर बिताता है, ठीक मरमट की तरह!

मगर ख़ैर। लौटा जावे तिस्ता में, जहाँ घरवाली बड़े प्रेम से हमें बैठने को कह रही।

बैठता हूँ। देखता हूँ करीनावार जमा-सजा कमरा। यहाँ बैठक व्यवस्था वैसी

ही है जैसी कि दूसरे घरों में देख चुके। यानी फ़र्श पर गादी है। गादी पर है आठ इंच ऊँची बेंच। आदमी पाँव पसारकर बैठ सकता है, बेंच को टेबुल की तरह बरत सकता है। दीवार पर अलमारियाँ हैं। ताक हैं। वहाँ जमे हैं चमाचम बर्तन-भाँड़े। चकाचक क्रॉकरी। फिर है स्टैंडिंग किचन। गैस का चूल्हा। टीवी।[1]

सोलहवीं में इक्कीसवीं सदी का संक्रमण हुआ देख अच्छा लग रहा है। और सोनी इन्हें गन्दा कहता था। पिछड़ा बुलाता था। इसी पूर्वग्रह के चलते ही वह हमारे संग नहीं आया। आना चाहिए था उसे। सोच पे पड़े जाले झड़ते!

"आप लोग छा पाएगा," औरत ने पूछा तो विचार शृंखला टूटी।

"हाँ, ज़रूर। जो आप नमकीन-चाय पिलवाएँ तो ज़रूर ही," चाय का सुन अपर्णा चहकी।

हक़ीक़तन, 'चाय' से जिस पेय का हमें तसव्वुर होता है, जँस्करी-चाय उससे अलहदा चीज़ है। वैसे भी इसे 'चाय' या 'नमकीन-चाय' बुलाने का फ़ैशन हम परदेसियों का पाड़ा है। जँस्करी के पास तो यह 'छज़ा' है। छज़ा बनाने हेतु हमन की परिचित चाय-पत्ती नहीं, कोई जड़ी-बूटी वापरते हैं ये लोग। इस बूटी को 'पुल (फफूँद)' के साथ पानी में डाल कई घंटे उबाला जाता है। इस तरह तैयार होता है छा-थङ् यानी छेज़ा-स्टॉक। जो कई दिनों तक ख़राब नहीं होता, चुनाँचे किसी बोतल में भर रख लिया जाता है। चाय बनाते समय पानी में छा-थङ् डाल फिर से उबाला जाता है। अब इस अदहन को काष्ठ निर्मित परखनलीनुमा पात्र—गुरगुर—में भरते हैं। तत्पश्चात इसमें डाला जाता है ज़्यो का मक्खन, ज़्यो का ही दूध एवं नमक। फिर आती है मिश्रण को फेंटने की बारी। इस वास्ते लकड़ी की बिलौनी इस्तेमाल होती है।[2] जो गुरगुर में ऊपर-नीचे चलाई जाती है। ज्यूँ-ज्यूँ मिश्रण फिंटता जाता, गाढ़ा होता चलता है। जब बिलौनी खींचना-ठेलना दुश्वार होने लगे, तब जान लें कि छज़ा तैयार हो चुका। उसे समोवार में निकाल फिर गरम करें, और पीवें प्याली में ढाल। घूँट-घूँट।

छज़ा बनाने में कितनी मेहनत है, इसका इलहाम आज हो रहा। औरत हाँफ-हाँफ गई है फिंटाई करते हुए। ताहम उसके चेहरे पर चिढ़ नहीं, इत्मीनान है। शायद इसलिए कि मेहमाननवाज़ी का मौक़ा इन्हें रोज़ दिन नहीं मिलता। बहरहाल, तीस मिनट की इन्तज़ारी बाद छज़ा से छलकती पियाली हाथ आई। सूँघा। मुँह से निकला अहा! चखा। तो हम-दोई एकसंग बोले वाह!!

'श्रम का फल मीठा होता है' यह ध्रुव सत्य नहीं। कि हम गवाह हैं इसके नमकीन होने का!

छेज़ापान करते हुए बातचीत का दौर चल पड़ा। मालूम हुआ कि औरत छह बच्चों की माँ है। ऐं! आ-धा-द-र्ज-न बच्चे! औरत तो एकदम सूत-साँवल में है, ख़ासी जवान भी। जल्दी शादी हुई होगी इसकी—मैं सोच रहा हूँ। औरत बोले जा रही।

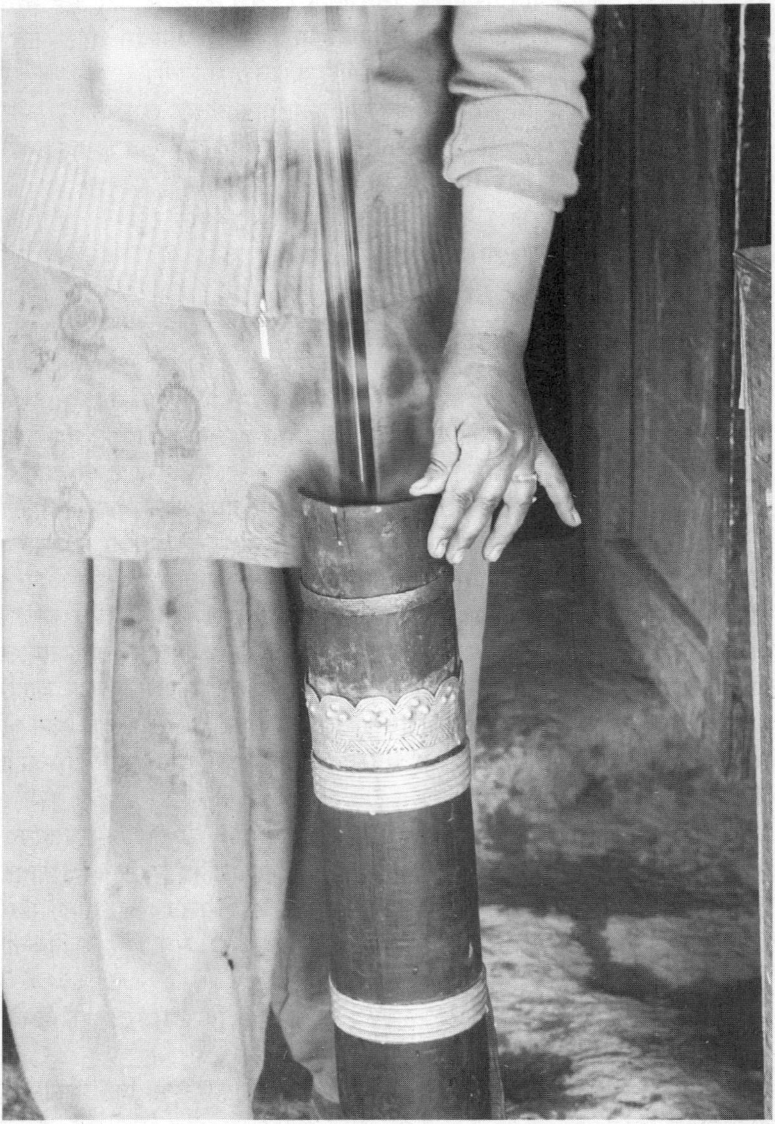

गुरगुर—जिसमें नमकीन चाय (छेजा) फेंटी जाती है

जो चार लड़कियाँ हैं, पढ़ रही हैं। एक धर्मशाला में, एक शिमले में, बाक़ी यहीं। बक़ौल उसके, उन्हें सरकारी मदद नहीं मिलती। पढ़ाई-ख़र्च वे ही उठा रहे। लड़कियों में से एक हमसे मिलती है। नाम है स्तेन्झिन सेंडुप। आठवीं पास कर चुकी। जम्मू जाना चाहती है, आगे पढ़ने वास्ते। अड़चन है फ़ीस की। पाँच हज़ार भरने हैं, स्कूल खुलते के साथ। क्या मैं उसकी मदद करूँगा—पूछती है। घर लौटने पर पैसे भेजवाने का वादा किया जाता है।[3]

औरत, श्रीमती सेंडुप, ख़ुश है।

बैठकी पूरी हुई। अब चलना होगा। मना करने के बाद भी वह नीचे आती है—हमें विदा करने। देहरी पर खड़े हो दो सवाल, जो ज़ेहन में कब से घूमते थे, पूछता हूँ। पहला—गाँव ख़ाली-ख़ाली क्यों है? पता पड़ा कि कोई लोग खेत में होंगे, कोई दोक्षा में।[4]

उत्तर देते हुए वह अपर्णा के हाथ में एक पूड़ा थमा देती है। जिसमें चुर्पी है।[5] पासंग उसे महँगी वस्तु बता रहा। उस पूड़े का बाज़ार-भाव कुछ नी तो सौ रुपये होगा ही। मैं औरत से पैसे का पूछता हूँ। वह हँसती है। मैं कुछ रुपये उसके हाथ पर धर देता हूँ, वह फिरा देती है—जुलै! बोलते हुए।

यह जुलै विदा का इशारा है। सो चल देना चाहता हूँ। मगर क़दम डिग नहीं रहे। कारण कि एक सवाल—वह दूसरा वाला सवाल—ज़ुबाँ पर झूल रहा है। रवानगी के पहले वह भी पूछ लेता हूँ—कि उसके घर में कोई मरद नहीं दीखा? उसका पति, उसके लड़के कहाँ हैं? बताया उसने कि एक लड़का लेह में है, दूसरा लामा बन रहा है और मरद... मरद गया हुआ ट्रैकिंग पर। यही उसका काम है। घर पर इन दिनों बस वह और स्तेन्झिन ही हैं।

तन को तिस्ता तजे एक क्लॉक बीत चुका, मन मगर तिस्ता में ही तैर रहा। जिधर देखूँ उधर वही औरत खड़ी दीख रही। सोचे जा रहा कि अरे! घर पर एकली जनानी, और इतना साहस? ऐसी दबंगई कि परदेसियों को घर में न सिर्फ़ आने दिया बल्कि आराम से खिलाया-पिलाया भी। किन्तु श्रीमती सेंडुप कोई अपवाद नहीं। और किसी घर मे गए होते तब भी अनुभव दूसरा न होता।

क्या गाँव वाले बातें नहीं बनाते?

क्या पति लोग आपत्ति नहीं उठाते?

तीसरा क़िस्सा

अभी हम कुरु गाँव से कुछ दूर हैं। चल रहे खेतों की मेंड़ से सटी लीक पर। देखते हुए क़ुदरत की कारीगरी। यथा महि की भरी-भरी देह। हाल ही में जचगी से फ़ारिग हुई जनानी हो जैसे। बिरवे अभी बस फूटे ही हैं उसकी कोख से। सद्यःजात

बिरवों को देख उनकी जात का कुछ पता नहीं चल रहा। नहीं पता पड़ रहा कि वो आगे चलकर जौ बनेंगे या कि कुछ और?

ग़ौर किया तो खेतों में, उधर परली तरफ़, काम करती चन्द औरतें दीखीं। अपने में ग़ुम औरतें। हम-दोई से क़तई बेख़बर औरतें। यह अनदेखी, ऐसी बेरुख़ी—नाक़ाबिले बरदाश्त। भीतर बैठा शहराती कसमसाया। दर्प पर चोट पड़ी उसके। टन्न!

गुस्साकर नज़र फिराई तो उलझ गई वह खेत में खेलते तीन बच्चों से—एक छोरा, दो छोरी। इन तीनों में जो सबसे बड़ी है—छोरी है—वह चट्टान पर बैठी है। निस्पन्द। मालूम हो रही बुत-सी मगर वह बेहिस नहीं।[6] दो काम एक साथ निमटा रही। एक ओर नज़र रखे है समीप खेलते अपने भाई-बहन पर। दूसरी ओर मशग़ूल है मोतियों का हार बुनने में। किसके लिए? अपने लिए या उसके लिए? शायद अपने लिए ही, कि 'उसके' लिए माला पोने की वय: तो अभी हुई नहीं। कुल सात-आठ ही की तो होगी वह।

बाल-बच्चेदार यह मंज़र, दिलक़श लगा। दरके दर्प पर मलहम लगा। समक्ष 'ग्रेट फ़ोटोग्राफ़िक अपार्चुनिटी' नज़र आई। बिलकुल तश्तरी में परोसा मौक़ा। मेंड़ को ट्रायपोड मानिन्द बरतते हुए मैं सही फ्रेम तलाशने में जुट गया। माला पोती लड़की ने गर्दन उठाई। मुझे देखा। वापस जुट गई अपने कारज में। इन लड़कियों को कैमरे की ख़बर भला किस तरह हो जाती है!

छोटे बच्चों ने भी हमें देखा। विहँसे। हाथ हिलाते हुए दौड़ने लगे हमारी ओर। लेकिन यह क्या वे तो रुक गए! बैठ गए भुँइ पर। बीन-चुन रहे हैं कुछ। क्यों रुक गए वे यकबयक? क्या उठा रहे हैं वे ज़मीन से? उनके इरादे नेक नहीं लगते। हो-न-हो कंकरियाँ बीनी जा रही हैं—हम पर फेंकने को? हाँ-हाँ! कं-क-रि-याँ ही बीनी जा रहीं!

आशंकाएँ घेर लेती हैं हम-दोई को। कि इब क्या होगा? मेंड़ पर धरा कैमरा उठा लेता हूँ। अपर्णा भी दो पग पीछे हट जाती है। मगर यहाँ से बढ़ लेना नहीं हो पा रहा। ज्यूँ कोई अगोचर डोर लिपटी हो हमारे बदन के गिर्द। पैर हमारे अब मन-मन के। लंगर पड़ गया हो जैसे पाँवों में। अन्ततः होता क्या है—यह जानने का लंगर।

हम इधर किंकर्तव्यविमूढ़, उधर वो-दोई बिनाई-चुनाई में डूबे।

फिर देखा कि वो दोनों हमारी ओर आ रहे हैं। बछड़े मानिन्द कुलाँचियाँ भरते, ठिठकते। पीछे उनके चल रही थी, चट्टान वाली लड़की। ख़रामा-ख़रामा। चलते हुए भी ध्यान उसका मोतियों पर ही लगा है।

गम्भीर लड़की से आँख हटी तो देखा कि वो दोनों बच्चे सामने खड़े हैं। उनके हाथों में जंगली फूलों का एक-एक गुलदस्ता है, जिसे वो हमारी ओर बढ़ाए हैं। लड़का खिलखिला रहा। लड़की, तीन बरस की नन्ही बच्ची, लजा रही।

गुलदस्ता स्वीकार, बच्चों को दुलार-पुचकार, गोली-चॉकलेट दे हम आगे बढ़ गए हैं। पीछे से महीन स्वर में कोई गुहार रहा—"जुलै!"

पलट के देखते हैं। हार बुननेवाली लड़की हाथ हिला रही। लड़का वैसे ही खिलखिला रहा। नन्ही बच्ची वैसे ही लजा रही।

'विदा नन्हे मित्रो!', कहते हुए अपर्णा की नज़र डबडबा गई है।

फ़लक पर से बदलियाँ फिसल रही हैं। झुक रही हैं धरा पर। ढाँप रही हैं इस बगार को। जैसे माँ ढाँपती है बच्चे को, स्तनपान के पहले। बारिशों के मौसम बन रहे। आज करेगी प्यासी बगार सुधापान!

वैसे जलधर तो मेरे अन्तस पर भी घिर आए हैं। अन्त:प्रदेस की दरकी धरती में हलचल है। निष्कपट प्रेम की बुंदकियाँ गिर रहीं उस पर। आज...बड़े दिनों बाद... दिल हो रहा है धाड़े मार रोने का!

पीस ऑफ़ माइंड

मन मेरा दो फाँकों में बँटा है।

एक मन मुतास्सिर है जाँस्कर से। कह रहा ख़ुशरू बच्चों, ख़ुशमिज़ाज बशर, ख़ुदमुख़्तार जनानियों, ख़ुशबूदार सबा, ख़ुशरंग ज़मीं और खलखल ख़र्ग्यग से मालामाल ऐसी ज़मीन दुनिया में और कहाँ हासिल? अजय बाबू ऐसा करो, ठहर जाओ यहीं—सदा के लिए।

दूसरे मन को पहले से इत्तिफ़ाक़ नहीं। कहता है कि ये जो शै हैं, जिनकी कशिश ने तुम्हें दीवाना बना दिया, बस चन्द रोज़ा हैं। सड़क इधर आई कि ये काफ़ूर हुईं। फिर मौजूदा तालीम भी तो है, वो बदल के रख देगी जँस्करियों के दिलो-दिमाग़। चन्द दिनों बाद ये ख़ूबसूरत बच्चे पलायन कर जावेंगे इधर से।

क्या सच है, क्या ग़लत, इसकी सुनूँ या उसकी—पसोपेश है!

आदमी में आत्मकेन्द्रितता भरनेवाली अधुना शिक्षा गाँव-देश से पलायन का बड़ा कारण है, इसमें कोई शक़ नहीं। और शुबह इसमें भी नहीं कि अयाचित सड़क जगहों में जबरिया बदलाव का महत्त्वपूर्ण कारण है। आदमी को बदलने का उपकरण है। इस तरह कि जगह बदलने से उधर का बशर बदलता ही है, यह हम सबकी देखी-परखी बात है।

इस ऊहापोह से छुटकारे का एकमेव साधन है—चर्चा। जानना कि इधर आ रहे महापथ को लेकर मुक़ामी लोगों के मन में क्या चल रहा? समझना कि आधुनिक शिक्षा ग्रहण कर चुकी जँस्करियों की पिछली दो पीढ़ियाँ क्या कर रहीं? इन दिनों कहाँ है?

इन मुद्दों पर जमकर बातचीत हुई पिछले दिनों, जँस्करियों से। यानी युगलद्वय ताशी व नेमा, नवाङ्, लोबसेङ, श्रीमती सेंडुप तथा स्तेन्झिन सेंडुप से। और सरेराह मिले क़ाफ़िलों में शुमार लोगों से। बच्चों से। इतनी जबड़ा जुगाली से जो हाथ आया वह जस-का-तस कहना तो मुमकिन नहीं। अतः उसका एक सम्पादित अंश ही आपके सामने रखता हूँ, सवाल-जवाब की सूरत में—

सवाल। जँस्करी लोग पढ़ रहे यह तो जान लिया। यह पढ़ना कहीं निपट अक्षर-ज्ञान तक ही तो सीमित नहीं? मतलब कितना-क्या पढ़ रहे जँस्करी बच्चे?

जवाब। जो औंधे दिमाग़ बच्चे हैं वो ज़्यादा नहीं पढ़ते। उनके लिए स्कूल पूरा हुआ कि बस। दूसरे अच्छा पढ़ रहे। तकनीकी शिक्षा भी ले रहे। कुरु गाँव के ही चार-पाँच बच्चे 'डॉक्टरी की ट्रेनिंग' लेने में जुटे हैं।

सवाल। क्या पढ़-लिख कर वे वापस लौट रहे हैं अपने गाँव?

जवाब, वह भी संवेद स्वर में—कि वे लौटते हैं। नवाङ् ने बताया कि लड़कियाँ तो शादी करके चली जाती हैं, लेकिन लड़के ज़रूर से लौटते हैं। और यहीं काम करते हैं। खेती करते हैं गाँव के बच्चों को पढ़ाते हैं। किन्तु इन शिक्षकों की एक समस्या है। काग़ज़ भरने में उनका बहुत-सा समय खप जाता है। फिर बच्चों का 'मिड-डे मील' तैयार करना। ठगा-सा महसूसते हैं वे अपने को।

सवाल। लोग दूसरे नौकरियों में भी तो जाते होंगे? उनका क्या?

जवाब। हाँ जाते हैं लोग दीगर नौकरियों में। जैसे कि फ़ौज में। अन्यान्य जगहों पर भी ऊँचे पदों पर आसीन हैं जँस्करी लोग। लेकिन वे गाँव से रिश्ता बनाए रखते हैं। खेत साझा खेती में डालते हैं। ऐसे लोग गर्मी या जाड़ा यहीं बिताते हैं। प्रसंगवश बता दूँ कि पढ़ने के बाद कुछ जँस्करी लेह या करगिल में भी टिक जाते हैं। ऐसे ही एक मनक से हम-आप परिचित भी हैं। लेह में 'लदाख-सराय' चलानेवाला, दिल्ली में शिक्षा पानेवाला, रिङ्झिन।

सवाल। और डागतर लोग, उनमें से कोई लौटा है जाँस्कर?

जवाब। अब तक तो जितने डागतर ट्रेनिंग को गए, सब लौटे। कोई पडुम में काम कर रहा, कोई करगिल में।

साथियो! यहाँ एक बात मुझे अपनी ओर से जोड़ने दी जावे। बात जो मैं करगिल में सुननेवाला हूँ पडुम के सरकारी अस्पताल से सेवानिवृत्त डॉ. गुरशरण सिंग के श्रीमुख से। डॉ. गुरशरण के अनुसार तकनीशियन या नर्सिंग का कोर्स करे कुछ जँस्करी बच्चे दूसरे प्रदेशों में भी काम कर रहे। किन्तु बहुत कम ही। अधिकांश तो पढ़-लिख कर अपने घर ही लौटे। सिंग साहब ने आगे बताया कि उनके पास जाँस्कर के दूर-दराज़ गाँवों के कई डॉक्टर तथा नर्स पदस्थ थे। पुरुष भी, महिलाएँ भी। उनमें से कुछ तो अपने गाँव में ही रहते। वहीं से आते रोज़-दिन काम पर। वह भी घोड़ों से। इसके सिवा दूसरा साधन भी क्या है जाँस्कर में! उनके घोड़े 'पार्क' करने हेतु विशेष व्यवस्था की गई थी डॉ. सिंग द्वारा। लुगनक गाँव की एक लड़की उन्हें विशेष रूप से याद है। काहे कि वह अश्वारोहण करती किसी रानी की तरह। अपना घोड़ा हमेश ही डिस्पेंसरी के दरवज्जे पर बाँधती। बीच-बीच में बाहर निकल घोड़े से बतियाती। उसे दाना-पानी दिया करती।[1] एक बात और नर्स हो या कोई जँस्करी डॉक्टर, काम से जी नहीं चुराते। अपने गाँव-घर को कोसते नहीं बैठते!

अब लौटते हैं पुनः वहीं जहाँ थे। यानी रैपिड फ़ायर राउंड पर।

सवाल। पढ़-लिख कर अपने घर लौटना तो चमत्कार है। और जगह तो बारहवीं पास भी वापस अपने गाँव नहीं आ रहे, नर्स-डॉक्टर तो सपने में भी नहीं। यहाँ, जाँस्कर में, इन लोगों का लौटना क्यूँ हो रहा?

जवाब, सबका एक यही—'पीस ऑफ़ माइंड' के लिए। कि जाँस्कर समतुल्य मानसिक शान्ति किधर मिलेगी दुनिया में।

सवाल। लेकिन आज के बच्चे तो भौतिक-सुख के मुरीद हैं। हमारी तरफ़ तो क्या युवा, क्या बूढ़े सभी धन को ही 'मेंटल-पीस' का साधन जानते हैं। आपके यहाँ के बच्चे क्या किसी दूसरी मिट्टी के बने हैं?

जवाब। इसकी वजह तो नहीं पता। कभी इस तरह सोचा ही नहीं। कारण यह हो या वह मगर यहाँ मानसिक शान्ति तो है ही। जो युवाओं को, हम सबों को, जाँस्कर से बाँधे है।

जब और जहाँ 'मानसिक शान्ति' का ज़िक्र आया—और वह हर एक से बात करते हुए आया—तब और तहाँ हमने यह सवाल किया—

अब तो सड़क आ रही है इधर। बन्द मुट्ठी खुल जावेगी। बहुत लोग यहाँ आवेंगे। कारें दौड़ेंगी, बस-ट्रक चलेंगे। हो सकता है कि घाटी में खनन भी होने लगे। ऐसे में क्या वह शान्ति बची रहेगी जिसका आप दम भर रहे?

जवाब में हरेक ने कहा कि हमें सड़क तो होनी थी, मगर ऐसी नहीं। ग्राम्य-सड़क योजना सरीखी। ऐसी जिससे पडुम तक की आवाजाही सुगम हो जाती। पडुम तो करगिल से कब ही से जुड़ा है। जो सड़क बन रही है, उससे तो हमारा 'मेंटल-पीस' ख़त्म होगा। यह नाला ख़राब होगा। इस जवाब में लोबसेङ तथा नेमा की पत्नी—जो शिक्षिका है—ने एक दूसरी ही दृष्टि जोड़ी। जो क़ाबिलेग़ौर है—

> 'आज यहाँ कोई ग़रीब है न अमीर। सबके पास ज़मीन-जानवर हैं। इसलिए यहाँ बेकारी नहीं। भुख़मरी या बेरोज़गारी का तो प्रश्न ही नहीं उठता। अभी कुछ दिन पहले तक नाले में जितने गाँव हैं सभी एक परिवार की तरह रहते हुए मज़े-से खा-पी रहे थे। मगर सरकारी दबाव से एक साल पहले यहाँ प्रधान सिस्टम लागू हुआ। चुनाव हुए। इस सिस्टम ने, चुनाव ने, गाँव को ही नहीं लोगों को भी बाँट दिया। अब जब हाई-वे आवेगा तो गाँव और बँट जावेंगे। धन्धा शुरू होगा। अमीर और ग़रीब पैदा होंगे। जो चीज़ हमारे लिए अनजानी है—क्राइम—वह भी शायद होने लगे यहाँ।'

सवाल। अगरचे ऐसा है तो मना क्यों नहीं किया? हाई-वे का कोई विरोध क्यों नहीं दीख रहा यहाँ?

जवाब। इस पर ताशी-युगल का कहना पड़ा कि उनसे पूछा ही कब गया जो मना करते। एक पल थमकर आगे जोड़ा कि सड़क सेना वास्ते बन रही। ऐसे में विरोध कोई कैसे करे?

सवाल। मगर सेना के लिए तो आगे ही सड़कें हैं यहाँ। मनाली से लेह और श्रीनगर से करगिल के लिए सड़कें हैं। उनका रख-रखाव जो ईमानदारी से किया जावे तो इस सड़क की दरकार क्यों पड़े?

जवाब में मिला सिर्फ़ चुप्पा।

सवाल। जो बच्चे पढ़कर लौटे हैं वे क्या इस वैली के लिए कुछ सोच रहे?

जवाब। लोबसेङ् ने छात्र गतिविधियों का खुलासा किया। बताया कि उन लोगों की एक यूनियन है। एल.वी.एस.।[2] ये लोग वैली के लिए बहुत काम कर रहे। ख़ास कर इसे प्रदूषण मुक्त रखने की दिशा में। नवाङ् ने इसमें जोड़ा कि यूनियन के लोग घोड़े पर नाले का चक्कर लगाते हैं। लगाते रहते हैं। माह में एक मर्तबा तमाम कोहसार साफ़ करते हैं। जिस गाँव में गन्दगी मिले उसे पहले समझाइश दी जाती है, न माने तो जुर्माना वसूला जाता है—दस हज़ार रुप्पे! नहीं माननेवालों को, कभी-कभी, यूनियन ऑफ़िस में बुला पीटा भी जाता है। कि औंधे दिमाग़ वाले के लिए पिटाई ही समझाइश है।

जँस्करी युवा की सफ़ाई को लेकर चिन्ता के गवाह तो हम भी हैं। हमें भी उनसे घाटी में कचड़ा नहीं फेंकने की हिदायत मिल चुकी। इससे जुड़े चन्द क़िस्से भी हैं मेरे कने, मगर उधर जाने का यह मुफ़ीद वक़्त नहीं। फ़िलहाल तो थामे रहते हैं 'मेंटल-पीस' वाला मुद्दा। कि इस मेंटल-पीस का कारण क्या है—यह प्रश्न विचारणीय है।

यहाँ की ख़ुशहाली का कारण, जैसा कि कह चुका, नृ-विज्ञानी विरल जनसंख्या बताते हैं। और विरल जनसंख्या का कारण बहुपति-प्रथा। मेरे गले किन्तु यह तर्क नहीं उतरता। इसलिए कि इस विवाह प्रथा—जो आज छीज चुकी—को निभानेवाले कभी भी बहुत नहीं रहे। चुनिन्दा परिवार जिनमें एकाधिक लड़के होते वे ही साझा-पत्नी रखा करते।

वैसे कुछ अध्येता जँस्करी मेंटल-पीस का सेहरा धर्म के माथे भी बाँधते हैं। कहते हैं इधर मिलनेवाली मानसिक-शान्ति के, इधर दृश्यमान भव्य-समता के, परिपार्श्व में कहीं न कहीं, किसी न किसी तरह से धर्म कार्यरत है—बौद्ध धर्म। कि बौद्ध लामाओं की आमद के पूर्व यहाँ का समाज दूसरी तरह का था—क्रूर तथा महालड़ाका।

यह दलील भी मुझे बेदम जान पड़ती है। मेरी समझ से मात्र धर्म के सहारे अर्जित वस्तु नहीं है यह आन्तरिक शान्ति। हो ही नहीं सकती। कि जो ऐसा होता तो बुद्ध में माननेवाले सभी लोग शान्त होते। तिब्बती राजा लदाख पर कहर नहीं तोड़ते। लदाखी ग्याल-पो सत्ता हेतु अपने परिजनों की हत्या नहीं करते। और सम्राट

अशोक बौद्ध धर्म अंगीकार करने उपरान्त कलिंग-युद्ध नहीं लड़ता।[3]

यानी यहाँ व्यापी मानसिक शान्ति का आधार का एकमेव धर्म नहीं है। यह मानने के मेरे नज़दीक एक नहीं दो कारण हैं। पहला—अगर मानसिक शान्ति धर्म विशेष पर अवलम्बित होती तो पानीखर और पडुम के शिया मुसलमान मानसिक शान्ति को यहाँ टिके रहने का कारण नहीं बताते।[4] दूसरा—इस इत्मीनान का फ़क़त आदमी तक महदूद नहीं होना। कि इधर के परिन्दों, गदहों, शेया और कुकुरों में भी उतापे का अभाव हम देख आए हैं।

इस बिना पर मुझे लगता है यह शीतलता-शान्तता जँस्करी संस्कृति से नालबद्ध है। संस्कृति जो दीगर जनजातियों से पाई परम्पराओं या धार्मिक विश्वासों के किये से ही नहीं निर्मित हुई। इसकी निर्मिति में किंचित् अवदान इस बगार की बाहरी जगत से निस्संगता भी है। परन्तु महती योगदान है इधर के पहाड़ों-नदियों का। यहाँ की अक्षुण्ण प्राकृतिक सम्पदा का। जिसके संसर्ग में रह मनुष्य ही नहीं अन्यान्य जीवित प्राणी आन्तरिक स्तर पर निर्द्वन्द्व हो जाते हैं!

और यह बात आगे चलके पुनः सिद्ध होगी। तब जब हमारे रूबरू होगा लामा-पाखी।

रेगिस्तान में फूल

जुलाई 11, 2013। सुबह दस बजे।

तिस्ता की मृदु-स्मृतियाँ सँभाले हम निकल पड़े हैं अगले पड़ाव की ओर। पुर्ने की ओर। टीनू की मानें तो यह मात्र डेढ़ नी तो दो घंटे का ही रास्ता है। हम भी इसे इतने ही समय में निभा सकते हैं, जो खच्चरों मानिन्द चलें। और कोई टीनू चलता हो हमें धकियाते हुए पीछे से। शुक्र है कि न हम सिर नवाए चलनेवाले जनावर हैं और न ही टीनू संग है हमारे। वह तो दौड़ रहा है आगे-आगे कि अघा गया है वो अपन से। चलने की हमारी ढब से। ढब रुकते-रुकाते मस्ताते-सुस्ताते चलने की। गीत गुनगुनाते चलने की। आप ही सुन लें वह जो फ़िलहाल अपर्णा गुनगुना रही—'यह कहाँ आ गए हम सरे-राह चलते-चलते'।

और यह गीत क़तई मौज़ूँ है। कि यहाँ घाटी वह बगार नहीं जान पड़ रही जिसमें गुज़र हो रही थी हमारी पिछले चन्द दिनों से। क्या धरती-पटल पर किसी ने डस्टर फेर दिया है? पोंछ दिये हैं तमाम हरे-लाल-नीले रंग। यानी यहाँ की ज़मीं ज़र्दरंग है और रविश रेगिस्तानी।

रेगिस्तानों की-सी वीरानगी में डूबा है यहाँ का गोशा-गोशा। न कोई आदमी, न जीव-जनावर। चिड़िया की चह-चह भी नहीं यहाँ। लामा-पाखी की भी नहीं। किधर चले गए सब। रंग-पाखी-गधेरे-नदी सब! लग रहा मानो स्टेथोस्कोप फँसा हो कानों में। वन...टू...साँस भीतर...थ्री...फोर...साँस बाहर। हाय! कितना विचित्र अनुभव है यह—अपनी ही साँस को सुनते हुए चलना।

लुब्बेलुबाब यह कि हम रूबरू हैं उस रेगिस्तान से, जिसके लिए जाँस्कर बदनाम है। सूरज बल रहा है। बाल भी रहा है। पवन दौड़ रहा मुट्ठी में रेत भर। फेंक रहा बाली हमारे कपड़ों पर। मुख पर। आँखों में। शिंगु-जोत बाद आज फिर पहनना पड़ा है काला चश्मा।[1]

गनीमत यह कि हवा ठंडी है। सर ढाँपना सम्भव हो पा रहा है। मगर इससे पसीना हो रहा। टपक रहा है भवों से। बह रहा है कल्लों से। बाली पर प्रसन्न है। कि हो गई उसकी तो बल्ले-बल्ले। पसीने से मिल वह लिपट गई है नाक से। नाक खुजला रही। चुनचुना रही। खुजली से खीज मच रही है। क्या करूँ? मुहँ पर लपेट लूँ स्कार्फ़, जैसे अपर्णा ने लपेट रखा है?

किन्तु मुझे नहीं सुहाता मुँह पर कपड़ा, आँख पे चश्मा। अपने महबूब से पर्दा क्यूँकर हो? चश्मा जेब में खोंस लेता हूँ। हाथ में थामा स्कार्फ़ भी चला गया है खीसे में। समझाता हूँ अपने को—'अजय बाबू...ओ अजय बाबू...तनिक धीर धरो...कि यह हवा, हवा नहीं हिमालय का निःश्वास है। फूँक है। आयतें पढ़ छोड़ी गई फूँक। जो परस रही तुमारे मुख को। दम दे रही तुममें।

हाँ...हाँ फूँक रहा है हिमाला आयतें मेरे वजूद पर। और जो शहरों में कभी नहीं हुआ—जो अब से पहले कभी कहीं नहीं हुआ—वह घट रहा है मेरे संग। कि मैं ख़ुद को चलता हुआ देख रहा हूँ। देख पा रहा आती-जाती अपनी हरेक साँस। मैं ख़ुद को...ख़ुद अपने को...महसूस कर पा रहा। अपने आपको ज़िन्दा महसूसना कितना जुदा, कैसा सुन्दर-सुखद अनुभव है! मन में सोते फूट रहे हैं। अब यहाँ न रेत, न सूरज की बलन। बस एक शान्तता है। भीतर भी। बाहर भी। सारा बदन भीज रहा है मेरा। क्या मैं पिघल रहा हूँ, शनैः-शनैः? मोमबत्ती मानिन्द। न...न...स्वेद नहीं, अश्रु हैं ये तो। रो रहा है रोम-रोम मेरा। आनन्द अतिरेक से।

ईऽऽऊईईऽऽऊ...ईउऽऽईईऽऽऊऽऽ...
ईउऽऽईईऽऽऊऽऽ...इईऽऽउउऽऽ

यह कौन बोला? ये किसने घोली मिसरी कानों में? यह तो लामा-पाखी का कंठ-स्वर है। हाँ...उस-ही का तो स्वर है यह। किधर छुप भर रहा आलाप वह?

हम-दोई तलाशते हैं।

देखा तो क्या दीखा कि हम एक सोते के समीप हैं। और वहाँ, हमारी बिनाई के ऐन सामने, सोते में कूदती-फाँदती एक लामा-चिड़िया है। कैमरा हाथ ही में है। सेट है। लक्ष्य साधता हूँ। शटर टीपता हूँ। और...हस्तगत हुआ मनचाहा। परिन्दा अब कैमरे में है। मगर अख़्तियार में है सिर्फ़ उसका बदन ही। रूह उसकी फुदक रही है आबशार के अगल-बग़ल!

हम-दोई जहाँ के तहाँ ठिठके हैं।

चश्मा फ़क़त दो क़दम दूर है। उधर थोड़ी घास है। फूल हैं। ठंडक है। उस बूटेदार गलीचे पर बैठने का मन हो रहा। मगर संकोच भी है। कि पाखी की आत्मा दुखेगी। उसके सुख में कंकरी पड़ेगी। मन मगर नहीं मानता। दबे पैर बढ़ते हैं गलीचे जानिब। पाखी हमें देखता है। उसके नैनों में भय का नामोनिशान नहीं। चौंक नहीं। जुगुप्सा नहीं। क्रोध भी नहीं। बस नेह ही नेह है उधर। वह गर्दन बाँकी कर हमें देखता है। उड़ता है। और सोते के बीच पड़ी एक चट्टान पर जा बैठता है। उसने हमारे लिए जगह बना दी है। उसे मालूम कि प्रकृति सब की है। उस पर सभी का बराबरी का हक़। अपर्णा सोते में पैर डुबका के बैठी है। मैं पसरा हूँ गलीचे पर। पाखी मगन है जलक्रीड़ा में। गा रहा है वही सुरीला गीत—

ईउऽऽईईऽऽऊऽऽ...इईऽऽउउऽऽ
ईऽऽऊईईऽऽऊ...ईउऽऽईईऽऽऊऽऽ...

"सर जी...उठो...देर हो रही...पुर्ने पहुँचना है शाम के पहले," चश्मे से पानी भरते हुए रनी ने पुकारा तो चेत लौटा। मैं उठा। चश्मे को अँजुरी में भरा, कि आचमन कर लूँ। धो लूँ अपना मुख। किन्तु चंचल चश्मा चंगुल में फँसने को राजी ही नहीं। निकल जावे उँगलियों के बीच से। बार-बार। हर बार।

हँसता हूँ मैं। कहता हूँ उससे—

"कोई नहीं...कोई बात नहीं...अभी तो किशोरावस्था है तुमारी। ख़ूब मज़े करो...घूमो-फिरो...किन्तु हो सके तो उस दरिया से, जो नीचे से तुम्हें पुकार रहा, उससे कोई वास्ता मत रखना। जानता हूँ दरिया में बड़ी खींच होती है। कि वहीं तुम्हें बड़ा बनने का अपना स्वप्न फलीभूत होता दीखता होगा। किन्तु, इक बात बताऊँ तुमको, जो नीचे को पुकारे उसके पास कभी मत जाना। कि नीचे जाना शुरू किया तो धँसते ही जाओगे। गिरते ही रहोगे। यहाँ तक कि एक दिन खो दोगे अपना सोतापन। अपनी ख़ुदमुख़्तारी। अपने सपने। जैसे कि मैंने गँवाए, हमारे बच्चे गँवा रहे। दुनियावी-दरिया की कशिश में...जो मैंने खोया तुम मत खोना...जाओ कि तुम्हें नहीं रोकूँगा...कि तुममें बड़ी सम्भावनाएँ छुपी हैं...कि अभी तो मसें भी नहीं भींगी तुमारी..."

मैं आगे बढ़ जाता हूँ। चार डग भरने के बाद पलटता हूँ। गो मेरा कहा चश्मा बूझ गया है। काहे कि वह उछल रहा है। उलीच रहा है जल, अपनी जमा-पूँजी, इर्द-गिर्द। भीज रही है घास। यह घास कल लहलहाएगी। चौपाए खाएँगे इसे। दूध बनेगा। दूध जो जाने कितनों को पुष्ट करेगा। बोध हुआ, जब भी मैं दूध पीता हूँ, कोई चश्मा पीता हूँ। अकिंचन चश्मा अपने होने को अर्थ दे रहा...और मैं...मेरा जीवन तो धँसा है निज-स्वार्थ कीच में...ओह! यह ख़ुद को देख पाने की नज़र...यह तो त्रास दे रही...अरे! हिमालय...ओ...रे! गिरिराज...मत दे ऐसी त्रासदायिनी वस्तु मुझे!

चलते हुए दो घंटे बीत चुके।

दरपेश मंज़र फिर बदल गया है। ऊबड़-खाबड़ लीक अब समतल है। पहाड़ों पर रंग लौट आया है। लौट आई हैं उनके रूख़ पर की सिलवटें। ये परबत अभी-अभी सुख-निद्रा से जगे हैं, शायद।

दूर चन्द स्तूप दीख रहे। पगडंडी इठलाते हुए निकल रही उनके बीच से। इन स्तूपों को अपने दाईं ओर रखकर चलने की परम्परा है।[2] इनकी परिक्रमा भी लगाई जाती है। ये ध्यान-केन्द्र हैं। बुद्ध-मन का प्रतीक हैं। स्तूप किन्तु हमारे पूर्व परिचित हैं। इनसे कई मुलाक़ातें हो चुकीं पहले। कभी साँची, कभी सारनाथ, और कभी

नेपाल या लदाख में। वहीं से मुझे ज्ञात है इनके भीतर बुद्ध के अवशेषों का होना। फूल का होना। फूल से गुलों का तसव्वुर न करें। यहाँ 'फूल' का अर्थ है—देहदाह पूर्व सहेजे बाल या दहन बाद बच रहे दाँत अथवा अस्थियाँ।

ख़ैर, अन्यान्य जगहों के बरअक्स ख़ग्र्यग घाटी के स्तूपों में वैसा वैभव नहीं। भव्यता नहीं। कहीं-कहीं तो ये ख़स्ताहाल ही हैं। पर हैं जहाँ भी, बहुतायत से हैं। किसी गाँव के क़रीब एकमुश्त इतने बहुत से स्तूपों का क्या औचित्य, सोच रहा हूँ। सोचने में तो यह भी आ रहा कि बुद्ध को गए इतना सारा समय बीत चुका, उनके 'फूल' अब तक कैसे नहीं खुटे? यही सवाल मैंने किया था लोटस से। तब उसने बताया था स्तूप को लदाख में छोदतेन बुलाया जाना।[3] और खुलासा किया था लदाखी बौद्ध-जगत में प्रचलित मृत्यु से जुड़े संस्कारों का।

यह साल 2011 का ज़िक्र है। तब लेह में जिन दो मित्रों के साथ ठहरने का अवसर मिला, उनमें से एक था—लोटस। लदाखी होने से उसे स्थानीय संस्कृति का गहरा ज्ञान भी था। उस-ही से ज्ञात हुआ कि लदाख में शव-दाह फ़ौरन नहीं किया जाता। बल्कि शव को घर ही में, मृतक की पसन्दीदा चीज़ों के संग, एक कमरे में बन्द कर देते हैं। जहाँ वह रहता है दिनोंदिन। जाड़े में दस-बारह, गर्मियों में तीन-चार दिन। इस बीच मृतक-कोठरी में कोई नहीं जाता, अलावा गाँव के लामा के।

मृतक-संस्कार करनेवाला लामा शव के क़रीब बैठ तंत्र-मंत्र साधता है। जीव का पुनः प्रवेश करवाता है मृत-देह में। शव गरमाने लगता है। शव के नेत्र खुल जाते हैं। कभी-कभी तो उनसे रक्त भी बह निकलता। लामा इस अर्ध-जीवित शरीर से 'जीव' को विधिपूर्वक मुक्त करता है। मस्तक, नेत्र अथवा नासिका से। यह विधि पूर्ण होने बाद ही दाह-संस्कार किया जाता है। यदि विधि किसी कारणवश नहीं हो सके तो—जैसे मृत्यु यदि परदेस में हुई हो तो—अलग से पूजा की जाती है।

लोटस ने आगे बताया कि लामा की मृत्यु बाद उसके नाम पर एक छोदतेन बनाया जाता है। जिसमें उसके फूल रखे जाते हैं। इस बातचीत से मालूमात तो निकली, मगर पूरी बात नहीं बनी। सवाल अब भी खड़ा है कि लामा के लिए ही छोदतेन क्यों बनाना? फिर छोदतेन में उसका सामान क्यों धरना? तपास जारी रही, इन्दौर लौटने बाद भी। इस तरह जो हासिल हुआ—और यह मेरा ख़याल है—उससे यह परिपाटी गौतम-बुद्ध की अन्तिम इच्छा से जुड़ती जान पड़ती है। उस इच्छा की कथा कुछ इस प्रकार है—

> महानिर्वाण की तैयारी होते देख आनन्द—गौतम के परम शिष्य—ने तथागत से पूछा, "भन्ते! तथागत के शरीर को हम कैसे बरतेंगे?"
>
> "आनन्द, तथागत के शरीर की परवाह मत करना। तुम...सच्चे पदार्थ (को पाने) हेतु प्रयास करना, सत्-अर्थ उद्योग करना।"

आनन्द मगर सन्तुष्ट नहीं हुआ। उसने सवाल दोहराया। इस पर बुद्ध बोले—

> "जैसे चक्रवर्ती राजा के शरीर के साथ किया जाता है, वही तथागत के शरीर के साथ किया जावे।" शरीर-दहन का तरीक़ा बतलाने के बाद अपनी बात समाप्त करते हुए गौतम ने कहा, "जलाने के बाद जैसे चौरस्ते पर चक्रवर्ती राजा के लिए स्तूप बनाते हैं, ऐसा तथागत के लिए करना।"

यहाँ ध्यान दिला दूँ कि राजाओं का स्मारक बनाने की परिपाटी तो बुद्ध के बहुत पहले की परम्परा है। शकों सहित अनेक प्राच्य-फिरन्दरों के यहाँ से अपने सरदार की भव्य-क़ब्र बनाने और उसमें उसकी निजी वस्तुएँ रखने के प्रमाण आज हमें उपलब्ध हैं। इस अर्थ से ध्यातव्य है गौतम का 'शक्य-मुनि' कहलाना। जो उनका प्राच्य-फिरन्दरों के वंश से होने की सम्भावना को बल देता है। बुद्ध की वह इच्छा, मरणोपरान्त अपने शरीर के साथ 'चक्रवर्ती राजाओं' सरीखा बर्ताव किये जाने की करने की आज्ञा, मुझे फिरन्दरी संस्कारों से जुड़ती जान पड़ती है। अब बुद्ध की कोई निजी वस्तुएँ तो थीं नहीं। चुनाँचे, छोदतेन में तथागत के 'फूल' रखे गए। कालक्रम से ऐसा करना परम्परा में बदल गया। परम्परा जो लामाओं पर भी लागू हुई। इस करके कि हर लामा का अन्तिम ध्येय बुद्धत्व प्राप्ति ठहरा। और शिष्य अपने गुरु को—लामा को—साक्षात बुद्ध ही देखते हैं।

इसी रौ में छोदतेन बाबत दो-चार जानकारियाँ और साझा करता चलूँ। तिब्बती शब्दकोशानुसार 'छोदतेन' का अर्थ है चढ़ावा (पूजा) देने का पात्र। रंग को देखें तो छोदतेन बहुधा धौले होते हैं। और एकले ही बनाए जाते हैं। मगर यह अटल-सत्य नहीं। कि बाज़ जगह ये तीन, सात या आठ के समूह में भी मिलते हैं। सात-आठ के गुट वाले स्तूप बुद्धत्व-प्राप्ति के विभिन्न चरणों को उजागर करते हैं। इनके बरअक्स स्तूप-त्रयी में तीन इतर रंग के छोदतेन होते हैं—सफ़ेद, काला (गहरा नीला) और लाल। इन रंगों के तांत्रिक गूढ़ार्थ हैं। वैसे इसकी नाल उस लदाखी लोकगीत से भी जुड़ती है जिसमें धरती बनने की प्रविधि गाई जाती है—

धरती कहाँ पनपी/ धरती एक झील पर पनपी
झील से और क्या प्रकटा/झील पर एक मैदान प्रकटा
मैदान से और क्या पनपा/मैदान से तीन पहाड़ पनपे
उन पहाड़ों के नाम तो बताओ
पहला सफ़ेद मणि वाला पहाड़
दूजा लाल मणि वाला पहाड़
तीजा नील-मणि वाला पहाड़[4]

जँस्करी गदहा

दोस्तो, छोदतेन-चर्चा में अच्छा समय निकला। लगता है हम अब किसी बस्ती समीप आ पहुँचे हैं। इसलिए कि सामने, पगडंडी के बीचमबीच, जँस्करी गदहे खड़े हैं। जो पालतू हैं, जंगली नहीं।

लदाखी जंगली गदहे—क्याङ् या खुर्र—से हमारी भेंट 2011 में हो चुकी। उनकी देह बड़ी होती है। धारीदार होती है। साक्षात जीव मगर काला-ढुस्स है। कुत्ते से भी पस्ताक़द है। सोच रहा, इतना छोटा जीव कैसे ढोया करता होगा कारवाँ का माल-ओ-असबाब। मर-मर कर चलता होगा बापड़ा बरफ़ पर। परन्तु यह तब का बयान है जब जाँस्कर में घोड़े नहीं थे। अब हैं। चुनाँचे गदहे पालने की परिपाटी छीज रही।

जो हो, हम-दोई इन्हें देख अपनी-अपनी तरह से ख़ुश हैं। अपर्णा मरे जा रही इनको छूने वास्ते। लिपटाने वास्ते। और मेरे लिए ये गदहे ढोलची हैं। मानव बस्ती की मुनादी हैं। मानव बस्ती है, तो चाय है। और कब से तलब लगी है इस अमृत-पेय की। अब तो चाय-पियाली का अक्स तिरने लगा है आँखों में। वादियाँ में महक भी अब उस-ही की है।

मुआफ़ी कि उस गाँव का नाम बिसरा गया। गोया मलिङ्...नहीं...शायद कुछ और। कोई नहीं जी, कि फरक पेन्दा है, अपन को तो चाय की तलब है और वह

हासिल है पगडंडी से सटी इस दूकान में। दूकान दरअसल घर ही का हिस्सा है। भीतर एक बुजुर्ग है। अपने पोते संग खेल रहा है। पोता अभी छोटा ही है। पालने में लेटने की उमर है अभी उसकी। मगर है जँस्करी ढब से लक़दक़। उन-ही की तरह बिन्दास। खिलखिल हँसनेवाला। सिर पे गेरुआ टोपा, गले में रुद्राक्ष माल। मुख़्तसर यह कि बच्चा किसी लामा-सा जान पड़ रहा। नेह उमड़ रहा है लामा के इस जेबी-संस्करण पर

बुज़ुर्ग से बच्चे की तस्वीर खींचने की अनुमति माँगता हूँ। अनुमति मिली। उसकी तस्वीर उतारी। फिर बतियाने लगा छोटे लामा संग। आठ-नौ माह के लामा को मेरा बोला समझने का कोई चान्स ही नहीं, तब भी वह हँसने की बात पर हँस पड़ता है। और बेतुके सवाल सुन चुप कर, टुकुरने लगता है मुझे। नरेश सक्सेना की कविता कानों में गूँज रही है, अज़ान की तरह—

शिशु लोरी के शब्द नहीं
संगीत समझता है
बाद में सीखेगा भाषा
अभी वह अर्थ समझता है

अभी छोटे-लामा में ही मशगूल था कि चाय आ गई। अपर्णा को अपने पसन्दीदा बिस्कुट—पारले-जी—मिल गए। खाने-पीने के बाद अब विदा की बारी है। लेकिन अलविदा कहने के अव्वल एक ज़रूरी काम निमटाना है। हाथ में पकड़े और खीसों में भरे कचड़े से निजात पाना है। इस सबब ढूँढ़ता हूँ हर कोना। परन्तु किधर भी कूड़ादान नहीं दीख रहा।

"इद्र ही फेंक दो," दुकान मालिक आँगन की ओर इशारा करते हुए बोला।

मैं तमाम कूड़ा वहीं डाल देता हूँ।

दुकानदार भौचक! तड़तड़ाते हुए बोला, "ए! एऽऽ! एद्र नहीं...इद्र।"

इंगित दिशा तरफ़ बारीकी से देखा तो दीखा दुकान से सटे आँगन में एक सूराख। छह गुणित छह इंची चौरस छेद। फेंके कचरे को सोर उस सूराख में डाला। फिर समीप धरी लकड़ी से उसे भीतर ठेला। अब दुकान-मालिक से मुख़ातिब हूँ—

"ज़मीन के भीतर कचड़ा घुसेड़ना तो ठीक नहीं, धीरे-धीरे मिट्टी ही ख़राब हो जावेगी इधर की..."

बुज़ुर्ग ने समझाया तो मालूम हुआ कि वह कोई सामान्य-सूराख नहीं है। गुप्त सुरंग का मुख है। सुरंग जो घर के नीचे बनी भट्ठी में पैठती है। साल भर सूखा कचड़ा इसी सुरंग में ठेला जाता है। जाड़े में भट्टी चेता घर गर्म रखा जाता है। बात से बात निकलती गई। खुला पूरी घाटी में, इतने घोड़े-याक आदि होने के बाद भी

कहीं एक भी पोठा नहीं दीखने का रहस्य। इल्म हुआ कि घोड़े के पोठे सोर कर सुखा लिये जाते हैं। प्रयुक्त होते हैं रसोई के चूल्हे में। याक-बाट के गोबर से खाद बनती है। कंडे थेपे जाते हैं। कंडे देह-दाह में भी काम आते हैं। लोबसेङ ने ठीक ही कहा था—जाँस्कर में कुछ गन्दा नहीं, कोई भी वस्तु कचड़ा नहीं!

दुपहरी है।

अढ़ाई-पौने तीन का बखत हो चला। चलाई चल रही। पहाड़ों का रंग-ढंग फिर बदला-बदला सा है इधर। अब वे मिटियाले हैं। उनके भीतर लुके पत्थर झाँक रहे बाहर—मिट्टी की चादर चीर। लगता रहा यूँ कि गुमड़ियाँ निकल आई हों परबत-देह पर। न्यूरोमेटोसिस हो रखा है इधर के पहाड़ों को।

यत्र-तत्र सींग भी उग आए हैं इनको। दिन में सुन्दर जान पड़ते माटी के ये सिंगनुमा टीले रात-घिरते ही सारा माहौल बदल देते हैं। तब जान यूँ पड़ता मानो चहुँ-दिग दैत्य खड़े हों।

सिंगदार टोपा पहने कोहसार की चौहद्दी पर पहरा देते दैत्य।

निशिकर-राज में दैत्य ही घाटी की वास्तविकता लगते हैं। लोग कहते हैं कि 'मन सोचे सो भरम, आँख देखे वो सच'। किन्तु रात को आँख ही तो देखती है दैत्यों को। तब भुलावा क्या है? और यथार्थ क्या?

हिमाला—मेरा मुर्शिद—समझाता है, 'यह दुनिया तो खेला है अजय बाबू। फुलटुस इन्द्रजाल। आँखें तो देखती भर हैं। बूझता तो चित्त है। वही डालता है देखे को सत्-असत् के खाँचों में। यानी इधर जित्ते चित्त वित्ते सच। यथा संस्कार तथा सच। सत्-असत् के टंटे से छूट, जुड़ो उससे जो घट रहा। जो इस पल का सत्य वही अगले पल का मिथक, यही खेला चल रहा है—सदा से'

'जो देखूँ पर बुझूँ नहीं, तब तो मैं पाखी बन जाऊँ?'

'वही तो...वही...वही...'

मगर मेरे को बूझने का रोग ठहरा। जैसे इस पल देख रहा हूँ सामने की झाड़ी को। जंगली गुलाब की उस झाड़ी को जिस पर रंगीन चिन्दियाँ बँधी हैं। जान पड़ता है बड़ी मान्यता है इस झाड़ी की इधर। इधर ही क्यों लदाख, लाहुल व स्पीति में भी इसे पूजा जाता है। जबकि बुद्ध के यहाँ कर्मकांड को कोई जगह नहीं। ताहम इस बौद्ध-देस में कर्मकांड बहुतायत से है। पहाड़ पूजन है। घरों में बुरी आत्मा खदेड़नेवाले शुभंकर हैं। तथा अब यह वृक्ष-पूजा! यह क्या चल रहा है? यह कैसा गोरखधन्धा है? कौन सा मायाजाल है?

कोई मेरे से पूछे तो बोलूँ कि यह पुरखों से पाई स्मृति का प्राकट्य है। जिन्हें साक्ष्य चाहिए वे यह कथा सुन लें, मगर आपको चेता दूँ कि इस कथा के एकाधिक

संस्करण हैं। और जिसे आप सुनने जा रहे वह है दो-तीन संस्करणों का अर्क है—

> बात तब की है जब लाहुल में नरभक्षी नाग लोग रहा करते। समयान्तर से नाग लोग तो आम लोगों में घुल गए किन्तु नरभक्षी नागों के भय ने केलंग-देवता का रूप धर लिया। वह स्थान जिसे आज हम क्येलङ् (Kyelong) कहते हैं, उसी के किसी गाँव में एक देवदारु का पेड़ था। जो केलंग-देवता का निवास था। केलंग-कोप से बचने हेतु लोग प्रतिवर्ष सात-आठ बरस का एक बालक उसे अर्पित करते। इसके लिए गाँव में बारी लगती। उस बरस एक बुढ़िया की बारी थी। अपने पुत्र की बलि का सोच बुढ़िया बहुत दुखी थी। वह रात-दिन चिन्ता करती। रोती। इसी बीच गाँव में एक तिब्बती-लामा की आमद हुई। उसने बुढ़िया से भिक्षा माँगी। उनके बीच तय हुआ कि यदि बुढ़िया लामा को बरस भर भरपेट भोजन दे तो वह, यानी लामा, बच्चे के एवज में खुद को बलि हेतु प्रस्तुत करेगा।
>
> साल बीता। बलि का दिन आया। गाँववालों से पाई कुल्हाड़ी लामा ने देवदारु तले विराजित मूरति के सामने धरी। और उद्घोष किया कि जो तुम देवता हो, क्षुधित हो, तो मैं तुम्हारी क्षुधा शान्त करने को प्रस्तुत हूँ। शर्त यह है कि तुम कुल्हाड़ी उठाओ। और अपने तईं मेरा सर काटो। अन्यथा मैं इसी कुल्हाड़ी से तुमको काट डालूँगा।
>
> कथा कहती है कि ललकार सुन गाछ पर बैठा केलंग घबड़ा गया। देवदारु छोड़ वह जंगली-गुलाब की झाड़ी में जा छुपा। तब से आज तलक यह झाड़ी ही फ़रार केलंग-देवता का अड्डा है।
>
> इधर, कुछ न घटते देख, लामा ने कुल्हाड़ी उठाई और देव-मूरत को काट-कूट के भागानदी में बहा दिया। इस तरह क्येलङ् में नरबलि का अन्त हुआ। यह दूसरी बात कि इतना सब घटने के बाद भी केलंगदेव का डर बना रहा। फ़र्क़ पड़ा तो बस यह कि अब बकरे की बलि दी जाने लगी। जो आज भी दी जाती है। और आज भी लाहुल, स्पीति, जाँस्कर तथा लदाख में जंगली गुलाब की झाड़ी समादृत है। पुत्र-प्राप्ति होने पर इसकी पूजा की जाती है। इसपे कपड़े बाँधे जाते हैं।

दोस्तो! ग़र चाहें तो आप बेशक़ इस दंतकथा को मिथक कह ख़ारिज कर दें। लेकिन पूर्वग्रह रहित पुनर्पाठ के बाद। इसलिए कि उल्लिखित गल्प गुरु पद्मसम्भव से जुड़ती है। गो वे तिब्बती नहीं थे। बिपाशा घाटी से थे। ताहम यह क़िस्सा उनके—बौद्ध लामाओं के—किये की ओर इशारा करता है। क्या आपको याद है गुरु पद्मसम्भव (717-761 ई.) की प्रसिद्धी का कारण? यही कि उनने जाँस्कर को बुरी आत्माओं से, डाकिनियों से, मुक्ति दिलवाई। मुझे तो जान पड़ता

है कि ये दोनों, डाकिनियाँ व दुष्ट आत्माएँ, और कुछ नहीं वो भरोसे थे जो इस भूमि पर पूर्ववर्ती धर्म (बॉन-धर्म) का हिस्सा होकर लोगों के ज़ेहन में लुके-दबे थे। बल्कि उससे भी पीछे से, प्राच्य-फिरन्दरों के संग, जाँस्कर व लदाख में आयातित हुए। इन मान्यताओं का लोगों की सोच से उन्मूलन ही गुरु पद्मसम्भव का अभीष्ट रहा होगा।

क्या लामाजी अपने अभियान में सफल हुए?

जी। उन्हें सफलता तो मिली मगर आंशिक। उनके प्रयासों से ये कथाएँ समाज-सतह पर से तो खिर गईं, किन्तु स्मृतियों की गहरी-निस्तीर्ण सतह से संश्लिष्ट विश्वासों का उच्छेदन न हो सका। यहीं से—इसी स्मृति-सतह पर से—वो जूने भरोसे, प्राच्य-देवता व डाकिनियाँ फिर उदित हुईं और धर्म-रक्षक बन क़ाबिज़ हो गईं लदाखी/जँस्करी बौद्ध-घरों में, मनों में, गोनपाओं में।

तो क्या मान लें कि लोग शक्य-मुनि की देशना बिसरा चुके?

यह सवाल कठिन है। इसपे टिप्पणी वह करे जिसने बौद्ध-संसार भीतर से देखा हो। मैं तो यह भर कह सकता कि मुझे दुनिया के सभी समाजों, प्रमुख-धर्मों में प्राच्य-फिरन्दरी के यहाँ प्रचलित मान्यताओं की झलक देखने को मिलती है। वह इसलिए कि तीनों ख़ास मज़हबों का—और तमाम समाजों का भी—मादरेवतन तो वह पुरानी ज़मीन ही ठहरी—मतलब यूरेशियन-स्टेपी और उसके अगल-बग़ल की भूमि।

एक बात और। यह कथा जंगली गुलाब को आयातित बुलाए जाने पर भी सवाल खड़ा करती है। सोच रहा कोई चीज़ कितना समय एक देस में बिताने के बाद 'स्थानीय' होने का प्रमाणपत्र पाती है? डेढ़ हज़ार बरस पुरानी कथा में महकती यह झाड़ी या छह-सात सौ बरस से यहीं बस रहीं कौमें क्या हमेशा ही परदेसी चिह्नित की जावेंगी?

बहरहाल, इस चर्चा को यहीं विराम दे अपन बढ़ते हैं आगे। ढुकते हैं पुर्ने-गाँव की कैम्प-साइट में। जहाँ शामियाने तैयार हैं हमारे। मगर अभी तो सूरज ढलने में समय है। सवा तीन ही तो बजे हैं अभी। बता दूँ कि पुर्ने निपट दो घर-वाला गाँव है। एक घर में वह कैम्प साइट है जहाँ हम रात बिताएँगे। दूसरे में रेस्टोरेंट है। जी रेस्तराँ। और दोनों जगह छंग मिल रही।

अहा! यह तो बिल्ली के भाग से छीका टूटनेवाली बात हो गई। मैं आज इस अमृत-पेय से महरूम नहीं रखूँगा ख़ुद को। छककर पिऊँगा आज तो! सौं रब दी!

वैली ऑफ़ डेमन

जुलाई 12, 2013। पुर्ने। 13031 फ़ीट बमुताबिक 3972 मीटर।

शाम उठाई क़सम, शाम ही को टूट गई। 'प्रथम ग्रासे मक्षिका पात:' यानी छंग के पहले ही पैमाने में बरामद हुईं मक्खियाँ। मलाल यह नहीं कि अपन एक घूँट न पी सके। मलाल यह कि सोनी-रनी-पासंग गटकते रहे—कैम्प मालकिन से फ़ोकट में पाया माल—आकंठ डूबे तलक। दो टूक बात यह कि किसी की शाम रंगीन हुई, कोई रहा जलता-भुनता। रहा बुनता आते दिन की रूपरेखा।

गाँव वालों से मालूम है फुग्ताल-गोनपा—जहाँ अलेक्जेंडर सोमा डिकोरस ने एक बड़ा वक़्फ़ा गुज़ारा—का कैम्प से तीन घंटे की चढ़ाई पर होना। मगर सोनी वहाँ नहीं जाना चाहता। सब गोनपा एक-से होते हैं—कहता है। वह हम-दोई को फुग्ताल जा आज के आज पुर्ने लौटने को बोल रहा।

यह तजवीज़ मगर हमें मंजूर नहीं। हो भी क्यूँकर? कि हमारी पुरानी साध ठहरी फुग्ताल में कम-से-कम एक रात बिताना। हमने दबाव बनाया, तो नक्की हुआ कि पासंग या रनी में से कोई एक हमारा टेंट ऊपर पहुँचा लौट आवेगा। गोनपा में जो गेस्ट-रूम हैं, उसमें जगो मिली तो ठीक, नी तो आगे हमारी मर्ज़ी। चाहें तो टेंट लगा वहीं रुकें, अन्यथा लौट आएँ पुर्ने। और एक रात पुर्ने में व्यतीत कर चल दें आगे। सड़क की ओर!

सड़क! यहाँ?

जी! गाँव से इत्तिला मिली है सोनी को, शुर्र (Churr) तक सड़क कटने की। पहाड़ी-जीपें, फोर व्हील ड्रिवन गाड़ियाँ, शुर्र तलक आने की। अब कटती सड़क, उड़ती धूल के बीच तो चलाई-फिराई होने से रही। लिहाज़ा पुर्ने से शुर्र पैदल, फिर पडुम तक का सफ़र गाड़ी से।

और जो हमें झँगला जाना था उसका क्या? पड़ गई क्या धूल उस पर? प्रतीत तो यही हो रहा। मगर पहले फुग्ताल से निवृत्त हो लें, फिर विचारेंगे आगे की।

लुङ्ना-बगार का प्रसिद्ध लकड़ी पुल

आठ बजने में आधा घंटा बचा है, किन्तु घाम अभी से ऐसा जैसे दुपहरी का घाम हो। घाम-घूम को भूल हम-दोई निकल पड़े हैं लुङ्ना घाटी में। पासंग पीछे आ रहा है हमारे सामान के साथ।

यह घाटी—लुङ्ना घाटी जिसमें गोनपा है—वह कहीं-कहीं तो इतनी पतली-सिमटी-सकुचाई है कि किसी नवोढ़ा को देखने का गुमान हो रहा। जहाँ घाटी सँकरी-पतली है वहाँ के पहाड़ पथरीले हैं। सिंग-शुदा हैं। यानी दिन-ढले बाद ये परबत दैत्यों के-से लगेंगे। गोया इनकी वजह से अंग्रेज़ीदाँ-घुमक्कड़ ओन इस बगार को 'वैली ऑफ डेमन' बुलाते हों। वैसे यूँ भी नहीं कि यह कोहसार मुसलसल सँकरा हो और यहाँ के सारे पहाड़ सिंग-शुदा। किन्तु एक-बेर जो किसी का नाम बिगड़ा सो बिगड़ा। कि साठ बरस के 'गुड्डू' किसने नहीं देखे! पण अपन ठहरे गँवठी। अपण तो इसे लुङ्ना-बगार ही बुलाएँगे। काहे कि घाटी से भाँय-भाँय गुज़रता जो दरिया है उसका नाम भी यही ठहरा—लुङ्ना-चु।

लुङ्ना-चु को छूने का सबाब पर हमन को नहीं मिलने का। काहे कि यह घाटी है रोमन अक्षर 'V' समान। और नदी बह रही बहुत नीचे। बिलकुल 'वी' के नुक्के में। जो हो किन्तु यहाँ लुङ्ना-चु का रंग-ढंग लगभग वैसा है जैसा भागीरथी का दीखता है—गंगोत्तरी के सूर्य-कुंड में।

अल्हड़ लुङ्ना-चु कूदती-फाँदती जा रही है पुर्ने तरफ़। हम अग्रसर हैं

उससे विपरीत दिशा में चल रहे हैं 'वी' की बाईं भुजा पर। जबकि गोनपा इसके दाहिनी ओर है। ज़ाहिर सी बात है, गोनपा पहुँचने वास्ते हमें नदी पार करनी होगी। परन्तु यह चिन्ता का विषय नहीं। कि इस प्रयोजन हेतु पुल उपलब्ध है। चिन्ता मगर यह है कि इस राह हमें दो पुल मिलनेवाले हैं। जो अनजान आदमी को गफ़लत में डालते हैं। उत्तेजित यात्री बहुधा पहले पुल पर चल पड़ता है। जो दरअसल फुग्ताल-गाँव वालों के लिए है। दूसरा पुल उससे बहुत आगे, यानी ऊपर, जाकर बरामद होता है। वही अपना लक्ष्य है। उस-ही को पकड़ पार की जावेगी लुङ्ना-चु।

यद्यपि गोनपा पुर्ने से तीन सौ फ़ीट ही ऊपर है, तथापि इसे 'मात्र तीन सौ' जानना भूल होगी। कि प्राण सूख रहे हैं घुमावदार चढ़ाई काटने में। अभी चलते हुए कुछ एक घंटा ही हुआ है और तीन मर्तबा विश्राम किया जा चुका। अमूमन ऐसा होता नहीं। बिना रुके, घंटों चलने का अभ्यास है अपन को। फिर क्यों प्राण सूखते हैं आज? क्या सच ही इस बगार पर प्रेतों का साया है!

शायद कि हाँ! बगार के अगल-बग़ल कितनी बहोत-सारी जंगली गुलाब की झाड़ियाँ हैं। जो बगार पर हैं। फूलों से लदी-फँदी हैं। घाटी महक रही है। मगर ये झाड़ियाँ फिर फ़रारी काट रहे केलंग-देवता का अड्डा भी तो हैं। साल में मात्र एक बकरे से कैसे भूख मिटती होगी इतने टुकड़ों में बँटे केलंग-देवता की? हो-न-हो वही चूस रहा है हम-दोई के प्राण। जब तलक केलंग-वाक़िये से नावाकिफ़ था ये जंगली फूल दिलक़श लगा करते। आज दिल धड़क रहा, इनके क़रीब से गुज़रते हुए। ग़नीमत से आज गोनपा में कोई विशेष पूजा है। चुनाँचे इधर ख़ूब चहल-पहल है। जो पूजा न होती तो बगार में इत्ता वीराना होता कि वापस पलट जाता यहीं से। वैसे इस 'ख़ूब' चहल-पहल से शहरी भीड़ का तसव्वुर मत कीजिए। यहाँ इस 'ख़ूब' का मतलब है हर बीस-पचीस मिनट में किसी आदमज़ाद से मुलाक़ात!

फूलों की बात चल पड़ी है तो एक फूल का पता आपसे पूछ लूँ। कि हम-दोई तो इससे क़तई अनजान हैं। यह फूल हरिण-मुख जैसा है। उसी सरीखा, मगर थोड़ा खिलता, सुनहला रंग है इसका। धूप पड़े से ऐसे चमक रहा कि स्वर्ण-पुष्प हो जैसे। बगार-कगार पर हिलते इन फूलों को देख लग रहा ज्यूँ नदी अपने लबों में स्वर्ण-पुष्प दबाये बह रही।

अमूमन नहीं करता किन्तु आज मन कर रहा, एक स्वर्ण-पुष्प नि:सर्ग-बगिया से चुराने का। डंडी से उसे अपने पास खींचता हूँ, वह नहीं खिंचाता। डंडी परे रख, आप झुकता हूँ फूल की ओर। दाँव नहीं बैठता। एक प्रयास और करता हूँ। फूल किन्तु हाथ नहीं आता। छिटक जाता है। फिर-फिर कोशिश का हश्र भी वही-का-वही। गो फूल नकचढ़ा है। नखरे दिखा रहा। या कि घिन छूट रही इसे मेरे

से। आख़िर बारह दिनों की बासी काया ठहरी मेरी। लेकिन मुझे तो अपने में कोई बास नहीं आ रही। एक-एक माह बिन नहाये, बिन गंधाये रहने का अभ्यासी है तन मेरा। लेकिन इस फूल की बेरुख़ी...तो क्या बड़े-बूढ़ों का कहा ठीक है—'आपणो पाद्यो नाक नी सड़ावे।'

क्या गोनपा के गेस्ट-रूम में नहाने को मिलेगा! औचक ही...एकदम अभी-अभी...सारा बदन खुजलाने लगा है! उफ़! कब ख़त्म होगी यह चढ़ाई। कब आवेगा फुग्ताल-गोनपा!

मन की मुराद अब पूरी हुई कि हुई। कि सामने साक्षात है दूसरा पुल। पहले वाला पुल मज़बूत था। उसकी फ़र्श सीमेंट की थी। हाथ-सहारे को लौह-डोर से गूँथा मोटा रस्सा था उसके कने। यह पुल, दूसरा पुल, पहले वाले से सुन्दर तो है मगर डगमग है। लकड़ी का है। सेमुन्दा ही लकड़ी का। फ़र्श काठ की, रेलिंग भी उस-ही की।

पुल पर से गुज़र रहे हैं। वह कर रहा अगर-मगर। बोल रहा घचर-पचर। उसका दोलना-बोलना मग़ज़ पर वार कर रहा। एक धुन्ध सी छा गई है मेधा पर। असर यह कि पुल के बीचोबीच रुक गया हूँ। झाँक रहा हूँ नीचे। वहाँ जहाँ दौड़ रही है फुफकारती नद्दी। उसने जकड़ लिया है मुझे। मैं थम गया हूँ। लुङ्ना-चु भी थमी-थमी सी जान पड़ रही। जाने कैसा-कैसा लग रहा मुझे—गश अब आया कि तब आया जैसा। अपर्णा मुझे ठिठका देख घबरा गई है। चिल्ला रही उस पार से, "पगला गए हो क्या...क्यों नीचे झुके जा रहे...गिरना है क्या...," सम्मोहन टूट गया है। नदी सरपट दौड़ गई है पुर्ने तरफ़। मैं झटपट चल पुल पार कर रहा हूँ।

हम-दोई पुल पार कर दाएँ मुड़ चुके। वहाँ एक और लीक है। ऊपर को उठती लीक। फिर सीढ़ीदार-पथ है। सीढ़ियाँ चढ़ते हुए हाल बेहाल हो रहा।

गिरते-पड़ते चढ़ चुके हैं पैड़ियाँ। यहाँ फिर एक पगडंडी है। जो चल रही है सरपट। एकदम नाक सीध में। इस लीक के दूसरे छोर पर एक पाटी दृश्यमान है। जिस पर लिखा है—'फुग्ताल गोनपा'।

किन्तु गोनपा का वहाँ फ़क़त नाम ही है, निशान कोई नहीं। न कोई छोदतेन। न मंत्रित झंडियाँ। फिर वह पाटी तो पहाड़ की सरहद जान पड़ रही। उसके आगे तो कुछ नहीं। कुछ नहीं, सिवा अशेष अवकाश के। सरपट-लीक पर चल रहे हैं। वह नाम-पट्टिका अब बस चार डग दूर है। किन्तु गोनपा...कहाँ लुका बैठा है अपना गोनपा?

फुग्ताल नहीं फुक्थार कहें

सच कहूँ, दोस्तो, गोनपा अन्तिम क्षण तक नहीं दीखता।

दीखता है वह पाटी तक पहुँचने के बाद ही। मगर एकदम से नहीं। बाईं बाजू देखने पर। और तब आप चीख़ पड़ते हैं—अर्रर्र...अँय...आह...अहा...यह क्या है...यह कैसी बला है...कैसा अजूबा है...क्या लटक रहा है पहाड़ से नीचे...क्या यह मनुष्य का रचा है...न...न...न...चमत्कार है यह...हाँ...हाँ...चमत्कार ही है...

हाँ, फुग्ताल-गोनपा चमत्कार से कम कुछ भी नहीं। परम्परा कहती है कि पहले छोटी सी एक कंदरा ही थी इधर। तब जब अब-से कुछ दो सहस्त्र बरस पहले यहाँ तीन 'इंडियन' आए।[1] इस कन्दरा में ठहर गए। कुछ काल बाद यहाँ आमद हुई लामा झाङ्से सराप-ज़म्पो (Chansen Cherap Zampo) की।

लामा जी को कंदरा भा गई। मन हुआ वहाँ गोनपा बनाने का। गुहा में बैठे उन तीन लोगों से दिल की बात कही। वे राजी तो हो गए किन्तु स-सन्देह। सन्देह यह कि इत्तु-सी गुहा में गोनपा कैसे सम्भव होगा? तब सराप-ज़म्पो ने अपनी हथेली से गुहा-छत को ऊपर ठेलना शुरू किया। और लामा के तप-बल से गुहा-मुख फैलने लगा, फैलता ही चला गया। उस गुहा में बना वह गोनपा जो इस दम तक मौजूद तो है किन्तु व्यवहार में नहीं। अब व्यवहृत है वह नूतन गोनपा, जो बहुत पीछे जनमा। तब जब इस वीराने में आमद हुई एक और लामा की—रिङ्छे-ज़ाङ्पो (Rinchen Zangpo 958-1055 ई)। इस लामा की कल्पना जब साकार हुई तो हमें मिला वह चमत्कार जो टँगा है पहाड़ पर—बया के घोंसले समान।

घाटी में झूलता गोनपा देखते हुए सोच रहा—आख़िर कैसे लटका है वह पर्वत-शीर्ष से? ऐसे दुर्गम स्थान पर, सैकड़ों बरस पूर्व, ऐसी कोई चीज़ बनी तो बनी कैसे? चीज़ जो जाने कितने छोटे-बड़े भूडोल बरदाश्त कर आज भी टँगी है मज़बूती से। मेरे क़रीब तो यह संसार का आठवाँ आश्चर्य ठहरा। इसका शब्द-चित्र खींचने में मेरी जिह्वा असमर्थ। और इसकी मसि-छवि उकेरना मेरी क़लम के लिए मुश्किल। तब भी एक प्रयास करता हूँ।

गोनपा को ढो रहे पहाड़ का रंग गेरुआ है। जबकि उसके आजू-बाजू वाले हैं हरे। गेरुए-पहाड़ के ऐन नीचे यानी पैताने पर एक चौड़ है। वहाँ एक आधुनिक

फुक्थार का लामा-गाईड

भवन है। आगे चल के हमें मालूम होगा कि वह गोनपा की पाठशाला है। शाला भवन के उस पार एक दरिया है। जिसकी इधर से किंचित् झलक ही मिलती है। समूचा दरिया गोया गोनपा पर से दीखे।

गेरुए-पहाड़ के स्कंध पर वह गुहा दीख रही, जो मूलतः छोटी थी। जिसे सराप-ज़म्पो ने गोचर आकार दिया। गुहा-शीर्ष पर कोई एक दर्ज़न शृंग हैं। ठीक वैसे मिटिया-शृंग, दिन ढले बाद जिनके कारण पहाड़ दैत्यों के से दिखने लगते हैं। गुहामुख के सामने भी नुकीले पहाड़ों का जमघट है। जिन पर बहुमंज़िला मकान बने हैं। हर शीर्ष पे एक घर। सपाट छतों वाले धौले घर, ठीक वैसे जैसे हम गाँवों में देख आए हैं। लेकिन गाँव से उलट नुकीले पहाड़ों पर बसी गोनपा-बस्ती सघन है।

यह सारा दृश्य, दूर से देखते हुए प्रतीति हो रही जैसे बारह-सिंग वाला कोई विशाल जीव मुँह फाड़े, ज़ुबान काढ़े खड़ा हो। और घाटी में लटकती उसकी ज़ुबान पर छिली लीचियाँ धरी हों। इन लीचियों में रस कितना है, क्या इस गोनपा के लामा भी हेमिस लामाओं से रुक्ष होंगे—इसका पता तो गोनपा में ढुकने के बाद ही पड़ेगा। अभी तो यहाँ से, फुगताल-पाटी के पास से, आगे बढ़ा जावे।

पाटी से कुछ दूर तीन छोदतेन हैं। बूढ़े-जर्जर, मगर सगर्व खड़े छोदतेन। इनके क़रीब ही है गोनपा का छोटा-सा गेस्ट हाउस। तीन-चार कमरोंवाला मेहमान-घर।

"कमरा चाहिए। मिलेगा?," काउंटर सँभाल रहे लामा से मैंने पूछा।

"अँ...अँ...की...तऽऽने," मेनैजर-लामा हिन्दी बूझने-बोलने का भरसक प्रयास कर रहा था।

"दो लोग हैं, एक कमरा..."

"नहीं...नहीं...की-त-ने द...द..."

"दिन? एक, आज रात के लिये"

"फ़ाइव हंड्रेड।"

"गरम पानी मिलेगा, नहाने को..."

"मिल्लेगा...," उसने हाथघड़ी देखी, मैन्यू-कार्ड आगे सरकाते हुए बोला, "बट टुमारो।"

इस 'बट टुमारो' ने मार ही डाला। फ़ौरन नहाने को अकुलाते मन पर काबू किया। कमरे में सामान डाला। बाहर आया। और मैनेजर से पूछा किया गाइड बाबत। मालूम हुआ कि गाइड जैसी कोई चीज़ यहाँ नहीं, मगरचे कोई भी लामा यह काम कर देगा। किन्तु हमें तो हिन्दी या अंग्रेज़ी जाननेवाला लामा होना। वह कहाँ मिलेगा—मैं चिन्ता करने लगा। लेकिन योग ऐसा बना कि ऐन उसी वक़्त गेस्ट हाउस के रेस्टोरेंट में उस लामा की आमद हुई जो हमारा नाख़ुदा साबित होनेवाला था।

लामा (जिसका नाम याद से छिटक चुका) से बात की। चाय बोली। बैठकी जमी। और शुरू हुआ पूछा-पूछी का दौर—

"फुग्ताल, इस नाम का मतलब क्या है।"

"इसका करेक्ट नेम फुक्थार होता है, कहीं फुक्ताल भी होता है..."

फिर उसने इस शब्द की व्याख्या करी—'फुक्' के तीन मतलब हैं गुहा, अन्तिम, या घाटी का सबसे आख़िरी-झुका हुआ हिस्सा। 'थार' मानी मुक्ति। 'ताल' का तिब्बती में अर्थ है—दीपक। इस तरह फुक्थार के कई अर्थ निकलते हैं—यथा 'मुक्तिप्रदाता गुहा' या पर्यन्त-पर्वत पर का (ज्ञान) दीप।

"इस तरह से तो बाहर की पाटी पर लिखा नाम ग़लत हुआ, उसे ठीक क्यों नहीं करवाते?"

वह हँस दिया। उसका हँसना मुझे खला। भई, जो ग़लत है उसे टालिए मत, विरोध कीजिए। ग़लत का विरोध हिंसा नहीं, सह लेना है। ख़ैर, बहस में न पड़ते हुए चर्चा आगे बढ़ाई।

"सुना है आज यहाँ कोई विशेष पूजा है, उसके बारे में कुछ बताएँ," मेरा सवाल।

"हाँ...हाँ...पूजा...है न...मतलब दलाई लामा का...च्...च्...बुद्ध का...च्...च्...शक्यमुनि का पहला टेचिंग (टिचिंग) ये दिन को है...सारनाथ...बनारस में..."

"अरे! वाह! तब तो आज बहुत बड़ा दिन है, क्या सब गोनपाओं में आज पूजा हो रही..."

"हाँ...हाँ...सब गोनपा में...टेन (तीन) दिन का पूजा होता है...युने बोलता है हमारे यहाँ..."

"युने?"

"हाँ।"

"इस पूजा में क्या होता है?"

विदित हुआ कि इस तीन दिनी पूजा में जुटे लामा किसी से बात नहीं करते। कुछ खाते भी नहीं। यानी कोई काम नहीं करते सिवा पूजा के। यह पूजा तंत्र-मंत्र से की जाती है। वस्तुतः यह करुणा-बुद्ध अवलोकितेश्वर की पूजा है। जगत में प्रेम व करुणा के विस्तार की प्रार्थना है।

"हम सामान्यजन तंत्र का अर्थ जादू-टोना-बलि निकालते हैं, आपके यहाँ तंत्र का मतलब क्या है?"

"बुद्धिस्ट में बलि जादू-वादू नहीं होता...हमारा धर्म तो तंत्र ही है। तंत्र चार होते हैं इसमें मंत्र होता है...मंडला (मंडल) को मेडिटेट करना...सब होता है।"[2]

"और इतनी कठिन पूजा से आप क्या प्राप्त करना चाहते हैं।"

वह मुझे निर्विकार भाव से देख रहा। लगता है मेरा सवाल पकड़ नहीं पाया। मैं समझाता हूँ, "हमारे यहाँ तो कोई पूजा बेमतलब नहीं की जाती, हर पूजा कुछ पाने के लिए होती है...स्वर्ग...विद्या...पैसा या कुछ और...इस पूजा से आप क्या पाना चाहते हैं..."

"नहीं...पूजा से कुछ नहीं माँगते...मन में दो होता है ना...पाजिटिव...नेगेटिव... यह पूजा तो नेगेटिव च्...च्...बाहर करने को होती है...तंत्र-मंत्र से नेगेटिव को भगाना...इसीलिए तो...आप देखिए गोनपा-टेंपल में...बीच में...स्तूप होता है...वह मन होता है...वह साप (साफ़) है...वही बुद्धा है...," इतना कह वह चुप कर जाता है। डूब जाता है अपने भीतर...फिर चलती चर्चा बीच में छोड़ वह सरपट निकल जाता है मेहमान-घर से बाहर, कहते हुए, "चलो...गोनपा...उधर पूजा होता है...अभी।"

हम-दोई भी भगे उसके पीछे।

देख रहा हूँ, मेहमानख़ाने के बाहर का नज़ारा बिलकुल बदल चुका। छोदतेन के गिर्द पसरा सन्नाटा बीत चुका। वह इलाक़ा अब आबाद है। माला फेरते, मंत्र बुदबुदाते लोग छोदतेन को दाहिने रख चल रहे। इनमें, इक्का-दुक्का लामाओं को छोड़ दें तो, सिर्फ़ महिलाएँ हैं। जिनने पारम्परिक परिधान पहिने हैं। यानी भेड़ की ऊन से बने परिधान। टखने तक पुगती सलवार। पिंडली के नीचे तक पहुँचता कॉलर वाला चोग़ा। चोग़े के ऊपर बास्केट। काँधों पर ऊन का स्कार्फ़। सर पर गेरुआ या लाल टोपा (वैसे कुछ उघाड़े सिर भी हैं)। ग्रीवा से झूलता, सीने अगाड़ी दोलता लम्बा कंठमाल। कंठमाल में अनचीन्हे नग। मगर हर कंठहार में नीले-हरे पत्थर ज़रूर हैं—शायद लाजवर्द। नाक सूनी। भाल भी। अलबत्ता कान भूषित—कान लोई सबकी छिदी, जिसमें किसी ने छल्ला डाला है। किसी ने छल्ले के अलावा लटकन पहन रखी। पर किसी के कान सूने भी हैं। केश सबके बँधे हैं—दो चोटियों में गुँथे। कमर के ऊपर दोनों चोटियाँ आपस में बँधी। सिन्दूर क़तई गुम। कलाई सूनी—चूड़ी विहीन।

देखा कि ये लोग छोदतेन के बग़ल से निकल भर रहे। उसकी परिक्रमा नहीं कर रहे। जैसी कि रवायत है। यह अनपेक्षित लगा। पूछा किया लामा-गाइड से।

तर्जनी से गोनपा को इंगित करते हुए वह बोला, "ये उधर ऊपर जाता है... वो...वो...वहाँ... ऊपर जो पेड़ है..."

पेड़...यहाँ पेड़...कौन सा पेड़...हम-दोई टटोलते हैं गोनपा को। पहले अगल-बग़ल। फिर ऊपर...अरे हाँ...वहाँ तो वाक़ई एक दरख़्त है। ख़ूब बड़ा, ख़ूब घना आसमाँ को अपने सिर पर लिये खड़ा एकाकी दरख़्त।

"...वह जुनिफर का पेड़ है...," लामा-गाइड बता रहा है, "दो हज़ार साल पेले सराप-ज़म्पो लगाया था (यह पेड़) ये लोग उस पेड़ की परिक्रमा करके नीचे आएगा, तब छोदतेन के उस तरफ़ से निकल गोनपा जाएगा। ये होगा एक परिक्रमा। ऐसा सात परिक्रमा करेगा आज...दिन भर में।"

सात मर्तबा इतना ऊपर-नीचे करने का तो सपने में भी नहीं सोच सकते अपन। अपर्णा मुझसे सात नहीं तो एक फेरा लगाने को कहती है। चार हाथ ऊँचा जान पड़ रहा वह पवित्र पेड़ नहीं-नहीं तो तीन-चार सौ फ़ीट की ऊँचाई पर होगा, इधर से। हिम्मत नहीं जुटती। अपनी सुबह पर टाल देता हूँ फेरे को।

गाइड-लामा से पूछता हूँ कि कितने लोग होंगे गोनपा में, इस बखत। कहता है उसे ठीक-ठीक पता नहीं, फिर भी पाँच-सात सौ तो होंगे ही।

पाँ-च...सा-त-सौ-म-न-क!

फिर भी कोई मेला-ठेला नहीं। चाट-पकौड़े नहीं। विशेष पूजा है तब भी कोई चिल्ल-पों नहीं। भोंगा नहीं। मुनादी नहीं। किसी लामा की फ़ोटो नहीं। राजनीतिक पार्टी तो छोड़िए बौद्ध धर्म से जुड़ा कोई पोस्टर/झंडी भी नहीं। यह तो अनपेक्षित है। कम-से-कम हम इन्दौरियों के पास तो यह बिलकुल ही अनोखी बात ठहरी। कि हमारे इधर तो अगर चार लोग सुन्दरकांड करने जुटें तो चालीस गलियों तलक आवाज़ गूँजे।

विशेष पूजा के दिन ऐसी अटूट शान्ति तो फुक्थार का प्रसाद ठहरा। इस महान्-शान्ति का सेवन करते हुए हम जा रहे गोनपा की ओर।

फुक्थार-गोनपा

अधीर हैं धरती-आकाश के बीच खँचे फुक्थार गोनपा में पहुँचने को।

फटाफट पहुँचना चाह रहे वहाँ। परन्तु दम खींचू है उस तक पहुँचनेवाली लीक। लहरदार और खड़ी-खच्च। चुनाँचे चलाई चल रही है मंथर गति से। दीठ मेरी लीक से जुड़ी है। मगर कान टटोल रहे गोनपा को। इतनी बड़ी पूजा चल रही उधर, कोई तो आवाज़ सुन पड़ेगी। कुछ तो गायन-वादन चलता होगा। कान मगर मायूस हैं। लाख जतन किये भी कुछ पकड़ नहीं पा रहे—अलावा शान्तता के।

यह-ही, यह शान्ति ही, तो वह वस्तु है जिसके लिए देवस्थान मानव-बस्तियों से परे बनाए जाते थे। दुनियावी शोर-ओ-गुल के बीच कोई कैसे डूबे अपने भीतर? यह बात लामाओं के यहाँ अब तक विरल नहीं हुई। हमारे, हिन्दुओं के, देवस्थानों में मगर अब वह बात कहाँ? मन्दिरों की चेंचामेंची, हड़बड़ाहट परे धकेलती है। गोनपा की नीरवता खींच रही है अपनी ओर।

आधा रास्ता तय हो चुका।

कुछ लामा हमारे बग़ल से गुज़र रहे। सिर झुकाए, माला फेरते, धीमी मगर लयबद्ध चाल से उतर रहे हैं नीचे। लक्ष्य करता हूँ कि कुछ ने नारंगी टोपी पहनी है, कोई पीली पहने डोल रहा। इस गोनपा का ख़ानदान क्या है, लाल अथवा पीली टोपी वाला? जैसे हेमिस के लामा पीली टोपी पहनते हैं, लामायुरु वाले लाल। लाल टोपी वाला धड़ा दूसरे वाले से जूना है। देखा जावे तो दो हज़ार बरस जूना यह गोनपा लाल टोपी परिवार का ही होना चाहिए। मगर इधर तो सब गड्डमड्ड हो गया सा लग रहा।

वलय कट चुके।

अन्तिम चढ़ाई बची है अब। मात्र सौ क़दम दूर है गोनपा का प्रवेश-बिन्दु। दीठ ढूँढ़ रही एक अलंकृत दरवज्जा। कोई तोरणद्वार। एक अदद बैनर! उधर ऐसा कुछ नहीं पा भौचक हूँ। क्या इतना सादा भी हो सकता है कोई नामचीन देवस्थान! जो हो, पर ये अन्तिम चार गाम बहुत भारी पड़ रहे। साँस फूल रही। पीठ पे लदा कैमरा-बैग अज़ाब लग रहा। पहाड़ से सट खड़ा हो जाता हूँ। विचार परन्तु दौड़ रहे हैं—तिरिभन्नाट।

सोच रहा कि इतर रंगों की टोपा-टोपी पहनने की परिपाटी डली तो डली क्यों? गौतम ने जिस संघ को जोड़ने में जीवन खपाया, उसमें फाड़ पड़ी तो पड़ी क्यों? इस विषय पर गाइड-लामा मौन है। किन्तु मन मेरा मथ रहा—पूर्व-पठित।

इसका—विविध धड़े बनने का—नाता मेरे को शक्यमुनि की देशनाओं से जुड़ा प्रतीत होता है। अपने अन्तिम दिनों में गौतम एक चिन्ता से त्रस्त थे। चिन्ता कि, तथागत जब नहीं होंगे, तब जो उनने नहीं बोला वह 'बुद्ध का बोला' कह चरितार्थ किया जा सकता है। अतः आते समयों में प्रचारित वचनों की सत्यता जानने का उपाय तथागत जीते-जी कर गए। उपाय जो महापरिनिर्वाण-सुत्त से उपलब्ध हैं। भोगनगर में की देशना उन्होंने समझाया—'किसी के कहे पर आँख मूँद भरोसा नहीं करना। सुने को विचारना। 'विनय' से मिलाना। वहाँ मिले तो ही स्वीकारना उसे तथागत का कहा। अन्यथा छोड़ देना।'

किन्तु सामान्यजन को 'विनय' सहज उपलब्ध कहाँ? गौतम ने इसीलिए आगे जोड़ा कि जिस आवास में संघ रहता हो, जहाँ स्थविर भिक्षु विहार करते हों, वहाँ से सुनी बात को धम्म जानना।[1] उसे-ही बुद्ध-वचन मानना। सम्भवतः गोनपा—यानी संघ का स्थायी निवास—बनाने की परिपाटी के पीछे बुद्ध का यही उपदेश है।

लेकिन वह सवाल तो अब भी खड़ा है कि धर्म में फाड़ क्यों पड़ी?

इसका उत्तर भी तथागत के कहे से जुड़ता है—'आनन्द! मेरे उपरान्त मेरे वचन ही तुम्हारे गुरु होंगे। नियम होंगे। किन्तु संघ चाहे तो कुछ क्षुद्र-अनुक्षुद्र (छोटे-छोटे) नियमों को छोड़ दे...।' नियमों को इच्छानुसार छोड़ने-पकड़ने की यह सुभीता ही बौद्ध धर्म की विशेषता है। साधना के विभिन्न 'यानों' की जनक है।

अब बच रही बात टोपी के रंगों की।

प्रमाणित है कि बौद्ध धर्म की आमद से पहले तिब्बत में बॉन धर्म का बोलबाला था। बॉन में तब दो धड़े थे। प्राच्य-फिरन्दरों की परिपाटियों—जादू, टोना, पशुबलि, तंत्र-सन्धान वग़ैरा—को माननेवाला तथा इनसे विरत धड़ा। पहले में माननेवाले बॉन काली टोपी पहना करते, दूसरे वाले सफ़ेद। ऐसे में वहाँ पहुँचे बौद्ध धर्म प्रचारकों ने, अलग पहचान हेतु, लाल टोप अपनाया। लाल टोप वालों में लेकिन प्राच्य-फिरन्दरों की कई मान्यताएँ, प्रकारान्तर से, समाहित हुईं। आगे चलकर इन्हीं में से—लाल टोप धारकों में से—एक परिमार्जित खाप निकली। पीली टोपी पहननेवाली खाप। जिसका आज दुनिया में बोलबाला है। इसी खाप का प्रमुख लामा 'दलाई लामा' बुलाया जाता है।

सोच का सिलसिला टूटा।

लामा-गाइड गोनपा के प्रवेश-बिन्दु पर खड़ा आवाज़ दे रहा है हमें। प्रवेश-बिन्दु जहाँ गोनपा में ढुकने हेतु सँकरा जीना है। जीने पर घुप अँधेरा है। कुछ सूझ नहीं पड़ रहा। भीत टटोल घुमावदार पैड़ियाँ चढ़ रहे। घुटने बेज़ार हैं। अब बोले

कि तब बोले। जाने कैसे वापरते होंगे बुज़ुर्ग लामा इन ऊँची पैड़ियों को? ख़ैर, मशक़्क़त अब ख़त्म होने को है। कि बोगदे के छोर पर दीख रहा है उजास। मानों गुहा मुख पर डला धौला परदा।

उजास देख हौस बढ़ा। चढ़ने की गति में बरकत हुई। और अब, जब गिनी-चुनी पैड़ियाँ बची हैं, पहली बार घंटी सुन पड़ी, बस एक बार—टन्न! और सुन पड़ा लयबद्ध मंत्रोच्चार। धौले-पर्दे के पार देखा तो दीखा एक बारजा, बोले तो बरामदा। बिना रेलिंग-पाँचील वाला यह बारजा मंत्रों से गुंजायमान है। वहाँ एक ओर आधुनिक मन्दिर है, जिसके पट बन्द हैं। लामा-गाइड के अनुसार भीतर पूजा चल रही। सो प्रवेश-निषिद्ध है।

बरामदे में खड़े हो बाहर देख रहा हूँ। नीचे से जिसकी झलक मिल रही थी वह नदी अब समूची दीख रही। नदी पार कुछ खेत हैं। खेतों से परे दृश्यमान है जँस्करी पर्वतमाला। बरामदे के ऐन नीचे एक खुला चौगान है। जहाँ लामा, हर वय: के लामा, सुखासन में बैठे हैं। सभी पुरुष हैं। सबने लाल चीवर धारण किये हैं, किन्तु टोपियों में वही घालमेल। किसी की टोपी पीली, किसी की लाल। बहरहाल। कुछ लामाओं के आगे पटले धरे हैं, कुछ के नहीं। मगर सबके सामने सफ़ेद पेय से भरा एक चुक्कड़ है—लाल प्याली है। सफ़ेद पेय छंग है या सम्पा, पता करने का कोई साधन नहीं। वैसे पूजा दौरान छंग सेवन की वर्जना बौद्धों के यहाँ नहीं है। लेह में देखा है हमने लामाओं को सामूहिक पूजा के समय छंग की चुस्कियाँ लेते हुए।

मगर ख़ैर। यहाँ लामा दाएँ-बाएँ डोलते हुए मंत्रोच्चार कर रहे—बिना किसी पोथी के। बस पोरों पर गिनते हुए। सब की दृष्टि धरती से जुड़ी है। फिर भी न लय दरक रही, ना सुर बिखर रहे। मानो इत्ते सारे लामाओं का कंठ साझा हो। एक हो।

ऊपर बरामदे में जहाँ हम खड़े हैं वहाँ औरतें भी हैं। उनका लामाओं वाले हाते में जाना निषेध। वो बारजे से ऊपर जाती सीढ़ियों पर बैठी हैं। कुछ खड़े हो, झाँक रही हैं नीचे। देख रहीं मंत्र पढ़ रहे लामाओं को। और उन त्रापाओं को जो लामाओं से तनिक हटकर बैठे हैं। वे भी मंत्र बोल रहे, मगर उदात्त स्वर में। कुछ कमउम्र त्रापाओं का ध्यान मगर पूजा में नहीं। वे चिड़ियाओं को देख रहे। उनके आगे सत्तू की गोलियाँ डाल रहे। कुल जमा गोनपा के इस खंड में सम्मोहन है। धनात्मक ऊर्जा है।

मंत्रोच्चार रुक गया है।

लामा सुखासन छोड़ चल दिये हैं गोनपा के भीतर। शायद भोजनावकाश हुआ है। उधर मन्दिर के बन्द पट भी खुल चुके। बारजे में बैठी औरतें भीतर जा रहीं।

हम भी उनके संग ढुक गए हैं। यह मन्दिर आधुनिक है। इधर अनेक मूरतियाँ हैं— शक्यमुनि, अवलोकितेश्वर, पद्मसम्भव आदि। दीवारों पर चमकीले माँडने (यंत्र) मढ़े हैं। जो पुराने नहीं। इधर के बरसों में बनाए जान पड़ रहे। इनमें एक यंत्र वह भी है जिसमें शिव समान दीखता पुरुष, स्त्री संग लिंगबद्ध दर्शाया गया है। यह वही 'यब-युम' यंत्र है जिसकी वजह से तिब्बती बौद्ध-परम्परा पर स्त्रियों को 'वस्तु' दर्शाने का, उनका दैहिक दोहन करने का, आक्षेप लगाया गया।[2] ख़ासकर पश्चिमी मुल्कों के विद्वानों द्वारा। इस आक्षेप में कितना दम है इसका सन्धान झटपट-यात्रा में नहीं हो सकता। इसके लिए बैठना होगा गोनपा में, पैठना होगा लामा-समाज में। यह कभी हो सकेगा या नहीं, किसे ख़बर। फ़िलहाल ख़बर यह है कि हम मायूस हैं इस देवालय से। उनका नाविन्य आँखों में खुब रहा। जैसे ऐतिहासिक इमारत के दरो-दीवार पर मुलाक़ातियों के घसीटे नाम चुभते हैं। चुनाँचे देवालय से बाहर निकल आए हैं। लगा रहे हैं फेरा बारजे में।

वहाँ एक द्वार दीखा तो भीतर झाँका। वह गोनपा का रसौड़ा है। जहाँ कुछ लामा ज़मीन पर बैठ भोजन पा रहे। वे हमें देख ख़ुश होते हैं। निमंत्रित करते हैं। मन मगर बरज रहा। याद आ रहा बिमल दे का बताया गैंगटक के लामाओं का हाल। कि जिस बर्तन में वे भोजन करते हैं, उसे धोते नहीं। जीभ से साफ़ कर कटोरी-थाली धर देते हैं, अगली बार बरतने हेतु।

यहाँ, फुक्थार में, मगर तसु भर भी गन्दगी नहीं। न कहीं कचड़ा गिरा है, ना-ही कहीं जूठन पड़ी। तब भी मेरे क़दम ठिठक गए हैं। टेबुल पर बैठ अर्जित शिक्षा (वस्तुतः जानकारियाँ) की यही दिक़्क़त है। वह आदमी से उसकी सहजता हर लेती है। भर देती है उसकी दृष्टि में वणिक-वृत्ति। फिर वह हर किसी को नापने-तौलने लगता है, अपने को मानक-बाट मान।

क्या किया जावे? हाथ जोड़ लूँ कि घुस जाऊँ रसौड़े में? मैं अपर्णा को देखता हूँ। निगाहों से पूछता हूँ।

वह फुसफुसाती है, "भूख तो बहुत लग रही...मगर पेट गड़बड़ा गया तो?"

"गोनपा में जीमने का मौक़ा फिर कब मिलेगा, चलो खाते हैं, ये सब भी तो खा रहे," मैं अपर्णा से कहता हूँ, दरअसल ख़ुद ही को समझाता हूँ।

हमें भीतर आता देख, लामा प्रसन्न हैं। सरक के हमारे लिए जगह बनाते हैं। हमें आसन देते हैं। आसन से कुछ दूरी पर एक थाल है। जिसमें मोमो जैसा कुछ रखा हुआ है। मालूम हुआ, यह टिमौक है। आटे से बनता है। टिमौक-थाल ही के समीप लोहे की एक बाल्टी है। उसमें तरीदार तरकारी है। बस इतना ही उपलब्ध है इनको कलौवा हेतु।

एक लामा हमें ख़ाली थाली थमाता है। एल्युमिनियम की चमचमाती थाली। मैंने थाली में चार टिमोक धरे और उस पर ढेर सारी तरकारी डाल ली। दीखने में झन्नाट

फुक्थार-गोनपा का खानसामा

तरकारी निकली मगर हर मायने में सन्तुलित। टिमौक वस्तुतः पानी में उबाली आटे की गोलियाँ हैं। बिना भरावन वाली आटे की गोलियाँ। जैसे हमारे मालवा अंचल में बाफले वैसे टिमौक। इनकी गढ़न्त किन्तु कलात्मक है। जो हो, घर छोड़े बाद पहली बार इतना स्वादिष्ट खाना मिल रहा। मैंने चार टिमौक और परोस लिये हैं। अपने को तृप्त महसूस कर रहा हूँ। यह तृप्ति पेट भरने की तृप्ति से इतर है। गहरी है। उतापा घट रहा। मन परिवेश में रम रहा।

रसौड़े को ध्यान से देख रहा हूँ। अरे! हम तो कंदरा में बैठे हैं। कंदरा जहाँ सिवा फ़र्श के सब हज़ारों-हज़ार बरस जूना है। जहाँ की दीवारों को 'सुधारा' नहीं गया। इसलिए वे गुफ़ाओं की भीत जैसी ही हैं। ऊबड़-खाबड़, औघड़। हाँ, तेल-धुआँ जमने से भीत काली अवश्य हो चुकी। दीवार में, पत्थरों के बीच फर्शी धर, जहाँ-तहाँ ताक बना दी गई हैं। जिनमें रसोई सम्बन्धित सामान बेतरतीबी से ठुँसा हुआ है। गुहा की छत में एक सूराख है। मानव निर्मित नहीं, प्राकृतिक।

नीचे, एक ओर, रसोई-गैस की टंकी धरी है। भोजन किन्तु अंगारों पर ही पक रहा। इसके लिए स्लेटनुमा पत्थरों को जमा कर चूल्हे बनाए गए हैं। जिनपे देग-पतीले धरे हैं। चूल्हे धुआँ कर रहे। किन्तु रसौड़े की हवा निर्मल है। आँख जल रही न खाँसी आ रही। ऐसा इसलिए कि धुआँ छत के सूराख से बाहर निकल रहा। बिना किसी यांत्रिक सहायता के।

पंगत में संग बैठे लामा से भोजन की दिनचर्या पूछता हूँ।

मालूम हुआ कि पूजा के चलते आज आराम है। अन्यथा इस रसौड़े में पचास-साठ लोगों का भोजन पकता है। सुबह आठ बजे छेज़ा और सम्पा का कलेवा मिलता है। एक बजे लंच। चार बजे मीठी चाय। शाम सात बजे फिर खाना। खाने में चावल, टिमौक, नूडुल्स बनते हैं। खाना चार-पाँच लामा बनाते हैं, उनकी सहायता हेतु दो बन्दे हैं। बन्दे जो लामा नहीं, गाँव से हैं।

इस बीच लामा-गाइड हमसे विदा ले चुका। अलबत्ता एक दूसरा लामा तैनात कर गया है, हमारी सहायता हेतु। यह दूसरा लामा जवान है। बीसेक बरस का। गोनपा की शाला में ही पढ़ता है। लामा बन रहा है। वह हमें गोनपा के भीतरी हिस्से में ले जाता है। रास्ते में स्कूल के बारे में जानना चाहता हूँ। जो ख़बर मिलती है, सुख देती है। यूँ कि शाला में सिर्फ़ बौद्ध धर्म ही नहीं पढ़ाया जाता। विज्ञान, गणित, भूगोल आदि की भी शिक्षा दी जाती है। अंग्रेज़ी, भोटी (तिब्बती) और हिन्दी भी पाठ्यक्रम का हिस्सा हैं। फिर खेल-कूद तो है ही है। शाला मगर सिर्फ़ लड़कों के लिए ही है।

क्या हर घर से एक लड़का अब भी गोनपा भेजा जा रहा, लामा बनने?

उत्तर हाँ में मिलता है। बताता है गोनपा में फ़िलहाल ऐसे कुल तैंतीस लड़के हैं। पढ़ाई पूरी होने पर वे चाहें तो वापस लौट सकते हैं। कई लौट भी जाते हैं। यानी लामा बनने का कोई दाब नहीं होता गोनपा की ओर से। और हाँ, पढ़ाई के दौरान भी बच्चे घर जाते हैं। खेती में हाथ बँटाने के लिए, या वैसे ही परिवार के साथ समय बिताने वास्ते। इस तरह से तो यह गोनपा संचालित बोर्डिंग स्कूल हुआ। और गेरुए वस्त्र शाला का गणवेश। हाँ, जो लामा बनना चाहते हैं, उन्हें ब्रह्मचर्य-व्रत लेना होता है। तब ही उन्हें बौद्ध धर्म की दीक्षा मिलती है। दीक्षा के साथ उन्हें नया नाम भी मिलता है। जैसे हमारे नये गाइड का नाम कभी तेनझिङ् चुनी था, अब लोबसेङ् तेनझिन है।

इधर नामों का बड़ा टोटा जान पड़ता है। एक ही नाम के कितने-कितने लोग मिलते हैं। मुश्किल नहीं होती उन्हें, इस सवाल पर तेनझिन हँस पड़ता है। कैसा निर्मल हास है इसका, यहाँ हर किसी का। जो चुप हैं वो भी हँसते-से जान पड़ते हैं। हास इस गोनपा का ही क्यों, इस बगार का स्थायी भाव ठहरा।

बात आगे बढ़ी तो दो खुलासे और हुए। पहला—लामा बनने बाद भी लोग संघ छोड़ सकते हैं। शादी कर सकते हैं। इस पर भी कोई रोक-टोक नहीं। हाँ, जब तक संघ से जुड़े हैं, ब्रह्मचारी रहने का नियम है। इसमें कोई ढिलाई न मिलती है, ना ली जा सकती है। दूसरा—गोनपा-शाला में पढ़ने वास्ते शिक्षार्थी को कोई शुल्क नहीं देना होता। गोनपा और जँस्करी समाज निभाता है अपना दायित्व। गोनपा के पास राजाओं द्वारा आवंटित भूमि है। जिसमें गाँववालों के अलावा लामा भी काम करते हैं। इसी से अन्न की आपूर्ति होती है। फिर गोनपा से जुड़े परिवार भी अपनी पैदावार का एक अंश गोनपा को देते हैं। देते ही हैं। रहा सवाल धन का तो उसकी अधिक दरकार नहीं पड़ती। थोड़ी-बहुत ज़रूरत है वह पूरी होती है दान से।

तेनझिन हमें गोनपा के रहवासी हिस्से में लाया है। कमरे दिखा रहा है। जो छोटे हैं। कबूतरों के घर जैसे। मगर इनके लिए, यहाँ के निर्दयी मौसम के मान से, ये कमरे मुफ़ीद हैं। गर्म रहते हैं। रौशनी हेतु हर कमरे में पिलसोतनुमा एक लैम्प है। जो कक्ष बाहर की ओर हैं, उनमें खिड़कियाँ हैं। जो कक्ष बड़े हैं वे लामाओं को आवंटित हैं। बड़े कक्षों में बालकनी है। आज शाम और कल सुबह हमें इन बालकनियों में पद्मासन में बैठे लामा दिखनेवाले हैं। इतने जाड़े में सिर्फ़ एक चोग़ा पहिन ध्यान लगाना क्या आसान है? फिर भी वे खुले में बैठेंगे। कि शरीर नहीं सधा तो मन कैसे सधेगा?

अलेक्जेंडर सोमा डिकोरस की याद आ रही। ऐसे ही किसी कमरे में ही तो वह रहा था। भर जाड़े में मात्र एक कम्बल के सहारे। यहीं उसने तिब्बती शब्दकोश पर काम किया था। मैं गोनपा का पुस्तकालय देखने की मंशा ज़ाहिर करता हूँ। तेनझिन मगर हिचकिचा रहा। वहाँ महिलाओं का प्रवेश वर्जित बताता है। अरे! यह क्यों? महिलाएँ मन्दिर में जा रही हैं। रसोई में लामाओं के संग बैठ भोजन पा रही हैं। फिर पुस्तकालय में जाने में क्या अड़चन है?

कहता है कि अपर्णा का वहाँ जाना सम्भव तो है, मगर बड़े लामा की अनुमति से। जो आते दो दिन तो मिलने से रही। कि बड़े लामा युने में हैं। किसी से बात नहीं कर रहे, पूजा के अतिरिक्त कोई काम नहीं कर रहे। अनुमति देना फिर काम है, पूजा नहीं। ख़ैर नियम है तो है, इसमें बहस ठीक नहीं।

मन किन्तु वाचाल है। कह रहा कि शाक्य महारानी गौतमी को संघ में प्रवेश देते समय जो नियम गौतम बुद्ध ने कायम किये थे समयान्तर से वे शिथिल हुए, पर स्खलित नहीं। वक़्त के साथ बची-खुची वर्जनाएँ भी शायद टूटें। कि क्षुद्र-अनुक्षुद्र नियमों को छोड़ने की सलाह तथागत दे ही गए हैं।

एकले ही पुस्तकालय में जाता हूँ।

अन्यों की तुलना में पुस्तकालय-कक्ष बड़ा है। त्रापाओं के कमरों से नी-नी तो छह गुना बड़ा। और यहाँ उजास भी ठीक-ठाक है। भीत से सटी क़तारबद्ध अलमारियाँ हैं। जिनमें कपड़े में लिपटे ग्रन्थ हैं। ये वो ग्रन्थ हैं जो एक मुद्दत पहले तिब्बत से यहाँ लाए गए थे। किसी ग्रन्थ को छूने-खोलने पर अटक है। फिर वही अनुमति का टंटा। यह वर्जना लेकिन ठीक ही है। मुझ-सा ऐरा-गैरा जो इन्हें छेड़ने लगे तो कितने दिन बचेंगे ये ग्रन्थ।

पुस्तकों के बीच आ फिर डिकोरस की याद आ गई। तेनझिन से पूछता हूँ। मगर वह अनभिज्ञ है। उसके साथियों से भी पूछता हूँ, किसी ने इन महाशय का नाम तक नहीं सुना। जबकि मामा मिशेल यहीं कहीं डेकोरस की नाम पट्टिका देख चुके। कौन जाने वह अब भी मौजूद है या नहीं?

तेनझिन हमें गोनपा के सबसे ऊपरी इलाक़े में लाया है।

यहाँ एक छोटा-सा मन्दिर और है। यह तंत्र-साधना कक्ष है। बहुत पुराना है। बन्द है। इस कक्ष के लग एक छज्जा है। छज्जे से बाहर देखते हुए लग रहा मानो जन्नत का नज़ारा करते हों। चारों ओर जँस्करी पहाड़ हैं। नीचे बृहद मैदान है। छोटा-सा गाँव है—फुगतान। यहाँ से वह आधुनिक भवन भी दीख रहा जिसे हम मेहमान-घर के पास खड़े हो देख चुके। वही गोनपा की पाठशाला है। पाठशाला और गाँव के बीच नदी बह रही। वही वाली नदी जो सम्मोहन-विद्या में पारंगत है। जिसे हमने लकड़ी के पुल की सहायता से पार किया था।

साँझ होने को है।

मेहमान-घर में लौटने का समय हो चला। मगर अभी वह गुहा देखना बची है जहाँ लामा झाङ्‌से सराप-ज़म्पो की भेंट तीन 'इंडियन' लोगों से हुई थी। जहाँ इस महालामा को गोनपा बनाने की चेतना हुई। गुहा जिसे महालामा ने अपने तप बल से ऊँचा कर दिया था।

हम मनचाही जगह पहुँच चुके। इस गुहा में, जो कभी गोनपा थी, अब एक स्तूप ही बचा है। तेनझिन इस छोदतेन में उस महालामा का शरीर होना बताता है। लामा की अस्थियाँ-वस्थियाँ नहीं—समूची देह। फिर गुहा की छत तरफ़ इशारा करता है। हम-दोई उधर देखते हैं स्तूप के ठीक ऊपर। और जो नज़र आता है, चौंकाता है। वहाँ गुहा की छत कुछ इस तरह से ऊपर को उठी है, जैसे किसी ने हाथ से उसे धकेला हो। हथेली का-सा निशान दीख रहा वहाँ। यह तो दुहरा कमाल है। पहला क़ुदरत का, जिसने गुफा की छत इस तरह की गढ़ी। दूसरा लोक का, जिसने इस जियोलॉजिकल सत्य को सुन्दर कथा में ढाला।

ख़ैर। छत से दृष्टि हटी तो फ़र्श पे पड़ी। देखा, पंजा डूबे जित्ता पानी है वहाँ। यही नहीं, क़रीब ही से पानी बहने की आवाज़ भी सुन रही। इतने बहुत से कक्ष देख चुके, और तो कहीं ऐसी कल-कल नहीं सुन पड़ी। क्या यह भी कोई करिश्मा है? करिश्मे का राज़ खुला स्तूप की परिक्रमा करते समय। जब बरामद हुआ एक नन्हा सा चश्मा। परबत कोख से निकल फिर उसी में समा जानेवाली—बारहों मास बहनेवाली—देवधारा। पहले यही धारा गोनपा का जलस्रोत थी। अब इसका सेवन सिर्फ़ शाला के विद्यार्थी ही करते हैं। बाकियों के लिए कोई दीग़र इन्तज़ाम कर दिया है विदेशी भगतों ने। इन भगतों के सौजन्य से गोनपा को सौर्यऊर्जा भी मिली है। फ़िलहाल इससे गोनपा का नया मन्दिर तथा बाहरी हिस्सा ही रौशन है।

बहरहाल, पूछा जा सकता है, क्या पुराने गोनपा की भीतें सूनी हैं। नहीं ऐसा भी नहीं। यहाँ एक भीत पर कुछ रंगचित्र दीख रहे। मगर अधमिटे से। उनमें से एक चित्र वह है जिसमें दो भुजा व तीन मस्तक वाली एक देवी दर्शायी गई है। इसके

दोनों हाथों में एक-एक वज्र है। वह किसी औरत से भिड़ती दर्शायी गई है। हिन्दू संस्कार इसमें 'काली' को देख रहा। किन्तु यह वह नहीं। धर्म-रक्षक डाकिन है। ऐसे रक्षक बहुधा गोनपा-मन्दिर में होते हैं। होते ही हैं—देवताओं के गिर्द, उनकी रक्षा में सन्नद्ध!

तेनझिन हमें उसी बिन्दु पर ले आया है, जिधर से गोनपा में प्रविष्ट हुए थे। एक लम्बा वक़्फ़ा गुज़रा गोनपा में। इतना कि चाय का समय हो चला। अब उस-ही की तलब है। चुनाँचे चल पड़े हैं मेहमानख़ाने सम्त। तेनझिन को आमंत्रित करता हूँ। वह नकर जाता है। अपर्णा कुछ रुपये उसकी ओर बढ़ाती है, वह मुख फेर लेता है। वह बोली, गोनपा ही के लिए इसे ले-लो। किसी को भेजता हूँ कह वह पलटा। जुलै बोला। और चल दिया ऊपर। गोनपा में।

शाम हो गई है।

छोदतेन के पास ख़ूब चहल-पहल है। खिलखिल है। शाला के बच्चे आए हैं यहाँ। मेहमान-घर की दुकान से कोई चिप्स ले रहा है, कोई चॉकलेट। इधर बच्चे—मटरगश्ती करते बच्चे—वापस लौट रहे, उधर सुबह से जोर मारता दिनकर भी सर्वथा पस्त हो चुका। आसमाँ का रंग गहराता जा रहा है। बल्कि गहरा ही गया है। वहाँ मगर चाँद है न कोई सितारा। हो भी कैसे वे तो उतर आए हैं गोनपा के क़रीब। सारा पर्वत टिमटिमा रहा है, विशाल पिलसोत की तरह। सच ही यह फुक्थार है। मुक्तिप्रदाता-गुहा है।

समावर्तन

जुलाई 14, 2013। झूला पुल के पास। सुरुले गाँव के आगे।

ऐसी बेनूर वापसी का तो हमने ख़्वाब में भी नहीं सोचा था। वाहियात से बदतर ख़्वाब में भी नहीं। अभी तो कितना सफ़र बचा था। झाँगला जाना था। पडुम में दो रातें गुज़ारनी थीं। फिर करगिल, फिर आर्यों की घाटी, लामायुरु और भी जाने कहाँ-किधर होकर लेह पहुँचना था। मन की बात किन्तु मन ही में रह गई और ऐसे सफ़र ख़त्म हो गया, जैसे हँसता-बोलता आदमी चुक जावे है। अकस्मात्।

हुआ यह कि कल जब पुर्ने लौटे तो कैम्प का मौसम बदला-सा था। एक चुप्पा पसरा था सबके चेहरे पर। ख़बर मिली कि टीनू फैल गया है। उसे अगली बुकिंग पकड़नी है। पासंग को भी लौटना है। किसी दूसरी मुहिम में ब-हैसियत ख़ानसामा एक माह का काम है उसके हाथ में।

सोनी ने बहुत मायूस किया इस बेर।

जबकि उसे आरम्भ से ही विदित था कि हमारा अभियान डेढ़ माह तो चलेगा ही। क्या वह कंटाल गया बिना 'चैलेंज' की इस रोज़-दिन की चलाई से? नहीं, बाबू लोगो नहीं! यह रायता असल में उस-ही का फैलाया है। कि जिस अभियान में पासंग को शुमार होना है, वह विदेशियों का अभियान है। सरकारी ठेका है। ठेका जो सोनी उठा चुका था पिछले बरस!

बहरहाल, मरता क्या करता। जैसे-तैसे पुर्ने की काली रात काटी। अलस्सुबह निकल पड़े सुरुले-गाँव तरफ़। जो आधे घंटे पीछे छूट चुका। सुरुले से मिली जानकारी अनुसार हमें शुर्र से गाड़ी मिलेगी पडुम के लिए। वहाँ से सुब्बो चलो तो शाम तक करगिल। करगिल से अगले दिन श्रीनगर। और फिर आगे जैसा साधन मिले, लेते हुए आते सात दिनों में घर। परन्तु यह होगा तब जब शुर्र पहुँचेंगे। और इसके लिए हमें पार करना होगा ख़र्ग्यक-चु को।

सुरुले से ही सोनी को एक बात और पता पड़ी, वह यह कि ख़र्ग्यग-चु लाँघने वास्ते दो रास्ते हैं। एक लम्बा है। जो ले जाता है ख़र्ग्यग-चु और बारालाचा से आ रही नदी के मिलन स्थल तक। जहाँ नदी कई भागों में बँटी है। सुबह जब पानी कम हो, तब लाँघी जा सकती है। दूसरा रास्ता पुराना है। पारम्परिक है। छोटा

है, मगर ख़तरनाक। इतना ख़तरनाक कि अब मुक़ार्मी मनक भी इसे गाहे-बगाहे ही वापर रहे।

"सर जी, क्या करना है? लम्बे रास्ते चलें या...," सोनी ने मुझसे पूछा।

"छोटे से चलेंगे सोनी," बिना कुछ विचारे मैं बोला।

"पर क्या यह बन सकेगा आप से, मैडम से...," कहने के लहजे से लगा मानो सोनी चुनौती देता हो। यह बात अपर्णा को चेंटी, अंगारे की तरह।

वह घायल शेरनी सी दहाड़ी, "क्यों...क्यों नहीं बनेगा...मुझसे...तुमसे बनेगा, रनी से बनेगा...तो अपर्णा से भी बनेऽऽगा।"

"नहीं...नहीं मेम...वो बात नहीं...आप...आप... ग़लत समझ रही हैं...," सोनी घिघियाया।

"फिर बात क्या है..."

"मेम! इस रास्ते एक ब्रिज है। बहुत पुराना झूला पुल। गाँव वाले बोल रहे कि वह सच ही में झूलता है। हवा बहने पर...पैदल चलने से। टीनू के अनुसार पुल घास-फूस से बना है...आजकल उसका रख-रखाव भी नहीं किया जा रहा ठीक से...फिर पुल सँकरा है...उस पर एक बार में एक ही जना चल सकता है..."

अपर्णा ने मुझे देखा। निगाहें मिलीं और तय हो गया, जावेंगे तो झूला-पुल से वगरना नहीं! इसलिए कि ऐसा झूला-पुल हमारे क़रीब एक जीवाश्म ठहरा। पुरखों की जिजीविषा का साक्ष्य। जाने कितने महारथियों के पदचिह्नों से सम्पन्न हो वह! फिर उसकी उमर अब कितनी ही बची है। कि यह जो जाँस्कर है—हमारा देखा जाँस्कर—वह 'है' से 'था' अब हुआ कि तब हुआ। वह दिन दूर नहीं जब बीत जावेगा वह पुल भी लोगों की यादों से। कि मुक़ामी लोग जिससे आँख मोड़ लें उस वस्तु का लोक-स्मृति से खिर जाना तय। इस नाते उसे देखना, वापरना अत्यावश्यक ठहरा। कि हमारे बरते तवारीख़ में कहीं दर्ज हो जावे उस पुल का होना।

बहरहाल, ख़बर यह है कि अभी पौने दो बजे हैं। और झूला-पुल सामने है। सच कहूँ, उसे देख हाथ-पैर फूल रहे। क्या हम इसे वापर सकेंगे? क्या कोई इसे वापर सकता है? मगर अड़ा-अड़ी है। बात इज़्ज़त खोने-बचाने पर आ टिकी है।

"ब्रिज को पास से देख सोचते हैं, सर," सोनी बोला। वह भी घबड़ाया-सा है।

"अरे! देखना क्या है, चलेंगे...कहो तो मैं जाऊँ पहले...," उत्तर अपर्णा के यहाँ से आया। वह जल्दी नहीं घबड़ाती। उस-ही के दम पर तो इतने बहुत से अभियान किये जा चुके। उन मुहिमों में पेश आई मुश्किलात के आगे यह पुल कहीं ठहरता ही नहीं!

"जी, मेम...मैं कहाँ मना कर रहा...इसी ब्रिज को यूज़ करेंगे...फिर भी उस पर थोड़ा चलकर देखना ठीक रहेगा...मैं आगे जाता हूँ...आप इधर ही वेट करें... प्लीज़...," कहते हुए सोनी पुल की ओर चल पड़ा।

अब सोनी पुल पर है। और पुल अपना नाम सार्थक करने पर तुला है। सोनी

चले कि वह दोले ज़ोर से। बिलकुल सावन के झूले की तरह। इस करके सोनी अकबका गया है। रुक गया है। पलटूँ कि चल पड़ूँ आगे, शायद यही असमंजस है उसे। लेकिन एक मिनट...अब उसने चार डग और भर लिये हैं। अब वह आगे को झुक रहा है। लीजिए अब वह चल रहा है चौपाए मानिन्द। जो हो, ऐसे नहीं तो वैसे...वह पहुँच ही गया है उस पार।

अब अपर्णा जाना चाह रही। वह हर्मेश ऐसा ही करती रही है। जहाँ ख़तरा हो, पहले उसे ही जाना होता है। मुझे कुछ होता देखना वह सह नहीं सकती—ऐसा उसका कहना है। यानी मैं उसे 'कुछ होते' देख सकता हूँ—यह तो मुझ पर इल्ज़ाम ठहरा।

"अपन दोनों साथ चलते हैं आगे-पीछे," मैं प्रस्ताव रखता हूँ। आगे-पीछे यूँ कि सेतु का पनहा तीन हाथ से भी ओछा है।

हमें एक साथ पुल सम्त बढ़ते देख, सोनी चिन्तित है। हाथ हिला रहा है। इशारा कर रहा कि एक बार में एक। मैं हामी में हाथ हिलाता हूँ। रुक जाता हूँ। अपर्णा आगे बढ़ रही है

पहाड़ स्तब्ध हैं।

रनी दम थामे खड़ा है।

मेरे प्राण कंठ में फँसे हैं।

अपर्णा पुल पर चल दी है।

मैं इस पार खड़ा कभी उसे, कभी पुल को देख रहा हूँ। इस ओर से उस ओर जाते लोहे के रस्सों द्वारा पुल नदी के किनारों पर कसा है। फ़र्श के नाम पर उसपे किसी झाड़ी से बुना जाल पड़ा है। जाल नाज़ुक है। बुनाई भी महीन नहीं। छितराई है। खाँचेदार है। और खाँचे भी एक ढब के नहीं। उस जाल पर कहीं-कहीं फ़र्शियाँ धरी हैं। बस धरी हैं, बँधी नहीं। वह भी कहीं-कहीं ही। अन्यथा हाथ से बुने जाल पर पैर रख चलना है।

अपर्णा पुल पर है। चल रही है तनकर। नीचे ख़ग्र्यग-चु पूरे शबाब पर है। और पवन भी चल पड़ा है, पूरे वेग से।

अरे...अररे...वह तो डगमगाने लगी है...

"अपर्णा...अऽऽप-ऽर्णा सँभलकर...बैठ जाओ...सोनी की तरह चलो...," मैं चीख़ता हूँ। संग ख़ग्र्यग-चु भी चीख़ती है। मेरी आवाज़ अपर्णा तक नहीं पहुँचती। नदी की पहुँचती है। वह रुक गई है। पैरों के बीच से देख रही है नद्दी को।

अभी वह बग़ल की रस्सी को थाम बढ़ने की कोशिश कर रही। मगर इससे तो चलना और भी दूभर हो गया जान पड़ रहा। हल्लु-हल्लु दोलता पुल, एकदम ही पेंगे भरने लगा है। उसने रस्सी छोड़ दी है। अब क़दमों को जमाते हुए, हाथ बग़ल में पसारे नट-मानिन्द चल रही है वह। पुल के ऐन बीच में पहुँच चुकी है।

हिलते पुल पर पैरों को काबू में रखने की कोशिश कर रही।

पुल ने भाँग पी रखी है क्या? क्यूँ डोल रहा है बावरे सा?

अपर्णा पुनः थम गई है। कभी पार खड़े सोनी को देख रही। कभी नीचे बहती नदी को। क्या उसकी हिम्मत दग़ा दे रही?

मैं साँस लेना भूलता जा रहा हूँ। दम घुट रहा है। अड़ा-अड़ी में कहीं ग़लत निर्णय तो नहीं कर लिया मैंने?

उफ़! जान में जान आई। डोलते-डालते सई, अपर्णा ने पार कर लिया है पुल। वह सोनी के संग खड़ी हो मुझे आने का इशारा कर रही।

अब मैं पुल पर हूँ।

जितना दीखता था उससे कहीं कमज़ोर है उसका चटाईनुमा फ़र्श। और समझे से कहीं बड़े हैं चटाई के खाँचे। यहाँ से पैर जमाने वास्ते चुक्काज़ाम (रस्सी के टुकड़े) भी नदारद। यानी नज़र हटी कि जूता फँसा खाँचे में और आप हुए औंधे। एक बात जिसकी सूझ दूर से नहीं पड़ रही थी, समझ आ रही पुल को बरतते हुए। बात यह कि चलते समय पुल के पनहे का निरन्तर ध्यान रखना ज़रूरी। कि पैर अगर पनहे के बीचमबीच न पड़े तो सेतु झुकने लगता है एक ओर। ऐसे में जो आप घबड़ाए तो गिरें सीधे नदी में। सूपड़े से उड़े धान की तरह।

जो हो, आप मगर मत घबराएँ। कि आपका सफ़र यहीं पूरा हुआ। मेरा बचा है। पुल पार होने से अगाड़ी, एक बार फिर, देखना है मुझे जाँस्कर को। पलट कर। कुछ इस तरह कि स्मृति में पैठ जावे आज के जाँस्कर की छवि—भली-भाँति। कि सिवा स्मृतियों के चिरस्थायी कुछ भी नहीं। कुछ भी तो नहीं। बदल जाता है सब वक़्त के साथ। जाँस्कर भी बदलेगा। बदलना भी चाहिए। कहते हैं समय के संग चलना-बदलना जीवन्त समाज का गुण है। यह जुमला मगर आज के दौर में झूठा पड़ चुका। काहे कि ग़ुलामी क़बूल कर रातोंरात बदल जाना 'समय के साथ' बदलना नहीं होता। हो ही नहीं सकता। आदमी यह सच नहीं समझ पा रहा। ख़ग्र्यग-चु मगर समझती है। तभी तो वह ज़हीन नदी हवा में मुट्ठियाँ ताने गुज़र रही है मेरे पैरों के नीचे से। दुहराते हुए मंगलेश डबराल की कविता—

बहुत सी चीज़ें उलट-पुलट हो गई हैं
इन दिनों दिमाग़ पर पहले क़ब्ज़ा कर लिया जाता है
ज़मीनों पर क़ब्ज़ा करने के लिए लोग बाद में उतरते हैं
इस तरह नई ग़ुलामियाँ शुरू होती हैं...

भूडोल सहने में सक्षम काठकुनी-प्रविधि से बना कुकुरमुत्तानुमा मकान

वसिष्ठ गाँव का एक मकान; भूकम्प बाधित क्षेत्र में ऐसे घर देख भय लगता है।

वसिष्ठ आश्रम प्रांगण में खरगोश बेचती नेपाली महिला।

तंत्र-मंत्र से बर्सी-बगार को शुद्ध करने वाला यंत्र

माने औंर मणि-मंत्र

पलामो में हिमालय की पिसाई

जाँस्कर-सुमुडो के चुनिन्दा पंछी

हिमाला बनने का हाल बयाँ करतीं दास्तान-गो चट्टानें

हिमालय का नुमाइशखाना

लैकन—फफूँद व बैक्टीरिया का सहजीवी जमावड़ा

ख़ग्र्यग-चु घाटी के प्रथम दर्शन : आगे सोनी और पासंग, पीछे नारंगी टोपा गाँठे अपर्णा

जँस्करी कला विथिका का कोई सानी ही नहीं; जिधर नज़र पड़े उधर कला का कोई नायाब नमूना बरामद होता है। जैसे पहाड़ के पैताने पर उकेरी यह राँगोली, जिसमें घास का एक तिनका तक सुर-लय से बाहर नहीं।

विश्व भू-विरासत—जँस्करी कला विथिका में प्रदर्शित एक पहाड़ जो हिमालय बनने की समूची गाथा मय थिसियन सागर के हस्ताक्षर संजोए है।

ख़र्ग्यग-चु पिया गोन्बोरङ्जोन

काफ़िला

ख़र्ग्यग-घाटी के गाँवों के नाम तो फ़र्क हैं, मकानात मगर हू-ब-हू

घुड़सवार जँस्करी नार

लोग जिन्हें देख लगा मानो वे नदी-रेत से सोना बीनते हों

कुदरत की कूची का कमाल है माटी-घास-पानी-पत्थर से निर्मित यह दृश्य

मरमट—हेरोडोटस गल्प का सुवरण खुदैया चिउँटा

जँस्करी कुदरत संग किस क़दर एकमएक हो गुज़र करते हैं इसकी बानगी हैं उनके घर

जाँस्कर घाटी को INTACH ने National Geoheritage Monument यूँ ही नहीं कहा।

इन सिलवटों में पिनहाँ हैं करोड़ों बरस पुराने बेहिसाब क़िस्से : हिमालय निर्माण की कथा, थिसियन सागर में रहने वाले जीवों की कहानियाँ

नेमा और उनकी पत्नी

सामने वाले की भाषा की राई जित्ती ख़बर बग़ैर डूबके बतियाते दो मनुष्य

गुलदस्ता जिसका स्पर्श आज तक भूला नहीं, भूल सकता नहीं

नन्हा-लामा

लुङ्ना-घाटी का स्वर्ण-पुष्प

परिक्रमा करतीं जँस्करी जनानियाँ। नेपथ्य में फुक्थार गोनपा

फुक्थार गोनपा

छोदतेन

तीन दिनी 'युने' पूजा में रत लामागण; पीली-लाल टोपी का घालमेल फुक्थार-गोनपा में क़दम-क़दम पे दीखा।

वह प्राचीन झूला-पुल जो कभी ख़ग्र्यग-घाटी को बाहरी दुनिय से जोड़ने वाला एकमेव साधन था।

तिब्बती बौद्ध परम्परा की तांत्रिक क्रिया—यब-युम। लदाख के साथ स्पीति की प्रत्येक गोनपा में यब-युम मिलता है—भीत पर उकेरे रंगचित्र के रूप में। जाँस्कर के फुक्थार तथा रङ्‌डुम गोनपा भी इसके अपवाद नहीं। रंङ्‌डुम के कोठार में—आमजन की नज़रों से दूर—मगर एक अनूठी चीज़ हस्तगत हुई—पीतल की यब-युम मूरत।

दिल की आवाज़

मैं आभारी हूँ अपने पाठकों और समीक्षकों का कि उनने मेरी पुस्तकें पढ़ीं, ख़त लिखे। फ़ोन-ईमेल किये। यहाँ गीतांजलि श्री, सत्यानन्द निरुपम एवं विनीत कुमार जी का उल्लेख अलग से करना ज़रूरी है। जिनने मेरे लिखे की बेलौस आलोचना कर मुझे दूसरी तरह से ऊर्जित किया। अपने बेबाक सुझावों से मुझे समृद्ध किया।

रेरिकवासी तेनज़िन का आभार। जिन्हें पुस्तक सृजना काल (अगस्त 2021 से दिसम्बर 2023) में एकाधिक बार फ़ोन किया। जो उनसे बात न होती तो जाँस्कर यात्रा दौरान भोटी नामों को पकड़ने में जो झोल-झाल रहा वह चुस्त-दुरुस्त क्यूँकर हो पाता।

रंगकर्मी किरण [illegible]नी भाई का मैं आभारी हूँ। उनसे सुनी निमाड़ी कहावत और लोकोक्तियों का इस पुस्तक में भरपूर उपयोग किया है मैंने। उनके साथ भाई चिन्मय मिश्र का भी आभारी हूँ। अपनी पुस्तकों के बड़े अंश उद्धृत करने की अनुमति देने वास्ते।

इतिहासकार सुधीर चन्द्र जी का ऋण मैं इस जीवन में कैसे चुका पाऊँगा, नहीं जानता। अपनी अतिव्यस्त जीवनचर्या से समय निकाल उन्होंने इस पुस्तक की पांडुलिपि पढ़ी। पुस्तक की पठनीयता बढ़ाने में सहायक अमूल्य सुझाव दिये। वैसे उधार पाटना तो राजकमल प्रकाशन के अशोक महेश्वरी जी तथा उनकी टीम का भी सम्भव नहीं। जो वे न हों तो लेखक के मन की बातें आप तक कैसे पहुँचें?

अपने वयोवृद्ध माता-पिता के प्रति जो कृतज्ञता ज्ञापित नहीं करूँ तो बड़ी चूक होगी। इसलिए कि उन्हें झेलना पड़ता है, पुस्तक लिखने के दौरान मेरे एकान्तवास और देशाटन पर निकल जाने का दर्द—बार-बार।

और अब अपर्णा। उसके प्रति आभार कैसे व्यक्त करूँ? यह तो ख़ुद ही को आभार जताना जान पड़ रहा। कि वह और मैं एकमएक जो ठहरे। यह एकलयता ही वह खाद-पानी है जिससे यात्राएँ होती हैं, किताबें बनती हैं। जीवन में रस पनपता है।

—अजय सोडानी

क्रिसमस, 2023
ajoysodani@yahoo.com

टिप्पणियाँ

प्राक्कथन

1. सुमेर जिसे बाद में बेबिलोनिया बुलाया गया तथा जो आधुनिक इराक़ है। सेमुअल क्रामेर के अनुसार ई.पू. 4500 में सुमेर का पहला अधुना नगर वजूद में आया। यानी मार्तु के क़िस्से से लगभग दो सहस्र बरस पहले।
2. कहीं-कहीं नगरों के नाम निनाब (इनाब) व शित्ताब (किरितब) हैं। ध्यातव्य है कि 'मार्तु' नाम सुमेरियन गल्पों में एकाधिक अर्थों में प्रयुक्त हुआ है। कहीं यह मनुष्य है, तो कहीं 'नियर इस्ट' की वह भूमि जो घुमन्तुओं के अधीन थी, तो कहीं यह घुमन्तुओं के एक देवता का नाम भी है।
3. ध्यातव्य है कि 1621ई में इंडोनिशिया के बंडा-द्वीप में भीषण जनसंहार हुआ। जिसमें डच ईस्ट इंडिया कम्पनी के गवर्नर जनरल कोएन के निर्देशन में बंडा के नब्बे टका लोगों को घात लगा मारा गया। कुछ ऐसी ही अमेरिका के रेड-इंडियनों पर भी गुज़री। जब 1492-1650 ई. के बीच यूरोपियनों ने पाँच करोड़ आदिवासी-अमेरिकनों को मार डाला।

जाऊँ किधर? इधर कि उधर

1. इस अभियान में गुज़रा वह 'सार्थवाह-हिमालय' से जाना जा सकता है। वहीं से पनपतिया-पर्वतकंठ (दर्रा) पहुँच मार्गों की मालूमात भी जुटाई जा सकती है।
2. बकौल महाभारत, पांडव हिमालय तरफ़ एकाधिक मर्तबा आए और एकाधिक इलाक़ों में गए। इनमें से एक पथ कुरुक्षेत्र से केदारधाम को जोड़ता है। इस पथ बाबत मेरी अवधारणा का ब्योरा 'दरकते हिमालय पर दर-ब-दर' (राजकमल प्रकाशन, 2018) में है।
3. स्वर्ण के एकाधिक प्रकार पुराकालीन साहित्य में देखने को मिलते हैं। यह भेद उसके रंग, खनन प्रक्रिया, आकार आदि पर आधारित हैं। यथा हिरण्य यानी पीली आभायुक्त सोना। यहाँ ग़ौरतलब है महाभारत के सभापर्व का दिग्विजयपर्व। जहाँ अर्जुन की धनार्जन हेतु हिमालय की खंडवार यात्रा नोद है। हिमालय के उत्तर में अवस्थित इलावृतवर्ष में बहनेवाली जम्बू नदी की रेत व कीच में अर्जुन ने सोना देखा था। और इसे जम्बूनद-सुवर्ण कहा। इसी तरह के स्वर्ण-चूर्ण को 'पिपीलिक' बुलाया गया।
4. Herodotus, ई.पू. 490-415. पुरातन ग्रीक के केरिया नामक स्थान का निवासी। आज के टर्की का हिस्सा।

5. ध्यातव्य है कि हेरोडोटस (ई.पू. 490-415) की पैदाइश दारा-प्रथम के Scythia में घुस आने के तीस बरस बाद की है। दारा जिसने ग्रीस से गन्धार की सीमा तक पुगनेवाला महापथ बनवाया। यह भी जानने योग्य है कि 800 से 200 ई.पू. के दरमियान पर्शिया (ईरान, फ़ारस) रोम (इटली) और मौर्यकालीन इंडिया बहुमान महाशक्तियाँ थीं। सर्वविदित है कि हेरोडोटस काल से पहले वेद-सृजना हो चुकी थी। गौतम बुद्ध (ई.पू. 563-483) व वर्धमान महावीर (ई.पू. 566-485) उसके बहुत पहले हो चुके थे। यानी तब के इंडिया में बड़े जनपद थे। आमजन बौद्धिक रूप से चैतन्य था। गो इसीलिए हेरोडोटस रचित 'दी हिस्टरीज़' में उल्लिखित दूरस्थ देशों के समाजों के चित्रण को जानकार सुनी-सुनाई बातों पर आधारित बुलाते हैं। इस मान से गल्प में सन्दर्भित इलाक़ा वह देस प्रतीत नहीं होता जिसे आज हम 'इंडिया' जानते हैं। हेरोडोटस का 'इंडिया' कहाँ था—इस नुक्ते पर आगे चलकर और खुलकर बात की जावेगी।
6. गल्प में आया Caspatyrus, आज का कश्मीर है। कुछ लोग इसके मानी काबुल भी निकाल गए। किन्तु ग्रीक इतिहासकार टालमी (90-170 ई.) के अनुसार हेरोडोटस से कस्पाटायरस की वर्तनी Kaspeiroi है। जानकारों के अनुसार यह कश्यप ऋषि की बसाई नगरी 'काश्यपपुर' (कश्मीर) का ग्रीकीकरण है। टालमी की मानें तो यह दार्दी-भाषी लोगों का दार्दीस्तान था। जो आज लदाख, कश्मीर और कुल्लु में बँटा है। अब रहा सवाल Pactyice का। इतिहासकारों के अनुसार यह 'पठान' का अपभ्रंश है। और अफ़ग़ानिस्तान को इंगित करता है।
7. सतोपन्त—गंगोत्री बमक (ग्लेशियर) इलाक़े का एक पर्वत शिखर।
8. उपत्यका—घाटी, बगार
9. पहाड़ों पर दो तरह के भरिक (पोर्टर, कुली) प्रचलित हैं। पहला सामान्य—जो अधिकतम 8000 फ़ीट तक माल ढुलाई करते हैं। दूजे हाई एल्टिट्यूड पोर्टर (एच.ए.पी.) जो उच्चतर हिमालयीन क्षेत्रों तक मालोअसबाब ले जाते हैं। ये पर्वतारोहण कला में दक्ष भी होते हैं। जैसे नेपाल व तिब्बत के शेरपा ओन। अब तक के हिमालयीन अभियानों में हम तीन से चार एच.ए.पी. साथ रखते आए हैं।
10. इस प्रदेश की राजधानी साकल थी, जिसे पुटभेदन भी कहा गया है। साकल यानी आधुनिक सियालकोट। इसका वास्ता मेसोपोटामिया के सिकन्दर (ई.पू. 326) से पड़ा था।
11. लदाख व जाँस्कर में तीन फेरे लगे। 2011 (पन्द्रह दिन), 2013 (एक माह) व 2021 (एक माह)।

डग एक : जाँस्कर के इधर

अधर में सफ़र

1. यहाँ हवाला अगस्त 2010 में लेह-लदाख में आए सैलाब का है।
2. दैनिक जागरण, अगस्त 4, 2004।
3. 'एशिया' व 'इंडिया' संस्कृत-गर्भ से निकले शब्द हैं। प्राचीन यूनानी ग्रन्थों में ये शब्द संज्ञा नहीं बतौर विशेषण उपस्थित हैं। संस्कृत में ऐश मानी सर्वोपरि। सो पुरा यूनानी साहित्य ने

अपने देशों को एशिया पुकारा। और अपने से दीगर देशों और यूनानियों से इतर लोगों को क्रमशः 'हींडिया' तथा 'हींडियन' कहा। हीन यानी निम्नस्तरीय लोग/देश। आगे चलकर यही हींडिया 'इंडिया' हो गया। और यूरोपियन अपने ग़ुलामों को इंडियन तथा अपने मातहत देशों को इंडिया पुकारने लगे।

4. पुराणों के यहाँ सात खंडीय जम्बूद्वीप की व्यवस्था है। इसके इलावृतवर्ष खंड में सुमेरु पर्वत है। इलावृतवर्ष के दक्षिण में स्थित निषाद-पर्वत शृंखला उसे टीनूवर्ष से अलग करती है। टीनूवर्ष के दक्खिन है हिमालय पर्वत। और हिमालय के दक्षिण का क्षेत्र उनके यहाँ का भारतवर्ष है। अमरकोश में दिये गए नाम व उनकी परिभाषाएँ इस प्रकार हैं—हिमालय व विंध्याचल पर्वत के मध्य की भूमि (आर्यावर्त या पुण्यभूमि); पुराग्रन्थों में (पुराण तथा जैन धर्मग्रन्थ) जम्बूद्वीप का हवाला आता है। भारतवर्ष जम्बूद्वीप का नवामांश है। इस महाद्वीप के अन्य आठ अंश हैं—किंपुरुषवर्ष,टीनूवर्ष, भद्राश्ववर्ष, केतुमालवर्ष व इलावृतवर्ष, रम्यवर्ष, हिरण्मयवर्ष, कुरुवर्ष। इनमें से अन्तिम तीन वर्ष हिमालय के उत्तर के देश हैं। तथा ये वर्ष—भारत, किंपुरुष एवं भद्राश्व—हिमालय के दक्षिण में हैं।
5. उत्तरं यत्समुद्रस्य हिमाद्रेश्चैव दक्षिणम्। वर्ष तद् भारतं नाम भारती यत्र संततिः॥

जाँस्कर : एक खोज

1. जोत यानी दर्रा। दो घाटियों के मध्य खड़े पर्वत शीर्ष के निकट का वह स्थान जिस पर से गुज़र एक से दूसरी घाटी में पैदल पहुँचा जा सके। इसे डांडी, पास या बाज़ दफ़ा कॉल भी बुलाते हैं।
2. हिमालय को टाप भारतवर्ष की तरफ़ आने की कई राहें थीं। उत्तर-पूर्व के गिरिराज की बात करें तो मणिपुर व चीन के बीच एक लीक थी। व्यापारिक महत्त्व की लीक। हिमाला की उत्तर-पश्चिम में एक दूसरी लीक और है, चीन, मध्य एशिया, रूस, अफ़गान, ईरान आदि देशों को भारत से जोड़नेवाली लीक। इसके अलावा और भी कई रास्ते हैं। मसलन उत्तराखंड की नीति घाटी को मानसरोवर (तिब्बत) से जोड़नेवाला रास्ता। इस रास्ते तो 1962 तक ख़ूब व्यापार होता रहा। उपर्युक्त सभी लीकों का एकमुश्त नाम, पुरातन समय में, उत्तरी-महापथ था। इन पथों पर मुसाफ़िरख़ाने थे। जलकूप थे। जानवरों हेतु जलद्रोणियाँ भरकर रखने की परिपाटी थी। मोतीचन्द्र के अनुसार सिकन्दर काल में ख़ैबर-दर्रा अनजाना था। अतः सिकन्दर मिचनी दर्रा पार कर सिन्धु-उपत्यका आया होगा। (सार्थवाह, डॉ. मोतीचन्द्र)
3. Kaspeiria>Kaśvīra>Kaśmīra
4. Kia-shi-mi-lo
5. Po-lu-lo
6. Ma-Lo-Pho
7. चन्द्र-देश। इस नाम के निहितार्थ बूझने वास्ते हमें दुहराना होगा ग्रीक भूगोलशात्री स्त्रोबो (ई.पू. 63-23 ई.) का कहा। यह कि शकों की चार उपशाखाओं में से एक थी ऋषिक—भारतीय इतिहासकारों के 'यूची'। यूची यानी चन्द्र-कबीला। डॉ. मोतीचन्द्र की मानें तो यूची ही महाभारत में 'चन्द्र की सन्तान' बुलाए गए हैं।

8. मार्च 1846 ई. में जम्मू के राजा गुलाब सिंह तथा कम्पनी सरकार के बीच एक समझौता हुआ। इस अमृतसर-समझौते के तहत सिन्धु के पूर्व तथा रावी नदी के पच्छिम का इलाक़ा गुलाब सिंह को सौंपा गया। क़रार के तहत जम्मू राजा द्वारा अंग्रेज़ सरकार को एकमुश्त पचहत्तर लाख़ नानकशाही रुपयों के संग प्रतिवर्ष नज़राना देने की शर्त भी थी। बतौर नज़राना जो चाहा गया वो क़ाबिलेग़ौर है—एक घोड़ा, बारह पश्मीनी बकरे-बकरियाँ तथा छह जोड़ कश्मीरी शालें। ज़ाहिर है माँग पशमीनी शालों की थी। यह क़रारनामा पशमीना के क़द और क़ीमत की जामिन है।
9. Alexander Csoma de Körös उनीसवीं सदी के पूर्वार्ध में तक़रीबन तीन बरस जाँस्कर में रहा।
10. 2011 के आँकड़े हैं ये।
11. यहाँ और आगे जहाँ कहीं भी 'सड़क' की बात चले तो उसे बड़े-पथों का ज़िक्र जानिए। यानी उन अधुना राजपथों का जो दूरस्थ मानव-विरल क्षेत्रों में बनाए जा रहे। या बनाए जा रहे अब तक अछूते अरण्यों में। विशेषतः द्रुतगामी चार पहिया वाहनों को ध्यान में रख निर्मित रास्ते। इनमें शामिल हैं व्यापारिक संगठनों-घरानों को प्राकृतिक सम्पदा दोहन की सुभीता देने के अर्थ बनाए पथ और वो पथ भी जो जंगलों-पहाड़ों में बहुधा सैन्य-दरकारों या जियो-पॉलिटिक्स के बहाने बनाए जाते हैं। सनद रहे कि प्रस्तुत सन्दर्भ में ग्राम्य-पथ परियोजना तहत बन रहे सात्त्विक पथ, 'सड़क' की इस निजी परिभाषा से बाहर हैं।
12. पी.पी.एम. = Parts Per Million

मनुप्रदेश-मनाली

1. हाई एल्टी पोर्टर (High Altitude Porter) ये पन्द्रह हज़ार फ़ीट से ऊपर भी बोझा ढोने में सक्षम होते हैं। जिनने अमूमन निम से पर्वतारोहण का 'बेसिक' बहुधा 'रेस्क्यू' कोर्स भी किया होता है।
2. समय की यह फाँक 'मनु अन्तराल' या 'मन्वन्तर' के नाम से प्रसिद्ध है। एक गणनानुसार इसका मान तीस करोड़ पचासी लाख बरस है। इस मान्यतानुसार वर्तमान में हम वराह-कल्प के सातवें मनुअन्तरे के वासी हैं।
3. ब्रितानी हस्तक्षेप पूर्व, राजाओं के काल में, ब्यास (व्यास) घाटी, मानी कुल्लु, छह वजीरी (जागीर) में विभक्त थी। प्रत्येक वजीरी को कोठी तथा फाटियों में बाँटा गया था। 'कोठी' का मतलब पहाड़ के शीर्ष से नदी तक की वह ज़मीन जो दो धाराओं या नालों के दरमियान हो। एक कोठी में जुदा नाम की एकाधिक बसाहटों (गाँवों) का होना सम्भव था। आगे जाकर अंग्रेज़ कोठी को गाँव भी कहने लगे। जिससे कोठी-मुख्यालय के क़रीब की बसाहटें अपना मूल नाम खोने लगीं। ज्ञातव्य है कि मनाली (जिसे कांगड़ा ज़िले के 1897 के गजेटियर में मोनाली भी कहा गया है, और सम्भवतः इसीलिए अज्ञेय ने 'मनाली' नाम का उत्स 'मोनाल पक्षी' से जोड़ा है) तब एक कोठी थी, जो मोनालगढ़ की गढ़ी से संचालित थी।

राक्षसदेश-मनाली

1. काठ मतलब लकड़ी, कूनी है कोना। पुश्तों से चली आ रही काठकूनी प्रविधि से बने मकान ऊँचाई वाले हिमाचली मौसम के अनुकूल हैं। और भूकम्प झेलने में सक्षम भी। ऐसे घरों की भीत तहदार होती है। जिसे पत्थर-लकड़ी से चुना जाता है। यानी पहले लकड़ी की दो बल्लियाँ समानान्तर धर उनके बीच पत्थर के टुकड़े भरे जाते हैं। बिना चूना/सीमेंट से जोड़े। इस तह के ऊपर करीने से काटे शिलाखंड की तह जमाई जाती है। फिर लकड़ी की वही बल्लियाँ। अभिधेय है कि पूरे भवन में खम्भे नहीं होते। कम-से-कम भीत में तो नहीं ही होते। तराशे शिलाखंडों के जोड़ भी खुले होते हैं। अलबत्ता समानान्तर बल्लियों को आपस में और ऊपर-नीचे की काष्ठ-तह से लकड़ी की ही कीलों (काठिल) से अवश्य जोड़ा जाता है। घर की छाजन पत्थर-प्रस्तर से बनती है। सारा वास्तुशिल्प ऐसा है कि भूकम्प की स्थिति में घर की दीवारें डोलती हैं, पर दरकतीं नहीं। कहने की दरकार नहीं कि काठकूनी भीत दोवर्ता होती है। पोली भीत में ठिठकी हवा से घरों को इन्सुलेशन मिलता है। भीतर की उष्मा बाहर नहीं आ पाती। बाहर की ठंडक भीतर नहीं जाती।
2. ऋग्वेद के प्रमाण से वसिष्ठ तथा विश्वामित्र दोनों ही ऋषि हैं। ऋग्वेद के तीसरे एवं सातवें मंडलों में इनका प्राकट्य होता है। महाभारतानुसार विश्वामित्र पूर्व में क्षत्रिय नरेश थे। वसिष्ठ से पराभूत होने के बाद उनमें ज्ञान-अभ्युदयन हुआ (ब्राह्मणत्व प्राप्त हुआ) और वे ऋषि कहाए।
3. वेदों का सृजनकाल ई.पू. 1700 से 900 माना जाता है। ऋग्वेद सब वेदों का अग्रज है। इसकी रचना ई.पू. 1700-1500 के बीच हुई। ऋग्वेद के आठ मंडल भी अलहदा वक़्तों में नुमाया हुए। मंडल 3, 6 व 7 सबसे पहले रचे गए। तत्पश्चात दूसरे व चौथे मंडलों का सृजन हुआ। इसके बरअक्स महाभारत ई.पू. 300 से 300 ई. के बीच लिखा गया। माना जाता है कि वसिष्ठ नाम के एकाधिक ऋषि हुए हैं। इनमें से वसिष्ठ मैत्रावरुणि का नाता ऋग्वेद के सातवें मंडल से है। काल गणना को लेकर मतैक्य नहीं होना अवधेय है। रामधारी सिंह दिनकर के अनुसार भारत संग्राम ई.पू. 1400 में न होकर 3000 में हुआ। वहीं वेद ऋचाओं का निर्माण ई.पू. 2500 से 1800 के बीच हुआ। दिनकर साहब की मानें तो वेद भारत-युद्ध के पाँच सौ बरस बाद बनना आरम्भ हुए। जो यूँ सही नहीं जान पड़ता कि वेदों का हवाला वेदव्यास विरचित महाभारत में बहुतायत से मिलता है।
4. बगार = घाटी, कोहसार
5. 'राक्षस'—यह शब्द सुन एक मिथकीय तथा कुरूप जीव की छवि हमारे मन:पटल पर उभरती है। जबकि ऐसा है नहीं। राक्षस शब्द रक्षस् से व्युत्पन्न है। जिसके मानी हैं रक्षक। वेदों में इस शब्द का प्रयोग उन वनवासियों के लिए हुआ है जो एकान्त में वार करते हैं या जो निशाचर (रात में विचरण करनेवाले) हैं। 'रक्षस्विन: ' यानी राक्षसी प्रवृत्तियों वाले लोग, वो अनार्य जो अपने वनों, अपनी सम्पदा की रक्षा के लिए आर्यों पर वार करते। जिनके समूल नाश हेतु प्रार्थनाएँ वेदों में बार-बार सुन पड़ती हैं (ऋग्वेद, 1.12.5)। वाल्मीकि कृत रामायण में राक्षसों की तीन शाखाएँ वर्णित हैं। वहाँ उन्हें विशालकाय व काले रंग का प्राणी बताया। तीक्ष्णमेधा वाले होकर वे संस्कृत के ज्ञाता थे। कहते हैं राक्षसराज रावण ने ही सस्वर

वेद-पाठ करने की विधि आविष्कृत की। विशाखादत्त (600-900 ई.) विरचित मौर्यकालीन समाज को साकार करनेवाले नाटक 'मुद्राराक्षस' में राक्षस नामक एक पात्र है। जो अमात्य यानी पंडित है। वह अपने आप को अनार्य कहता है, पर वो अछूत नहीं। न ही वो यवन या तुर्क है। यह सिद्ध करता है कि चन्द्रगुप्त मौर्य (जिसकी सिकन्दर से मुलाक़ात (ई.पू. 326) इतिहास में दर्ज है) के काल में अनार्य राक्षस लोग समाज का महत्त्वपूर्ण हिस्सा थे। बहुत सम्भव है कि राक्षसों के यहाँ नरमांस सेवन प्रचलित रहा हो। हेरोडोटस (ई.पू. 490) ने इंडिया में काले रंग की नरभक्षी प्रजाति का होना दर्ज किया है। वैसे नरदेह को भोज्य जानना कोई अनूठी बात नहीं थी/है। मानव अंगों का सेवन इजिप्ट, रोम, कांगो, अमेजन आदि में भी आम था। विरल सही पर यह परम्परा अधुनाकाल में भी जारी है और कुरु नामक रोग का बायस है।

6. राहुल सांकृत्यायन ने इस कथा के नायक का नाम बेहंगमणिपाल (360 ई.) बताया है।
7. महाभारत सृजक के रूप में वेदव्यास का नाम चरितार्थ है। ठहरकर देखें तो 'वेदव्यास' लेखक नहीं पदवी सी दिखती है। यथार्थतः व्यास उपनाम वाले एकाधिक पुरुषों द्वारा लोक में विचरती कथाओं को अक्षरबद्ध किया गया। इनमें सबसे पहले हैं कृष्णद्वैपायन व्यास। उनका विरचित ग्रन्थ 'भारत' तो मात्र आठ हज़ार आठ सौ श्लोकों का ही था। जैसे प्रवासियों के आए से नगर महानगर बन जाते हैं उसी तरह कृष्णद्वैपायन का बसाया कथा-ग्राम, 'भारत', समयान्तर से 'महाभारत' बना। यह बात, समय के संग बढ़नेवाली बात, अन्यान्य भारतीय पुराग्रन्थों पर भी लागू है। बाद के ऋषि-कवियों ने एक ओर तो अपने समय की अथवा पूर्व में छूट गईं लोककथाओं को पूर्ववर्ती ग्रन्थों में जोड़ा। दूसरी ओर कही जा चुकी कथाओं को पुनर्गठित, परिवर्द्धित व परिमार्जित कर अपने ढंग से दोहराया। जिसके चलते पौराणिक घटनाएँ बहुधा कालक्षेप कर कई कालों तक घटित होती जान पड़ती हैं। वही कथा दीगर ग्रन्थों में इतर ढंग से उद्घाटित होती है। महाभारत की बात करें तो बादरायण व्यास ने पूर्ववर्ती 'भारत' को चौबीस हज़ार श्लोकों तक पहुँचाया। बाद के ऋषियों, कवियों के किये से यह ग्रन्थ एक लाख श्लोकों तक पहुँचा। ऋग्वेद कालीन वसिष्ठ-विश्वामित्र संग्राम की बात जब महाभारत के आदिपर्व में समाहित की गई तब युयुत्सुओं में यवन, चीन, आदि जुड़ गए। यहाँ वसिष्ठ ऋषि को उदारमना तथा धर्म सम्यक चिन्तक् स्थापित करने के आशय से निहत्था तथा युद्ध को दूर से देखता दर्शाया गया। यही घटना छान्दोग्योपनिषद् (सामवेदीय उपनिषद्) में भी उल्लेखित है (1:2-8)। जहाँ टीकाकारों ने वसिष्ठ द्वारा ब्रह्मदंड से विश्वामित्र के वार को निष्फल करता बताया गया है।
8. ये दरअसल वैदिक-भारत की जातियाँ हैं। ध्यान दिला दूँ कि शक, बर्बर वैवस्वत मनु के ही वंश से हैं। जो हिमालय पार मध्य एशियाई देशों (गन्धार, अफ़गानिस्तान, काशगर आदि) में बस गए। मालूम हो कि किरातों का उल्लेख यजुर्वेद में है।
9. राजेन्द्र यादव (सांस्कृतिक मोर्चाबन्दी का इतिहास) के अनुसार पुराकाल में पुरुष वर्चस्व से मुक्ति को तड़पतीं औरतें अपना विद्रोह सेक्स के माध्यम से करती थीं। इस हेतु ही वे वेश्यावृत्ति करतीं। नर्तकी बन जातीं। यादव जी का मुरीद हूँ। पर उनके इस तर्क का मैं हामी नहीं। हो सकता है कि कुछ औरतें ऐसी हों किन्तु सम्पूर्ण स्त्रीजाति के लिए ऐसा कहना/मानना मेरे को तो स्त्री का अपमान ही जान पड़ता है।

10. तब इस तरीक़े से सन्तान प्राप्ति समाज-स्वीकृत थी। राक्षस सुमाली की आत्मजा कैकसी ने विश्रवा मुनि से वीर्य-दान की याचना कर रावण, कुम्भकर्ण, सूर्पणखा तथा विभीषण को जन्म दिया। मुनि-पुत्र होने से ही रावण भी ब्राह्मण कहलाया, वेदादि का अध्येता बना। दानव (राक्षसों की एक शाखा) के महाप्रतापी राजा वृषपर्वा की पुत्री शर्मिष्ठा ने राजा ययाति से सहवास-याचना की। राजा को अपनी विवाहिता देवयानी को धोखा देने पर बाध्य किया। दानव-पुत्री ने ययाति से पुरु सहित तीन पुत्र पाए। क्षत्रिय वीर्य से उत्पन्न शर्मिष्ठा पुत्र भी क्षत्रिय ही स्वीकारे गए। समयान्तर से शर्मिष्ठा नन्दन पुरु ही पौरव वंश का जनक बना। याचित-सहवास के अलावा तब 'नियोग' भी वंश आगे बढ़ाने का एक तरीक़ा था। इसके अन्तर्गत नि:सन्तान पुत्र या नि:सन्तान विधवाएँ वंश चलाने हेतु पति के भाई या उसके गोत्र के अथवा उसके ननिहाल पक्ष के किसी पुरुष (बीजिन) संग सहवास करती थीं। कुरु राजा विचित्रवीर्य के असामयिक निधन उपरान्त उसकी विधवाओं ने अपने रिश्तेदार वेदव्यास से नियोग कर धृतराष्ट्र तथा पांडु नामक पुत्र प्राप्त किये। आगे चलकर क्षीण-वीर्य पांडु की ब्याहताओं ने भी नियोग द्वारा पाँच पांडवों को हासिल किया। किन्तु बीजिन रिश्तेदार (सगोत्र या सपिंड) न होने से पांडु भार्याओं का यह नियोग सामाजिक रूप में अमान्य था, और यही आगे चलकर महाभारत-युद्ध का कारक भी बना। ध्यातव्य है कि सन्तानोत्पत्ति के इन साधनों का प्रयोग कुल्लु के कनैतों (खस) के यहाँ आम था। यथा, विधवा अपने पूर्व पति के घर में रह जो भी व जब भी कोई बच्चा जनती तो वह 'पिछलक' कहलाता था।
11. उत्तराखंड के जौनसार क्षेत्र में चन्द गाँव हैं जहाँ के लोग जो स्वयं को महाभारत युगीन प्रजाति मानते हैं। वे दुर्जोधन (दुर्योधन) की पूजा करते हैं। जैसे हमारे देखते-देखते ओसला गाँव के दुर्जोधन देवता सोमेश्वर बन गए उसी तर्ज़ पर हिडिम्बा दुर्गा की ओर जाती जान पड़ती है। दुर्जोधन देवता के देश में यायावरी की गल्प 'दरकते हिमालय पर दर-ब-दर', (राजमकमल प्रकाशन) में हर्फ़बद्ध है।

सैरगाह मनाली

1. पानी 'बनाना' यानी साधारण जल में कुछ बूँद क्लोरीन डाल आधे घंटे के लिए छोड़ देना। यथासम्भव हम दौराने सफ़र बोतल-बन्द पानी पीने से बचते हैं। यदि ख़रीदना भी पड़े तो ख़ाली बोतल यूँ बचा ली जाती है कि वह ट्रेकिंग के समय काम आवे। ट्रेक समाप्ति पर बोतलें संग लौटा लाते हैं। जिन्हें किसी शहर के कूड़ेदान में फेंका जाता है। यही प्रक्रिया अन्यान्य रेपर्स पर भी लागू होती है।

दर्रा एक अफ़साने हज़ार

1. पिल्लर = पहाड़ों में प्रचलित बेकरी आइटम। हमारे इधर इससे मेल खाती चीज़ को खारी/खस्ता बुलाया जाता है।
2. मगरे—माटी के छोटे टीले (मालवी)
3. Himalayan Rock Gecko

4. जावेदानी = अमर; फ़ानी = नश्वर
5. पेशींगो = अग्रिम सूचना देनेवाला
6. यह लीक रोहतांग को राहला से जोड़ती थी। एक लाहुली दन्तकथानुसार इसे तिब्बत के राजा ग्याब क्येसर ने बनाया। बाद में रोहतांग-राहला के बीच के कच्चे रास्ते पर पत्थर बिछाने का काम किल्लत-भक्त नाम के एक धर्मगुरु द्वारा करवाया गया, यह बात मूरक्राफ्ट की बताई है। समीचीन रास्ता बहुत काल तक पैदल या लश्करों लायक़ ही बना रहा। पहाड़ को कुंडली में घेरनेवाली सड़क, जिस पर हम चल रहे, का निर्माण 1962 के युद्ध बाद आरम्भ हुआ। पहाड़ काट रायला से रोहतांग की कठिन चढ़ाई आसान की गई। 1969 ई. में सड़क मुकम्मल हुई। फ़िलहाल इस मार्ग के चौड़ीकरण का, इसे महापथ बनाने का, कारज जारी है।
7. कुल्लु के राजा पहले 'पाल' उपनाम वापरते थे। ये पालराजा वास्तव में किरात-वंश का आधुनिक अवतार हैं। किरात यानी किन्नर तथा नाग लोग। जो खसों के भी पूर्व से इधर बसे थे। ज्ञातव्य है कि मध्य एशियावासी खस ई.पू. दूसरी सहस्त्राब्दि के आसपास इधर आए।

क़िस्सों भरा उड़न-खटोला

1. माणा बदरीविशाल के क़रीब है। वहाँ एक प्राकृतिक गुफा है। कहते हैं वहीं बैठ वेदव्यास ने जो बोला गणेश ने लिखा। इस तरह महाभारत का बीज संस्करण (8800 श्लोकों वाला 'भारत') तैयार हुआ।
2. तारीख़ = इतिहास
3. इक्ष्वाकु की तरह ही द्वैपायन व्यास को ऐतिहासिक पुरुष माना गया है। पौराणिक व पुरातत्त्वकीय प्रमाणों के आधार पर इनका काल क्रमश: ई.पू. 2600 तथा 900 बताया गया है। वैसे तो कहानी सर्वज्ञात है किन्तु प्रसंगवश कह दूँ कि वेदव्यास भी कर्ण की तरह ही मनचाहे-खेल के अनचाहे फल थे। यानी कि वे कुँवारी सत्यवती व पराशर ऋषि के मिलन की उपज थे। कुँवारी माँ ने अपने नवजात को एक द्वीप पर छोड़ दिया। द्वीप पर पलने-बढ़ने से बालक द्वैपायन कहलाया। गहरे रंग के चलते उनके नाम में 'कृष्ण' जुड़ा।
4. मूरक्राफ्ट इधर 1819-1825 ई. के बीच कभी आया था।
5. ज़िक्र तब का है जब इन्दौर-खंडवा के बीच सघन वन हुआ करता था। वन में भीलों का राज था। जिनका सरदार था टंट्या। उसको नज़राना दिये बग़ैर कोई क़ाफ़िला जंगल पार नहीं कर सकता था। बाद में जंगल में पटरियाँ पड़ी। ट्रेनों की आवाजाही शुरू हुई। कहते हैं टंट्या के स्थान से रेलगाड़ी किसी सूरत आगे नहीं बढ़ती। जो बढ़ती तो पलट जाती। तब उस जगह पर टंट्या की मूरति बैठाई गई। बीच जंगल में गाड़ी रोक इंजिन ड्राइवर उतरता। मूरति पर प्रसाद-फूल-नारियल चढ़ाता, तब आगे बढ़ता। कहते हैं इसके बाद ट्रेनों का पलटना बन्द हो गया! सघन वन बीच की जानेवाली इस पूजा की गवाही देने को मैं तैयार हूँ। चश्मदीद गवाही।
6. ऋषि तथा मुनि समानार्थी नहीं हैं। वेद ऋचाओं के दृष्टा ऋषि कहे गए हैं। वेदव्यास तो महर्षि थे। इनके बरअक्स ब्रह्म का मौन चिन्तन करनेवाली मूरतियाँ मुनि कहलाती थीं। मुनि वो जो

अध्ययन, तप, व्रत आदि से ब्रह्मज्ञान प्राप्त करें। बयान दिया जा चुका कि व्यास नाम के कई जने पुराने समयों में हो चुके। बहुत सम्भव है, और यह मेरा कयास है कि व्यास-कुंड एवं 'व्यास-मुनि' नामक स्थान दो जुदा व्यक्तियों से जुड़े हैं।

डग दूसरा : जाँस्कर की दहलीज़ की तरफ़

दारचा

1. कहीं-कहीं दारछा, दर्चा, दार्-चै, दारचे भी लिखा मिलता है। तिब्बती नामों को हिन्दी में प्रस्तुत करना दो कारणों से कठिन पड़ता है। एक तो तिब्बती आप भी एक ही नाम को कई तरह से उच्चारते हैं। दूसरे अधिकतर नाम बरास्ता अंग्रेज़ी हिन्दी में आए हैं। चूँकि स्थानीय लोगों को हमने 'दारचा' व 'दारछा' कहते सुना है, अस्तु अपन इसे इसी तरह पुकारेंगे।
2. पामाल = पैरों तले कुचले
3. कश्मीर में यही चन्द्रभागा चिनाब कहलाती है।
4. पूर्वकाल में मनाली पर्यन्त मानव-बस्ती मानी जाती थी और इधर की भूमि हिमालय का प्रत्यन्त प्रदेश। मनाली पार जाना यानी हिमालय के पृष्ठभाग में जाना।
5. P.S. Nazaroff

जर्मन बाबा

1. अंग्रेज़ यात्री टोरेंस अरण्य-विपन्न भागा-बगार के गाँवों की एक ख़ूबी बता गए हैं और वह है प्रत्येक गाँव में पेड़ों के एक झुरमुट की उपस्थिति। जिसे गाँववाले ही चेताते-बचाते थे।
2. गुम्बद रावटी—Dome Tent
3. टोरेंस के यहाँ दारचा उल्लिखित है मगर दार्टचा (Dartcha) के नाम से। वह भी मात्र तीन पंक्तियों में। उसका दारचा तब (1862 ई. में) निपट दो घरों का था।

नहीं तो वापस आ जाना

1. 'दिव्यनिबटान' शब्द कृष्णनाथ जी के यहाँ का उधार है। जिसे अपन लौटाने के नहीं। कि अमराई से एक केरी तोड़ लेना कोई गुनाह नहीं।
2. नदी के किनारों का पता लगाने हेतु उसके बहाव की दिशा में मुँह कर खड़े हो जावें। अब जो आपके बाएँ हाथ पर हो वह हुआ बायाँ किनारा। घाटी की दिशा भी नदी बहाव की दिशा से तय की जाती है।
3. खारी = गाँव से बाहर का वह खुला स्थान जहाँ आखा गाँव निमटने जाता। जनाना और मर्दाना खारी जुदा होतीं। नीमच-मन्दसौर के ग्रामीण मालवी अंचल में कुछ समय पहले तक प्रचलित परिपाटी।
4. जहाँ बाहरी लोगों का हस्तक्षेप नहीं उन पहाड़ी नदियों-झरनों के समीप गन्दगी शायद ही कहीं दीखे। निवृत्त होने के लिए जंगल जाने तथा मल को माटी-पत्तों-पत्थरों से भली प्रकार ढाँप देने का यहाँ चलन है। और बाहरी लोगों से भी यही अपेक्षित है।

गुलगुल गलीचा

1. तसव्वुर = ख़याल/कल्पना
2. लदाखियों का 'सिआह' हिन्दी वालों का जंगली गुलाब। इस परिवार के वैसे तो कई प्रकार मध्य एशिया से पश्चिमी हिमालय में बहुतायत से मिलते हैं। तब भी न मालूम क्यों कुछ लोग इन्हें स्थानीय नहीं आयातित पुष्प बताते हैं? बाज़ जगहों पर हमने इन झाड़ियों को आठ-दस फ़ीट तक ऊँचा बरामद किया है। 1500 से 3600 मीटर की ऊँचाइयों पर जहाँ ये पुष्प हों वहाँ वादियाँ महकती हैं, भ्रमर तितलियों के भाग खुल जाते हैं।
3. उन्वान = शीर्षक; तहरीर = लेख, पंक्तियाँ
4. गुलगुल = मुलायम
5. भोटी में 'री' यानी हिमहीन परबत तथा 'कांगरी' हिमवान
6. फ़तेह बस्ती

दिल-महल्ले की बस्ती

1. बाली-पास (16500 फ़ीट) यमुनोत्री घाटी को हर की दून घाटी से जोड़ता है। यह हमारा तृतीय उच्च हिमालयीन अभियान (2003) था। इस अभियान के एक बरस बाद ही कमल एवरेस्ट बेस कैम्प पर पद्मासन में बैठा बरामद हुआ। अपलक हिमाला को निहारता। पलक जो फिर कभी नहीं झपकी। झपक सकती भी नहीं थी।
2. घुमरी = हवा जो धूल को साथ ले चकरी की तरह घूमती आगे बढ़ती है।
3. ट्रान्ससिलवेनिया तब हंगरी में था, आज रोमानिया में है। जिस गाँव में उसकी पैदाइश हुई वहाँ मूलतः स्झेक्लीय (Székelys) लोग बसते थे।
4. अपनी तलाश के चलते उसने कम-से-कम ग्यारह भाषाओं में प्रवीणता हासिल की—संस्कृत, तिब्बती, अंग्रेज़ी, फ्रेंच, स्क्लेवोनिक, जर्मन, ग्रीक, लेटिन, पर्शियन, तुर्की और अरबी। यात्रा दौरान पहचान छुपाने की ग़रज़ से उसने 'रूमी सिकन्दर बेग' नाम अपनाया।
5. जाँस्कर से निकलने के बाद और सिक्किम तरफ़ जाने के पूर्व डेकोरस ने तीन बरस (1838-1841) कलकत्ता की एशियाटिक सोसाइटी के पुस्तकालय में ग्रन्थपाल की नौकरी की। जहाँ उसे रहने को मुफ़्त घर और सेवा हेतु नौकर हासिल थे। अच्छी-ख़ासी तनखा भी पाता था वह। पर तमाम सुविधाएँ भी उसके ज़ेहन से मध्य एशिया की ललक नहीं मेट सकीं। अवधेय है कि आगे चलकर, 1933 में, जापान वालों ने सोमा को बोधिसत्व के रूप में स्वीकारा।

मणि-मंत्र

1. 2011 की जनगणना की मानें तो रेरिक में मात्र तीन परिवार निवासरत हैं। बारह मर्द व आठ औरतों का गाँव है यह। आँखों देखी और कागद-कही दास्ताँ के फ़र्क़ का यह कोई पहला नमूना नहीं। दूरस्थ इलाकों में नक़्शों से लापता ऐसे कई गाँव और गिनती से गुम लोगों से हमारा वास्ता पड़ चुका। भिलंगना घाटी का हाल पिछली बैठकी (सार्थवाह हिमालय)

में कहा जा चुका। नर्मदा घाटी के हक़ीक़तन ज़िन्दा, कागद से लापता, कई गाँव मेरे संज्ञान में हैं।

2. लन्त्शे ग्यारहवीं शताब्दी में सुन्दर लेखन हेतु ईज़ाद लिपि है। इसे बाएँ से दाएँ लिखा जाता है। इसका प्रयोग तिब्बती लोगों ने शुरू किया। वे इस लिपि में मंत्रादि लिखा करते। यह परम्परा भारत, जापान आदि देशों में आज भी जारी है। हालाँकि लदाख में मंत्र तिब्बती व वार्तु लिपि में भी लिखे देखते हैं। किन्तु गाहे-बगाहे ही। नेपाल के बौद्ध इस कारज हेतु रंजना लिपि वापरते हैं। रंजना और वार्तु लिपियों का रंग-ढंग लन्त्शे से मिलता-जुलता ही है।
3. गौतम इक्ष्वाकु की एक सौ सत्रहवीं पीढ़ी में जन्मे थे (यद्यपि कुछ लोग यह बात प्रक्षेपित बताते हैं)। उनके रामवंशी होने के इशारे जनश्रुतियों, दंतकथाओं से भी उपलब्ध हैं। कोथन (तुर्किस्तान) और थाइलैंड में प्रचलित कथाओं (चातक तथा रामायण) में बुद्ध स्वयं को राम कहते हैं, पूर्वजन्म का राम। जब 'राम' ही 'भगवान राम' को ख़ारिज करे तो बात को असर करना ही था। सो उसने ख़ूब किया भी। कर्मकांड और ईश्वर के विरोध के चलते गौतम का समाज पर कितना गहरा असर था यह वाल्मीकीय रामायण पढ़ समझ में आता है। रामायण (जो बुद्ध के बहुत बाद मुकम्मल हुई थी) के अयोध्याकांड के दो सर्गों में (108-109) जाबालि ऋषि (जो नास्तिक थे और शायद बुद्ध को मानते थे) और राम का संवाद दर्ज है। जहाँ राम बुद्ध को चोर समान बताते हैं। उनमें माननेवालों को, और तमाम नास्तिकों को कोसते हैं जनता के भले के लिए इन चोरों को जो मुनासिब हो उस सज़ा का हक़दार बताते हैं।
4. बुद्धयान या महायान यानी वह मार्ग जिस पर चलनेवाला अपनी मुक्ति की चिन्ता न कर बुद्ध-देशनाओं का प्रचार कर जनसामान्य को मार्गदर्शन दे, उन्हें दुख वेदना से दूर विमुक्ति की ओर ले जावे। इसके बरअक्स है 'हीनयान'। हीनयान को माननेवाले बुद्ध को मानव जानते हैं। और उनके कहे को बरतते हुए आत्म-उन्नयन में ही जुटे रहते हैं।
5. तथागत मानी वह मनुष्य जो ज्ञान के चरम पर पहुँच चुका। बौद्धग्रन्थों के कुछ टीकाकारों के अनुसार तथागत वह होता है जो सदैव दीन-दुनिया से निरपेक्ष रहे।
6. बुद्ध की मान्यता थी कि सुख में सुख नहीं होता, दुख में से सुख की ओर मार्ग जाता है। बुद्धदर्शन के अनुसार चार महाभूतों (धरा, जल, वायु व अग्नि) के संसर्ग से जो अनुभव होते हैं (सुख, कष्ट) वही वेदना है। वेदना और पूर्व ज्ञान का जो असर मन पर पड़ता है वही संस्कार है। और इन सबसे निरपेक्ष रहने की चेतना जागृत करना ही मुमुक्षु का अन्तिम ध्येय है। यही मुक्ति है। और सम्बोधि है।
7. गोकि यह यूँ ही नहीं कि कमल व मणि को शैव-यंत्र 'मणि-द्वीप' से भी जोड़ा जाता है।
8. प्रज्ञा मानी उन वस्तुओं का सटीक ज्ञान जो किसी अन्य वस्तु से नहीं उपजी। यानी स्वयम्भू हैं। प्रज्ञा-परिमिता यानी वह ज्ञान जो प्रज्ञा के भी उस पार के सत्य—परम सत्य—तक पहुँचता है। हिन्दुओं के यहाँ इसी सत्य को पर-ब्रह्म कहा गया है।
9. बुद्ध की पहली मूरत कनिष्क काल में (मतलब बुद्ध के चार सौ बरस बाद) बनी थी।
10. इसी मार्ग के कर्षण से कई विदेशी बुद्धधर्म में दीक्षित हुए। जिनमें कई महिलाएँ भी शुमार हैं। जिनके लिखे-कहे से ही भैरवी-चक्र की गोपन क्रियाएँ लोगों के सामने आईं।

डबके में रेरिक

1. बशीरबद्र
2. बात 2010 की है। धूमधार कांडी अभियान की। तब एक गाँव में हम-दोई ने, हमारे सहायकों ने, छक कर 'लोकल' पी। और सभी होश खो बैठे। पूरा क़िस्सा 'दरकते हिमालय पर दर-ब-दर' (राजकमल प्रकाशन) में दर्ज है।
3. जुनिपर, अतीस, पंजा जड़ी, कुटकी।
4. जैसे कि अतीस, जिसे तेनझिन पतीस बुलाता है, को जड़ सहित उखाड़ा जाता है। इसकी जड़ का चने बराबर टुकड़ा एक गिलास पानी में उबालने से जल दवा में बदल जाता है। दवा जिसके सेवन से खाँसी नजला आदि व्याधियाँ दूर होती हैं।
5. सरीह = प्रकट
6. मुहँ तोरा होना—मुख में अज़ीब सी कड़वाहट, जैसी मितली के अन्देशे पर होती है। (मालवी कहन)
7. Himachal Pradesh Power Corporation Ltd.
8. जिस्पा-बाँध झंकार-नाला (जिसके किनारे हम दारचा में रुके थे) तथा मिलंगनदी के संगम स्थल के पास बनाना प्रस्तावित है। विडम्बना देखिए कि बाँध भूकम्प बाधित क्षेत्र में बन रहा है। वैज्ञानिक भाषा में सिस्मिक झोन-4 यानी 8 या उससे अधिक तीव्रता के भूकम्प सम्भावना वाले इलाक़े में। यहाँ दूसरा विपर्यय देखिए कि जबकि बाँध सरकारी कम्पनी ही बना रही फिर भी जो काग़ज़ मंजूरी हेतु पेश किए गए वे असत्य का पुलिंदा जान पड़ते हैं। बानगी बतौर डूब क्षेत्र में आनेवाली 1500 हे. भूमि को वनस्पतिहीन बताया गया है जबकि यहाँ सरकारी परियोजना के तहत लगाए देवदारु, पॉपलर व विल्लो प्रजाति के तीन लाख पेड़ हैं। छोटे-मोटे और गाँव वालों द्वारा विकसित व संधारित विटपों की तो कोई गिनती ही नहीं। ऊपर से कई लुप्तप्राय: जड़ी-बूटियों का यह इलाक़ा गढ़ है। पारम्परिक चिकित्सा में अस्सी तरह की बूटियाँ यहाँ प्रयुक्त हैं, जो सम्भावित डूब-क्षेत्र में मिलती हैं। सरकार कह रही कि बाँध हेतु होनेवाले जल संग्रहण से फ़क़त चार गाँव डूबेंगे, जबकि असल गिनती है तेरह की। एक बात और ग़ौरतलब है कि बिजली बनाने वास्ते भागा नदी को 18 कि.मी. लम्बी सुरंग में घुसेड़ा जावेगा। यानी इतने हिस्से में नदी का नामोनिशान नहीं बचेगा। कहने की दरकार नहीं कि इससे पोषित नहरें भी सूख जावेंगी। ख़ुदा मालूम कितने गाँवों में खेती न हो सकेगी और नदी-जंगल पर निर्भर कितने जीव-जन्तुओं का पलायन होगा! नुक़्ता मौजूँ है सो दर्ज कर दूँ कि भागा नदी (जो चिनाब का हिस्सा है) पर बाँध बनाना भारत-पाकिस्तान के बीच सितम्बर 1960 में हुए समझौते का उल्लंघन है। समझौता जो भारत के प्रधानमंत्री ने पाकिस्तान में जाकर बड़ी धूमधाम से किया था। इस क़रार के अनुसार 1970/73 के बाद से व्यास, सतलुज तथा रावी नदी के जल पर भारत का अख़्तियार है। इसके बरअक्स चिनाब, सिन्धु व झेलम के जल पर पाकिस्तान का हक़ है।
9. नर्मदा बचाओ आन्दोलन से जुड़े चिन्मय मिश्र की दो किताबें हैं। 'प्रलय से टकराते समाज और संस्कृति' (विकास संवाद) तथा 'नर्मदा घाटी से बहुजन गाथाएँ' (नवारुण प्रकाशन)।

बाँध विरोध भंग करने हेतु हुक्मरान कितनी ओछी हरकतों पर उतर सकते हैं इसका खुलासा इन पुस्तकों में हुआ है। जैसे जिलाधीश का मय पुलिस-दल के गाँवों में घुस महिलाओं (गर्भवती को भी) पिटवाना, आदिवासी गाँव में दारू के ठेके खोल लोगों को महुआ (बियर जैसा हल्का नशा देनेवाला पारम्परिक पेय) से ठर्रे का लती बना देना, झूठे वादे करना, धन दे उनके नेताओं को तोड़ना, धमकाना, झूठे मुकदमे कायम करना, जेल में डाल पीटना, सात-सात दिन भूखा रखना, विरोधियों को हथकड़ी डाल क़स्बे में घुमाना आदि-इत्यादि। पुनर्वास के नाम पर बंजर ज़मीन देना और नकली रजिस्ट्री कर जमीन का पैसा अधिकारियों द्वारा अंटी कर लेना आम बात है।

यहाँ दो आदिवासियों के बयान बतौर बानगी पेश हैं। पुनर्वास स्वीकार चुकी आदिवासी डेडलीबाई कहती है, 'हमारे पास पूरी नदी थी, बदले में तुमने (सरकार ने) हमें हैंडपम्प दे दिये।' जलसिंधी गाँव के आदिवासी बाबा मटीनूया बोलते हैं कि 'पहले हम काफ़ी हद तक आत्मनिर्भर थे, अब ऐसा नहीं है। पहले हम ख़ुश थे, अब हमारी स्थिति ख़राब है।'

यह किन्तु कुछ भी नहीं। जुल्म तो तब होता है जब न्यायालयों के पूर्वग्रह प्रत्यक्ष होते हैं। जिसके चलते सरकारी बयान व लेखे-जोखे को वे ध्रुव सत्य मानते हैं। पुनासा बाँध में तीन सौ गाँव डूबते हैं, सरकार एक बताती है, न्यायालय मान लेता है। ज़िद में सरदार सरोवर बाँध 135 मी. तक भर दिया जाता है, 178 गाँव में निवासरत लोग औचक ही जलप्रलय में फँस जाते हैं। सरकार कहती है कुछ नहीं हुआ, कोर्ट मानती है कुछ नहीं हुआ। पुनर्वास कार्यक्रम तहत जो शालाएँ खुली ही नहीं, उनके व्यय स्वीकार कर लिये जाते हैं। यानी गणवेश, भोजन, ब्रश-पेस्ट, जूते आदि देने पर हुआ ख़र्च मान्य। न्याय व्यवस्था पुनर्वास के प्रयासों की पीठ तब भी थपथपाती है जब उन्हें ऐसी 'आभासी' शालाओं से निकले 'काग़ज़ी' बच्चों का शिक्षित हो नौकरियों में लग जाना बताया जाता है।

रेरिक में बारिश

1. मृच्छकटिक = मिट्टी की गाड़ी
2. Capra sibirica (Asiatic Ibex) आइबेक्स और लदाखियों के बीच पुरानी नातेदारी है। इसके सींग से उनका विशेष अनुराग है। इससे खुखरी के दस्ते तथा चलने की काठी भी बनाते हैं। इतना ही नहीं इससे वे दवा भी बनाते हैं। इसके लिए सींग को महीन पीस गरम पानी में घोला जाता है। इस घोल का सेवन फेफड़ों के रोगों से निज़ात पाने हेतु किया जाता है।
3. इनकी उपजातियाँ बहुतेरी थीं—यथा अफसान, अन्द्रोन, करासुर, मिनिसुन, मसागित, खस, यूची व शकरौका लोग भी शक हैं। इसी तरह मंगोल, तातार, तुर्क, हूण हैं।
4. शकों का परम देवता स्कलियु यानी सूर्य था, पृथ्वी 'आपिया'। आकाश इनके यहाँ 'दिवु' था। यही दिवु वैदिक 'द्यौ' है और ग्रीकी 'जेउस' भी।

देव-पथ पर जोरा-जोरी

1. गांधी के गाँवों के प्रति अनुराग से विचलित जवाहरलाल नेहरू ने उन्हें एक ख़त में लिखा,

"सामान्यत: गाँव सांस्कृतिक तथा बौद्धिक रूप से पिछड़े होते हैं।"

2. ढेपुनी यानी वह चीज़ जो जोड़ती है फल को टहनी से
3. Himalayan Blue Poppy (Meconopsis aculeata) अपनी औषधीय-गुणों ने चलते अतिदोहन के शिकार इस पुष्प की पूछ और बढ़ी भारतीय डाक-तार विभाग द्वारा डाक टिकट जारी किये जाने के बाद।
4. आरज़ी = अल्पकालिक

गाया

1. पिन्हा = छुपा हुआ
2. GAIA theory; ज्ञात हो कि ग्रीक लोगों के यहाँ 'गाया' धरती की देवी का नाम है।
3. नासा = National Aeronautics and Space Administration
4. 460 करोड़ वर्ष पूर्व जन्मे सूर्य का ताप आरम्भ में धीरे बाद में तेज़ी से बढ़ा। फ़िलहाल इससे निसृत ताप हर दस करोड़ बरस में एक फ़ीसद की दर से बढ़ रहा।
5. पूछा जा सकता है कि हवाएँ तो ठहरतीं नहीं कहीं फिर करोड़ों बरस पहले की हवाओं की मालूमात कैसे हुई? तो बता दूँ कि अगोचर वायु भी अपने मिज़ाज का सुबूत छोड़ जाती है कहीं न कहीं। यथा ध्रुवीय बरफ़ में जो बुलबुले हैं उनमें फँसी है पुराने समयों की हवाएँ। बरफ़ की उम्र कार्बन-डेटिंग से निर्धारित करने से बुलबुलों की वय मालूम होती है। फिर उन बुलबुलों में फँसी हवा को जाँचा-परखा जाता है। दूसरा वायु संग बहते घटक माटी पर,—पानी में—अपने हस्ताक्षर छोड़ जाते हैं। जैसे O_2 माटी में मौजूद लौह तत्त्व या सल्फर के संग जुड़ लवण बनाती है। पुरानी मिट्टी की जाँच कर तब की वायु की संरचना का अन्दाज़ लिया जाता है।
6. पीपीएम = Parts Per Million
7. प्रतिवर्ष 50 करोड़ टन से भी अधिक मिथेनगैस (CH_4) वायुमंडल में छोड़ी जाती है। ताप व ऑक्सीजन की मौजूदगी में इसे विघटित हो जाना चाहिए. $CO_2 + 2H_20$ में। वह भी फ़ौरन।
8. O_2 की आमद 270 करोड़ बरस पूर्व हुई। आरम्भिक काल में वह मूलतः पानी में ही घुली थी। हवा में यह 190 करोड़ वर्ष पूर्व प्रकट हुई।
9. वातावरण = वायुमंडल + आर्द्रता + तापमान
10. Positive and negative feedback loop/system
11. अग्रसक्रिय = proactive
12. आज से कोई 450 करोड़ बरस पहले पृथ्वी अन्तरिक्ष में प्रकट हुई। यह शिलाओं के अध्ययन से हमें ज्ञात है। इन्हीं शिलाओं में पोशीदा है जीवों का इतिहास। जो रफ़्ता-रफ़्ता खुल रहा आदमी के सामने। अब तक जितना पाया व बाँचा जा सका उससे जान पड़ता है कि आज से कम-से-कम तीन सौ करोड़ बरस पहले यहाँ जीव थे। जीवन था। जो समन्दर में नमूदार हुआ। इनके बरअक्स आदमी का इतिहास बहुत ताज़ा है। सिर्फ़ तीन लाख बरस जूना। इतने बरसों में, 450 करोड़ बरसों में, धरती के वातावरण में एकाधिक बार न्यूनाधिक बदलाव हुए। इसने अनेकों आघात झेले। हर आघात, प्रत्येक बदलाव, संग

नये जीव आए। जूने ग़ायब हुए। यानी वायुमंडलीय बदलाव तथा नव-जीवों का आविर्भाव नालबद्ध है। और उनका विलुप्तीकरण भी। ग़ौरतलब है कि विलुप्त वह ही हुआ जो गाया के काम का नहीं रहा। कि सैकडों-करोड़ बरस पूर्व, कार्बन डाइऑक्साइड बहुलता के बीच जन्मे सूक्ष्म (तथाकथित अकिंचन) जीव आज के ऑक्सीजन प्राचुर्य दौर में भी जीवित हैं। जबकि उनके बाद आए, डारविन की मानें तो पूर्ववर्ती से उन्नत, जीव धरा से यूँ काफ़ूर हो चुके जैसे वो प्राणी नहीं डिबिया-बन्द कर्पूर रहे हों। इस अर्थ में गाया—सिद्धान्त डारविन के सिद्धान्त को चुनौती देता है। पुरज़ोर चुनौती। और यह आदमी के अक्षय होने के अहंकार को भी ललकारता है।

जाँस्कर-सुमुडो की ओर

1. बेदारी—जागृत अवस्था
2. गुलगपाड़ा = अतिशय शोरगुल
3. बोलचाल में high altitude sickness को सोनी हाई-एल्टी बुलाता है। हम भी।
4. गूगल-अर्थ पर तपास करें तो शिंगु-ला की ऊँचाई 16591.2 फ़ीट निकली। परन्तु स्थानीय लोग इसे सत्रह-अठारह हज़ार फ़ीट से कम का स्वीकारने को तैयार नहीं।

पक्षी-तीर्थ सुमुडो

1. क्रमश: Citrine wagtail (स्टझ़ी); Robin accentor (बङ्मा-सिलदिर); Common redstart (क्वा-क्विटी) और White-browed waigtail, जिसे संस्कृत में 'ख़ंजन' कहते हैं। ख़ंजन-नयन, सुन्दर नैनों के लिए यह उपमा कवियों ने सफ़ेद-भौंह वाले इस पाखी से ही पाई है।
2. Horned Lark-उच्च हिमालयीन क्षेत्रों में प्राप्य है। पुरा-ग्रन्थों में लार्क-प्रजाति के पक्षी आकाश में उड़ते हुए (स्वर्ग के लिए) गीत गाने के लिए प्रसिद्ध हैं। साइबेरिया से हाल ही में इस पाखी का छियालीस हज़ार बरस पुराना जीवाश्म मिला है।
3. Blue rock pigeon (तुर्गन) और Yellow beaked chough (चका-ख़्शर)
4. वैसे इसकी उड्डयन-शक्ति के गवाह हम भी हैं। 2001 से अब तक सम्पन्न हरेक हिमालयीन अभियान में यह हमें मिला है। और हर बार दस हज़ार फ़ीट बाद ही मिला। भाँय-भाँय बहती भीलंग नदी पार करने की जुगत इसे ही देख सूझी व इसी ने बीस हज़ार फ़ीट के कालिंदीखाल-जोत पर प्रकट हो हमारी हिम्मत बढ़ाई। ये क़िस्से आप क्रमश: सार्थवाह हिमालय व दर्रा-दर्रा हिमालय में सुन ही चुके हैं।
5. फिर यह बात मेरे लिए नई नहीं। पहले भी देख-सुन चुका हूँ सैन्य-दरकारों की आड़ में पहाड़ों पर महापथों का थोपा जाना। अवाम का उसे चुप कर सहना। भीलंगना घाटी में, अलकनन्दा घाटी में। बदरीधाम के ऊपर माना-पास है। चीन के क़रीब। 2005 में वहाँ आम लोगों का जाना वर्जित था। हमने देखी थी तब माना-दर्रे तक बनती सड़क। सेना के वास्ते। सुना था कि वह सिर्फ़ सेना द्वारा ही बरती जावेगी। आज जब मैं यह पंक्तियाँ लिख रहा हूँ (9.01.2023) हमारे हालिया, व्यापारियों के मसीहा, प्रधानमंत्री वह सड़क पर्यटन हेतु

खोलने की घोषणा कर चुके। ज्ञात हो कि जिस इलाक़े में ऐशो-आराम की छूट दी जा रही वह सागर-तल से क़रीबन बीस-हज़ार फ़ीट ऊपर, सदैव बर्फ़ से ढके रहनेवाला, विरल प्राण-वायु क्षेत्र है।

6. ऐसा नहीं कि भूमि को खेती योग्य-अयोग्य कह बाँटने की परिपाटी अंग्रेज़ों के पूर्व भारत में नहीं थी। शेरशाह सूरी के समय शाही-ज़मीन में खेती-अयोग्य भूमि तथा अरण्य-भूमि भी समाहित थीं। उसने परती शाही-ज़मीन को पट्टे पर देने की परिपाटी चलाई थी। किन्तु ये पट्टे लगान-मुक्त हुआ करते। बाद में ब्रितानी लोगों ने राजकीय भूमि को स:शुल्क देना शुरू किया। पट्टे के बनिस्बत समय-सीमाबद्ध लीज़ पर।
7. Albedo effect—एल्बिडो एक लेटिन शब्द, जिसके मानी हैं—सफ़ेदी।
8. 1960-70 के आँकड़े बताते हैं कि तब प्रतिवर्ष दो हज़ार करोड़ टन CO_2 का उत्सर्जन होता था। इसमें से आधी ही वायुमंडल में नमूदार होती थी। बाद बाक़ी का त्वरित निस्तारण गाया द्वारा सम्पन्न होता था। धरती में पैठा, समुद्र में घोल। समन्दर में इस गैस की कितनी मात्रा घुलेगी और कब तलक घुली रहेगी यह तापमान पर निर्भर करता है। तापमान बढ़ते ही CO_2 समुद्र-जल से निकल पुनः वायुमंडल में जाने लगती है।

डग तीसरा : जाँस्कर की दहलीज़ पर

जुलाई में बसन्त

1. धूपिया-ऐनक बग़ैर बर्फ़ीले इलाक़े से गुज़रने पे बर्फ़ान्धता का भय होत है। बिना ऐनक चलनेवाले के पास इससे बचने के दो उपाय हैं। या तो वह चले अपने जूतों को देखते हुए। किंवा नज़र गड़ाए रखे आगे चल रहे यात्री की रंगीन जाकिट पर।
2. Butter Cup

हिमाला का नुमाइशख़ाना

1. जो हर वस्तु में ज़ायक़ा न तलाशे वह बन्दा खाँटी इन्दौरी नहीं!
2. कमयाब—नितान्त दुर्लभ
3. पेलियोजोइक तथा मेसोजोइक अनु-कल्प, अब से क्रमशः 55 करोड़ से 25 करोड़ तथा 25 करोड़ से 6.5 करोड़ पूर्व के कालखंड।
4. रवादारी—उदारता, सहृदयता
5. मानवीय गतिविधियों के चलते वायु प्रदूषण का होना सर्वज्ञात है। जो अल्पज्ञात है वह है इसके दूरारूढ़ परिणाम और मासूम दूरस्त अंचलों तक इसकी पैठ। मसलन हवा में घुल सीसा और कीटनाशक-डी.डी.टी. उन इलाक़ों में भी पहुँचते हैं जहाँ न कल-कारख़ाने हैं, न शेतकारी। 1960-70 के बीच हुए परीक्षणों से हमें ग्रीनलैंडीय-भूमि में बहुत गहरे तक सीसा मिलना ज्ञात है। और तभी एस्किमो लोगों की वसा में डी.डी.टी. पैठा मिला था।
6. मिसाल के लिए सल्फ़र, फॉस्फ़ोरस, पोटैसियम, कैल्शियम, मैगनीज, लौह-तत्त्व इत्यादि।

सिर्फ़ एहसास है...

1. गुरु पद्मसम्भव के माथे, बक़ौल बिमल दे, तिब्बत को प्रेत-मुक्त करने का सेहरा भी बँधा है।
2. सही शब्द है चङ्, लेकिन 'छंग' ही प्रचलन में आ चुका।
3. चु (Chu) यानी नदी। चुमिनाको-Chumik nakpo
4. इसी तर्ज़ की एक कहानी नुबरा घाटी में भी प्रचलित है। जो वीना मेहता की पुस्तक में संकलित है।

दिवास्वप्न

1. Glacier Pond
2. शफ़्फ़ाफ़ = उज्ज्वल, क़लई किया हुआ
3. मंजर भोपाली
4. प्रशिक्षु लामा को दाब भी बुलाते हैं।
5. लदाखी छोटे भाई को 'नोनो' बुलाते हैं। बड़े भाई को 'आचो'।

निस्तब्ध

1. डेंडलाना—योगियों का-सा चैतन्य आलस
2. रहड़ू—बैल-ताँगा
3. सूर्य-प्रकाश (light energy) की वेवलेन्थ छोटी होती है। जिसके चलते वह वातावरण में आसानी से आवाजाही करता है। ग्रीनहाउस गैसों की भीत उसके लिए अभेद्य नहीं। चुनाँचे बरफ़ से परावर्तित सूर्य-प्रकाश पुनः अन्तरिक्ष में लौट जाता है। बिना धरती सतह को गर्म किये। इसीलिए बर्फ़ीली जगहों पर जल वाष्प (जो उमस का कारक है) नहीं मिलती और हवाएँ रहती हैं शीतल। किन्तु गहरे रंग इस प्रकाश को परावर्तित करने के बजाय सोखते हैं। जिससे रंगीन सतह गरमाती है। उत्सर्जित करती है उष्मा। यह गर्मी—उष्मा (heat energy)—अपनी लम्बी वेवलेन्थ के चलते ग्रीनहाउस गैसों को चीर अन्तरिक्ष में नहीं जा पाती हैं। वातावरण ही में डोलती हैं। ग्लोबल/लोकल वार्मिंग का कारण बनती है।
4. मौसमों में बदलाव पृथ्वी के यहाँ कोई नई घटना नहीं। ताप-शीत के सात चक्र यहाँ से गुज़र चुके। ये चक्र मगर ज़रूरी थे। कि तपिश में खोये का पुनरुत्थान गाया ने हिमयुगों दौरान किया। प्रत्येक हिमयुग बाद धरती ख़ूबतर जामे में नमूदार हुई। हिमयुग की आमद का सीधा वास्ता वायुमंडल में CO_2 की मात्रा से नालबद्ध होना सिद्ध है। CO_2 बढ़ी कि तापमान बढ़ा। जब-जब ऐसा हुआ गाया ने CO_2 को साधा। इसका स्तर घटाया। लेकिन यह उस युग का क़िस्सा है जब तमाम शासन-सूत्र गाया के ही हाथों में हुआ करते। फिर गाया-मंच पर आदमी अवतरित हुआ। आदमी संग वासना, विज्ञान और तकनीकें आईं। और होने लगे गाया पर प्रचंड हमले। छीजने लगीं अनगिनत बरसों में विकसित धरा को जीवनोपयोगी बनाए रखने की उसकी तरकीबें। वासना की बात करें तो हमें देखना होगा पन्द्रहवीं शताब्दी की

उस घटना को जिसे 'छोटा-हिमयुग' कहा गया। तब उत्तरी-गोलार्द्ध का तापमान अचानक से कम होने लगा और उधर के बमक बढ़ने-फैलने लगे। यह लेकिन प्राकृतिक घटना नहीं थी। इसके पीछे थीं यूरोपियनों की कारगुज़ारियाँ। नृशंस-नरसंहार, जीव-हत्या, वन-संहार। उदाहरण के लिए जालिम उपनिवेशवादियों के किये से अमेरिकनों की संख्या 610 लाख (1492 ई.) से घटकर 1650 में निपट छह लाख रह गई। इससे खेती कमो, वन बढ़े और वायुमंडलीय CO_2 स्तर घट गया। यह पर इसकरके हो सका कि तब गाया कृशकाय नहीं हुई थी। फिर दौर बदला। युग आया औद्योगीकरण/तकनीकीकरण का। विज्ञान का। और गाया पर प्राणघातक हमलों का। इसकी बानगी है वायु से नाइट्रोजन अवशोषित कर उससे खाद (अमोनिया) बनाने की प्रविधि CO_2 (Haber-Bosch Process)। इसने नाइट्रोजन-चक्र को जिस क़दर बदला उसकी मिसाल विगत 2500 करोड़ बरसों में भी नहीं मिलती। ऊपर से इसने हवा में भलल-भलल CO_2 भी छोड़ी। ध्यातव्य है 1750 ई. उपरान्त आदमी द्वारा वायुमंडल में 55,500 मैट्रिक टन CO_2 का छोड़ा जाना। जिसके चलते इस गैस की मात्रा वायुमंडल में बढ़ कर अब इतनी हो चुकी जितनी पूर्व में कभी नहीं रही। आज से आठ लाख बरस उधर भी नहीं। इतना ही नहीं, छोटे से अन्तराल में औचक प्रकट हुई इतनी सारी CO_2 के चलते समुद्री-जल की अम्लीयता में इतना इज़ाफ़ा हो चुका कि आज वह विगत तीस करोड़ बरसों में सबसे अधिक है। हाल यह हो चुका कि अब गाया कने CO_2 घटाने का, नया हिमयुग लाने का, कोई हथियार नहीं बचा। नतीज़न हम छटे 'एकमुश्त जीवविलुप्ति-करण' के मुहाने पर खड़े हैं। जिससे मानव अछूता रहेगा—यह समझना भूल है। इन्हीं सबके चलते दानिशमन्द आज के दौर को पृथ्वी-इतिवृत्त का नया कालखंड—एंथ्रोपोसिन—बुलाने की वकालत कर रहे।

शिंगु-ला

1. भीतर से बाहर को बढ़ें तो अन्य परतों को क्रमशः स्ट्रेटोस्फियर, मिजोस्फियर तथा थरमोस्फियर बुलाया गया है।
2. CO_2 का जीवन बहुत लम्बा होता है। औसतन 100 बरस।
3. Tim Flannery
4. सुमेरियन मिथकानुसार आदिम-समुद्र के भीतर स्वर्ग व पृथ्वी एकमएक थे। जो एक इकाई (अन्की) की तरह ही सागर से बाहर निकले। फिर वायु-देवता एनलिल ने स्वर्ग-धरती को जुदा किया।
5. निनुर्ता—दक्षिण से उठनेवाली तूफ़ानी हवाओं का सुमेरियन देवता

डग चौथा : जाँस्कर के भीतर

याक का दूध

1. सत्यतः याक दो क़िस्म के हैं। जंगली और पालतू। दोनों में ही नर-मादा होते हैं। जंगली याक, जिन्हें स्थानीय लोग डोङ् बुलाते, लिंगानुसार बँटे झुंडों में रहते हैं। और अब वे विरल भी

हो चुके। समूचे लदाख में मात्र 40-50 डोङ् ही बचे हैं आज। काले-शाँ डोङ् के बरअक्स पालतू याक छोटे होते हैं, इनपे सफ़ेद धब्बे दीखते हैं।

डिवाइन-प्लान

1. छान्दोग्योपनिषद् 7-4 (1)

ख़लाई-मैकदा

1. मुक़ामी = स्थानीय
2. आप्रवासी = emigrant

दिलमुन

1. बकौल काका कृष्णन के 'भोटी' शब्द 'बोधि' का अपभ्रंश है। जो भारत-भूमि की पुराकालीन भाषा है। अलबत्ता बिमल दे, भोटी को भूटानी लोगों से जोड़ते हैं।
2. जैसा लिखा वैसा बोला वाली बात तिब्बती (और जँस्करी) पर लागू नहीं होती। यथा लिखते kargyak हैं, पर बोलते हैं करजक।
3. Rosefinch
4. जुफ्ती = खगों की संभोग क्रिया
5. लाजवर्द = Lapis lazuli, सुमेरियनों को अतिप्रिय एक नीलवर्णी पत्थर जो लदाख-जाँस्कर में प्रचुरता से मिलता है। आज भी जाँस्कर में यह वैभव का मानक है। सभी जँस्करी महिलाओं के कंठहार में गुँथा होता है। अमीर घरों की औरतें इससे बनी एक पट्टी सर पर बाँधती हैं।
6. पच्छिम में किरथार तथा सुलेमान पर्वतमाला और उत्तर में पीर-पंजाल शृंखला के बीच का क्षेत्र सिन्धु घाटी माना जाता है। इस घाटी में बसे देशों को ही महाभारत में 'सिन्धु-सौवीर देश' पुकारा गया।
7. राहुल सांकृत्यायन के अनुसार मध्य एशिया यानी अफ़गानिस्तान, ईरान, तिब्बत, और रूस तथा कॉस्पियन सागर से घिरी भूमि। इन देशों, तथा सुमेर (इराक, मेसोपोटेमिया, बेबीलॉन) और लदाख के दरमियान जो पथ है, उत्तरीय महापथ, उसकी चर्चा पहले की जा चुकी। लदाख से ल्हासा (तिब्बत) को जाने हेतु रेशम-मार्ग की एक प्रशाखा है जो कलिंपोंग मार्ग कहलाता है। इसके अतिरिक्त दो पथ और भी हैं—एक लदाख को पश्चिमी तिब्बत में गार्टोक से जोड़नेवाला और दूसरा सिन्धु घाटी से चर्को-दर्रा पार कर सीधे ल्हासा पहुँचानेवाला।
8. बॉनधर्म की जन्मस्थली तिब्बत कही गई है। इस सन्दर्भ में ध्यातव्य है जाँस्कर व लदाख को पश्चिमी-तिब्बत बुलाया जाना।
9. आधुनिक परिभाषानुसार इजिप्ट, ईराक, ईरान, टर्की, सीरिया (पूर्वी एशिया), कजाकिस्तान, तजाकिस्तान, मंगोलिया, अफ़गान, कम्बोडिया (मध्य एशिया)

तरस कीड़ी दरस की

1. टेलेंट पुराने समयों में बहुमूल्य धातुओं का तौल। जिसका मान दीगर जगहों पे इतर हुआ करता। कहीं एक टेलेंट 24 कि.ग्रा. का तो कहीं 34।
2. ध्यातव्य है कि महाभारत की 'पिपीलिका' के दो मानी हैं—पहला चींटी, दूसरा स्वर्ण-चूर्ण।
3. मॉन-ओन को आजकल पूर्वोत्तरी भारत से जाँस्कर में आया बताया जा रहा। वस्तुतः मियामार से। पर, फ्रेन्की के अनुसार, ये लोग मध्य एशियाई दार्दिकों के पहले से ही यहाँ बसे हुए हैं। उनके असल देस की ख़बर, कम-से-कम फ्रेन्की को तो नहीं थी। जहाँ ओ.सी. हांडा के अनुसार पच्छिमी हिमालय से असम तक गोचर मंगोलियन देह-यष्टि वाले लोग महाभारत में वर्णित किरात हैं। वहीं एन्थनी सत्तीन की मान्यता है कि आज के मंगोलियन दरअसल यूरेशियन फिरन्दर थे। और लड़ाके भी। इन लोगों के यहाँ ही, 1162 ई. में, तेमुझिन नाम का योद्धा हुआ। जो आगे चलकर चंगेज़ ख़ाँ कहलाया। ध्यातव्य है कि यहाँ 'ख़ाँ' जाति द्योतक नहीं बल्कि उस जनजाति में राजा को दी जानेवाली पदवी थी। ख़ैर, मंगोलों के राजा चंगेज ने घुमक्कड़ों में से युयुत्सुओं को चुन नौ पलटनों वाली एक सेना बनाई। जहाँ हर पलटन में एक हज़ार योद्धा थे। इनके संग वह विश्व-विजय को निकला और पूरब से पच्छिम तक मंगोल राज्य का विस्तार किया। कहते हैं कि चंगेज़ कने अकूत-कामशक्ति भी थी। इसी के चलते आज जीवित हर दो सौ पुरुषों में से एक के पास चंगेज ख़ाँ के गुणसूत्र हैं। बहरहाल, इन बातों को परे धर सिर्फ़ फिरन्दरी इतिहास को देखें तो जँस्करी लोग चंगेज़ ख़ान के उन पूर्वजों में से भी हो सकते हैं जो मध्य एशिया या यूरेशिया से सीधे इधर आए। उनके युद्धकौशल का प्रमाण जाँस्कर में विद्यमान उन गढ़ियों के खँडहर हैं जो मॉन-लोगों ने बनाए। और जिन्हें आज भी 'केसल ऑफ मॉन' (Mongyi mkhar) बुलाया जाता है।

जैसे पानी में पानी

1. साल 2005 की एक रिपोर्ट के अनुसार विगत पाँच बरसों से जाँस्कर में बरफ़ पड़ना कम होती जा रही। धरा पर हिम चादर नहीं बिछने के कारण भूमि में पानी नहीं उतर रहा। ज़मीन की नमी कम होने से उपज दिनोंदिन कम होती जा रही।
2. बाट = गाय
3. मेजर अहलुवालिया Hermit Kingdom of Ladakh के लेखक। एम. अशरफ़—कश्मीर पर्यटन के पूर्व निदेशक।

चिउँटे का पर्दाफ़ाश

1. महाभारत, शान्तिपर्व, आपद्धर्मपर्व 141: 9-10
2. ग्रीक शब्द murmex यानी बड़ा चींटा, पर्शियन में जिसे कभी mur maitch कुत्ते का सा चींटा पुकारा गया या कभी mur mess यानी बड़ा चींटा, इन्हीं दो शब्दों के मानी अर्मेनियन लोगों के यहाँ क्रमशः रेगिस्तानी-कुकुर और रेगिस्तान का देवता हो गया।
3. Anthony Sattin के यहाँ से उद्धृत।

घुड़सवार-नार

1. June Campbell का ऐसा मानना है।
2. असल नाम रोज़नामचे में दर्ज होने से रह गया। 'नवाङ्' संवाद-सुभीते हेतु बरता जा रहा काल्पनिक नाम है। इस त्रुटि के लिए दिन-रात कोसता हूँ ख़ुद को।
3. सम्पा = जौ को भून पीसकर बनाया सत्तू।
4. इससे मिलती-जुलती एक दूसरी प्रथा और है—यूथ-विवाह। इसके अन्तर्गत दो समूहों का विवाह होता है, तथा समूह की हर स्त्री, हर पुरुष की भार्या हो जाती है। यानी कोई पर-पुरुष नहीं, न कोई पर-स्त्री। बच्चे समूह की साझा सन्तान माने जाते हैं। ये दोनों प्रथाएँ लदाख में प्रचलित रहीं। किन्नौर में भी। किन्तु जाँस्कर में बस बहुपति-प्रथा का प्रचलन रहा, यूथ-विवाह का नहीं।
5. World Entrographic Sample (1957) के अनुसार तब दुनिया के 74, 24 तथा एक प्रतिशत जन-जतियाँ क्रमशः बहुपत्नी, एकपत्नी तथा बहुपति-प्रथा पाल रही थीं।
6. पूर्व काल में, बहुपति-प्रथा के चलते, जो कन्याएँ अविवाहित रहतीं उनका ख़याल समाज रखा करता। वे पीहर के खेतों में हाथ बँटातीं, दोक्षा में काम करतीं, कपड़े आदि बुना करतीं। वैसे इनके सामने एक दूसरा विकल्प भी खुला था—उन लड़कों से विवाह करना जो बहुपति-परिवार अथवा गोनपा छोड़ अपना अलग घर बसाना चाहते। सनद रहे सो कह दूँ कि ऐसी लड़कियों का रखैल बन जाने की बात यहाँ नहीं है। हमारे जाने तो नहीं ही है।

तीन क़िस्से

1. कहा जा चुका कि इधर के लोग हर मानी में आत्मनिर्भर हैं। दाना-पानी-कपड़ा-लत्ता-दारू सब में। अब सोलर पैनल से हर घर में बिजली भी बन रही।
2. लकड़ी की इस बिलौनी का नाम है डोङ्मो।
3. वादा था पाँच हज़ार हर बरस देने का, जब तक पढ़ाई चले तब तक। जो तीन बरस तक तो दिये गए, फिर स्टेन्ज़िन के मेल आना बन्द हो गए। बारहवीं बाद पढ़ना छोड़ दिया होगा शायद, या-कि कोई दूसरा इन्तज़ाम हो गया होगा। या शादी...कौन जाने!
4. दोक्षा चरनोई भुँइ का नाम है। किसी गाँव-समूह की साझा चरनोई। जो गाँव से बहुत ऊपर एक समतल मैदान होता है। गरमियों में, समूह के किसी गाँव के मर्द-औरत अपने तथा दूसरे मेम्बरान के जानवर ले वहाँ जाते हैं। वहीं रहते हैं जाड़े की शुरुआत तक। बिना स्थायी घर बनाए। उधर जो दूध निकाला जाता है, उससे मक्खन (मार), पनीर (लाबो) और चुर्पी तैयार की जाती है। अन्तिम तीन वस्तुएँ जानवर-मालिक व दोक्षा समूह में, तयशुदा फ़ार्मूलों के तहत, बँटती है। दोक्षा में जनमें जानवर दोक्षा समूह को मिलते हैं। दोक्षा जाने का अवसर हर गाँव को मिलता है—बारी-बारी। दोक्षा में उत्पादित मक्खन को भेड़ की खाल में बाँधकर रखा जाता है। नीचे आने पर बाज़ार में बेचा जाता है। खाल ही में बँधे-बँधे। खाल चूँकि पानी सोखती है, अतः उसमें बँधा मक्खन महीनों खराब नहीं होता।
5. चुर्पी का मतलब सूखा पनीर बताया जाता है। जो भूल है। इसको बनाने की प्रविधि पनीर जैसी नहीं। दही से मक्खन निकाले बाद जो छाछ बची होती है चुर्पी उससे बनती है। इसके

लिए छाछ को तपाया जाता है। गरमाने से छाछ छितर जाती है। इसका तरल हिस्सा छान कर अलग करते हैं। ठोस हिस्से को टुकड़ा-टुकड़ा करके धूप में सुखाने के बाद जो कुछ भी बनता है, वही चुर्पी है। इसे पीसकर थुक्पा में डाला जाता है। सम्पा में भी। चुर्पी बरसों बरस महफ़ूज़ रहती है, वह भी खुले में। सेंडुप के यहाँ पाई चुर्पी आज 2023 में भी जस की तस है। वही स्वाद, वही गन्ध! मगर ख़ैर, जैसा कि अपन जानते हैं, जँस्करी कुछ भी जाया नहीं करते। इसलिए बच रहे तरल पदार्थ—जिसे चुर्ख़ू बुलाते हैं—उसका सेवन दोक्षा में बैठे लोग फ़ौरन ही कर लेते हैं। चुर्ख़ू तुरता ऊर्जा देनेवाली चीज़ जो ठहरी।

6. बेहिस = बेहोश

पीस ऑफ़ माइंड

1. डॉ. गुरशरण सिंग से यह वार्तालाप 2021 की जाँस्कर यात्रा दौरान हुआ।
2. LVS = Lunga Volunteer Students, इनका एक फेस बुक खाता भी है।
3. टटका प्रमाणों (शिलालेखों) के अनुसार अशोक कलिंग युद्ध से दो बरस पहले बौद्ध धर्म अपना चुका था।
4. पानीखर जाँस्कर से सटी सुरी घाटी का शिया-मुस्लिम बहुल क़स्बा है। जहाँ एक परिवार के संग 2021 में हमने चन्द दिन बिताए।

रेगिस्तान में फूल

1. गर्मी में उड़नेवाली यह महीन रेत साँस के साथ फेफड़ों में घुस एक बीमारी को जन्म देती है—सिलिकोसिस। सामान्यतः यह रोग स्लेट-पेम या खदानों में काम करनेवालों को होता है। दुनिया में लेह एकमेव ऐसी जगह है जहाँ बिना किसी हानिकारक रोज़गार से जुड़े ही सिलिकोसिस हो रहा।
2. बिमल दे के अनुसार स्तूपों को बाएँ हाथ तरफ रखा जाता है। मगर यह उनका तिब्बत में देखा सच है। लदाख व जाँस्कर में इन्हें दाएँ ही रख कर आगे बढ़ते हैं।
3. Chhod-ten; Chho-ten; Chor-ten
4. फ्रेन्की के यहाँ से अनुदित। अनुवाद मेरा।

फुग्ताल नहीं फुक्थार कहें

1. भारतीय नहीं—इंडियन, याद कीजिए इंडियन लोगों का परिचय/परिभाषा
2. यथार्थतः मंडल एक ध्यान-साधन है। इसे बनाने का अपना विधान है। जिसके तहत केन्द्र में चौरस या त्रिकोण स्थान होता है। जहाँ किसी देवता को उकेरा जाता है। इस केन्द्र के गिर्द, कमल-पंखुरियों जैसी छब उरेही जाती है। इन पंखुरियों पर केन्द्र में विराजित देवता से जुड़े लक्षण टाँके जाते हैं। साधक केन्द्र में आसीन देवता का ध्यान कर, अपने को उस-ही जैसा देखने का प्रयास करता है। वैसे एक मंडल ऐसा भी है जहाँ केन्द्र में बस बिन्दु ही नज़र आता है। जो बहुधा एक त्रिकोण के मध्य में बना दिखता है। त्रिकोण जो योनि या स्त्री जननेन्द्री का द्योतक है। सवाल उठता है कि त्रिभुज से योनि दर्शाने की प्रथा कहाँ से आई?

जवाब है सुमेर से। जब सुमेर में लिखने की परिपाटी जनमी तब स्त्री को दर्शाने वास्ते यह निशान— ▽ बरता गया। सर्वज्ञात है त्रिकोण युक्त श्री-यंत्र का हिन्दुओं के यहाँ बहुमान्य होना। और मज़े की बात तो यह है कि आधुनिक चिकित्सा शास्त्र में भी यह स्त्री संकेतक चिह्न है। हम इसे परिवार नियोजन के विज्ञापनों में भी देख चुके। प्राच्य फिरन्दरों की स्मृतियाँ नाना रूप धर आज भी जीवित हैं, यह देख अचम्भा होता है मुझे।

फुक्थार-गोनपा

1. स्थविर = थिर, आदरणीय, ऋषि
2. बाद की यात्राओं में जाना कि यहाँ जो पुरुष (यब = पिता) है वह उपाय व करुणा का द्योतक है। स्त्री (युम = माँ) प्रज्ञा है। यब-युम यानी प्रज्ञा संग करुणा के मिलन का उपाय। इस मिलन के ध्यान से साधक को बोधिसत्त्व प्राप्त होता है।

पुस्तक-सृजना में सहायक ग्रन्थ एवं पर्चे

1. The Marriage of Martu; https://etcsl.orinst.ox.ac.uk/section1/tr171.htm
2. लक्ष्मी प्रसाद पन्त, हिमालय का क़ब्रिस्तान; वाणी प्रकाशन, 2016
3. Anthony Sattin, Nomads: The wanderers Who Shaped Our World. John Murray; 2022
4. Amitav Ghosh, The Nutmeg's Curse;Penguin Random House, India; 2021
5. Barnosky, A. D. etal. Has the Earth's sixth mass extinction already arrived? Nature (2011) 471(7336), 51-57. https://doi.org/10.1038/nature09678
6. Kramer N. Samuel, The Sumerian: There History,Culture and Character, University of Chicago press (1963)
7. Kramer N. Samuel, Sumerian Mythology; Grapevine India (2022)
8. Subodh Kapoor (edit), Encyclopaedia of Ancient Indian Geography (2 Vols). Cosmos Publication; (2002)
9. Herodotus. Snakes with Wings and Gold-digging Ants. Translated by Aubrey de Selincourt. Penguin Books (2007)
10. ह्वेनसांग की भारत यात्रा, सम्यक प्रकाशन (2019)
11. डॉ. मोतीचन्द्र, क्षेमेन्द्र और उनका समाज; उत्तर प्रदेश हिन्दी संस्थान, (1984)
12. डॉ. मोतीचन्द्र, सार्थवाह; बिहार राष्ट्रभाषा परिषद् (1966)
13. Vohra Rohit, Ancient Route Across the Karakoram: The Mustagh Pass, from Skardu to Yarkand; https://ladakhstudies553872937.files.wordpress.com/2018/03/ls11.pdf
14. सच्चिदानन्द हीरानन्द वात्स्यायन 'अज्ञेय', अरे यायावर रहेगा याद?; राजकमल प्रकाशन
15. अमरकोष: नामलिङ्गानुशासनम्; चौखम्बा संस्कृत सीरीज़ ऑफ़िस (1968)
16. Dictionary of Greek and Roman Geography (1854) William Smith, LLD, Ed. http://www.perseus.tufts.edu/hopper/
17. S. G. Burarard, H.H. Hayden, A Sketch of the Geography and Geology of the Himalaya Mountains and Tibet; Part-II. (1907)

18. Rajesh Kochhar, The Vedic People: Their History and Geography. Orient Black Swan; (2000)
19. Wendy Doniger, The Hindus: An Alternate History. Penguin Books; (2010)
20. Robert Thorp, Cashmere Misgovernment; 1868. Reprinted in 1980 by Gulshan Books Srinagar
21. Tim Flannery, The Weather Makers. Penguin Books, 2005
22. A.H.Diack, Gazetteer of Kangra District, Part II-IV. BR Publishing Corporation; 1899 (2012)
23. Penelope Chetwode, Kulu: The End of Heritable World. John Murray Publishers; (1972)
24. Alexander Cunningham, Report of Tour in Punjab 1878-79
25. राजेन्द्र यादव, सांस्कृतिक मोर्चाबन्दी का इतिहास; वाणी प्रकाशन (2005)
26. Frederic Pincott, The Route by which Alexander Entered India; The Journal of the Royal Asiatic Society of Great Britain and Ireland. (Oct. 1894) p 677-689
27. Marek Zgorzelski, Ladakh and Zanskar. Miscellanea Geographica, (2006) Vol-12,p-13-24
28. O.C. Handa, Lahul and Spiti-The Land of Paradoxes. Petagon Press (2014)
29. Michel Peissel, Zanskar-The Hidden Kindom. F.A.Thorpe Ltd, Anstey, Leicestershire; (1979)
30. राहुल सांकृत्यायन, हिमाचल-एक सांस्कृतिक यात्रा; वाणी प्रकाशन (2009)
31. P.S. Nazaroff, Moved On! From Kashgar to Kashmir. Gulshan Books, Srinagar; 1935 (2008)
32. H. Torrens, Over The Mountains on Horseback. The Invicible Travellers; Ed Raj Thapar. Vikas Publication House (1980); p-97-127
33. B.C. Law, India as Described in Early Text of Buddhism and Jainism. Luzac & Co. (1941)
34. Theodore Duka, Life and Works of Alexander Csoma De Koros. Trubner & Co.; (1885)
35. Bernard Le Calloc'h, Historical Background of Csoma de Koros Sojourn in Ladakh (Zanskar) between 1822 and 1826, The Tibetan Journal, Vol-23 (1998), p-50-68
36. Garry Wear, Trekking in the Indian Himalaya. (2009)
37. Beginning of the End—A Preliminary report on the Jispa Dam and Hydropower project on the Chenab Basin,Lahaul Spiti, Himachal Pradesh;

38. Francke, A. H. The Meaning of the 'Om-Mani-Padme-Hum' Formula. The Journal of the Royal Asiatic Society of Great Britain and Ireland, 1915, pp. 397-404
39. Campbell June, Traveller In Space: Gender Identity and Tibetan Buddhism. Continuum, London; (2002)
40. A.H. Francke, History of Western Tibet. Motilal Banarsidas Publishers (1998)
41. P J Marczell, Alexender Csoma de koros vol-1; Asiatic Society (2007)
42. राहुल सांकृत्यायन, बुद्धचर्या-तथागत बुद्धः जीवनी और उपदेश; गौतम बुक्र सेंटर (2010)
43. तिक न्यात हन्ह, जहँ जहँ चरन परे गौतम के; हिन्द पॉकेट बुक्स (1997)
44. राहुल सांकृत्यायन, दर्शन दिग्दर्शन; किताब महल (2016)
45. Alexander Cunningham, Ladak-Physical, Statistical and Historical Notices. W.H. Allen & Co. London (1854)
46. कृष्णनाथ, लदाख में राग-विराग; वाग्देवी पॉकेट बुक्स (2000)
47. बिमल दे, महातीर्थ के अंतिम यात्री; लोकभारती प्रकाशन (2013)
48. Anand K Coomaraswamy, Buddha and the Gospel of Buddhism; Harper Torchbooks. (1916)
49. Hans Biedermann, Dictionary of Symbolism; Meridian (1994)
50. Heinrich Zimmer, Myths and Symbols in Indian Art and Civilization; Princeton University Press. (1992)
51. चिन्मय मिश्र, प्रलय से टकराते समाज और संस्कृति; विकास संवाद, भोपाल (2013)
52. चिन्मय मिश्र (अनुवादक), नर्मदा घाटी से बहुजन गाथाएँ; नवारुण प्रकाशन, गाज़ियाबाद (2022)
53. Azeez Tharuvana, Living Ramayanas; Eka Publishers (2021)
54. Rajmohan Gandhi, Mohandas: A True Story of a Man, his People and an Empire; Penguin (Viking), 2006; p. 535
55. श्रीमन्महर्षि वेदव्यासप्रणीत महाभारत, खंड-1-6, अनु. पं. रामनारायण शास्त्री; गीता प्रेस (2013)
56. Jono Lineen, Into the Heart of the Himalayas; Speaking Tiger (2012)
57. रामधारी सिंह दिनकर, संस्कृति के चार अध्याय; लोकभारती प्रकाशन (2014)
58. राहुल सांकृत्यायन, मध्य एशिया का इतिहास-खंड 1; बिहार राष्ट्रभाषा परिषद्, 1985
59. राहुल सांकृत्यायन, एशिया के दुर्गम भूखंडों में; भारतीय प्रकाशन संस्थान, (2012)
60. James Lovelock, GAIA: A new look at Life on Earth; Oxford University Press, (2009)
61. James Lovelock, The Ages of GAIA: A Biography of Our Living Earth; W.W. Norton & Co. (1995)
62. Meadows DH etal, The Limits to Growth; Universe Books, 1972
63. Kump LR, The Earth Systems, Pearson Education Inc. 3rd ed; (2010)

64. Dave KN, Birds in Sanskrit Literature; Motilal Banasridas Publication (2005)

65. Myrow PM et al, Cambrian Depositional History of the Zanskar Valley...; Journal of Sedimentory Research, 2006 Vol-76, 364-381

66. Searle MP etal, Thermal Model for the Zanskar Himalaya; J.metamorphic Geol; 1989,7: 127-34

67. Searle MP, Stratigraphy, Structure & evolution of Tibetan-Tethys zone in Zanskar and Indus Suture Zone in the Ladakh Himalaya; J. of Structural Geology, Vol-8, No. 8, 1986

68. Gadd GM, Fungi, Rocks, and Mineral; Elements, vol.13, pp—171-176 (doi.org/10.2113/gselements.13.3.171)

69. Rios,A. etal. Microhabitant and Chemical microenvironments under Saxicolus Lichen; Microb Ecol (2002) 43: 181-188 (doi: 10.1007/s00248-001-1028-2)

70. Lewis SL & Maslin MA, Defining the Anthropocene; Nature, Vol 519, p-171-179 (2015)

71. William, F. R. Three flaws in defining a formal Anthropocene; Progress In Physical Geography: Earth and Envionment 42 (4), 451-461. (2018)

72. Mukherji K et al Glacier mass budget and climate reanalysis data indicate a climatic shift around 2000 in Lahaul-Spiti, western Himalaya; DOI: 10.1007/s10584-018-2185-3

73. Romshoo SA et al, Anthropogenic climate change drives melting of glaciers in the Himalaya; Environmental science and pollution research, 29 (2022)

74. Nagajothi V et al, Mass balance of glaciers in Bhaga basin, Western Himalaya: a geospatial and temperature-weighted AAR based model approach. Current Science, vol-119, no 12. (2020)

75. Horned Lark, https://www.nature.com/articles/s42003-020-0806-7

76. H.A. Jaschke, Romanized Tibetan and English Dictionary; (1866)

77. https://dolr.gov.in/sites/default/files/Annexure-I%20-20Definitions%20of%20Wastelands%20Classes.pdf (भारत सरकार, भूमि संसाधन विभाग)

78. Amalraj A, Gopi S. Biological activities and medicinal properties of Asafoetida: A review. J Tradit Complement Med. 2016 Dec. 20;7(3):347-359. doi: 10.1016/j.jtcme.2016.11.004.

79. Ravi Korisettar Beyond Stones and More Stones, Defining Indian Prehistoric Archaeology; The Mythic Society, Bengaluru (2017)

80. Rowold DJ et al. Ladakh, India: the land of high passes and genetic

heterogeneity reveals a confluence of migrations, European J. of Human Genetics, 1-7 (2015)

81. Singh Mugdha et al. The genetic affinities of Gujjar and Ladakhi populations of India, Scientific Reports, 10:2055 (2020) https://doi.org/10.1038/s41598-020-59061-9
82. Intetnational Association for Ladakh Studies, March, 2005. https://ladakhstudies553872937.files.wordpress.com/2018/03/ls19.pdf
83. Vernier M, Fertilissimi sunt auri Dardae, setae verto et argenti. Notes on some ancient open-air gold mining sites in Ladakh, (2020) https://journals.openedition.org/emscat/4647
84. Ashraf M, Drokhpas and ant's Gold (part—I & II). http://www.jammu.com/ladakh/article-drokhpas-and-the-ants-gold-2.php
85. Cardell Monique L, Herodotus and the gold digging ant; https://www.academia.edu/12455298/Herodotus_and_the_gold_digging_ants_he_was_not_lying
86. Ahluwalia HPS, Hermit Kingdom : Ladakh; Vikas Publishing House; 1980
87. Murdock GP, World Ethnographic Sample; (1957) 59(4), 664–687. doi:10.1525/aa.1957.59.4.02a00090
88. Charles Darwin. The formation of vegetable moulds through the action of worms; Chapter II. D. Appleton & co. NY (1990)

साथ जुड़ें साथ पढ़ें